Die Symbole in den oberen Ecken stehen für bestimmte Bereiche in der Mathematik:

Zahlen und Variablen

Geometrie

Funktionen

Daten und Zufall

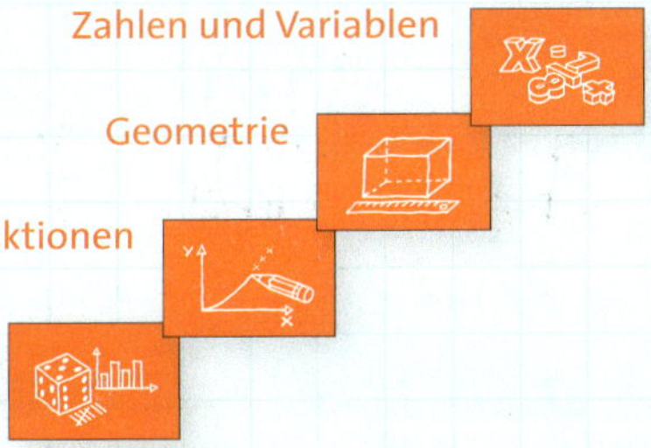

■ **Zusammenfassung**
Die Zusammenfassung am Ende eines Kapitels enthält die wichtigsten Merksätze zum Nachschlagen.

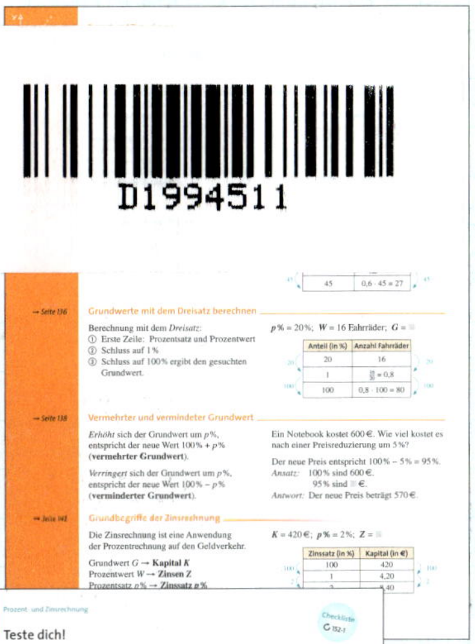

Üben und anwenden

Berechne möglichst im Kopf.
) 1 % von 600; 6000; 60 000; 60; 6
) 3 % von 700; 7000; 70 000; 70; 7
) 10 % von 900; 3300; 90; 330; 9; 33

Berechne mit dem Dreisatz.
) 10 % von 200 €
) 25 % von 60 t
) 40 % von 40 m²
) 2 % von 71 cm
) 95 % von 50 min

Von den 3000 Besuchern eines Pop-Kon-erts waren 75 % weiblich.
) Larissa meint: „25 % der Besucher waren männlich." Wie kommt sie darauf?
) Berechne die Prozentwerte und überprüfe die Aussage von Larissa.

4 Aus dem Berufsleben
Erwerbstätige in verschiedenen Berufs-gruppen in Deutschland:

Berufe	Beschäftigte	davon Frauen
Elektroberufe	828 000	5,4 %
Textilverarbeitung	93 000	89,1 %
Köche/Köchinnen	605 000	64,1 %
Verkaufspersonal	1 746 000	82,5 %
Groß- und Einzel-handelskaufleute	1 614 000	45,5 %
Büroberufe, Kaufmän-nische Angestellte	4 105 000	73,1 %

Berechne die Anzahl der Frauen und Männer.
Übertrage die Tabelle in dein Heft.
Füge zwei Spalten mit deinen errechneten Zahlen hinzu.

5 Aus dem Berufsleben
Im Schlussverkauf sollen alle Preise unter 200 € um 15 % und alle Preise über 200 € um 20 % gesenkt werden.
Berechne die neuen Preise.

530 € | 285 € | 199 € | 178 € | 90 €

1 Berechne den Prozentwert.
a) 7 % von 1245 € b) 23 % von 4096 m
c) 19 % von 93 € d) 30 % von 512 kg
e) 98 % von 98 € f) 15,7 % von 6 m²

2 Berechne und runde sinnvoll.
a) 3 % von 666 Ausbildungsplätzen
b) 15 % von 299,99 €
c) 65 % von 1,76 m
d) 85,5 % von 799 €
e) 55 % von 42,195 km

3 In Düsseldorf konnten von den 3780 Ausbildungs-platz-Suchenden 85 % einen Vertrag erhalten. Formuliere eine Frage und beantworte sie.

4 Umfrage in der 8. Jahrgangsstufe: „Hast du einen Praktikumsplatz gefunden?"
a) Übertrage die Tabelle in dein Heft und ergänze die fehlenden Werte.

Betrieb	Schüler	Zusage	Zusage in %
Kfz	15		53,3 %
Handel	21		38,1 %
Bau	15		93,3 %
Friseur	18		66,7 %
Büro	11		9,1 %

b) Maike will wissen, wie viel Prozent der Schüler schon eine feste Zusage haben. Sie addiert alle Prozentsätze in der rechten Spalte. Was meinst du dazu?
c) Zeige, dass der Prozentsatz aller Schüler, die eine Zusage haben, rund 53,8 % beträgt.

5 Aus dem Berufsleben
Ein Elektrofachgeschäft bezieht von einem Händler einen Laptop für einen Einkaufs-preis von 400 €. Für den Verkauf rechnet er folgende Kosten dazu:
– 35 % Geschäftskosten
– Gewinn von 20 % des Selbstkostenpreises (Einkaufspreis + Geschäftskosten)
– Mehrwertsteuer von 19 %

HINWEIS
135-1
Hier findet ihr Spielkarten, mit denen ihr das Berechnen von Prozentwerten üben könnt.

■ **Üben und anwenden**
Die Aufgaben trainieren den neu gelernten Unterrichtsstoff.

In der Randspalte stehen zusätzliche Informationen, Aufgaben, Lösungshinweise und Webcodes.

Die linke Spalte enthält leichtere Aufgaben.

Die rechte Spalte enthält schwierigere Aufgaben.

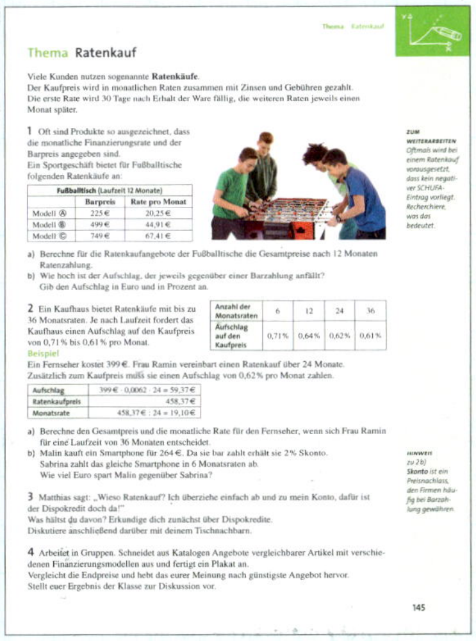

■ **Teste dich!**
Überprüfe zur Vorbereitung auf die Klassenarbeit dein Können.
Die Lösungen zum Abschlusstest findest du im Anhang.

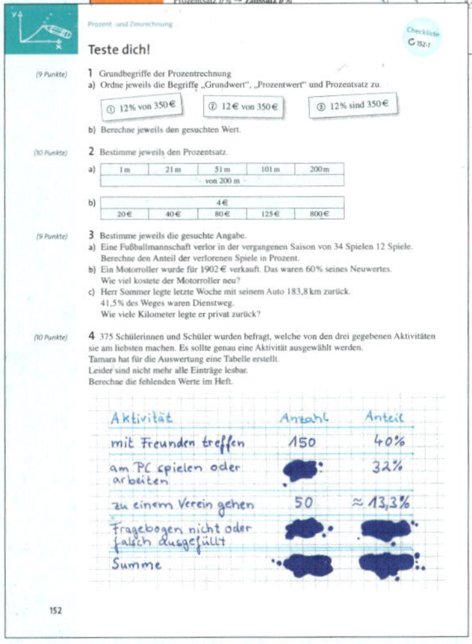

135-1
Die **Webcodes** in der Randspalte verweisen auf zusätzliche Materialien im Internet.
1. Webseite aufrufen: **www.cornelsen.de/lernstufen-mathematik**
2. Buchkennung eingeben: **MLS042114**
3. Mediencode eingeben: z. B. **135-1**

6 leichtere Aufgaben
7 mittelschwere Aufgaben
8 schwierigere Aufgaben
9 Aufgaben, die dem Niveau eines Erweiterungskurses entsprechen

8

Lernstufen
Mathematik

Nordrhein-Westfalen

Loreen Bart 2022/2023

Berater
Michael Greiwe, Rheine
Jasmine Kempa, Lünen
Klaus Köhn, Düsseldorf
Ute Liehr, Hückelhoven
Herbert Vergoßen, Bornheim

Cornelsen

Teile dieses Unterrichtswerkes basieren auf Inhalten
bereits erschienener Lehrwerke.
Diese wurden herausgegeben von Prof. Dr. Manfred Leppig, Reinhold Koullen (†)
und Udo Wennekers sowie erarbeitet von:
Helga Berkemeier, Ilona Gabriel, Wolfgang Hecht, Jeannine Heinrichs, Barbara Hoppert, Kurt Kalvelage (†), Ines Knospe, Reinhold Koullen (†), Manfred Leppig, Frank Nix, Doris Ostrow, Hans-Helmut Paffen, Günther Reufsteck, Jutta Schaefer, Gabriele Schenk, Hermann Schneider, Willi Schmitz, Ingeborg Schönthaler, Helmut Spiering, Christine Sprehe, Wolfgang Stindl, Herbert Strohmayer, Diana Tibo, Herbert Vergoßen, Martina Verhoeven, Alfred Warthorst, Udo Wennekers, Ralf Wimmers, Rainer Zillgens

Redaktion: Sabrina Bühl, Inga Knoff

Illustration: Roland Beier

Grafik: Christian Böhning, Ulrich Sengebusch (†)

Umschlaggestaltung und Layoutkonzept: Syberg | Kirstin Eichenberg

Layout und technische Umsetzung: CMS – Cross Media Solutions GmbH

Begleitmaterialien zum Lehrwerk

für Schülerinnen und Schüler		**für Lehrerinnen und Lehrer**	
Arbeitsheft mit CD-ROM	978-3-06-042115-2	Lösungsheft	978-3-06-042117-6
		Kopiervorlagen	978-3-06-042116-9
		Lehrerfassung	978-3-06-042128-2

www.cornelsen.de

Unter der folgenden Adresse befinden sich multimediale
Zusatzangebote für die Arbeit mit dem Schülerbuch:
www.cornelsen.de/lernstufen-mathematik
Die Buchkennung ist: **MLS042114**

Alle Drucke dieser Auflage sind inhaltlich unverändert
und können im Unterricht nebeneinander verwendet werden.

Druck und Bindung: Livonia Print, Riga

1. Auflage, 4. Druck 2018
978-3-06-042114-5 (Schülerbuch)
978-3-06-042133-6 (E-Book)

1. Auflage, 2. Druck 2016
978-3-06-042128-2 (Lehrerfassung)
978-3-06-042138-1 (Lehrerfassung als E-Book)

PEFC zertifiziert
Dieses Produkt stammt aus nachhaltig bewirtschafteten Wäldern und kontrollierten Quellen.
www.pefc.de
PEFC/12-31-006

Inhalt

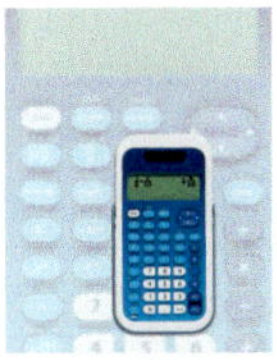

5 Der Taschenrechner

9 Rationale Zahlen

33 Dreiecke zeichnen und konstruieren

57 Terme und lineare Gleichungen

81 Zuordnungen

\+ *Inhalte, die dem Niveau eines Erweiterungskurses entsprechen*

107 Dreiecke und Vierecke berechnen

129 Prozent- und Zinsrechnung

155 Prismen

181 Zufall und Wahrscheinlichkeit

197 Kannst du das?

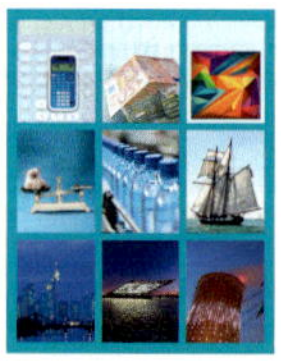

205 Vernetzte Aufgaben

211 Anhang

Für die Berufsorientierung *eignen sich unter anderem die Aufgaben der Rubrik „Aus dem Berufsleben“: Seite 17, 21, 29, 39, 53, 63, 77, 85, 89, 91, 102, 103, 105, 115, 117, 119, 124, 125, 135, 139, 151, 166, 169, 177, 179, 185 und 187.*

Der Taschenrechner

Taschenrechner können dir das Rechnen erleichtern. Je nach Taschenrechnermodell ist für die Berechnung der gleichen Aufgabe aber eine unterschiedliche Eingabe erforderlich.

Umgang mit dem Taschenrechner

Entdecken

1 Arbeitet zu zweit.
Hier seht ihr zwei wissenschaftliche Taschenrechner von verschiedenen Firmen.
Welche Gemeinsamkeiten stellt ihr fest?

2 Welche Tasten kennt ihr bereits?

3 Erkundigt euch, welche Bedeutung die Taste [(−)] bzw. [+/−], die Taste [x^2] oder die [ab/c] - bzw. [□/□]-Taste hat.

4 Rechnet die Aufgabe 6 + 8 : 2 im Kopf.
Gebt dann die Aufgabe in den Taschenrechner ein.

5 Weshalb ist es besser, einen Rechner mit „Doppeldisplay“ und Solarzellen zu verwenden?

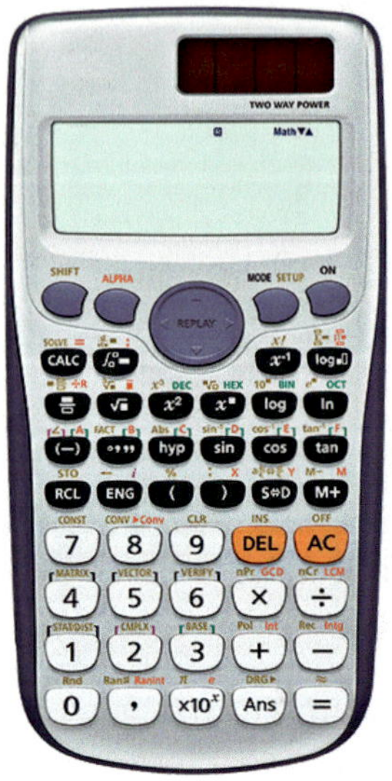

Verstehen

Der wissenschaftliche Taschenrechner beachtet automatisch die Klammerregeln und die Regel „Punktrechnung vor Strichrechnung“.
Prüfe, ob eine Aufgabe mit der richtigen Tastenfolge eingegeben wurde, indem du die Aufgabe mit und ohne Taschenrechner löst und die Ergebnisse vergleichst.
Sind die Ergebnisse gleich, dann wurde die Tastenfolge richtig eingegeben.

Beispiel 1

a) 5 · (8 – 6) Kopfrechnen: 5 · (8 – 6) = 5 · 2 = 10
Tastenfolge: [5] [×] [(] [8] [−] [6] [)] [=] → 10

b) (20,5 + 40,7) : 7,2 Kopfrechnen und schriftlich: (20,5 + 40,7) : 7,2 = 61,2 : 7,2 = 8,5
Tastenfolge: [(] [2] [0] [·] [5] [+] [4] [0] [·] [7] [)] [÷] [7] [·] [2] [=] → 8.5

Merke Zu Beginn jeder neuen Rechnung löscht man alle Zahlen im Speicher des Rechners durch [AC] oder [Clear]. Das Komma wird im Taschenrechner mit [·], der Malpunkt mit [×] und das Geteiltzeichen mit [÷] eingegeben.

Üben und anwenden

1 Welches Ergebnis erhältst du?
Probiere mit dem Taschenrechner aus.
Vergleicht eure Ergebnisse untereinander.
a) [3] [+] [5] [·] [2] [=]
b) [1] [+] [5] [=] [=] [=]
c) [1] [÷] [6] [=]
d) [8] [÷] [0] [=]

2 Löse erst ohne, dann mit Taschenrechner.
Vergleiche die Ergebnisse.
a) 7 + 3 · 4
b) 8 + 20 : 5
c) 120 : (23 + 17)
d) (16 + 14) · 20
e) 26 · (43 – 42)
f) 56 : (16 – 9)
g) (4,2 + 0,8) · 50
h) 2,9 + 5 · 2 – 1,9
Lösungen 3; 8; 11; 12; 19; 26; 250; 600

3 Ordne die passenden Lösungen zu.

a) 12,64 · 8,1 – 3,84 · 7,4
b) 13,4 · 9,2 + 2,86 · 8,8
c) 48,9 · 6,4 – 25,6 · 5,3
d) 1,2 · 1,9 + 16,56 : 8
e) 62,92 : 4 + 0,42 : 7
f) 287,3 · 0,85 – 8678,4 : 240

4,35 | 148,448 | 7,05 | 208,045 | 15,79 | 73,968 | 177,28

4 Berechne.

a) 816,74 + (13,89 – 6,5) · 7
b) 4,35 · (0,6 + 1,8) + 17,4
c) 256,8 – (539,4 + 16,2) : 6
d) 0,4 · (2,8 + 5,2) + 54 · (0,8 + 0,4)
e) (6,86 – 4,9) · 27,1 + (1,32 – 0,7) : 4

Lösungen 27,84; 53,271; 68; 164,2; 868,47

5 Rechne zur Kontrolle zweimal.
Rechne beim zweiten Mal mit dem Vertauschungsgesetz.

Beispiel 2,5 + 12,4 = 14,9
12,4 + 2,5 = 14,9

a) 17,4 + 3,7
b) 1,08 + 2,53
c) 217 + 328
d) 1762 + 4698
e) 2,08 + 0,064
f) 6,9 · 14
g) 0,2 · 38
h) 0,5 · 50
i) 14,6 · 3,4
j) 512,7 · 2,8

6 Schreibe als Aufgabe ins Heft.
Wo kann man die Klammern weglassen?
Begründe.
Löse mit und ohne Taschenrechner.

a) [1] [2] [4] [+] [(] [1] [3] [+] [1] [6] [)] [=]
b) [(] [1] [2] [4] [+] [1] [3] [)] [+] [1] [6] [=]
c) [3] [×] [7] [+] [(] [7] [×] [3] [)] [=]
d) [(] [3] [×] [7] [+] [7] [)] [×] [3] [=]

7 Löse die Aufgaben.
Kann man hier die Klammern weglassen?

a) [1] [5] [–] [(] [2] [·] [6] [+] [8] [·] [4] [)] [=]
b) [5] [·] [2] [–] [(] [3] [·] [4] [–] [1] [·] [2] [)] [=]

8 Berechne.

a) 17,6 · 4,5 + 7,1
b) 17,6 · (4,5 + 7,1)
c) (17,6 · 4,5) + 7,1
d) In welcher Aufgabe ist etwas überflüssig?

9 Löse und vergleiche.
Was fällt dir auf?

a) [(] [2] [·] [1] [+] [3] [·] [4] [)] [×] [6] [·] [2] [=]
b) [2] [·] [1] [+] [3] [·] [4] [×] [6] [·] [2] [=]
c) [2] [·] [1] [×] [6] [·] [2] [+] [3] [·] [4] [×] [6] [·] [2] [=]

10 Sind die Ergebnisse jeweils gleich?
Überprüfe deine Vermutung.

a) 72 · 13 + 72 · 29 und
72 · (13 + 29)
b) 84,5 · (4,8 – 3,2) und
84,5 · 4,8 – 84,5 · 3,2
c) 7,5 · 9 + 6,3 · 9 und
(7,5 + 6,3) · 9
d) 144 : 16 + 256 : 16 und
(144 + 256) : 16

11 Runde die Ergebnisse auf zwei Stellen hinter dem Komma.

a) 3,785 · 0,246
b) 210,08 : 7,44
c) 8,743 · 9 + 2,73 : 2,4
d) 4,457 – (2,8 : 0,74 – 3,56 : 22)

12 Runde auf drei Stellen hinter dem Komma. Überprüfe, ob Klammern weggelassen werden können.

a) (2,7 · 4,78 – 2,9) : (18,26 – 3,9 · 7,4)
b) (7,25 – 3,19) · 4,78 – (2,77 : 0,1 – 19,6)
c) 1 + 14,7 : 0,68 – (2,69 + 3,71 · 1,37)
d) 7 + (4 – 1,5) – (6,3 + 2,1 – 4) – 2

13 Überschlage zunächst und berechne dann mit dem Taschenrechner.

Beispiel 3 · (–1,2) =
[3] [×] [(–)] [1] [.] [2] [=] oder
[3] [×] [1] [.] [2] [+/–] [=]

a) 102 · (–30)
b) –67 · 431
c) –294 · 11
d) –395 : 5
e) –9,24 : 3
f) –395 · 1,98

Hinweis
Bei Taschenrechnern wird das negative Vorzeichen entweder mit der Taste [(–)] oder mit der Taste [+/–] eingegeben.

14 Johanna kauft sich 3 Bleistifte zu je 9 Cent. Dazu benötigt sie noch 4 Hefte zu je 29 Cent. Schreibe als Rechenaufgabe. Berechne das Ergebnis mit dem Taschenrechner.

Bruchrechnen mit dem Taschenrechner

Entdecken

1 Arbeitet zu zweit.
Eric soll die Aufgabe $\frac{2}{5} + \frac{3}{4}$ berechnen.
Er nimmt den Taschenrechner zu Hilfe und gibt ein: [2] [÷] [5] [+] [3] [÷] [4]
und erhält das Ergebnis 1,15.
Als er zur Kontrolle im Heft nachrechnet, erhält er das Ergebnis $1\frac{3}{20}$.
a) Vergleicht die beiden Ergebnisse.
b) Stellt euch gegenseitig ähnliche Aufgaben und löst sie wie Eric.

Hinweis
Bei anderen Taschenrechnern werden die Brüche so dargestellt, wie du sie auf dem Papier schreiben würdest. Die Taste sieht häufig so aus: [□/□]

2 Eva hat schon einmal mit der Bruchtaste [ab/c] gearbeitet.

Sie gibt ein: [2] [ab/c] [5] [+] [3] [ab/c] [4].

Im Display wird das so dargestellt: [2 ⌟ 5 + 3 ⌟ 4].

Nach Drücken der [=]-Taste erhält sie das Ergebnis [1 ⌟ 3 ⌟ 20].

Wird die Taste [ab/c] noch einmal gedrückt, erhält man das Ergebnis in Dezimalschreibweise:

1,15. Überprüft die beiden Ergebnisse.

Verstehen

Brüche können am Taschenrechner mithilfe der Bruchtaste [ab/c] eingegeben werden.

Beispiel 1

a) $\frac{4}{5} - \frac{2}{9} + \frac{1}{3}$ Eingabe: [AC] [4] [ab/c] [5] [−] [2] [ab/c] [9] [+] [1] [ab/c] [3] [=]

Display: 4 ⌟ 5 − 2 ⌟ 9 + 1 ⌟ 3
41 ⌟ 45

b) $3\frac{1}{2} \cdot 4\frac{2}{5}$ Eingabe: [AC] [3] [ab/c] [1] [ab/c] [2] [×] [4] [ab/c] [2] [ab/c] [5] [=]

Display: 3 ⌟ 1 ⌟ 2 × 4 ⌟ 2 ⌟ 5
15 ⌟ 2 ⌟ 5

Durch Drücken von [SHIFT] [ab/c] erhält man das Ergebnis als unechten Bruch: $\frac{77}{5}$

Hinweis
Bei manchen Taschenrechnern heißt die Taste [SHIFT] *auch* [2nd].

Merke Die Eingabe von Brüchen erfolgt mit: [Zähler] [ab/c] [Nenner]
Die Eingabe von gemischten Zahlen erfolgt mit: [Zahl] [ab/c] [Zähler] [ab/c] [Nenner]

Üben und anwenden

1 Gib die gemischten Zahlen ein und wandle sie in unechte Brüche um.
a) $3\frac{1}{8}$ b) $5\frac{7}{10}$ c) $17\frac{4}{9}$ d) $8\frac{3}{7}$
e) $1\frac{17}{18}$ f) $25\frac{7}{100}$ g) $23\frac{23}{25}$ h) $2\frac{37}{4}$

2 Kürze mit dem Taschenrechner.
a) $\frac{54}{18}$ b) $\frac{128}{256}$ c) $\frac{234}{270}$ d) $\frac{343}{294}$

3 Berechne.
a) $\frac{3}{8} + 1\frac{2}{5}$ b) $\frac{11}{12} \cdot 4\frac{7}{18}$
c) $\frac{4}{7} : 3\frac{5}{9}$ d) $\left(\frac{4}{5} - \frac{3}{4}\right) \cdot \left(\frac{11}{13} + \frac{13}{11}\right)$
e) $\left(3\frac{7}{10} - \frac{9}{16} : \frac{3}{5}\right) - 2\frac{1}{4}$ f) $\frac{3}{7} + \frac{2}{5} : \frac{13}{15} - \frac{6}{7} \cdot \frac{23}{24}$

Ergebnisse der Größe nach geordnet:
$\frac{25}{364}$; $\frac{29}{286}$; $\frac{9}{56}$; $\frac{41}{80}$; $1\frac{31}{40}$; $4\frac{5}{216}$

Rationale Zahlen

Herr Hoffmann verfügt über ein Guthaben von 5 000 €.
Für eine große Anschaffung gibt er 20 000 € aus.
Nun beträgt sein Guthaben: 5 000 € – 20 000 € = –15 000 €,
das heißt, er hat 15 000 € Schulden.

KONTOAUSZUG	Spar-Bank	BLZ 271828182
Buchungsdatum 01.08. Alter Saldo Neuer Saldo	Buchung Autohaus Beier 15000 € + 5000 € –	Umsätze 20 000,00 € –
Girokonto 314159265 Auszug 13 Blatt 1 vom 08.08.		

Noch fit?

HINWEIS
Die Lösungen zu den Aufgaben 2 und 4 findest du unter den folgenden Zahlen: 0,03; 0,02; 0,1; 0,2; 0,3; 0,4; 0,6; 0,8; 2; 2,06; 2,45; 2,5; 3,6; 4,5; 8,8; 13,11; 14,14; 16,69; 17,554; 29,121; 29,134; 38,289; 48; 98,4588

Einstieg

1 Dezimalzahlen am Zahlenstrahl
Welche Dezimalzahlen sind am Zahlenstrahl markiert?

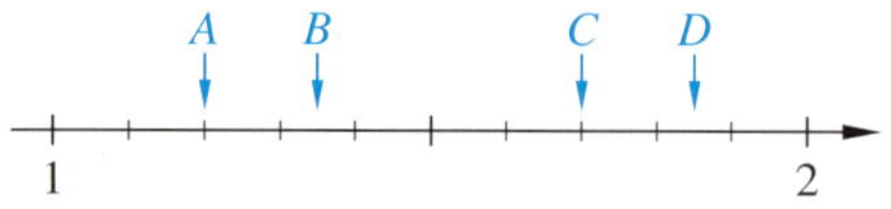

2 Dezimalzahlen schriftlich addieren und subtrahieren
Schreibe untereinander und berechne.

a) 14,56 + 2,13 b) 13,75 + 24,539
c) 18,24 – 4,1 d) 45,481 – 16,36

Aufstieg

1 Dezimalzahlen am Zahlenstrahl
Welche Dezimalzahlen sind am Zahlenstrahl markiert?

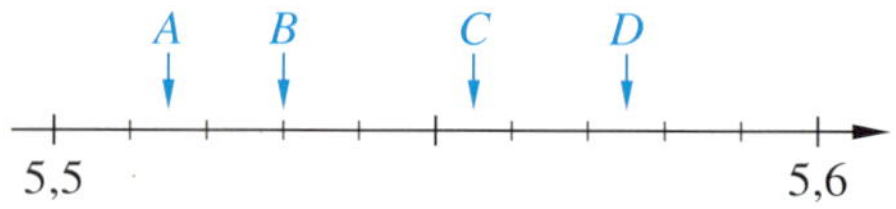

2 Dezimalzahlen schriftlich addieren und subtrahieren
Schreibe untereinander und berechne.

a) 14,624 + 2,93 b) 32,287 + 66,1718
c) 33,634 – 4,5 d) 80,25 – 67,14

3 Kommasetzung bei der Multiplikation
Übertrage die Rechnungen in dein Heft und setze im Ergebnis das Komma. Überprüfe deine Lösungen jeweils durch einen Überschlag.

a) 3,843 · 5,64 = 2167452 b) 2,806 · 0,7 = 19642 c) 443 · 8,27 = 366361
d) 2,454 · 1,45 = 355830 e) 1,0074 · 3,825 = 3853305 f) 0,372 · 0,25 = 93

HINWEIS
zu Aufgabe 4 (türkis): Multipliziere zuerst beide Dezimalzahlen solange mit 10 oder 100 …, bis bei der zweiten Zahl kein Komma mehr steht. Dividiere anschließend.

Einstieg

4 Dezimalzahlen dividieren
Dividiere, wenn möglich, im Kopf. Überprüfe dein Ergebnis mit der Umkehrrechnung.

a) 1,2 : 2 b) 1,2 : 4 c) 0,9 : 9
d) 0,8 : 1 e) 0,8 : 4 f) 0,08 : 4

5 Brüche erweitern und ordnen
Erweitere die Brüche auf den Nenner 24 und ordne sie der Größe nach.

Beispiel $\frac{5}{8}=\frac{5\cdot 3}{8\cdot 3}=\frac{15}{24}$

a) $\frac{3}{8}$ $\frac{1}{4}$ $\frac{5}{6}$ b) $\frac{1}{12}$ $\frac{2}{3}$ $\frac{3}{4}$

6 Brüche addieren und subtrahieren
Erweitere die Brüche jeweils auf den gleichen Nenner. Berechne anschließend.

a) $\frac{1}{2}+\frac{1}{3}$ b) $\frac{1}{2}+\frac{1}{3}+\frac{1}{4}$
c) $\frac{1}{2}-\frac{1}{4}$ d) $1\frac{5}{8}-\frac{2}{5}$

7 Brüche multiplizieren
Multipliziere. Kürze bei e) und f) zuerst.

Beispiel $\frac{2}{5}\cdot\frac{4}{7}=\frac{2\cdot 4}{5\cdot 7}=\frac{8}{35}$

a) $\frac{1}{2}\cdot\frac{3}{4}$ b) $\frac{1}{3}\cdot\frac{2}{5}$ c) $\frac{2}{3}\cdot\frac{5}{7}$
d) $\frac{3}{4}\cdot\frac{9}{10}$ e) $\frac{3}{4}\cdot\frac{2}{6}$ f) $\frac{11}{12}\cdot\frac{4}{10}$

Aufstieg

+4 Dezimalzahlen dividieren
Dividiere, wenn möglich, im Kopf. Überprüfe dein Ergebnis mit der Umkehrrechnung.

a) 9,8 : 4 b) 0,4 : 4 c) 0,9 : 0,2
d) 0,72 : 1,2 e) 0,048 : 1,6 f) 1,648 : 0,8

5 Brüche erweitern und ordnen
Erweitere die Brüche auf den gleichen Nenner und ordne sie der Größe nach.

a) $\frac{13}{36}$ $\frac{5}{6}$ $\frac{23}{24}$ $\frac{7}{8}$
b) $\frac{5}{6}$ $\frac{12}{84}$ $\frac{17}{21}$ $\frac{21}{28}$

6 Brüche addieren und subtrahieren
Erkläre, wie du rechnest.

a) $\frac{5}{9}+\frac{2}{5}$ b) $\frac{6}{11}+\frac{5}{9}+\frac{1}{3}$
c) $1\frac{5}{8}+\frac{1}{2}$ d) $\frac{7}{10}-\frac{21}{30}$
e) $\frac{7}{15}-\frac{9}{20}$ f) $1\frac{4}{5}-\frac{3}{4}$

7 Brüche multiplizieren
Kürze die Brüche und berechne.

Beispiel $\frac{3}{8}\cdot\frac{4}{7}=\frac{3\cdot \cancel{4}^{1}}{\cancel{8}_{2}\cdot 7}=\frac{3}{14}$

a) $\frac{16}{40}\cdot\frac{12}{32}$ b) $\frac{4}{5}\cdot\frac{3}{20}$ c) $\frac{36}{45}\cdot\frac{45}{15}$
d) $\frac{24}{36}\cdot\frac{15}{30}$ e) $\frac{24}{16}\cdot\frac{32}{12}$ f) $\frac{21}{28}\cdot\frac{30}{42}$

8 Brüche dividieren

Beschreibe, wie im Beispiel gerechnet wurde. Berechne anschließend.

Beispiel $\frac{6}{7} : 3 = \frac{{}^{2}\not{6}}{7 \cdot \not{3}_{1}} = \frac{2}{7}$

a) $\frac{2}{3} : 4$ b) $\frac{5}{7} : 5$ c) $\frac{6}{5} : 3$ d) $\frac{5}{6} : 10$ e) $\frac{10}{7} : 5$ f) $\frac{4}{9} : 8$

HINWEIS
Die Lösungen zu Aufgabe 8 befinden sich unter folgenden Zahlen:
$\frac{1}{33}$ $\frac{1}{30}$ $\frac{1}{18}$ $\frac{1}{12}$ $\frac{1}{8}$ $\frac{3}{5}$
$\frac{1}{7}$ $\frac{1}{6}$ $\frac{2}{7}$ $\frac{2}{5}$

9 Ganze Zahlen an der Zahlengeraden

Welche Zahlen sind blau markiert?

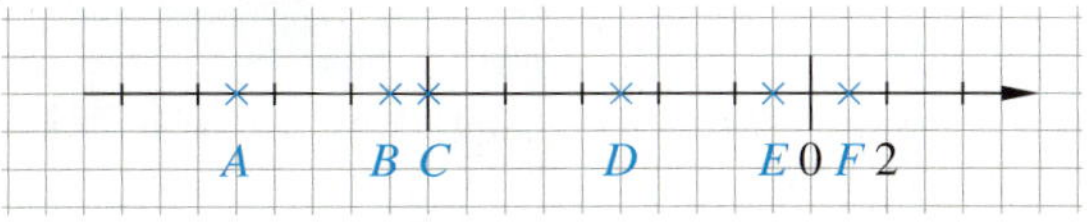

9 Ganze Zahlen an der Zahlengeraden

Welche Zahlen sind blau markiert?

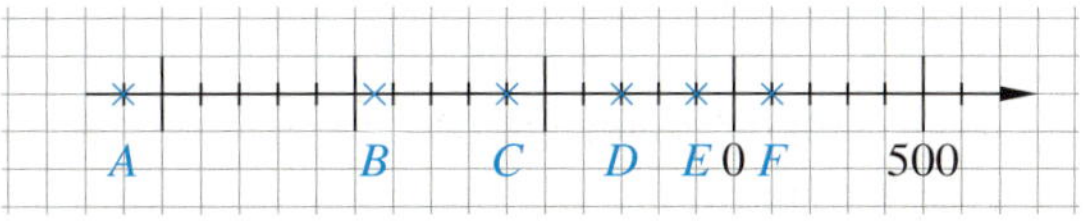

10 Zahlen und ihre Gegenzahlen auf der Zahlengerade

Trage auf einer Zahlengeraden die Zahlen 5; −2; −4; 7; −12 und 9 mit ihren Gegenzahlen ein.

ERINNERE DICH
Gegenzahlen haben den gleichen Abstand zur Null.
−5 ist Gegenzahl zu +5.
+6 ist Gegenzahl zu −6.

11 Addition an der Zahlengeraden

Notiere Aufgaben und Ergebnisse in dein Heft.

a)
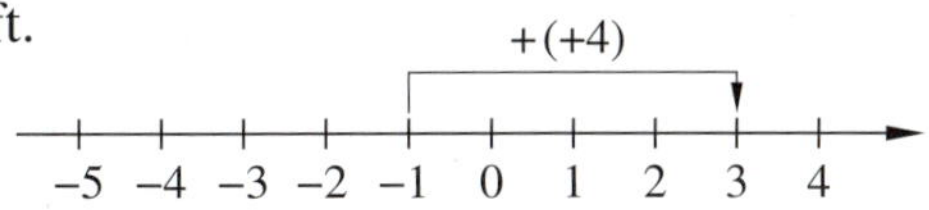

b)
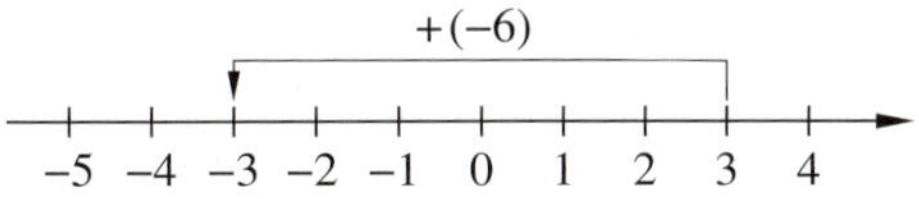

11 Addition an der Zahlengeraden

Notiere die Additionsaufgaben und Ergebnisse in dein Heft.

a)
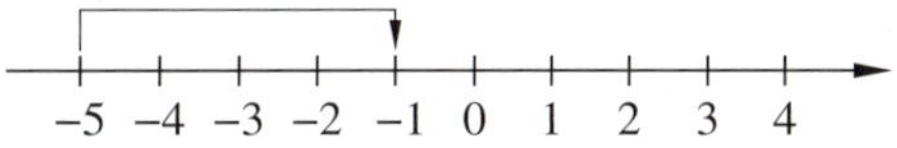

b)
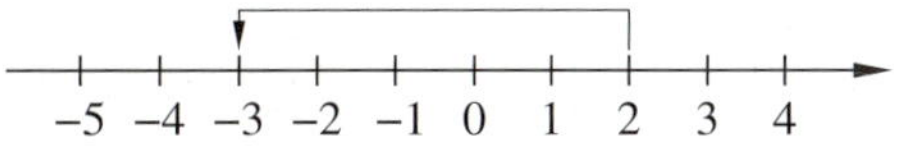

12 Ganze Zahlen addieren

Beschreibe, wie in den beiden Beispielen gerechnet wurde. Berechne anschließend.

Addition bei gleichen Vorzeichen
Beispiel $(-3) + (-5)$
① Addition ohne Vorzeichen: $3 + 5 = 8$
② gemeinsames Vorzeichen: −
Also: $(-3) + (-5) = -8$

Addition bei verschiedenen Vorzeichen
Beispiel $(-3) + (+5)$
① größerer minus kleinerer Betrag: $5 - 3 = 2$
② Vorzeichen der größeren Zahl: +
Also: $(-3) + (+5) = +2$

a) $(-4) + (-2)$ b) $(+6) + (-8)$ c) $(-15) + (+19)$ d) $-6 + (-11)$ e) $23 + (-5)$

13 Ganze Zahlen subtrahieren

Subtrahiere, indem du die Gegenzahl addierst.

Beispiel $(+7) - (-3) = (+7) + (+3) = +10$ (Gegenzahl)

a) $(+5) - (-2)$ b) $(-6) - (-8)$
c) $(+2) - (+3)$ d) $(-10) - (+9)$

13 Ganze Zahlen subtrahieren

Subtrahiere, indem du die Gegenzahl addierst.

a) $(+18) - (-27)$ b) $(+27) - (+54)$
c) $(-36) - (-18)$ d) $(-43) - (+22)$
e) $25 - (-19)$ f) $-16 - (+32)$
g) $9 - (+105)$ h) $-37 - (-24)$

14 Ganze Zahlen multiplizieren und dividieren

Berechne. Achte auf das Vorzeichen.

a) $(+3) \cdot (-6)$ b) $(-4) \cdot (-8)$
c) $(-9) \cdot (+11)$ d) $(-100) : (+20)$

+ 14 Ganze Zahlen multiplizieren und dividieren

Berechne.

a) $(-13) \cdot (-7)$ b) $(-18) \cdot (+3)$
c) $(-78) \cdot (-6)$ d) $(+126) : (-9)$

Rationale Zahlen erkennen und vergleichen

Entdecken

1 Anton hat in einer Februarwoche die Außentemperaturen gemessen.

Mo	Di	Mi	Do	Fr	Sa	So
−3,4 °C	−2,4 °C	−4,8 °C	−0,7 °C	2,3 °C	1,8 °C	−1,0 °C

a) Trage die Werte auf einer Temperaturskala ein.
b) An welchem Tag war die Temperatur am höchsten, an welchem am niedrigsten?
c) An welchen Tagen lag die Temperatur zwischen 2 °C und −2 °C?
d) Wann sank die Temperatur am stärksten?

2 Ordne die folgenden Kontostände der Größe nach.
Hinweis: Negative Kontostände sind Schulden.

① −5,32 € ② 13,34 € ③ −20 € ④ −5,98 €

Verstehen

Clownfische leben in Meerestiefen von einem bis 15 m.
Ein Forscherteam hat einen Clownfisch in folgenden Tiefen beobachtet:
−3 m; −12 m; $-13\frac{1}{2}$ m; −7,4 m.

Neben negativen ganzen Zahlen wie z. B. −5 gibt es weitere negative Zahlen. Man erhält sie, indem man Gegenzahlen von Bruchzahlen bildet.

ERINNERE DICH
Zu den Bruchzahlen gehören: natürliche Zahlen, z. B. 5; 11
Dezimalzahlen, z. B. 6,4; 0,125
Brüche, z. B. $\frac{1}{2}$ $\frac{11}{3}$ $\frac{7}{7}$
gemischte Zahlen, z. B. $1\frac{1}{2}$ $7\frac{2}{5}$

Beispiel 1

a) −2 ist die Gegenzahl von 2
b) 4,6 ist die Gegenzahl von −4,6
c) $-\frac{1}{2}$ ist die Gegenzahl von $\frac{1}{2}$
d) $2\frac{3}{4}$ ist die Gegenzahl von $-2\frac{3}{4}$

Trägt man die Zahlen auf der **Zahlengeraden** ein und spiegelt sie am Nullpunkt, erhält man die Gegenzahlen. Die Gegenzahl von 0 ist 0.

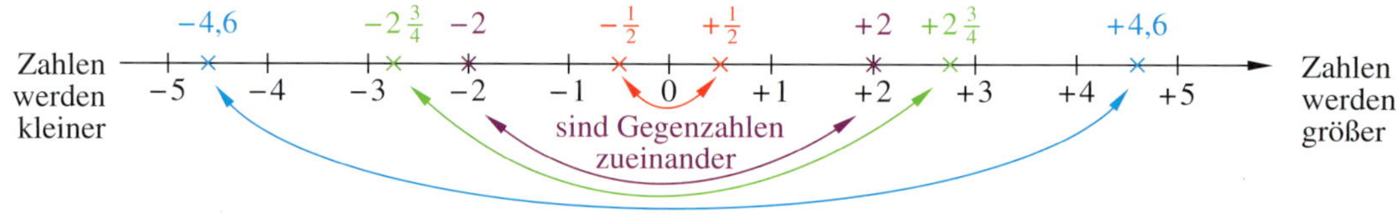

ERINNERE DICH
Bei den positiven Zahlen lässt man das Vorzeichen meist weg, z. B. +5 = 5.

Merke Die Bruchzahlen (z. B. 7; $\frac{2}{3}$; 5,4) und ihre Gegenzahlen (z. B. −7; $-\frac{2}{3}$; −5,4) bilden die **Menge der rationalen Zahlen** (kurz $\mathbb{Q}$).
Je weiter rechts eine rationale Zahl auf der Zahlengeraden liegt, desto größer ist sie.

Zahl und Gegenzahl haben immer den gleichen Abstand zur Null.

Merke Der **Betrag** einer Zahl ist der Abstand dieser Zahl zur Null (z. B. $\left|-\frac{1}{2}\right| = \frac{1}{2}$).
Eine Zahl und ihre Gegenzahl haben immer den gleichen Betrag.

Beispiel 2

Der Betrag von −4,6 ist 4,6.
Man schreibt: |−4,6| = 4,6

Der Betrag von +4,6 ist 4,6.
Man schreibt: |+4,6| = 4,6

Üben und anwenden

1 Schreibe zu jeder Zahl die Gegenzahl auf.

a) 13 b) 4,5 c) $\frac{2}{3}$
d) −5 e) −2,7 f) $-6\frac{1}{2}$

2 Gib zu den Zahlen von Aufgabe 1 den Betrag an.
Beispiel $|-0{,}5| = 0{,}5$; $|+3{,}9| = 3{,}9$

3 Welche Zahlen sind hier mit Buchstaben markiert?

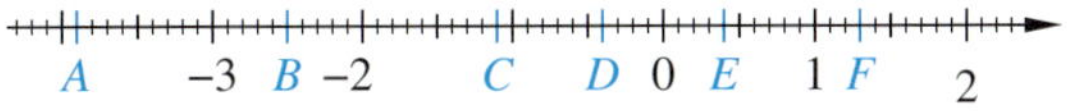

4 Zeichne eine Zahlengerade von −5 bis 5. Trage folgende Zahlen ein.

a) −4; 4,5; −2,5; −0,5; 1,5
b) $\frac{1}{2}$; $-1\frac{1}{2}$; −5; $\frac{5}{2}$; $-3\frac{1}{2}$

5 Übertrage in dein Heft und setze das Zeichen < oder > ein.

a) 0 ▒ 0,5 b) 0 ▒ −0,5
c) 2,5 ▒ −2,5 d) −7,8 ▒ 5
e) −0,5 ▒ −1 f) −0,2 ▒ −0,1

6 Ordne. Beginne mit der kleinsten Zahl.

a) −0,5; 1; −2; 1,5; −3,5; 0,5
b) $\frac{1}{2}$; $-\frac{1}{2}$; $\frac{1}{4}$; $\frac{3}{4}$; $\frac{1}{8}$; $-\frac{3}{4}$

7 Zeichne die folgenden Punkte in ein Koordinatensystem ein.
Schreibe für C und D auf, wie du vorgehst.
$A(3|2)$: 3 nach rechts, 2 nach oben
$B(-1{,}5|1)$: 1,5 nach links, 1 nach oben
$C(-1{,}5|-0{,}5)$; $D(3|-1{,}5)$

8 Schreibe die Buchstaben zu den angegebenen Koordinaten hintereinander. Dann ergibt sich jeweils ein Lösungswort.

a) $(2|-1)$; $(0|-2)$; $(2|1)$; $(1|-0{,}5)$
b) $(-2|-1)$; $(-2|1)$; $(-1|-0{,}5)$; $(0|2)$

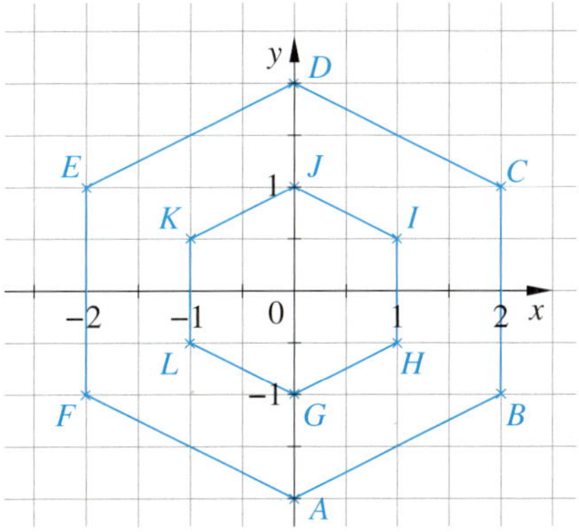

1 Schreibe zu jeder Zahl die Gegenzahl auf.

a) 0,8; −3,2; −1,5; 4,2; 6,9; −2,4
b) 1,25; $-3\frac{2}{3}$; −2,59; $1\frac{1}{10}$; $\frac{25}{3}$; −8

2 Erkläre, was man unter dem Betrag einer Zahl versteht.
Gib verschiedene Beispiele für Beträge an.

3 Welche Zahlen sind hier mit Buchstaben markiert?

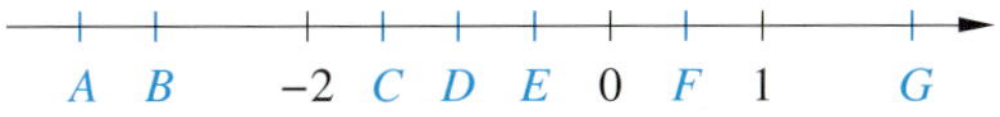

4 Trage folgende Zahlen in eine Zahlengerade ein. Wähle als Einheit 1 cm.

−2,5; −1,5; 4; 4,5; $6\frac{1}{4}$; 0; $\frac{1}{2}$;
−2; $6\frac{1}{2}$; $-6\frac{1}{4}$; −7,2; −5,4

5 Übertrage in dein Heft und setze das Zeichen < oder > ein.

a) 0,25 ▒ 0,5 b) −0,4 ▒ 1,6
c) −1,75 ▒ −2,25 d) −1,8 ▒ −1,75
e) 0,6 ▒ −0,8 f) −0,3 ▒ −0,34

6 Ordne. Beginne mit der kleinsten Zahl.

a) −0,8; 0,1; −2,5; 1,1; −2,25; 1,01
b) $-\frac{3}{4}$; 0; $-\frac{5}{2}$; $1\frac{1}{4}$; $\frac{3}{10}$; $-\frac{7}{10}$

7 Zeichne ein Koordinatensystem.
Trage die folgenden Punkte ein.
Beschreibe, wie du vorgehst.

a) $P(3{,}5|0)$; $Q(-1|0)$; $R(0|4)$; $S(0|-5{,}5)$
b) $A(-1{,}5|1{,}5)$; $B(-2{,}5|-1{,}5)$; $C(0{,}5|-2{,}5)$; $D(1{,}5|0{,}5)$

8 Im Koordinatensystem

a) Notiere die Eckpunkte der beiden Sechsecke und ihre Koordinaten.
b) Ein weiteres Sechseck soll durch $M(0|-3)$ und $N(3|-1{,}5)$ um die beiden Sechsecke herum gezeichnet werden. Gib die Koordinaten des neuen Sechsecks an.

HINWEIS
013-1
Unter dem Webcode kannst du das Ordnen von rationalen Zahlen üben.

ERINNERE DICH
„x kommt vor y"
A (−2|0)
x-Koordinate
y-Koordinate

Rationale Zahlen addieren und subtrahieren

Entdecken

1 Berechne und erkläre deine Vorgehensweise.
Verwende die Begriffe „Vorzeichen“, „Rechenzeichen“, „Betrag“ und „Gegenzahl“.

a) $(-2)-(+4)$ b) $(+9)-(+17)$ c) $(+4)+(-8)$ d) $(-22)+(-12)$
e) $-5+20$ f) $-31+31$ g) $10-(-3)$ h) $-6-(-8)$

2 Rechnen an der Zahlengeraden

a) Welche Rechnungen sind auf der Zahlengeraden dargestellt? Gib auch die zugehörigen Ergebnisse an.

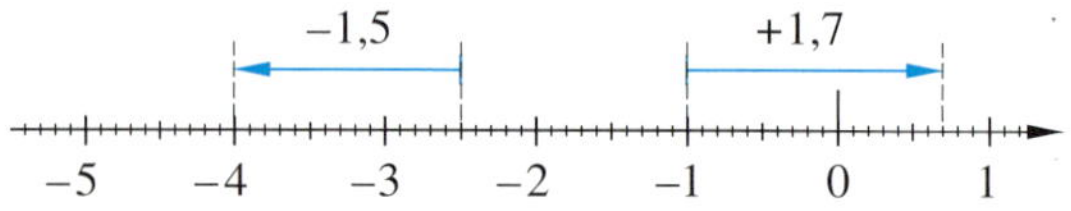

b) Zeichne eine Zahlengerade und stelle die Aufgabe $\frac{1}{2}-3$ dar. Wie lautet das Ergebnis?

3 Schreibe jeweils eine Rechnung und das zugehörige Ergebnis auf.

a) Die Temperatur beträgt −1 °C. Es wird 4 Grad wärmer.
b) Auf dem Girokonto befinden sich 44,70 €. Es werden 50 € abgebucht.
c) Der Wasserstand beträgt 3,6 m unter Normal Null. Das Wasser steigt um 0,8 m.
d) Nenne die Wörter, an denen du erkannt hast, ob du addieren oder subtrahieren musst.

Verstehen

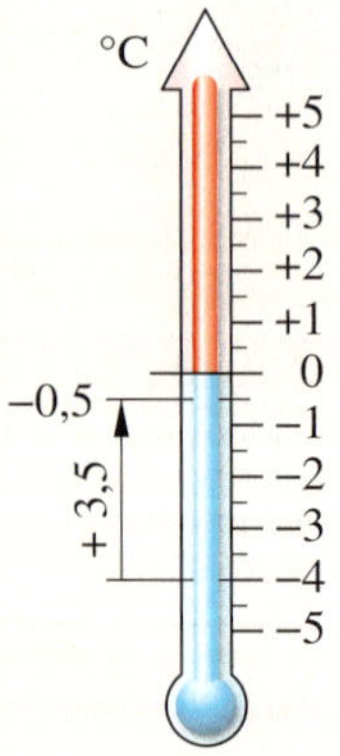

Die Temperatur ist von −4 °C um 3,5 Grad gestiegen.
Das Thermometer zeigt nun −0,5 °C an.

Merke
Addition bei *gleichen* Vorzeichen
① Addiere die Beträge.
② Das Ergebnis bekommt das gemeinsame Vorzeichen.

Merke
Addition bei *verschiedenen* Vorzeichen
① Rechne „größerer minus kleinerer Betrag“.
② Das Ergebnis bekommt das Vorzeichen der Zahl mit dem größeren Betrag.

Beispiel 1
$(-1{,}2)+(-2{,}6)$
① Addition der Beträge: $1{,}2+2{,}6$
② gemeinsames Vorzeichen: −
Also: $(-1{,}2)+(-2{,}6)=(-3{,}8)$

Beispiel 2
$(-1{,}2)+(+2{,}6)$
① Subtraktion der Beträge: $2{,}6-1{,}2=1{,}4$
② Vorzeichen der Zahl mit dem größeren Betrag: +
Also: $(-1{,}2)+(+2{,}6)=(+1{,}4)$

Merke Jede **Subtraktionsaufgabe** kann man in eine Additionsaufgabe umwandeln.
Eine negative Zahl wird **subtrahiert**, indem man ihre **Gegenzahl addiert**.

Beispiel 3
$(-1{,}2)-(+2{,}6)=(-1{,}2)+(-2{,}6)=(-3{,}8)$
Gegenzahl

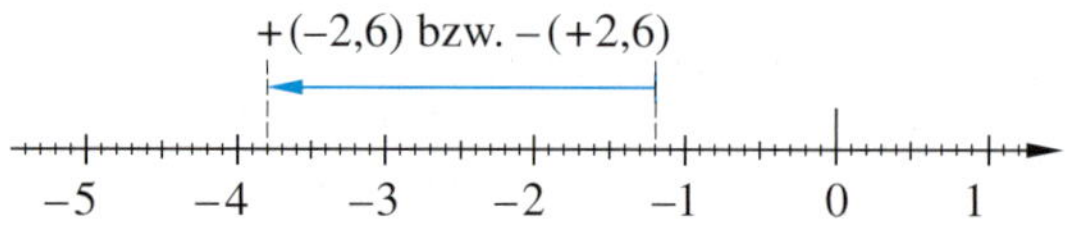

Beispiel 4
$(-1{,}2)-(-2{,}6)=(-1{,}2)+(+2{,}6)=(+1{,}4)$
Gegenzahl

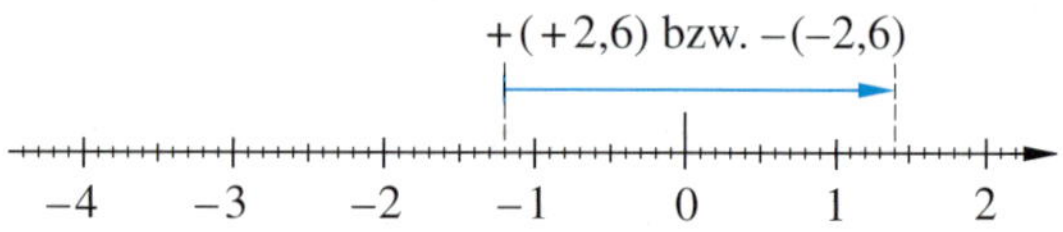

Üben und anwenden

1 Notiere jeweils die zugehörige Additionsaufgabe und das Ergebnis.

a)
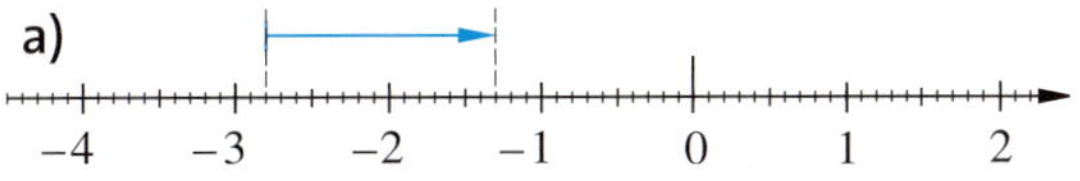

b)
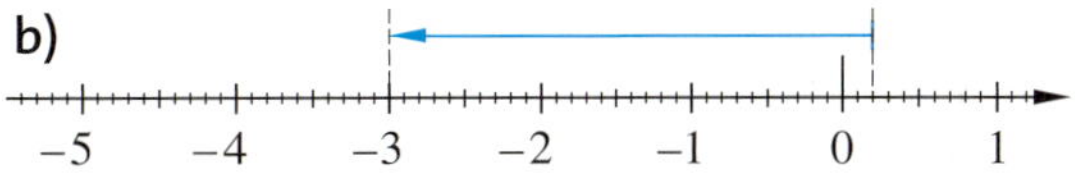

2 Notiere zu den dargestellten Additionen in Aufgabe 1 die zugehörigen Subtraktionsaufgaben.

3 Löse die Aufgaben im Heft. Die Zahlengerade aus Aufgabe 1 kann helfen.

a) −3,5 °C —4 °C wärmer→ □ °C
b) −2 °C —3,5 °C wärmer→ □ °C
c) □ °C ←4,5 °C kälter— 1,5 °C
d) □ °C ←2 °C kälter— −0,5 °C

3 Löse die Aufgaben im Heft. Schreibe jeweils die Umkehraufgabe auf.

a) −2,50 € —7 € dazu→ □ €
b) −1,20 € —4,50 € dazu→ □ €
c) □ °C ←24 °C kälter— 15,5 °C
d) □ °C ←12,5 °C kälter— −4,5 °C

HINWEIS
015-1
Hier findest du weitere Übungen zur Addition und Subtraktion rationaler Zahlen.

4 Welche Aufgaben haben das gleiche Ergebnis?

a) (+0,8) + (−0,5) und 0,8 − 0,5
b) (−1,4) − (+0,6) und −1,4 + 0,6
c) (+3,5) − (+1,5) und 3,5 − 1,5
d) (−2,4) − (−2,1) und −2,4 + 2,1

4 Schreibe, wenn möglich, kürzer und berechne.

a) (−15) + (+4,5)
b) (+27,3) − (+27,3)
c) 0 − (−5,9)
d) −12,1 − (−32,2)
e) −0,8 − 0,4 + 1,5
f) −13,2 + 0,8 − (−7)
g) 4,03 − (−5,72)
h) −7,39 − 5,41

NACHGEDACHT
Formuliere einen Merksatz, wann Klammern weggelassen werden dürfen.

5 Mache die Brüche zuerst gleichnamig. Berechne dann die Lösung.

a) $\left(+\frac{1}{4}\right) + \left(+\frac{1}{2}\right)$
b) $\left(-\frac{2}{3}\right) + \left(+\frac{1}{6}\right)$
c) $-\frac{1}{6} + \left(-\frac{1}{4}\right)$
d) $\frac{3}{5} - \left(-\frac{1}{2}\right)$

5 Berechne.

a) $\left(+\frac{1}{3}\right) - \left(+\frac{5}{6}\right)$
b) $\left(-\frac{2}{3}\right) - \left(-\frac{7}{9}\right)$
c) $-\frac{5}{12} - \frac{1}{18}$
d) $-\frac{2}{7} + \frac{5}{42}$
e) $-3\frac{1}{5} + \left(-\frac{3}{10}\right)$
f) $\frac{2}{8} - \left(-1\frac{1}{12}\right)$

6 Welches Vorzeichen muss für □ eingesetzt werden, damit das Ergebnis richtig wird?

a) 14 + (−15) = □1
b) 14 + (□5) = +9
c) 1,2 − (□1,2) = 0

6 Welches Vorzeichen muss für □ eingesetzt werden, damit das Ergebnis richtig wird?

a) 2,9 − (□0,8) = 2,1
b) □3,5 − (+1,5) = −5
c) □7,8 − (−1,2) = −6,6

7 Bilde aus den Kärtchen je eine Additions- und eine Subtraktionsaufgabe, mit

a) einem positiven Ergebnis.
b) einem negativen Ergebnis.

−	+	7,5	5

7 Addiere nacheinander die äußeren Zahlen zu $2\frac{1}{2}$ hinzu.

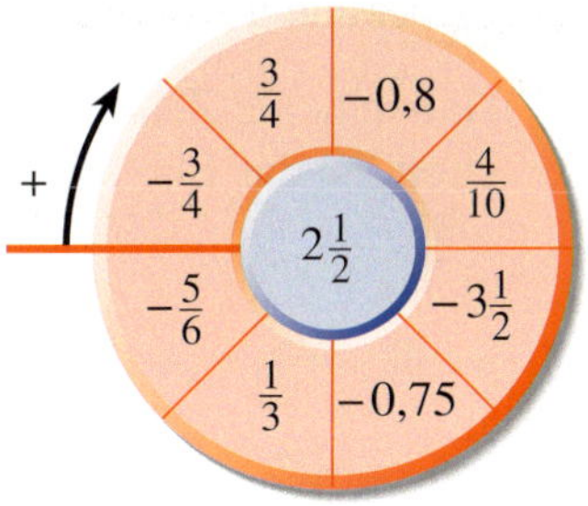

Beispiel
$2\frac{1}{2} + \left(-\frac{3}{4}\right) = 1\frac{3}{4}$

8 Bestimme die neuen Kontostände.

a) Auf einem Konto befinden sich 15 €. Es werden 20 € abgebucht.
b) Auf einem Konto befinden sich −2,50 €. Es werden 10 € eingezahlt.

8 Patricia hebt von ihrem Konto mit 15,50 € Guthaben 50 € ab.

a) Wie ist der neue Kontostand?
b) Kurze Zeit später gehen 18 € auf ihr Konto ein. Wie lautet nun der Kontostand?

Rationale Zahlen multiplizieren und dividieren

Entdecken

1 Familie Krolls Kontoauszug zeigt die Umsätze der ersten drei Monate eines Jahres.

Buchungstag	Zweck	Umsatz
01.01.	Miete	−602,15 €
01.01.	Telefon	−29,50 €
28.01.	Gehalt	1630,00 €
01.02.	Miete	−602,15 €
01.02.	Telefon	−29,50 €
28.02.	Gehalt	1630,00 €
01.03.	Miete	−602,15 €
01.03.	Telefon	−29,50 €
28.03.	Gehalt	1630,00 €

a) Erläutere die Vorzeichen beim Umsatz.
b) Sonja berechnet die Mietkosten von Januar bis März:
$-602{,}15 - 602{,}15 - 602{,}15 = -1806{,}45$
Überprüfe ihre Rechnung.
c) Oliver meint: „Ich rechne lieber $3 \cdot (-602{,}15)$. Dafür rechne ich $3 \cdot 602{,}15$ und schreibe ein Minus vor das Ergebnis.“
Kommt Oliver auf das gleiche Ergebnis wie Sonja?
d) Bestimme die jährlichen Umsätze für Gehalt, Miete und Telefon. Rechne wie Sonja oder Oliver. Begründe deine Wahl.

2 Die Division ist die Umkehrung der Multiplikation.
Beispiel $-8 : 2 = -4$ ist richtig, weil $-4 \cdot 2 = -8$ ergibt.
a) Überprüfe mithilfe der Umkehrung, welche der Rechnungen richtig sind.

① $-1 : 2 = -0{,}5$
② $-3{,}5 : 7 = -0{,}2$
③ $2{,}5 : 5 = -0{,}5$
④ $-8{,}1 : 9 = 0{,}9$
⑤ $-\frac{1}{5} : 2 = -\frac{1}{10}$
⑥ $-\frac{3}{4} : 3 = \frac{1}{4}$

b) Korrigiere im Heft die Ergebnisse der Rechnungen, die falsch sind.

Verstehen

Zu spät gekommen: −4 Punkte
Hausaufgaben vergessen: −2 Punkte
Im Unterricht gestört: $-\frac{1}{2}$ Punkt

In der Klasse von Frau Arndt gibt es Minuspunkte, die in Form von Sonderaufgaben abgearbeitet werden müssen. Thomas hat fünfmal im Unterricht gestört.
Thomas hat nun $-2\frac{1}{2}$ Punkte,

denn: $\left(-\frac{1}{2}\right) + \left(-\frac{1}{2}\right) + \left(-\frac{1}{2}\right) + \left(-\frac{1}{2}\right) + \left(-\frac{1}{2}\right) = 5 \cdot \left(-\frac{1}{2}\right) = \left(-\frac{5}{2}\right) = \left(-2\frac{1}{2}\right)$.

Merke **Multiplikation von rationalen Zahlen und Division von rationalen Zahlen durch natürliche Zahlen**

① Multipliziere bzw. dividiere die Beträge beider Zahlen.
② Bestimme das Vorzeichen des Ergebnisses.

Haben beide Zahlen **das gleiche Vorzeichen**, ist das Ergebnis positiv.

Haben beide Zahlen **verschiedene Vorzeichen**, ist das Ergebnis negativ.

Beispiel 1
a) $(+7{,}2) \cdot (+3) = (+21{,}6)$
kurz: $7{,}2 \cdot 3 = 21{,}6$
b) $\left(-\frac{1}{2}\right) \cdot \left(-\frac{3}{4}\right) = \left(+\frac{3}{8}\right)$
kurz: $-\frac{1}{2} \cdot \left(-\frac{3}{4}\right) = \frac{3}{8}$

Beispiel 2
a) $(+4) \cdot (-2{,}5) = (-10)$
kurz: $4 \cdot (-2{,}5) = -10$
b) $\left(-\frac{4}{5}\right) \cdot \left(+\frac{1}{6}\right) = \left(-\frac{\overset{2}{\cancel{4}} \cdot 1}{5 \cdot \underset{3}{\cancel{6}}}\right) = \left(-\frac{2}{15}\right)$
kurz: $-\frac{4}{5} \cdot \frac{1}{6} = -\frac{2}{15}$

Beispiel 3
$(+2{,}7) : (+9) = (+0{,}3)$
kurz: $2{,}7 : 9 = 0{,}3$

Beispiel 4
$\left(-\frac{7}{8}\right) : 3 = \left(-\frac{7}{8 \cdot 3}\right) = \left(-\frac{7}{24}\right)$
kurz: $-\frac{7}{8} : 3 = -\frac{7}{24}$

Üben und anwenden

1 Überlege vor dem Multiplizieren: Welches Vorzeichen bekommt das Ergebnis?

a) $(-2) \cdot (+3)$ b) $(-4) \cdot (-2)$
c) $(+0{,}5) \cdot (+8)$ d) $(-0{,}4) \cdot (+1)$
e) $(+20) \cdot (-0{,}1)$ f) $(-0{,}5) \cdot (-6)$

1 Begründe, welches Vorzeichen das Ergebnis hat. Berechne.

a) $(-5) \cdot (+6)$ b) $(-8) \cdot (+0{,}5)$
c) $(+7) \cdot (-0{,}3)$ d) $-0{,}5 \cdot (-0{,}9)$
e) $-0{,}2 \cdot (-35)$ f) $0{,}5 \cdot 2{,}4$

2 Berechne und führe die Multiplikationsreihe um vier weitere Schritte fort.

a)
$4 \cdot (-2) = -8$
$2 \cdot (-2) = -4$
$0 \cdot (-2) = \square$
$-2 \cdot (-2) = \square$
$-4 \cdot (-2) = \square$

b)
$4 \cdot 0{,}5 = 2$
$2 \cdot 0{,}5 = 1$
$0 \cdot 0{,}5 = \square$
$-2 \cdot 0{,}5 = \square$
$-4 \cdot 0{,}5 = \square$

2 Berechne und führe die Multiplikationsreihe um vier weitere Schritte fort.

a)
$0{,}5 \cdot 6 = 3$
$0 \cdot 6 = 0$
$-0{,}5 \cdot 6 = \square$
$-1 \cdot 6 = \square$
$-1{,}5 \cdot 6 = \square$

b)
$0{,}5 \cdot (-4) = -2$
$0 \cdot (-4) = 0$
$-0{,}5 \cdot (-4) = \square$
$-1 \cdot (-4) = \square$
$-1{,}5 \cdot (-4) = \square$

3 Bilde aus den Zahlenfeldern je vier verschiedene Multiplikationsaufgaben mit
a) einem positiven Ergebnis,
b) einem negativen Ergebnis.

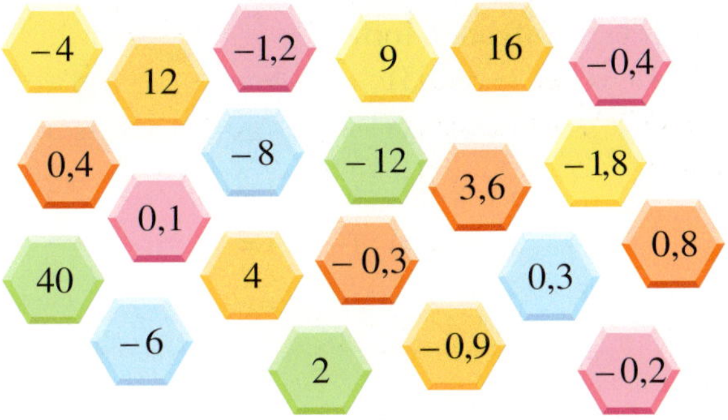

3 Wähle aus den Zahlenfeldern geeignete Zahlenpaare so aus, dass ihr Produkt
a) 32 b) –16
c) 0,36 d) –1,2
ergibt.

HINWEIS
017-1
Hier findest du weitere Übungen zur Multiplikation rationaler Zahlen.

4 Dividiere. Überprüfe dein Ergebnis mit der Umkehrrechnung.

Beispiel $-3{,}5 : 5 = -0{,}7$ da $-0{,}7 \cdot 5 = -3{,}5$

a) $(-2{,}5) : (+5)$ b) $(-3{,}6) : (+6)$
c) $1{,}6 : 4$ d) $(-3{,}2) : 8$

4 Dividiere. Überprüfe dein Ergebnis mit der Umkehrrechnung.

a) $6{,}6 : 2$ b) $-4 : 10$
c) $-7{,}2 : 6$ d) $-7{,}5 : 3$
e) $9{,}1 : 7$ f) $-9{,}6 : 12$

5 Rechne schriftlich. Kontrolliere dein Ergebnis mit dem Taschenrechner.

a) $24 \cdot (-1{,}2)$ b) $(-21{,}3) \cdot (-4{,}5)$
c) $108 : 8$ d) $-34{,}5 : 3$

5 Überschlage zuerst. Rechne dann schriftlich. Kontrolliere mit dem Taschenrechner.

a) $14{,}5 \cdot (-0{,}5)$ b) $(-1{,}54) \cdot (-27{,}5)$
c) $145{,}5 : 6$ d) $-183{,}28 : 4$

6 Berechne. Beschreibe deinen Lösungsweg.

a) $\left(-\frac{1}{2}\right) \cdot \left(+\frac{3}{2}\right)$ b) $2 \cdot \frac{3}{7}$ c) $\frac{2}{5} \cdot \left(-\frac{3}{4}\right)$ d) $-12 \cdot \left(-\frac{2}{9}\right)$
e) $\frac{2}{7} : 8$ f) $-\frac{5}{16} : 10$ g) $-\frac{6}{11} : 12$ h) $-3\frac{1}{2} : 12$
i) Überprüfe deine Ergebnisse mit dem Taschenrechner. Verwende die Bruchrechentaste ab/c.

7 Aus dem Berufsleben
Ein Taucher soll in 80 m Tiefe ein Rohr reparieren.
In einer Minute taucht er 16 m tief.
Nach wie vielen Minuten hat er das Rohr erreicht?

7 Aus dem Berufsleben
Ein Landwirt kauft 3,5 Hektar Land für 26 500 € pro Hektar. 12 500 € hat er zur Verfügung. Wie viel Geld muss er sich leihen? Das geliehene Geld zahlt er in 24 Raten zurück. Wie hoch ist eine Rate?

HINWEIS
1 Hektar (ha) = 10 000 m²

+ Rationale Zahlen durch rationale Zahlen dividieren

Entdecken

1 Hier wurden Fehler gemacht.

a) Überprüfe mithilfe der Umkehraufgabe, welche der Rechnungen richtig sind. Notiere die richtigen Rechnungen im Heft.

b) Korrigiere im Heft die Ergebnisse der Rechnungen, die falsch sind.

c) Führe den Satz zu Ende: „Dividiert man eine negative Zahl durch eine positive Zahl, ist das Ergebnis …“

d) Formuliere ähnliche Regeln wie bei c).

① $-9 : 3 = -3$

② $-4{,}8 : 6 = -0{,}8$

③ $3{,}6 : 9 = 4$

④ $1{,}4 : (-7) = 0{,}2$

⑤ $-\frac{1}{5} : 3 = \frac{1}{15}$

⑥ $0{,}8 : (-0{,}4) = -0{,}2$

⑦ $0{,}3 : (-0{,}2) = -1{,}5$

⑧ $-8 : (-0{,}5) = -16$

⑨ $-7 : (-10) = 0{,}7$

⑩ $-\frac{1}{6} : \frac{1}{5} = \frac{1}{30}$

2 Löse die folgenden Aufgaben. Was fällt dir auf? Setze die Zahlenreihen um vier Aufgaben fort.

① $2 : \left(-\frac{1}{2}\right) =$
$1 : \left(-\frac{1}{2}\right) =$
$0 : \left(-\frac{1}{2}\right) =$
$-1 : \left(-\frac{1}{2}\right) =$

② $(-34{,}65) : 1{,}5 =$
$(-34{,}65) : 0{,}5 =$
$(-34{,}65) : (-0{,}5) =$
$(-34{,}65) : (-1{,}5) =$

③ $(-2) : (-2) =$
$(-2) : (-2) : (-2) =$
$(-2) : (-2) : (-2) : (-2) =$

Verstehen

Jana soll die Aufgabe $\left(-\frac{1}{5}\right) : \left(-\frac{3}{4}\right)$ berechnen.

Sie rechnet zuerst: $\frac{1}{5} : \frac{3}{4} = \frac{1}{5} \cdot \frac{4}{3} = \frac{1 \cdot 4}{5 \cdot 3} = \frac{4}{15}$

Da beide Zahlen das gleiche Vorzeichen haben, weiß sie, dass das Ergebnis positiv ist.

Merke Rationale Zahlen durch rationale Zahlen dividieren

① Dividiere die Beträge beider Zahlen.
② Bestimme das Vorzeichen des Ergebnisses.

Haben beide Zahlen **das gleiche Vorzeichen**, ist das Ergebnis positiv.

Haben beide Zahlen **verschiedene Vorzeichen**, ist das Ergebnis negativ.

Beispiel 1

a) $(+4{,}8) : (+4) = (+1{,}2)$
kurz: $4{,}8 : 4 = 1{,}2$

b) $(-7{,}2) : (-8) = (+0{,}9)$
kurz: $-7{,}2 : (-8) = 0{,}9$

Beispiel 2

a) $(+14) : (-3{,}5) = (+140) : (-35) = (-4)$
kurz: $14 : (-3{,}5) = -4$

b) $(-2{,}4) : (+1{,}5) = (-24) : (+15) = (-1{,}6)$
kurz: $-2{,}4 : 1{,}5 = -1{,}6$

Man **dividiert durch einen Bruch**, indem man mit seinem Kehrwert multipliziert.
Den **Kehrwert** eines Bruchs bildet man, indem man seinen Zähler und Nenner vertauscht.

Beispiel 3 Kehrwert

$\left(-\frac{1}{5}\right) : \left(-\frac{3}{4}\right) = \left(-\frac{1}{5}\right) \cdot \left(-\frac{4}{3}\right) = \left(+\frac{4}{15}\right)$

kurz: $-\frac{1}{5} : \left(-\frac{3}{4}\right) = \frac{4}{15}$

Beispiel 4 Kehrwert

$\left(-\frac{1}{3}\right) : \left(+\frac{2}{5}\right) = \left(-\frac{1}{3}\right) \cdot \left(+\frac{5}{2}\right) = \left(-\frac{5}{6}\right)$

kurz: $-\frac{1}{3} : \frac{2}{5} = -\frac{5}{6}$

Üben und anwenden

1 Berechne. Überprüfe deine Ergebnisse mit der Umkehrrechnung.
a) $(-24):(+3)$ b) $(+50):(-4)$
c) $6{,}6:(-2)$ d) $-4:(-10)$
e) $-7{,}2:6$ f) $-7{,}5:(-1{,}5)$

2 Übertrage die Divisionstabelle in dein Heft und fülle sie aus.

:	8	3	0,1	−2	$\frac{1}{2}$
−8					
1,2					
−4,8	−0,6				

3 Übertrage die Rechendreiecke in dein Heft und ergänze sie.

a)
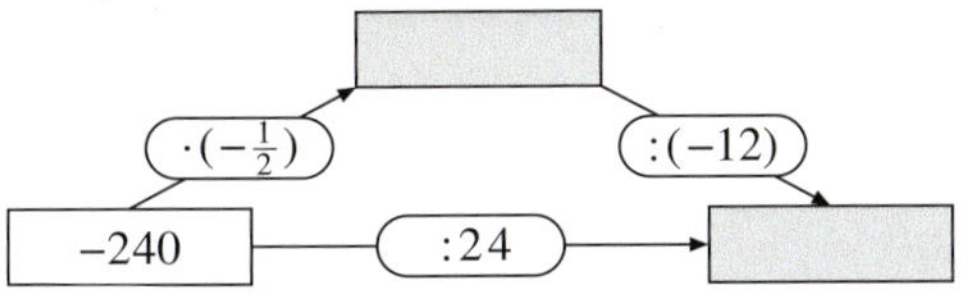

b)
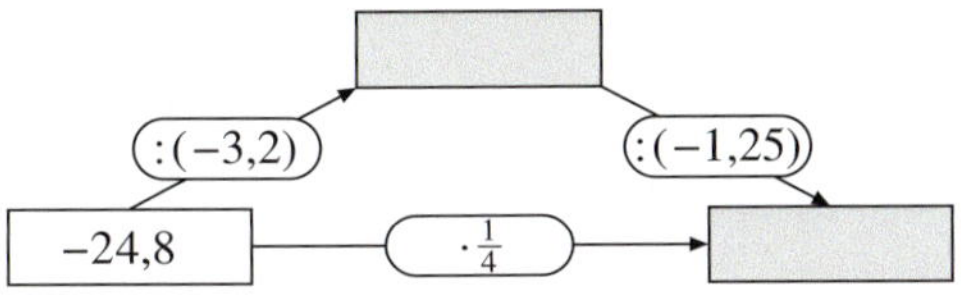

4 Dividiere schriftlich. Überprüfe dein Ergebnis mit dem Taschenrechner. Beachte den Hinweis in der Randspalte.
a) $453:1{,}2$ b) $-453:0{,}12$
c) $230{,}308:(-8{,}24)$ d) $-113{,}42:(-2{,}12)$

5 Überschlage zuerst, dividiere dann schriftlich. Achte auf das Vorzeichen im Ergebnis.
a) $24{,}48:(-7{,}2)$ b) $-24{,}2:(-5{,}5)$
c) $13{,}44:(-2{,}1)$ d) $-8{,}652:4{,}2$
e) $-6{,}825:(-2{,}1)$ f) $10{,}08:(-2{,}4)$

6 Bilde jeweils den Kehrwert.
a) $\frac{2}{3}$ b) $-\frac{3}{7}$ c) $-\frac{4}{5}$
d) $-\frac{5}{12}$ e) $1\frac{1}{2}$ f) $-2\frac{1}{4}$

7 Kürze das Ergebnis so weit wie möglich.
a) $\frac{16}{25}:(-8)$ b) $-\frac{24}{25}:12$
c) $\frac{7}{8}:21$ d) $-\frac{144}{150}:(-36)$

8 Dividiere. Beschreibe dein Vorgehen.
a) $-400:\frac{3}{6}$ b) $560:\frac{5}{15}$
c) $-728:\frac{2}{8}$ d) $124:\left(-\frac{4}{6}\right)$
e) $312:\left(-\frac{2}{3}\right)$ f) $-901:\left(-\frac{4}{12}\right)$

9 Berechne. Die Lösungen stehen in der Randspalte, sie ergeben ein Lösungswort.
a) $-\frac{1}{3}:\frac{1}{9}$ b) $-\frac{1}{2}:\left(-\frac{1}{4}\right)$
c) $-\frac{3}{4}:\left(-\frac{2}{5}\right)$ d) $\frac{2}{3}:\left(-\frac{1}{6}\right)$
e) $-\frac{1}{5}:\left(-\frac{1}{2}\right)$ f) $-\frac{1}{9}:\frac{1}{4}$
g) $\frac{2}{5}:\left(-\frac{5}{7}\right)$ h) $-\frac{1}{5}:\left(-\frac{1}{6}\right)$
i) $\frac{5}{8}:\left(-\frac{1}{6}\right)$

10 Beschreibe, welche Fehler gemacht wurden. Korrigiere im Heft.
a) $-0{,}001:0{,}1=-0{,}01$
b) $-6793:(-1)=-6793$
c) $-6{,}47:6{,}47=1$
d) $-\frac{1}{2}:\frac{3}{4}=-\frac{3}{8}$
e) $\frac{1}{4}:\left(-\frac{7}{8}\right)=\frac{28}{8}=3\frac{4}{8}$
f) $-\frac{3}{8}:\left(-\frac{9}{10}\right)=-\frac{5}{12}$

11 Katrin hat sich 82,40 € geliehen und soll sie in vier gleich großen Raten zurückzahlen.
a) Wie groß ist jede Rate?
b) Schreibe eine zugehörige Rechnung mit negativen Zahlen auf.

12 Durchschnitt
a) Erläutere an einem selbst gewählten Beispiel, wie man den Durchschnitt von Zahlen berechnet.
b) Lars hat eine Woche lang um 16 Uhr die Temperatur gemessen. Wie warm war es in der Woche um 16 Uhr durchschnittlich?
Mo: 1,2 °C; Di: −2,2 °C; Mi: −3,8 °C; Do: −0,5 °C; Fr: 0,5 °C; Sa: −1,8 °C; So: −5,3 °C

$-3\frac{3}{4}$ E
$-\frac{14}{25}$ E
$1\frac{1}{5}$ R
$\frac{2}{5}$ T
$-\frac{4}{9}$ I
$1\frac{7}{8}$ U
2 A
−3 H
−4 S

HINWEIS
zu Aufgabe 4: Multipliziere zuerst beide Dezimalzahlen solange mit 10 oder 100 oder …, bis bei der zweiten Zahl kein Komma mehr steht. Rechne dann wie beim Dividieren durch natürliche Zahlen.

Rechenregeln bei rationalen Zahlen (Vorrangregeln)

Entdecken

1 Rechenbäume

a) Die Rechnung $-1{,}5 + 2 \cdot (-4)$ wird durch Rechenbaum Ⓐ dargestellt. Erkläre dies.

b) Welcher Rechenschritt wird dabei zuerst ausgeführt? Welche Regel wird angewendet?

c) Jan sagt: „Wenn ich möchte, dass ein Rechenschritt zuerst ausgeführt wird, setze ich ihn in Klammern.“ Was meinst du dazu?

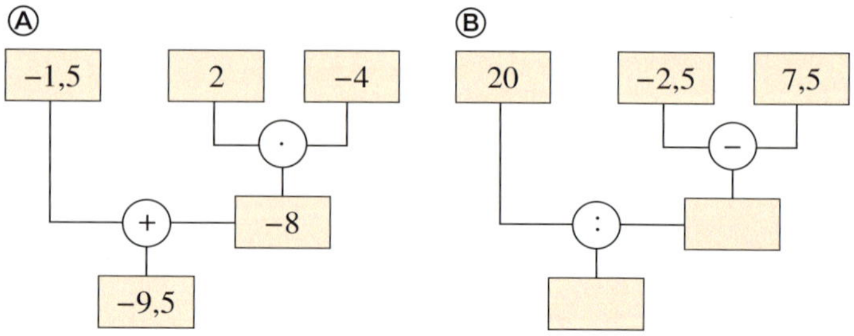

d) Übertrage den Rechenbaum Ⓑ in dein Heft und vervollständige ihn.

e) Welche Rechnung gehört zum Rechenbaum Ⓑ? Woran hast du das erkannt?

① $20 : (-2{,}5) - 7{,}5$ ② $(-2{,}5 - 7{,}5) : 20$ ③ $20 : (-2{,}5 - 7{,}5)$

2 Die 8c hatte als Hausaufgabe folgende Aufgabe auf: $-7 + 8 : (-2) - (-3{,}5 + 5)$.
Vier Schüler melden sich und nennen ihre Ergebnisse.
Sarah: „−2,5“; Ole: „−2“; Murat: „−12,5“; Gesa: „8“.
Wer hat Recht? Begründe deine Antwort.
Welche Fehler haben die anderen gemacht?

Verstehen

Saskia hat an einem Dezembertag dreimal die Temperatur gemessen. Nun möchte sie aus ihren Messungen die Durchschnittstemperatur berechnen.
Sie rechnet: $(-4{,}5 + 0{,}5 - 2) : 3 = -6 : 3 = -2$
Die Durchschnittstemperatur betrug −2 °C.

7:00 Uhr	12:00 Uhr	20:00 Uhr
−4,5 °C	0,5 °C	−2 °C

· :

Merke Auch bei der Rechnung mit rationalen Zahlen gilt:
① **Klammern** werden **zuerst** ausgerechnet. ② **Punktrechnung** geht **vor Strichrechnung**.
③ Ansonsten wird **von links nach rechts** gerechnet.

\+ −

Beispiel 1

$0{,}8 \cdot (7 - 9)$
$= 0{,}8 \cdot (-2)$
$= -1{,}6$

Zuerst wird die Subtraktion in der Klammer ausgeführt.

Beispiel 2

$-49 : 7 + 0{,}5 \cdot 3$
$= -7 + 1{,}5$
$= -5{,}5$

Vor der Addition werden Multiplikation und Division ausgeführt.

Beispiel 3

$12 - (3 - 5) \cdot 3{,}1$
$= 12 - (-2) \cdot 3{,}1$ ① Klammern zuerst
$= 12 - (-6{,}2) = 18{,}2$ ② Punktrechnung vor Strichrechnung

Üben und anwenden

1 Berechne und vergleiche.

a) $(4 + 6) \cdot 2$ und $4 + 6 \cdot 2$
b) $(4 - 6) \cdot 2$ und $4 - 6 \cdot 2$
c) $(4 - 6) : 2$ und $4 + 6 : 2$

2 Schreibe den Rechenbaum als Rechnung ins Heft. Denke an die Klammern. Bestimme das Ergebnis.

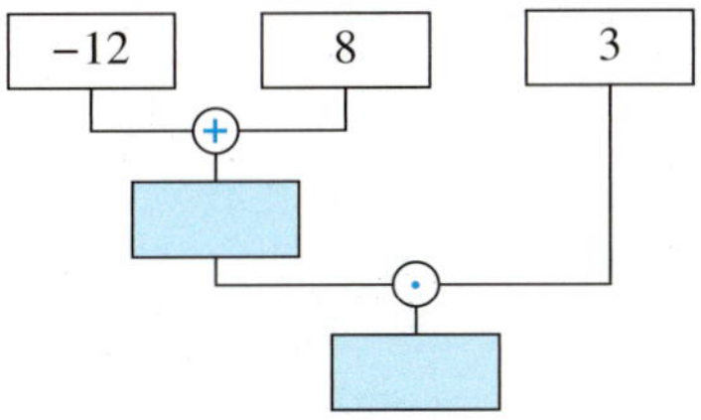

3 Zeichne den Rechenbaum und berechne.

a) $(-2 + 3) \cdot 5$
b) $-12 : (-4 + 7)$
c) $1{,}5 \cdot (-2) + 3$
d) $(-3 - 7) \cdot (4{,}3 - 4)$

4 Welche Aufgaben wurden falsch gelöst? Schreibe die richtigen Lösungen ins Heft.

a) $2 - 6 \cdot 5 = -20$
b) $14 - 21 : 7 = 11$
c) $-5 \cdot (7 - 14) = -49$

5 Schreibe als Rechnung und berechne.
Tipp: Rechenbäume können helfen.

a) Addiere (-4) und 6.
Multipliziere anschließend mit 2.
b) Subtrahiere (-4) von 6.
Multipliziere anschließend mit 2.
c) Addiere (-4) und 6.
Dividiere anschließend durch 2.

6 Aus dem Berufsleben
Im Getränkemarkt gibt ein Kunde 8 Flaschen zu 0,25 € Pfand und 10 Flaschen zu 0,15 € Pfand zurück.
Er kauft für 12,50 € neue Getränke ein.
Stelle eine geeignete Frage und berechne.

1 Berechne. Beschreibe deinen Lösungsweg.

a) $-12 + 8 \cdot 4$
b) $-12 - (8 \cdot 4)$
c) $-12 + 8 : 4$
d) $-12 - (8 : 4)$
e) $(-12 + 8) : 4$
f) $-12 : (8 - 4)$

2 Schreibe als Rechnung in dein Heft und berechne das Ergebnis.

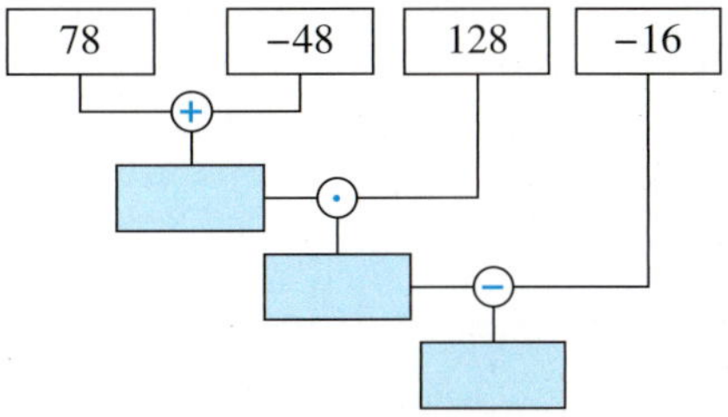

3 Zeichne den Rechenbaum und berechne.

a) $2 \cdot (-3{,}5) - 7{,}4$
b) $-9 + (-14) : 7$
c) $(-5 + 8) \cdot (2{,}8 - 3)$
d) $-15 : 3 - 6 \cdot (-1{,}3)$

4 Welche Fehler wurden gemacht? Berichtige und begründe.

a) $12 \cdot 3 - 4 \cdot 5 = 160$
b) $-7{,}8 - 5{,}2 : 13 + 1{,}6 = 0{,}6$
c) $(-4{,}5 + 3) \cdot 2 + (-0{,}5) \cdot 7 = -2$

5 Schreibe als Rechnung und berechne.

a) Multipliziere (-4) mit der Differenz aus 5 und 3.
b) Addiere zum Produkt der Zahlen (-5) und $(-2{,}5)$ die Zahl 1,5.
c) Dividiere die Summe der Zahlen 9 und (-6) durch 3.
d) Schreibe in Worten: $(-8 + 5) \cdot 9$

6 Aus dem Berufsleben
Im Getränkemarkt gibt ein Kunde 15 Flaschen zu 0,25 € Pfand und 24 Flaschen zu 0,08 € Pfand zurück. Er kauft für 3,75 € neue Getränke ein. Stelle die gesamte Rechnung in einer Gleichung dar.

7 Arbeitet zu zweit. Würfelt mit drei Würfeln.
Setzt vor jede Augenzahl ein Minus als Vorzeichen und bildet eine Aufgabe. Dabei dürft ihr alle Rechenzeichen und auch Klammern verwenden.
Findet jeweils ein möglichst kleines und ein möglichst großes Ergebnis. Vergleicht eure Ergebnisse.

ERINNERE DICH

$\underbrace{(6 + 4)}$ *Summe*

$\underbrace{(6 - 4)}$ *Differenz*

$\underbrace{(6 \cdot 4)}$ *Produkt*

$\underbrace{(6 : 4)}$ *Quotient*

Rechenvorteile bei rationalen Zahlen (Rechengesetze)

Entdecken

1 Vergleiche die Rechenwege der drei Schüler beim Lösen der Aufgabe (−4) · 17 · (−25).

Pascal
(−4) · 17 · (−25)
(−4) · 17 ist (−68)
und (−68) · (−25)
ist 1700.

Viola
(−4) · 17 · (−25)
die Zahlen darf ich vertauschen
(−4) · (−25) = 100
und 100 · 17 = 1700

Dominik
(−4) · 17 · (−25)
− mal + ist −,
dann mal − ist +,
also ist das Vorzeichen positiv.
4 · 17 = 68,
68 · 25 = 1700, also +1700.

a) Welche der drei Vorgehensweisen würdest du wählen? Begründe deine Antwort.
b) Welche „Tricks" werden beim Lösen dieser Multiplikationsaufgabe angewendet? Kennst du noch die mathematischen Fachbegriffe?
c) Wie würdest du vorgehen, um −2 · (−137) · (−50) zu berechnen? Vergleicht eure Vorgehensweisen zunächst zu zweit und dann in der Klasse.
d) Fasse die bisher gefundenen Rechengesetze in Merksätzen zusammen.

Verstehen

Die folgenden **Rechengesetze** kann man auch beim Rechnen mit rationalen Zahlen zum vorteilhaften Rechnen nutzen.

ERINNERE DICH
*Das Vertauschungs- und Verbindungsgesetz gelten **nicht** für die Subtraktion und die Division.*

Merke Vertauschungsgesetz

Beim Addieren und beim Multiplizieren dürfen die Zahlen **beliebig vertauscht** werden.
Das Ergebnis ändert sich dabei nicht.

Beispiel 1

a) − 2,4 + 175 = 172,6
175 + (−2,4) = 172,6

b) 13 · (−5) = −65
(−5) · 13 = −65

Achte beim Vertauschen darauf, dass du die Vorzeichen der Zahlen mitnimmst.

Merke Verbindungsgesetz

Beim **Addieren und beim Multiplizieren** dürfen einzelne Zahlen beliebig **durch Klammern zusammengefasst** werden.

Beispiel 2

−42 + 23 + 97	−42 + 23 + 97
= (−42 + 23) + 97	= −42 + (23 + 97)
= −19 + 97	= −42 + 120
= 78	= 78

HINWEIS
Lateinische Bezeichnungen für die Rechengesetze:
*Vertauschungsgesetz – **Kommutativgesetz**,*
*Verbindungsgesetz – **Assoziativgesetz**,*
*Verteilungsgesetz – **Distributivgesetz***

Merke Verteilungsgesetz

Beim **Multiplizieren mit einer Summe oder Differenz** in Klammern darf man auch einzeln multiplizieren und dann addieren oder subtrahieren.
Das Verteilungsgesetz gilt auch für die Division.

Beispiel 3

a)	b)
(−2,6 + 9,8) · 10	(−4,8 − 6,6) : 2
= −2,6 · 10 + 9,8 · 10	= −4,8 : 2 − 6,6 : 2
= −26 + 98	= −2,4 − 3,3
= 72	= −5,7

Üben und anwenden

1 Berechne mit dem Vertauschungsgesetz.

Beispiel $-59 + 67 + 19$
$= -59 + 19 + 67$
$= \quad -40 \quad + 67 = 27$

a) $47 + (-28) + (-37)$
b) $(-56) + 104 + 26$
c) $89 + (-231) + (-19)$
d) $-6{,}8 + 13{,}4 + 1{,}8$

1 Nutze Rechenvorteile.

Beispiel $-15 + 39 - 85$
$= -15 + (-85) + 39$
$= \quad -100 \quad + 39 = -61$

a) $3{,}5 + 1{,}7 - 5{,}5 + 2{,}1$
b) $-4{,}7 + 1{,}9 - 2{,}3$
c) $78 + 10{,}4 - 5{,}4 + 13$
d) $-8{,}8 + 20{,}3 + 1{,}7 + 5{,}8$

NACHGEDACHT
Betrachte das Beispiel aus Aufgabe 1 (türkis). Was muss man beachten, wenn man das Vertauschungsgesetz bei rationalen Zahlen anwendet?

2 Berechne. Nutze das Verbindungs- oder Vertauschungsgesetz.

a) $2{,}1 + (-12) + 0{,}9$ b) $6{,}9 + 12{,}3 + (-2{,}3)$
c) $-2 \cdot 13{,}9 \cdot (-0{,}5)$ d) $-12 \cdot (-4) \cdot (-25)$

2 Berechne. Nutze Rechenvorteile.

a) $9 \cdot (-8) \cdot (-5)$ b) $-5 \cdot 16 \cdot (-1{,}2)$
c) $-2 \cdot 0{,}5 \cdot (-7)$ d) $-0{,}2 \cdot (-0{,}3) \cdot (-2{,}5)$
e) $-7 \cdot (-5) \cdot (-0{,}4)$ f) $2 \cdot (-3{,}6) \cdot 0{,}5$

3 Jamal hat das Vertauschungsgesetz angewendet. Doch die Ergebnisse sind verschieden.

a) Was hat er falsch gemacht?
b) Schreibe die Rechnungen richtig in dein Heft.

① $-16 + 7{,}2 - 6 = -14{,}8$
$-16 + 6 - 7{,}2 = -17{,}2$

② $-2{,}5 - 1{,}5 = -4$
$1{,}5 - (-2{,}5) = 4$

4 Welche Rechenausdrücke führen zum selben Ergebnis? Ordne richtig zu.

① $3 \cdot (-8) - 5 \cdot (-8)$	Ⓐ $3 \cdot (-8 + 5)$
② $3 \cdot (-8) - 3 \cdot 5$	Ⓑ $-3 \cdot (-8 - 5)$
③ $3 \cdot (-8) + 3 \cdot 5$	Ⓒ $(3 - 5) \cdot (-8)$
④ $3 \cdot 8 - 3 \cdot 5$	Ⓓ $3 \cdot (8 - 5)$
⑤ $(-3) \cdot (-8) - (-3) \cdot 5$	Ⓔ $3 \cdot (-8 - 5)$
⑥ $(-3) \cdot (-8) + 5 \cdot (-8)$	Ⓕ $(-3 + 5) \cdot (-8)$
⑦ $(-3) \cdot 8 + (-3) \cdot 5$	Ⓖ $-3 \cdot (8 + 5)$

4 Rechne wie im Beispiel auf zwei verschiedenen Wegen.

Beispiel $(-6 - 4) \cdot (-7)$

$= -6 \cdot (-7) - 4 \cdot (-7)$
$= \quad 42 \quad + \quad 28 \quad = 70$

$= (-10) \cdot (-7)$
$= \quad 70$

a) $-6 \cdot (100 + 3)$ b) $-9 \cdot (-13 - 37)$
c) $-4 \cdot (-25 + 8)$ d) $(-3{,}6 + 3{,}6) \cdot 9{,}5$
e) $(-4{,}2 - 2{,}8) : 7$ f) $(-45 + 15) : 5$
g) Welcher Rechenweg ist für dich einfacher?

5 Prüfe jeweils, ob beide Aufgaben das gleiche Ergebnis haben. Begründe.

a) $(-6 + 10) : 2$ und $-6 : 2 + 10 : 2$
b) $0{,}5 \cdot (2 - 4)$ und $0{,}5 \cdot 2 - 0{,}5 \cdot 4$
c) $6 : 2 + 6 : 1$ und $6 : (1 + 2)$

5 $(-9) : (2 + 1) = -9 : 3 = -3$ aber
$(-9) : 2 + (-9) : 1 = -4{,}5 + (-9) = -13{,}5$
Betrachte beide Rechnungen.
Warum kann man in der oberen Rechnung die Klammern nicht ausmultiplizieren?

Lerncheck

1 Wo findest du hier Rechtecke oder sogar Quadrate?

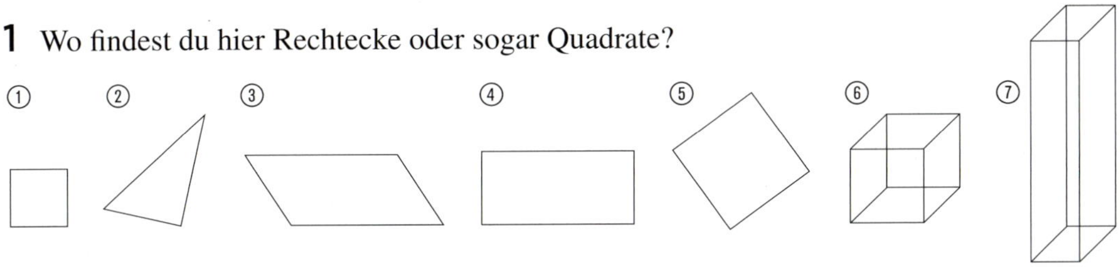

2 5,5 kg Äpfel kosten 10,89 €.

a) Was kosten 3 kg Äpfel?
b) Was kosten 9,5 kg Äpfel?
c) Wie viel Kilogramm Äpfel bekommt man für 12,87 €?

Klar so weit?

→ Seite 12

Rationale Zahlen erkennen und vergleichen

1 Welche Zahlen sind auf der Zahlengeraden markiert?

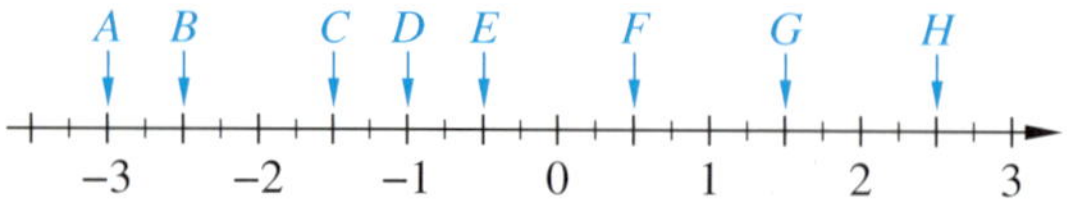

1 Welche Zahlen sind hier markiert? Bestimme auch die Gegenzahlen.

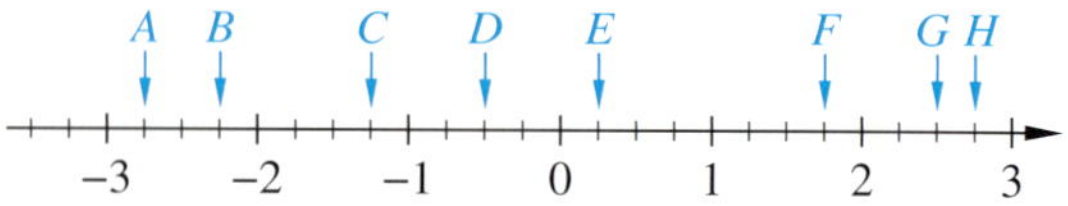

2 Zeichne je eine Zahlengerade von −6 bis 6. Markiere dort die Zahlen und ihre Gegenzahlen.

a) −1; 5; 3; −4; −6; 2

b) −0,5; −1,5; 2; −4; 5,5; 3,5

2 Zeichne jeweils eine geeignete Zahlengerade. Markiere dort die Zahlen und ihre Gegenzahlen.

a) −0,1; 1,5; 0,3; −0,8; 2,1; −2,2

b) −12,5; −12,7; −12,1; −11,8; −11,6

3 Setze im Heft ein: <, = oder >

a) −5 ▢ 5 b) −2 ▢ −3

c) 1,5 ▢ 1,2 d) −1,5 ▢ −1,2

e) $-\frac{1}{2}$ ▢ −1 f) $\frac{1}{2}$ ▢ 0,5

g) |−4| ▢ 4 h) −4,5 ▢ −4,6

3 Setze im Heft das passende Zeichen ein.

a) 3,5 ▢ − 3,51 b) −15,2 ▢ −7,5

c) 0,8 ▢ $-\frac{4}{5}$ d) |−2,31| ▢ 2,099

e) Welche Zahl liegt jeweils genau zwischen den beiden Zahlen?

→ Seite 14

Rationale Zahlen addieren und subtrahieren

4 Ergänze die Tabellen im Heft.

a)

+	4	−4	−1,7	$1\frac{1}{2}$
2				
−2				

b)

−	−2	2	0,5	$\frac{1}{2}$
−3				
1,5				

4 Ergänze die Tabellen im Heft.

a)

+	$\frac{3}{4}$	$-\frac{1}{2}$	$-\frac{7}{8}$	2
$-\frac{1}{4}$				
$-1\frac{2}{8}$				

b)

−	$\frac{2}{5}$	−0,5	−1,2	3
$\frac{3}{4}$				
$-\frac{1}{3}$				

5 Schreibe kürzer und berechne.

a) 4 + (−1,5) b) −4 + (−1,5)

c) 3,4 − (+2,2) d) −3,4 − (+2,2)

e) 1,25 − (−0,25) f) −1,25 − (−0,25)

5 Berechne. Beschreibe den Vorgehen.

a) 1,25 − (−1,5) b) −5,25 − (+3,5)

c) −3,5 − (+1,25) d) 57 + (−3,4)

e) −8,75 − (−2,3) f) 42,125 + (−32,25)

→ Seite 16

Rationale Zahlen multiplizieren und dividieren

6 Bilde fünf verschiedene Multiplikationsaufgaben und berechne. Jedes Kärtchen darf nur einmal genutzt werden. Achte auf die Vorzeichen.

−6 | 10 | −0,1 | $-\frac{1}{2}$ | 17 | −0,5 | $-\frac{2}{4}$ | 2,4 | $\frac{3}{7}$ | −1,1

7 Dividiere.

a) 1,5 : 3 b) −4,2 : 6

c) $\frac{3}{4}$: 4 d) $-\frac{8}{9}$: 12

7 Dividiere.

a) 7,8 : 13 b) −23,4 : 9

c) $-\frac{18}{55}$: 12 d) $-\frac{196}{200}$: 49

+ Rationale Zahlen durch rationale Zahlen dividieren

→ Seite 18

8 Dividiere, wenn möglich, im Kopf.

a) $0{,}4 : 0{,}4$ b) $16{,}8 : 1{,}2$ c) $0{,}84 : 0{,}4$ d) $7 : 2{,}8$

e) $\frac{1}{2} : \frac{2}{7}$ f) $-\frac{7}{8} : \frac{5}{12}$ g) $\frac{1}{5} : \left(-\frac{1}{5}\right)$ h) $-\frac{3}{4} : \left(-\frac{1}{2}\right)$

9 Übertrage die Rechendreiecke in dein Heft und ergänze sie.

a)

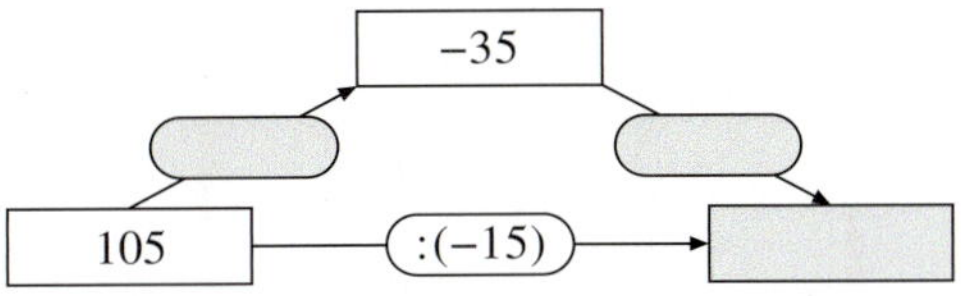

b)

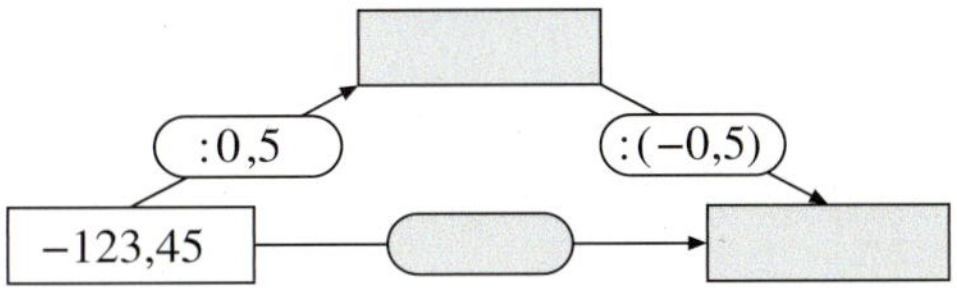

Rechenregeln bei rationalen Zahlen (Vorrangregeln)

→ Seite 20

10 Berechne.
Achte auf die Vorrangregeln.

a) $7 \cdot (2 - 5)$

b) $-4 - 9 : 3$

c) $6{,}5 - (3 - 5{,}2)$

d) $-1 + 2 \cdot (-3) : 4$

10 Was wurde hier falsch gemacht?
Berechne das richtige Ergebnis und begründe.

a) $-7{,}5 + 0{,}5 \cdot (-0{,}5) = 3{,}5$

b) $70 - 10 : 2 = 30$

c) $(-5{,}6) : 7 - (-2{,}1) = -2{,}9$

d) $-1{,}2 : (-4) - 2 = 0{,}2$

11 Schreibe als eine Rechnung. Berechne.

a) Subtrahiere 6 von 16.
Multipliziere anschließend mit −2.

b) Teile −20 durch 5.
Addiere anschließend 12.

c) Multipliziere 6 mit −2 und $\frac{1}{4}$.
Subtrahiere anschließend 5.

11 Schreibe als eine Rechnung. Berechne.

a) Dividiere die Summe der Zahlen −15 und −45 durch 12.

b) Multipliziere die Differenz der Zahlen −3,5 und −1,5 mit 0,5.

c) Subtrahiere vom Produkt der Zahlen 12 und −8 die Summe der Zahlen 12 und −8.

Rechenvorteile bei rationalen Zahlen (Rechengesetze)

→ Seite 22

12 Berechne möglichst vorteilhaft.
Welches Rechengesetz hast du angewendet?

a) $19{,}9 + 47{,}6 + 0{,}1$ b) $18{,}6 + (-3{,}5) + 3{,}5$

c) $-9{,}5 + 4{,}8 + (-0{,}5)$ d) $-2{,}6 + 0{,}6 - 6{,}8$

12 Berechne möglichst vorteilhaft.
Welches Rechengesetz hast du angewendet?

a) $8{,}2 - 4{,}3 + 1{,}8$ b) $5{,}7 + 4{,}5 - 9{,}7$

c) $8{,}7 - 6{,}5 - 2{,}7$ d) $14{,}6 + 12{,}8 - 13{,}6$

13 Nutze Rechenvorteile.
Welches Rechengesetz hast du angewendet?

a) $5 \cdot (-0{,}8) \cdot 2$ b) $-9 \cdot 25 \cdot 4$

c) $20 \cdot 5 \cdot (-37)$ d) $47 \cdot (-5) \cdot (-0{,}2)$

e) $-2 \cdot (-4{,}6) \cdot 5$ f) $8 \cdot 0{,}25 \cdot (-4)$

13 Nutze Rechenvorteile.
Welches Rechengesetz hast du angewendet?

a) $30 \cdot (-2) \cdot (-3) \cdot 7 \cdot (-5)$

b) $0{,}2 \cdot (-0{,}3) \cdot (-0{,}4) \cdot 0{,}5$

c) $-0{,}8 \cdot 1{,}5 \cdot (-0{,}25) \cdot (-0{,}4)$

14 Löse die Klammer auf und berechne.

a) $-2 \cdot (100 - 3)$

b) $5 \cdot (100 - 6)$

c) $-0{,}2 \cdot (-100 + 40 - 3)$

14 Löse die Klammer auf und berechne.

a) $-2{,}5 \cdot (100 - 6 + 0{,}3)$

b) $(-300 - 80 + 0{,}5) : 5$

c) $-4 \cdot (-2{,}5 + 1{,}25 - 1{,}5)$

Vermischte Übungen

1 In welchen Bereichen kommen im Alltag negative Zahlen vor? Handelt es sich nur um ganze Zahlen oder sogar um rationale Zahlen? Stellt eure Ergebnisse eurer Klasse vor.

2 Lies die Temperaturwerte ab.

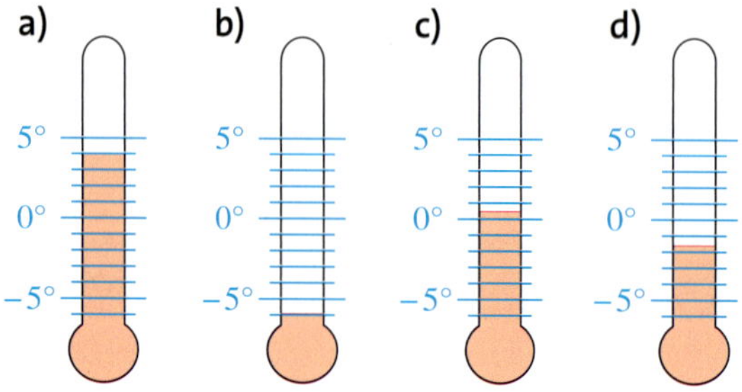

2 Lies die Temperaturwerte ab.

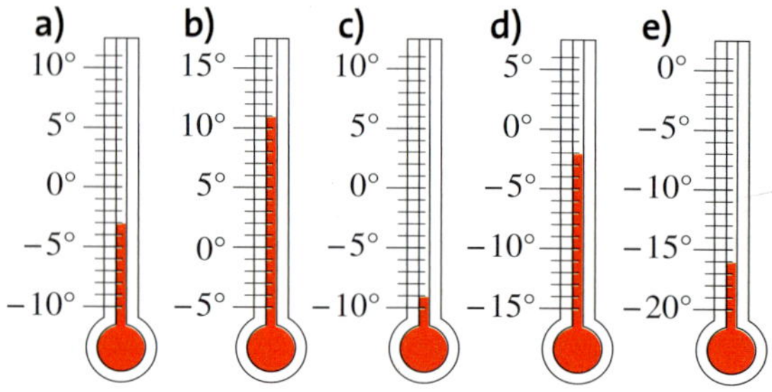

3 Zeichne eine Zahlengerade von −8 bis +8. Wähle pro Einheit zwei Kästchen. Markiere die Zahlen −6; 3; 0; −2,5 und ihre Gegenzahlen an der Zahlengeraden.

3 Zeichne jeweils eine Zahlengerade und trage die Zahlen und ihre Gegenzahlen ein.
a) −0,8; 0; −4; −4,1; −0,7; 4,6; −2,3
b) −2,4; 5,6; $-2\frac{1}{4}$; 7,2; $-3\frac{1}{4}$; −2,9; 3,2

4 Setze im Heft richtig ein: > oder <.
a) 1 ■ − 7 b) −12 ■ 5 c) −0,5 ■ −3,5 d) −15 ■ −14,5 e) $-\frac{1}{7}$ ■ $-\frac{6}{7}$ f) −0,4 ■ $-\frac{1}{2}$
g) Gib je drei Zahlen an, die zwischen den zwei Zahlen liegen.
h) Vergleiche jeweils die Beträge der beiden Zahlen. Wann ändert sich das Zeichen (> oder <)?

5 Ergänze die Zahlenfolge nach links und nach rechts um jeweils vier Zahlen.
a) … −0,3; −0,2; −0,1; 0; 0,1; 0,2; 0,3…
b) … −2; $-1\frac{1}{2}$; −1; $-\frac{1}{2}$; 0; $\frac{1}{2}$; 1; $1\frac{1}{2}$; …

5 Ergänze die Zahlenfolge nach links und nach rechts um jeweils vier Zahlen.
a) …; −1,2; − 0,8; − 0,4; 0; 0,4; 0,8; 1,2; …
b) …; $-1\frac{1}{3}$; −1; $-\frac{2}{3}$; $-\frac{1}{3}$; 0; $\frac{1}{3}$; $\frac{2}{3}$; …

6 Zeichne ein Koordinatensystem von −4 bis +4. Trage in das Koordinatensystem folgende Punkte ein:
$A(2{,}5|1)$; $B(-3|2)$; $C(-2{,}5|-0{,}5)$; $D(4|-3{,}5)$

6 Zeichne ein Koordinatensystem. Trage darin folgende Punkte ein:
$A(3|0{,}5)$; $B(-1|4)$; $C(-4{,}5|2)$; $D(-3{,}5|0)$; $E(-1{,}5|-0{,}5)$; $F(-2{,}5|-1{,}5)$; $G(0|-1{,}5)$

7 Welche Aussagen sind richtig? Begründe mithilfe von selbst gewählten Beispielen.
a) Jede negative Zahl ist kleiner als jede positive Zahl.
b) Jede Zahl ist größer als ihre Gegenzahl.
c) Der Betrag einer Zahl ist nie negativ.
d) Der Betrag einer Zahl ist die Zahl selbst oder ihre Gegenzahl.

8 Arbeitet zu zweit.
Monatliche Durchschnittstemperaturen in Jokkmokk (Schweden):

Jan	Feb	Mär	Apr	Mai	Jun	Jul	Aug	Sep	Okt	Nov	Dez
−14,4	−13,4	−7,9	−1,5	5	11,3	14,8	12,3	6,8	−0,5	−7,1	−11,1

a) Rundet die Werte auf ganze Zahlen. Beachtet dazu den Hinweis in der Randspalte.
b) Zeichnet ein Diagramm mit den gerundeten Werten.

HINWEIS
zu Aufgabe 8:
So rundet man negative Zahlen:
① Runde den Betrag der Zahl.
② Setze das Vorzeichen vor den gerundeten Betrag.
Beispiel
Runden auf ganze Zahlen:
−8,3 ≈ −8
−12,5 ≈ −13

9 Berechne.

a) $8 + 9$ b) $8 + (-9)$
c) $-8 + 9$ d) $-8 + (-9)$
e) Ersetze jeweils das Rechenzeichen (+) durch ein Minuszeichen und löse die Subtraktionsaufgaben.

9 Berechne.

a) $3{,}5 + 5{,}5$ b) $3{,}5 + (-5{,}5)$
c) $-3{,}5 + 5{,}5$ d) $-3{,}5 + (-5{,}5)$
e) Ersetze jeweils das Rechenzeichen durch ein Minuszeichen und löse die Subtraktionsaufgaben.

10 Ergänze die Tabelle im Heft.
Tipp: Eine Zahlengerade kann dir helfen.

alte Temperatur	Temperaturänderung	neue Temperatur
2 °C		4 °C
	8 Grad wärmer	3 °C
	6 Grad wärmer	−1 °C
−7 °C		−20 °C

10 Berechne jeweils den neuen Kontostand.

Alter Kontostand: 475,45 €			
Zweck	Belastung	Gutschriften	Kontostand
Miete	567,20 €		
Telefon	39,95 €		
Einzahlung		250 €	
Krankenkasse	205,50 €		

11 Wie wird im Beispiel gerechnet? Finde eine Regel und rechne ebenso.
Beispiel $-4 + (-3) - (-5) = -4 - 3 + 5 = -2$

a) $5 + (-3) - (-8)$ b) $-9 - (-5) + 4$ c) $-6 + 3 + (-4)$ d) $-3 + (-6) - (-2)$

12 Schreibe kürzer und berechne.

a) $3 + (+2{,}5)$ b) $4{,}6 - (+4)$
c) $6{,}7 + (-3{,}7)$ d) $-4{,}2 - (-3)$
e) $-5 - (-6{,}2)$ f) $-1{,}5 + (-3{,}5)$

12 Schreibe kürzer und berechne.

a) $(+2{,}64) + (+3{,}49)$ b) $2{,}81 - (+3{,}72)$
c) $4{,}03 - (-5{,}72)$ d) $-7{,}39 - (+5{,}41)$
e) $-9{,}08 - (-9{,}08)$ f) $6{,}55 - (-7{,}45)$

13 Vor wie vielen Jahren fanden diese historischen Ereignisse statt?

a) 1290 v. Chr.: Der junge Ramses II. wird Herrscher Ägyptens.
b) 1517: Martin Luther schlägt seine 95 Thesen an die Pforte der Schlosskirche zu Wittenberg.
c) 287 v. Chr.: Der berühmte Physiker und Mathematiker Archimedes wird geboren.
d) 1763: Im Königreich Preußen wird die Schulpflicht eingeführt.

14 Berechne im Kopf.

a) Multipliziere die Zahlen jeweils mit -2.

$3{,}5$ -4 $0{,}5$ $-\frac{1}{4}$

b) Multipliziere die Zahlen jeweils mit $-\frac{1}{2}$.

-12 7 $-\frac{1}{2}$ $\frac{2}{5}$ $-6{,}2$

14 Bilde sieben Multiplikationsaufgaben mit jeweils einer Zahl aus dem linken und einer Zahl aus dem rechten Kästchen.

Linkes Kästchen: 10 -5 $-\frac{1}{2}$ -125 25 -2 $-1{,}38$

Rechtes Kästchen: -8 $-0{,}9$ -4 $\frac{3}{5}$ -88 -5 100

15 Multipliziere.
Welches Vorzeichen bekommt das Ergebnis?

a) $-0{,}1 \cdot 5$ b) $3 \cdot (-1{,}3)$
c) $-2{,}1 \cdot (-4)$ d) $0{,}5 \cdot (-4{,}4)$

15 Berechne schriftlich.
Beschreibe, wie du rechnest.

a) $-0{,}4 \cdot (-34{,}5)$ b) $-0{,}5 \cdot 3{,}52$
c) $-0{,}02 \cdot (-8)$ d) $0{,}53 \cdot (-0{,}4)$

16 Rechne schriftlich. Kontrolliere deine Lösungen mit dem Taschenrechner.

a) $12 \cdot 8$ b) $-1130 \cdot 3$
c) $-306 \cdot (-4)$ d) $1475 \cdot (-11)$
e) $-354 \cdot (-12)$ f) $-13{,}4 \cdot (-11)$

16 Überschlage zunächst und berechne dann mit dem Taschenrechner.

a) $102 \cdot (-30)$ b) $-67 \cdot 431$
c) $-123 \cdot (-869)$ d) $-12{,}94 \cdot 11$
e) $76 \cdot (-4{,}99)$ f) $-1{,}24 \cdot (-3{,}05)$

ZUM WEITERARBEITEN
Erstelle eine Kurzübersicht zur Addition und Subtraktion rationaler Zahlen.
Beispiel:
aus □ − (+□)
wird □ − □
Ergänze Regeln und Beispiele für:
□ − (−□); □ + (−□); □ − (+□)

LÖSUNGEN
zu Aufgabe 12 (lila + türkis):
−12,8; −5; −1,2; −0,91; 0; 0,6; 1,2; 3; 5,5; 6,13; 9,75; 14

17 Übertrage die Tabelle ins Heft und berechne. Kürze falls möglich.

$\cdot$	$-\frac{3}{4}$	$-\frac{4}{5}$	$\frac{5}{6}$	$-\frac{7}{8}$
$-\frac{1}{2}$				
$\frac{1}{4}$				

17 Berechne jeweils das Produkt. Zwischen welchen ganzen Zahlen liegt das Ergebnis?

a) $\frac{1}{2} \cdot \frac{5}{3}$ b) $-\frac{1}{2} \cdot \frac{5}{3}$
c) $\frac{1}{2} \cdot \left(-\frac{5}{3}\right)$ d) $-\frac{7}{9} \cdot \left(-\frac{1}{3}\right)$
e) $-\frac{2}{5} \cdot \left(-\frac{3}{7}\right)$ f) $-\frac{3}{8} \cdot \frac{1}{7}$

18 Bilde aus den Kärtchen je zwei Multiplikationsaufgaben mit einem positiven und zwei mit einem negativen Ergebnis und löse sie.

4 | −10 | −1,2 | $\frac{3}{4}$

18 Gib je vier verschiedene Additionen, Subtraktionen und Multiplikationen mit folgenden Ergebnissen an.

−8 | 3 | −1,5 | $-\frac{1}{2}$

19 Dividiere. Achte auf das Vorzeichen.

a) −84 : 6 b) −90 : 15
c) 8,4 : 6 d) −3,2 : 8
e) $\frac{2}{5} : 2$ f) $-\frac{3}{4} : 4$
g) $-\frac{8}{9} : 6$ h) $-\frac{10}{11} : 15$

+19 Dividiere im Kopf oder schriftlich.

a) 9,8 : (−7) b) −7 : 0,5
c) 8,4 : (−14) d) −10,2 : (−1,7)
e) $-114 : \frac{3}{4}$ f) $-\frac{14}{15} : \left(-\frac{7}{12}\right)$
g) $-\frac{6}{25} : \frac{4}{15}$ h) $-\frac{27}{40} : \left(-\frac{6}{25}\right)$

20 Übertrage die Rechenbäume in dein Heft und ergänze sie.

a)
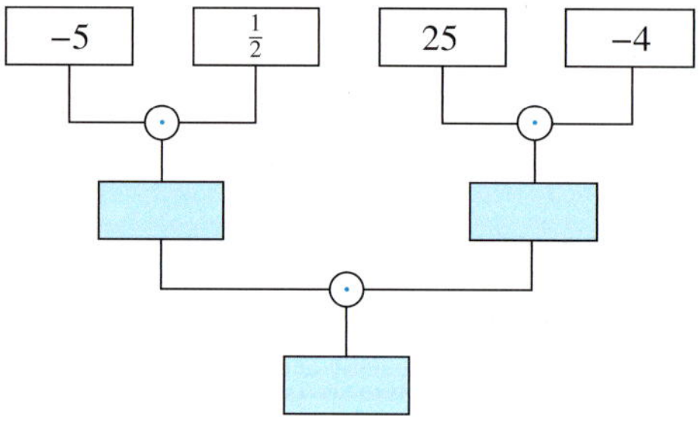

b)
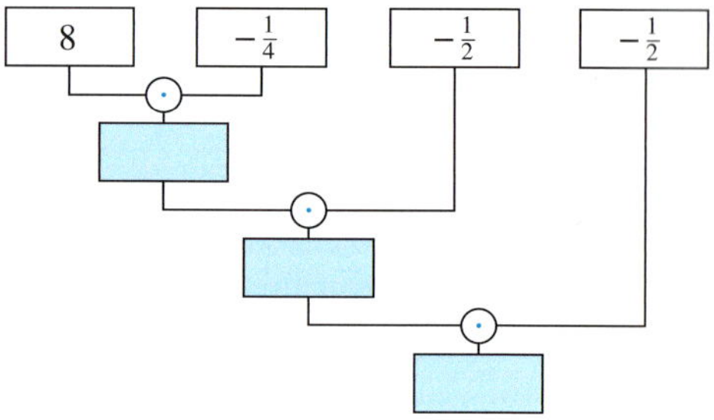

21 Beachte die Rechenregeln und berechne.

a) $-4 \cdot 2 - 5$ b) $15 : 3 - 6$
c) $3 - 7 \cdot (-4)$ d) $(6,5 - 0,5) \cdot (-1)$
e) $-3 - 4 \cdot 0,5 + 10$ f) $-\frac{1}{2} \cdot \left(3 + \frac{1}{4} \cdot 8\right)$

+21 Setze im Heft passende Rechenzeichen ein, so dass das Ergebnis stimmt.

a) −8 ▢ 2 − 10 = −14
b) 2,5 − 7,4 ▢ 3 − 5,5 = −25,2
c) −2 ▢ 1,6 : (−0,8) = 0

ZUM WEITERARBEITEN
Notiere die Rechnungen von Aufgabe 22 (lila und türkis).
Lasse immer dort, wo es möglich ist, die Klammern weg. Die Ergebnisse sollen unverändert bleiben.
Prüfe dies.

22 Ordne die passenden Lösungen zu.

a) $(-4) \cdot 12$
b) $-18 : (6,4 - 4,4)$
c) $-\frac{1}{2} \cdot (-2,5 + 1,5)$
d) $(-8 + 16) : (-2 + 6)$
e) $(-4 \cdot 2,5) - (2,5 \cdot 4)$
f) $(3,4 + 0,6) \cdot (-2)$

−48 | −8 | −20 | 0,5 | −16,5 | 2 | −9 | 0

22 Ordne die passenden Lösungen zu.

a) $(-4) \cdot (-2,1)$
b) $-5 \cdot (3,8 - 4,8)$
c) $\frac{1}{2} \cdot (4 \cdot (-3,1))$
d) $(-5 \cdot 6) - (9 \cdot 0,3)$
e) $(-9 + 3,2) : (2 - 1)$
f) $(1,2 + 8,9) - (-5,8)$

−32,7 | 5 | −6,2 | 7,9 | −5,8 | 8,4 | −0,5 | 15,9

23 Rechne vorteilhaft.

a) $19 + 36 + (-19)$
b) $-0,3 \cdot 16 \cdot 10$
c) $-54 + 39 + 1$
d) $\frac{1}{2} \cdot (-35) \cdot (-2)$
e) $(3,5 - 1,7) \cdot 10$

23 Rechne vorteilhaft.

a) $112 + (-36) - 12$
b) $-27 \cdot 8 \cdot 0,25$
c) $-6,9 + 13 - (-0,9)$
d) $\frac{12}{25} \cdot (-16) \cdot \left(-\frac{5}{6}\right)$
e) $63,5 \cdot (-5) - 13,1 \cdot (-5)$

24 Schreibe als Aufgabe und berechne.
a) Addiere −6 und 4.
Multipliziere das Ergebnis mit −2.
b) Dividiere −24 durch 8.
Multipliziere das Ergebnis mit 0,5.

25 Notiere eine Rechnung und löse.
a) Ein Fahrstuhl fährt vom 4. Stock fünf Stockwerke nach unten. Wo befindet er sich?
b) In Essen waren zu Silvester um Mitternacht −7,5 °C, in Jakutsk (Russland) −34,2 °C. Wie groß war die Temperaturdifferenz?

26 Ein Fisch schwimmt in einem 16 m tiefen See 1,80 m über dem Boden.

a) In welcher Tiefe befindet er sich?
b) Ein Angler möchte den Fisch fangen. Wie lang muss die Angelschnur mindestens sein, wenn sich 3,50 m der Schnur über der Wasseroberfläche befinden?

24 Notiere den Term und berechne.
a) Subtrahiere von der Summe der Zahlen −16 und −22 das Produkt aus 6 und −8.
b) Verringere den Quotienten aus 6 und −5 um das Produkt der Zahlen 1,2 und −0,5.

25 Auf einer Zahlengeraden soll die Strecke von −0,6 bis 1,8 in vier gleich lange Teile zerlegt werden.
a) Wie lang sind die einzelnen Teile? Notiere eine Rechnung und löse.
b) Bei welchen Zahlen liegen die Teilpunkte?

26 Petra hat sich zu Beginn des Monats von ihrer Mutter 7,50 € geliehen.
In ihrer Aufstellung steht, welche Einnahmen und Ausgaben sie noch hat. Wie sieht ihr Kontostand am Ende des Monats aus?

Einnahmen		Ausgaben	
Taschengeld	20 €	Kino	5,50 €
Rasenmähen	5 €	Geschenk Ute	7,50 €
		Eis	8,00 €
		Schwimmbad	4,50 €

27 Clara, Leni und Nils verkaufen auf einem Adventsbasar Lose und Kekse.
Sie hatten Materialkosten von 17,70 €. Außerdem zahlen sie noch 12,50 € Standmiete.
Beim Keksverkauf hat Clara 9,40 € eingenommen, Leni 7,70 € und Nils 8,90 €.
Der Gesamtbetrag wird gleichmäßig aufgeteilt.
a) Wie viel Gewinn oder Verlust bleibt für jeden?
b) Clara bemerkt, dass sie die Einnahmen aus ihrer Verlosung noch gar nicht verteilt haben. Sie haben 27 Lose zu 20 ct verkauft.

Aus dem Berufsleben – Brunnenbauer/-in

1 Im Münsterland sollen neue Grundwasservorräte gesucht werden. Man vermutet die Vorräte bei −137 m.
Brunnenbauer Bohland startet die Bohrungen bei +69 m.
Wie viel Meter muss er bohren?

2 Nach mehreren Probebohrungen findet er Grundwasservorräte, jedoch 14,80 Meter tiefer als in Aufgabe 1 erwartet.
Wie viel Meter unter dem Meeresspiegel liegen die Vorräte?

3 An dieser Stelle sollen zwei Brunnen errichtet werden.
a) Wie viel Meter Rohre müssen jeweils über und unter +0 m verlegt werden? Nutze deine Ergebnisse aus Aufgabe 1 und 2.
b) Das Pumpwerk soll nach einem Drittel der Strecke eingebaut werden.

3 Jahre Ausbildungszeit

Häufige Tätigkeiten:
– Test- und Suchbohrungen machen
– Brunnenschächte bohren
– Pumpwerke einbauen

Weitere Informationen: 029-1

Checkliste
030-1

Teste dich!

(5 Punkte)

1 Welche Zahlen sind markiert?

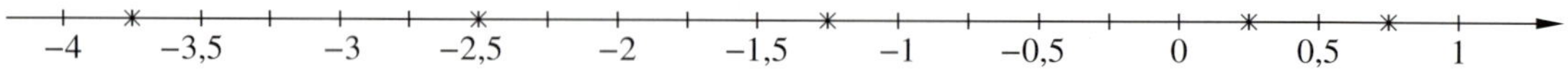

(6 Punkte)

2 Markiere die angegebenen Zahlen und ihre Gegenzahlen auf einer Zahlengeraden. Verwende eine geeignete Einteilung.

0,7 | −1,6 | 0,1 | −0,8 | −0,25 | $1\frac{1}{2}$ | 0,5 | −1,4

(5 Punkte)

3 Gib die Eckpunkte des Fünfecks und ihre Koordinaten an.

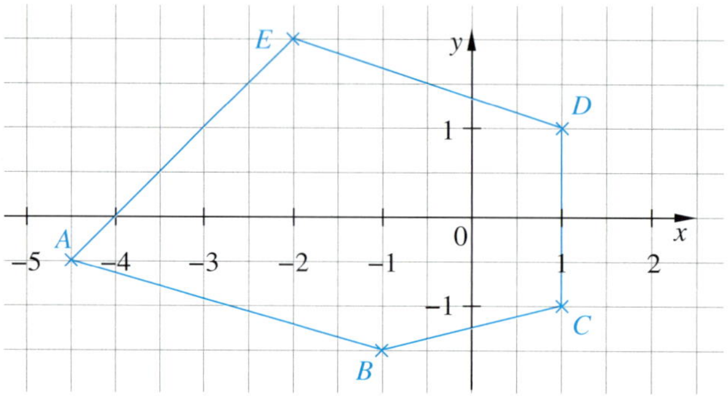

(6 Punkte)

4 Zeichne ein Koordinatensystem.
Trage die Punkte $A(-1{,}5|-2)$; $B(3{,}5|-2)$; $C(3{,}5|3)$ in das Koordinatensystem ein.
Verbinde $A–B–C–A$. Was für eine geometrische Figur entsteht?

(8 Punkte)

5 Ordne die Zahlen der Größe nach. Beginne mit der kleinsten Zahl.

a) 8 | −4 | 3 | −9 | 6 | −6 | −8 | −2

b) 0 | −5,9 | 2,2 | −6,1 | 0,05 | −5,7 | −7,5

c) $-\frac{1}{2}$ | $\frac{1}{4}$ | $-\frac{3}{8}$ | $-\frac{3}{4}$ | $\frac{5}{8}$ | $-\frac{7}{8}$ | $-\frac{3}{2}$ | $\frac{1}{8}$

d) $-3\frac{1}{2}$ | 2,5 | $-\frac{1}{4}$ | −3,25 | −0,5 | $\frac{1}{5}$ | 0,25

(12 Punkte)

6 Setze im Heft >, = oder < richtig ein.

a) $3 \cdot (-7)$ ▢ -20
b) $-8 + 15$ ▢ -22
c) $-4 \cdot (-8)$ ▢ $-7 \cdot (-5)$
d) $3 \cdot (-8)$ ▢ $(-7) \cdot 6 - (-5) \cdot 6$
e) $-27 : 3$ ▢ $-19 \cdot (-8 + 7)$
f) $-4 \cdot (-4)$ ▢ $(-28) : 2 \cdot (-2)$

(8 Punkte)

7 Addiere und subtrahiere, wenn möglich, im Kopf.

a) $-13{,}3 + 4{,}8$
b) $-17 - 9{,}6$
c) $3{,}25 - (-5{,}75)$
d) $-6{,}5 + 3{,}3 + (-1{,}3)$
e) $-\frac{3}{8} + \frac{1}{8}$
f) $\frac{1}{5} - \frac{7}{10}$
g) $-1\frac{1}{2} - \frac{3}{4}$
h) $-2\frac{1}{6} - \left(-\frac{2}{3}\right)$

(8 Punkte)

8 Multipliziere und dividiere, wenn möglich, im Kopf.

a) $-5{,}2 \cdot 3$
b) $-0{,}6 \cdot (-10)$
c) $-8 : 5$
d) $-4{,}8 : 12$
e) $-7 \cdot \frac{1}{28}$
f) $\frac{3}{5} \cdot \left(-\frac{1}{4}\right)$
g) $-\frac{4}{21} \cdot \left(-\frac{3}{6}\right)$
h) $2\frac{1}{3} \cdot \left(-\frac{6}{7}\right)$

+ 9 Dividiere. *(8 Punkte)*

a) $88 : (-4)$
b) $-10 : (-4)$
c) $-1{,}75 : 0{,}25$
d) $-7{,}8 : 1{,}2$
e) $-\frac{1}{6} : \left(-\frac{2}{3}\right)$
f) $-\frac{2}{3} : \frac{4}{9}$
g) $\frac{4}{15} : \left(-\frac{6}{5}\right)$
h) $-\frac{25}{36} : \left(-\frac{5}{18}\right)$

10 Welche Fehler wurden gemacht? *(6 Punkte)*
Ändere die Aufgabenstellung, so dass die Gleichung stimmt.

a) $12 - 7 \cdot 4 = 20$
b) $12 - (8 - 25) = 29$
c) $-12 : 4 - 121 : 11 = -8$
d) $-7 \cdot (100 + 9) = -637$
e) $(98 - 120) \cdot \frac{1}{2} = 38$
f) $\left(-\frac{1}{4} - \frac{1}{8}\right) : 8 = -3$

11 Berechne. Denke an die Vorrangregeln. *(6 Punkte)*

a) $3 \cdot (-7) + 5 \cdot 2$
b) $4 + 8 \cdot 2 - 36$
c) $3 + 5 \cdot 2 - 20 + 8 : 2 + 100$
d) $23 + 2 \cdot (-3 - 6 : 2)$
e) $-4 + 2 \cdot (-3{,}6) - (-7{,}2)$
f) $-16 : (11 - 3) \cdot (-4{,}4 - 1{,}6)$

12 Rechne vorteilhaft. *(6 Punkte)*

a) $-12{,}8 + 16 + 0{,}8$
b) $12 - 3{,}2 - 0{,}8$
c) $\frac{1}{8} \cdot (-12) \cdot 8$
d) $\frac{5}{6} \cdot 3{,}14 \cdot \frac{6}{5}$
e) $1{,}4 \cdot 0{,}2 \cdot 10$
f) $\left(0{,}2 - \frac{1}{10}\right) \cdot 10$

13 Am Montag beträgt die Temperatur +3,5 °C. *(6 Punkte)*
In den nächsten beiden Tagen fällt sie jeweils um 2 Grad.
Von Mittwoch zu Donnerstag sinkt sie um 1,5 Grad und von Donnerstag zu Freitag um 0,5 Grad.

a) Wie hoch ist die Temperatur am Freitag?
b) Um wie viel Grad ist die Temperatur von Montag bis Freitag gesunken?

14 Ein Auszubildender hat auf seinem Konto ein Guthaben von 125,75 €. *(10 Punkte)*
Er überweist eine Reparaturrechnung in Höhe von 85,75 € für sein Mofa und hebt 90 € ab.

a) Wie ist sein Kontostand nun?
b) Zum Geburtstag erhält er Geldgeschenke in Höhe von 120 €.
Um sein Konto auszugleichen, zahlt er zwei Drittel davon ein.

Gold: 94–100 Punkte, Silber: 77–93 Punkte, Bronze: 60–76 Punkte

Zusammenfassung

→ Seite 12

Rationale Zahlen erkennen und vergleichen

Die Bruchzahlen und ihre Gegenzahlen bilden die Menge der **rationalen Zahlen**.

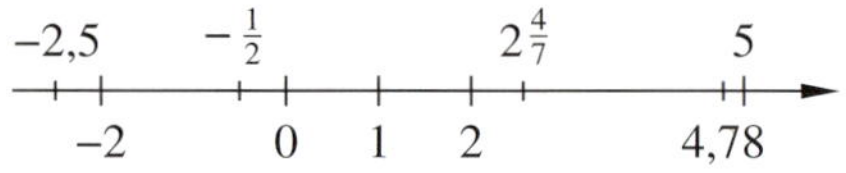

Der **Betrag** einer Zahl ist der Abstand zur Null. $|-2{,}5| = 2{,}5$

→ Seite 14

Rationale Zahlen addieren und subtrahieren

Addition bei *gleichen* Vorzeichen
① Addiere die Beträge beider Zahlen.
② Das Ergebnis bekommt das gemeinsame Vorzeichen.

gleiche Vorzeichen:
$(-1{,}2) + (-2{,}6) = (-3{,}8)$

Addition bei *verschiedenen* Vorzeichen
① Rechne „größerer minus kleinerer Betrag“.
② Das Ergebnis hat das Vorzeichen des größeren Betrags.

verschiedene Vorzeichen:
$(-1{,}2) + 2{,}6 = (+1{,}4)$

Subtraktion
Eine negative Zahl wird subtrahiert, indem man ihre Gegenzahl addiert.

Subtraktion:
$(-1{,}2) - (-2{,}6)$
$= (-1{,}2) + (+2{,}6) = +1{,}4$

→ Seite 16

Rationale Zahlen multiplizieren und dividieren

① Multipliziere (dividiere) die Beträge.
② Bestimme das Vorzeichen des Ergebnisses.

„+“ mal „+“ ergibt „+“	„+“ durch „+“ ergibt „+“
„–“ mal „–“ ergibt „+“	„–“ durch „+“ ergibt „–“
„+“ mal „–“ ergibt „–“	
„–“ mal „+“ ergibt „–“	

gleiche Vorzeichen:
$(-4{,}2) \cdot (-3{,}1) = (+13{,}02)$
$(+2{,}7) : (+9) = (+0{,}3)$
verschiedene Vorzeichen:
$(+4) \cdot (-2{,}5) = (-10)$
$(-6{,}5) : (+5) = (-1{,}3)$

→ Seite 18

+ Rationale Zahlen durch rationale Zahlen dividieren

① Dividiere die Beträge.
② „+“ durch „–“ ergibt „–“ „–“ durch „–“ ergibt „+“

$(-7{,}2) : (-8) = (+0{,}9)$

→ Seite 20

Rechenregeln bei rationalen Zahlen (Vorrangregeln)

① Klammern werden zuerst ausgerechnet.
② Punktrechnung geht vor Strichrechnung.

$0{,}8 \cdot (7 - 9)$
$= 0{,}8 \cdot (-2) = -1{,}6$

→ Seite 22

Rechenvorteile bei rationalen Zahlen (Rechengesetze)

Vertauschungsgesetz: Beim Addieren (Multiplizieren) dürfen die Zahlen beliebig vertauscht werden.

$13 \cdot (-5) = (-5) \cdot 13 = -65$

Verbindungsgesetz: Beim Addieren (Multiplizieren) dürfen Zahlen durch Klammern zusammengefasst werden.

$-42 + 23 + 97$
$= -42 + (23 + 97)$
$= -42 + 120 = 78$

Verteilungsgesetz: Beim Multiplizieren (Dividieren) mit einer Summe oder Differenz darf man auch einzeln multiplizieren (dividieren) und dann addieren oder subtrahieren.

$(-2{,}6 + 9{,}8) \cdot 10$
$= -2{,}6 \cdot 10 + 9{,}8 \cdot 10$
$= -26 + 98 = 72$

Dreiecke zeichnen und konstruieren

In dem Bild sind viele unterschiedliche Dreiecke.
Du kannst sie nach der Länge der Seiten, der Winkelgröße oder der Farbe unterscheiden.
Findest du zwei Dreiecke, die in ihrer Form genau gleich sind?
Welche Figuren findest du noch in dem Bild?

Noch fit?

Einstieg

1 Strecken zeichnen
Zeichne eine Strecke, die …
a) 4 cm lang ist. b) 2,5 cm lang ist.
c) 7 cm lang ist. d) 10 cm lang ist.

2 Parallele und Senkrechte zeichnen
a) Zeichne eine Gerade g und im Abstand von 3 cm zu g einen Punkt P.
Zeichne durch den Punkt P eine Parallele zur Geraden g.
b) Zeichne durch den Punkt P eine Senkrechte zur Geraden g.
Was fällt dir auf?

Aufstieg

1 Strecken zeichnen
Zeichne eine Strecke, die …
a) 4,5 cm lang ist. b) 6,2 cm lang ist.
c) 8,5 cm lang ist. d) 13,7 cm lang ist.

2 Parallele und Senkrechte zeichnen
a) Zeichne eine Gerade g und einen Punkt P im Abstand von 4 cm von g.
b) Zeichne zwei zu g senkrechte Geraden s und t, eine davon durch den Punkt P.
c) Ist dann t parallel zu s? Begründe.
d) Zeichne eine zu g parallele Gerade h durch den Punkt P. Was fällt dir auf?

ERINNERE DICH
Winkelarten: spitzer Winkel, rechter Winkel, gestreckter Winkel, stumpfer Winkel, überstumpfer Winkel

3 Winkel messen
Gib jeweils die Winkelart an. Miss anschließend die Größe der Winkel.

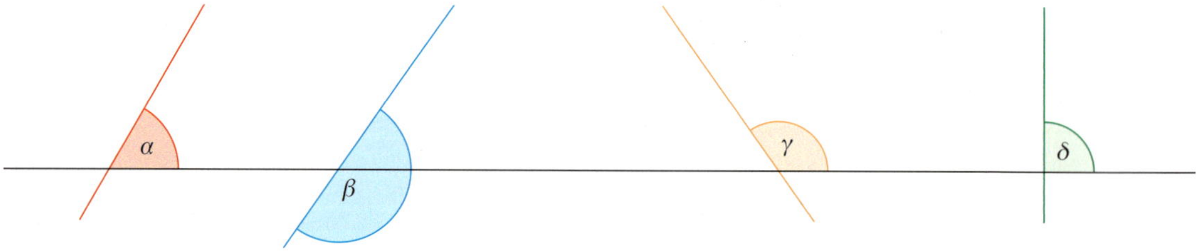

Einstieg

4 Winkel zeichnen
Zeichne die Winkel in dein Heft. Welche Winkel sind spitze Winkel, welche stumpfe?
a) $\alpha = 45°$ b) $\beta = 100°$
c) $\gamma = 135°$ d) $\delta = 80°$

ERINNERE DICH
Möchte man einen Kreis mit einem bestimmten Radius zeichnen, stellt man zuerst die Zirkelspanne an einem Lineal auf die vorgegebene Länge ein.

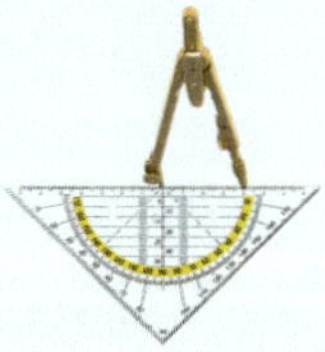

5 Winkelgrößen bestimmen
Gib jeweils ohne zu messen die Größe des Winkels α an.

a)
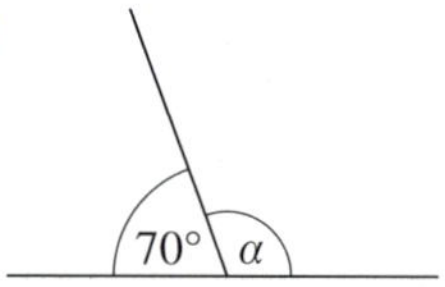

b)
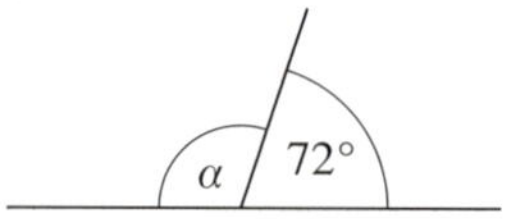

6 Kreise zeichnen
Zeichne mit dem Zirkel einen Kreis, der den Radius $r = 3$ cm hat.
Zeichne den Mittelpunkt, einen Durchmesser und einen Radius ein.
Wie groß ist der Durchmesser des Kreises?

Aufstieg

4 Winkel zeichnen
Zeichne die Winkel in dein Heft.
Ordne den Winkeln die Winkelart zu.
a) $\alpha = 180°$ b) $\beta = 79°$
c) $\gamma = 97°$ d) $\delta = 128°$

5 Winkelgrößen bestimmen
Gib jeweils ohne zu messen die Größe der Winkel an.

a)
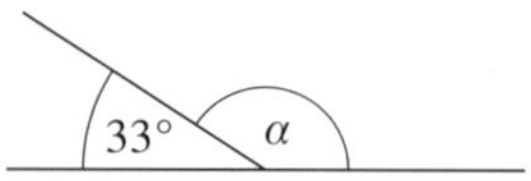

b)
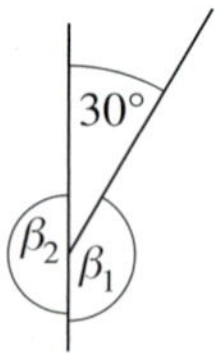

6 Kreise zeichnen
Zeichne mit dem Zirkel einen Kreis, der den Durchmesser $d = 7$ cm hat.
Zeichne den Mittelpunkt, einen Durchmesser und einen Radius ein.
Wie groß ist der Radius des Kreises?

7 Kreise mit verschiedenen Radien

Zeichne zwei Punkte M_1 und M_2 mit einem Abstand von 5 cm zueinander ins Heft.
Ziehe um beide Mittelpunkte M_1 und M_2 jeweils einen Kreis mit …

a) … dem Radius 3 cm.
b) … dem Radius 2,5 cm.
c) … dem Radius 2 cm.

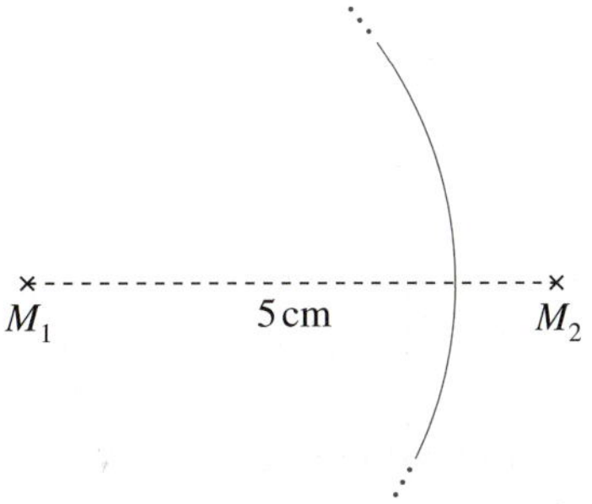

NACHGEDACHT
zu Aufgabe 7: Betrachte die entstandenen Schnittpunkte der Kreise. Wann entstehen Schnittpunkte, wann nicht?

8 Vierecke zeichnen

Zeichne folgende Vierecke. Beschreibe die Eigenschaften der Vierecksarten.

a) Rechteck mit $a = 6$ cm und $b = 3{,}5$ cm
b) Quadrat mit $a = 4$ cm
c) Rechteck mit $a = 2{,}5$ cm und $b = 7$ cm

8 Vierecke zeichnen

Zeichne folgende Vierecke. Beschreibe die Eigenschaften der Vierecksarten.

a) Rechteck mit $a = 3{,}2$ cm und $b = 5$ cm
b) Parallelogramm mit $a = 6{,}3$ cm und $b = 4{,}7$ cm

9 Dreiecksarten erkennen

Schreibe auf, welche der Dreiecke …

a) … rechtwinklig und welche spitzwinklig sind.
b) … gleichschenklig, welche gleichseitig und welche unregelmäßig sind.

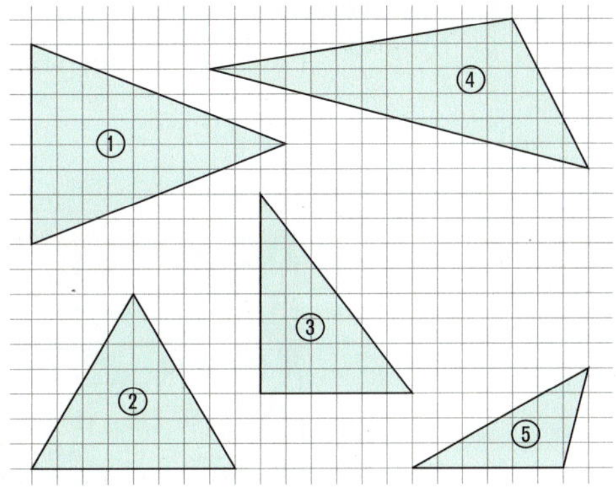

9 Dreiecksarten erkennen

Betrachte die Dreiecke und sortiere sie nach ihren Eigenschaften. Gib die Dreiecksarten nach Winkelgrößen und nach Seitenlängen an. Begründe deine Lösungen.

10 Dreiecke zeichnen und bezeichnen

Übertrage die Dreiecke aus Aufgabe 9 in dein Heft und beschrifte die Eckpunkte, Seiten und Winkel. Miss die Größe der Winkel.

11 Winkelsummen in Dreiecken

Berechne den dritten Winkel.

Beispiel $\alpha = 50°$; $\beta = 100°$
$\gamma = 180° - \alpha - \beta = 180° - 50° - 100° = 30°$

a)
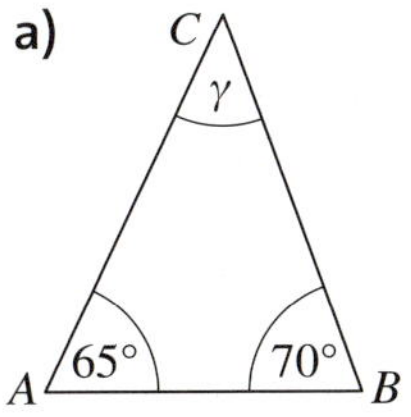

b)
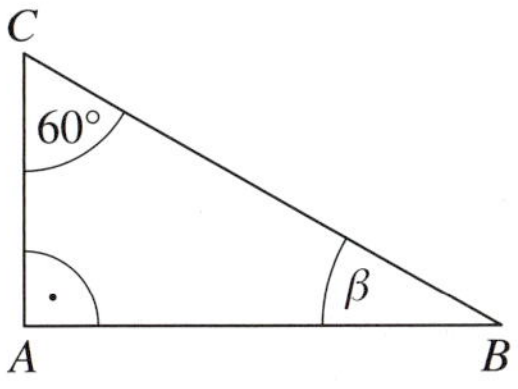

11 Winkelsummen in Dreiecken

Berechne in den gleichschenkligen Dreiecken die fehlenden Winkelgrößen.

a)
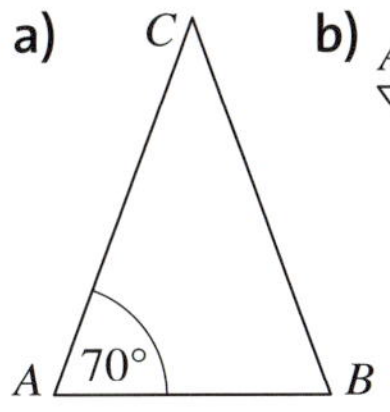

b)
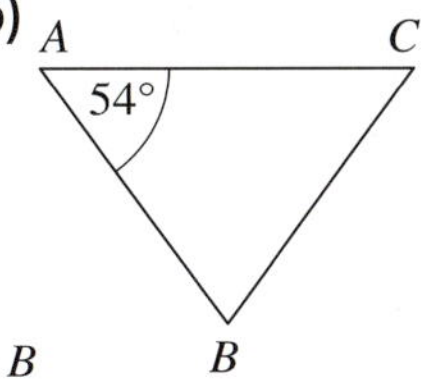

c)
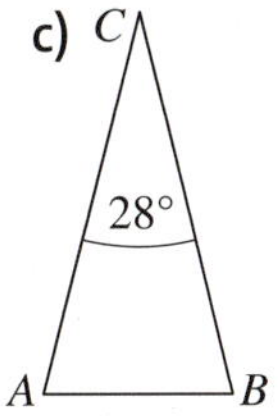

ERINNERE DICH
Im Dreieck gilt: $\alpha + \beta + \gamma = 180°$

12 Maßstab

Hannah hat ihr Zimmer ausgemessen. Es ist 5 m lang und 4 m breit. Zeichne das Zimmer im Maßstab 1:100. Zeichne auch Möbel ein.

12 Maßstab

Zeichne dein Klassenzimmer im Maßstab 1:100. Welche Maße hat die Tafel im Bild, welche dein Tisch?

Dreiecke konstruieren (Seite – Seite – Seite)

Entdecken

1 Arbeitet zu zweit.

a) Zeichne auf ein leeres Blatt Papier ein beliebiges Dreieck.

b) Dein Partner misst das Dreieck aus und zeichnet es in sein Heft.

c) Kontrolliert gegenseitig eure Zeichnungen.

d) Diskutiert verschiedene Möglichkeiten ein Dreieck ins Heft zu übertragen.

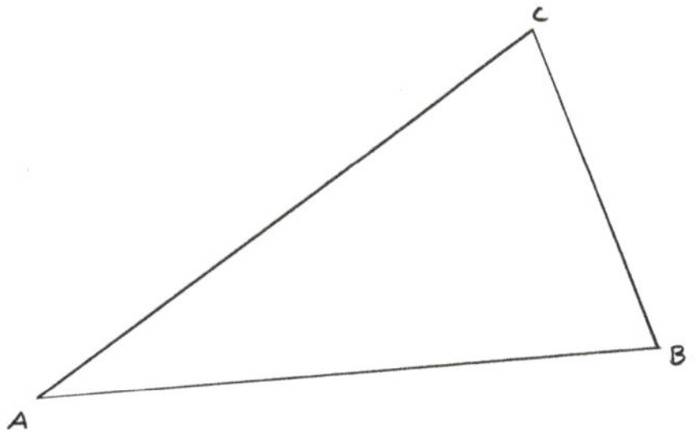

2 Die Konstruktionsbeschreibung für ein Dreieck ist durcheinander geraten.

a) Schreibe die Konstruktionsbeschreibung in der richtigen Reihenfolge in dein Heft.

b) Konstruiere aus den Angaben ein Dreieck.
Vergleicht eure Ergebnisse untereinander.

Ⓐ Zeichne um den einen Endpunkt der Strecke einen vollständigen Kreis mit dem Radius $r = 5$ cm.

Ⓑ Zeichne eine Strecke von 7 cm Länge.

Ⓒ Ergänze zu einem Dreieck.

Ⓓ Zeichne um den anderen Endpunkt der Strecke einen vollständigen Kreis mit dem Radius 4 cm.

Verstehen

Henry möchte die Landkarte abzeichnen.
Er misst die Verbindungslinien der Städte:

Münster – Paderborn:	6,5 cm
Bielefeld – Paderborn:	3 cm
Bielefeld – Münster:	5 cm

Aus den drei Längen kann er das Städtedreieck Münster – Paderborn – Bielefeld zeichnen.

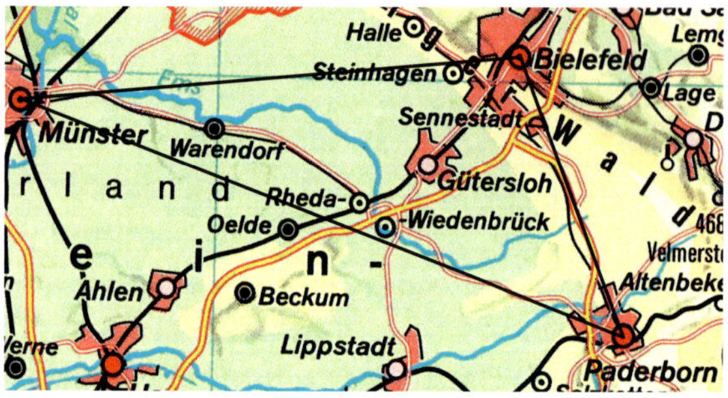

HINWEIS
Jede Konstruktion beginnt mit einer Planfigur. Dazu zeichnet man ein beliebiges Dreieck und markiert die gegebenen Stücke.

Merke Sind von einem Dreieck alle drei Seiten gegeben (**SSS**), kann man das Dreieck *eindeutig* konstruieren, d. h., es entsteht immer das gleiche Dreieck.

PLANFIGUR

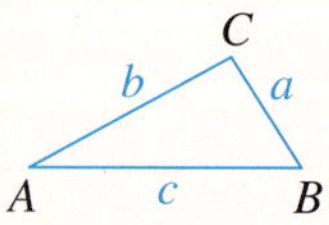

*Gegeben sind: Seite – Seite – Seite (**SSS**)*

Beispiel 1

Im Dreieck ABC sind $a = 3$ cm; $b = 5$ cm und $c = 6{,}5$ cm gegeben.

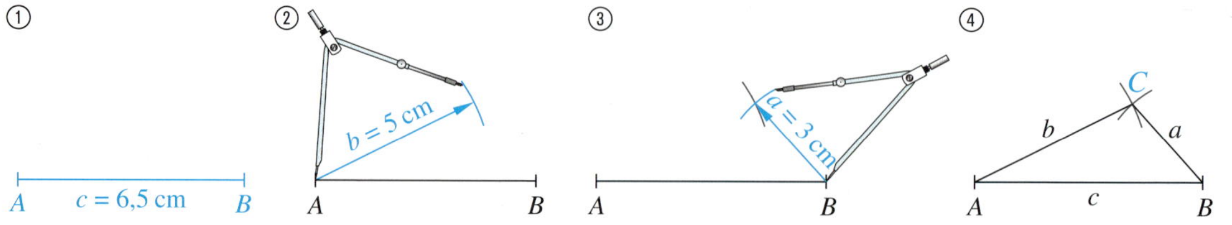

① Zeichne die Seite $c = 6{,}5$ cm mit den Eckpunkten A und B.

② Zeichne den Kreisbogen um A mit dem Radius von $b = 5$ cm.

③ Zeichne den Kreisbogen um B mit dem Radius $a = 3$ cm.

④ Der Schnittpunkt der beiden Kreisbögen ist C. Verbinde A mit C und B mit C und beschrifte die Seiten.

Üben und anwenden

1 Zeichne das Dreieck nach der Bildfolge. Verbinde dann die Punkte miteinander.

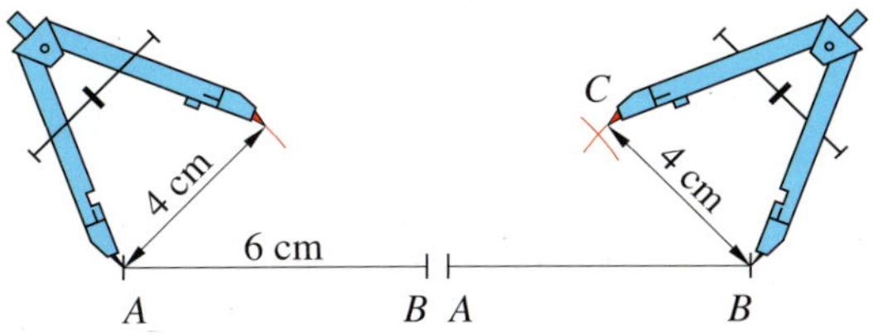

2 Konstruiere das Dreieck ABC:
① Zeichne $c = 4{,}5\,\text{cm}$.
② Kreisbogen um A mit $b = 6\,\text{cm}$.
③ Kreisbogen um B mit $a = 3\,\text{cm}$.
④ Die Kreisbögen schneiden sich in C.
⑤ Verbinde C mit A und mit B.

3 Konstruiere das Dreieck ABC.
a) $a = 3\,\text{cm}$; $b = 4\,\text{cm}$; $c = 5\,\text{cm}$
b) $a = 5\,\text{cm}$; $b = 5\,\text{cm}$; $c = 5\,\text{cm}$
c) $a = 6\,\text{cm}$; $b = 6\,\text{cm}$; $c = 4\,\text{cm}$
d) Betrachte die Seitenlängen und die Winkel. Gib jeweils die Dreiecksart an.

4 Zeichne das Windrad in dein Heft.
Es besteht aus acht gleichen Dreiecken.
① Beginne mit den grünen Dreiecken. Die Maße siehst du in dem Dreieck rechts.
② Ergänze anschließend die gelben Dreiecke.

5 Versuche, aus folgenden Angaben Dreiecke zu konstruieren.
Wo ist das nicht möglich? Begründe.

① $a = 2\,\text{cm}$, $b = 5\,\text{cm}$, $c = 4\,\text{cm}$

② $a = 2\,\text{cm}$, $b = 1\,\text{cm}$, $c = 5\,\text{cm}$

③ $a = 3\,\text{cm}$, $b = 8\,\text{cm}$, $c = 5\,\text{cm}$

1 Konstruiere das Dreieck ABC.
Zeichne zuerst eine Planfigur. Schreibe für a) eine Konstruktionsbeschreibung.
a) $a = 7\,\text{cm}$; $b = 4\,\text{cm}$; $c = 5\,\text{cm}$
b) $a = 6\,\text{cm}$; $b = 4\,\text{cm}$; $c = 8\,\text{cm}$
c) $a = 5{,}4\,\text{cm}$; $b = 3{,}7\,\text{cm}$; $c = 6{,}5\,\text{cm}$
d) $a = 6{,}1\,\text{cm}$; $b = 6{,}5\,\text{cm}$; $c = 4{,}4\,\text{cm}$

HINWEIS
Die Konstruktion kann man mit einer beliebigen Seite beginnen.

2 Konstruiere das Dreieck ABC.
Gib jeweils die Dreiecksart an.
a) $a = 8\,\text{cm}$; $b = c = 5\,\text{cm}$
b) $a = c = 6\,\text{cm}$; $b = 5\,\text{cm}$
c) $a = b = c = 4\,\text{cm}$
d) $a = 10\,\text{cm}$; $b = 5\,\text{cm}$; $c = 7\,\text{cm}$

3 Dreiecke aus Umfängen konstruieren
a) Konstruiere ein Dreieck mit dem Umfang $u = 12\,\text{cm}$.
b) Konstruiere im Heft ein gleichseitiges Dreieck mit dem Umfang $u = 15\,\text{cm}$.
c) Gibt es jeweils mehrere Lösungen?

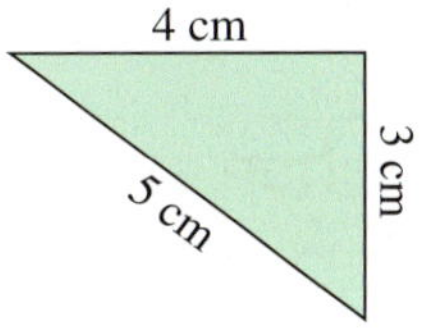

5 Prüfe, ob das Dreieck ABC mit $a = 6\,\text{cm}$; $b = 3\,\text{cm}$ und $c = 2\,\text{cm}$ konstruierbar ist.
a) Begründe deine Lösung.
b) Wie muss die Seitenlänge von a geändert werden, damit sich ein Dreieck ergibt?
c) Was muss für die längste Seite gelten, damit sich ein Dreieck konstruieren lässt?

Lerncheck

1 Setze < oder > ein.
a) -5 ▢ -3
b) -15 ▢ 14
c) $5 - (-2)$ ▢ 9
d) $-6 + (-3)$ ▢ -6

2 Ordne die Zahlen nach ihrer Größe.
$0{,}5$; $\frac{3}{5}$; $3{,}2$; $2\frac{1}{3}$; $2{,}4$; $\frac{11}{4}$; 4; $3\frac{1}{2}$

3 Vervollständige die Tabelle im Heft.

·	5	10,3	$\frac{4}{5}$
$\frac{2}{3}$			
0,7			
$4\frac{1}{2}$			

Dreiecke konstruieren (Seite – Winkel – Seite)

Entdecken

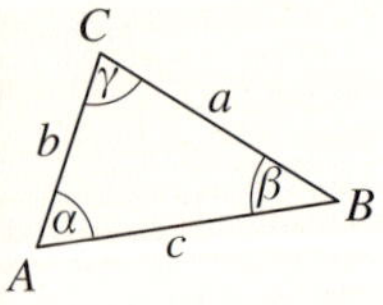

1 Marie soll als Hausaufgabe ein Dreieck zeichnen.
Da sie in der letzten Mathestunde gefehlt hat und es alleine nicht schafft, lässt sie sich von ihrer Freundin Susan per Telefon die Konstruktion genau beschreiben.

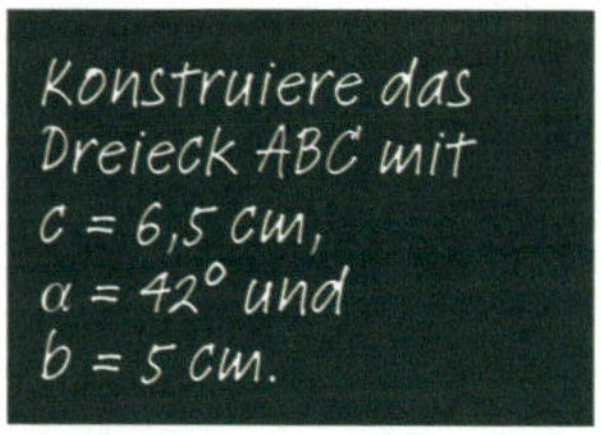

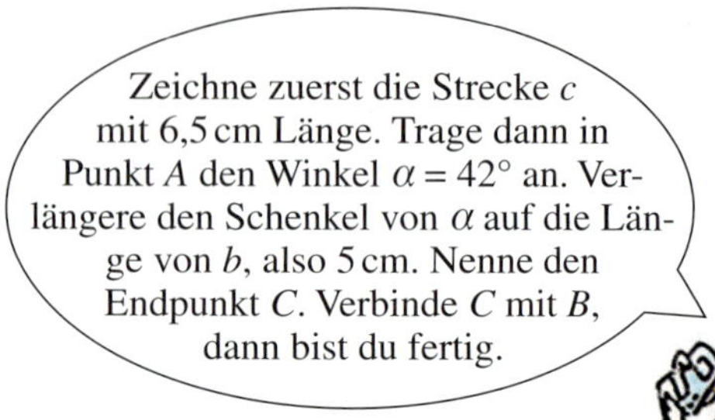

a) Welche Zeichengeräte benötigt Marie für die Konstruktion?
b) Zeichne das Dreieck nach Susans Beschreibung in dein Heft.
c) Kann man bei der Konstruktion auch mit der Seite b beginnen?

2 Ein See wird vermessen.
a) Beschreibe anhand der Zeichnung, wie man die Länge des Sees ermitteln kann.
b) Konstruiere ein Dreieck ABC mit $a = 5{,}5\,\text{cm}$; $c = 6{,}2\,\text{cm}$ und $\beta = 27°$.
c) Miss die fehlende Seite des Dreiecks.
d) Wie lang ist der rechts abgebildete See?

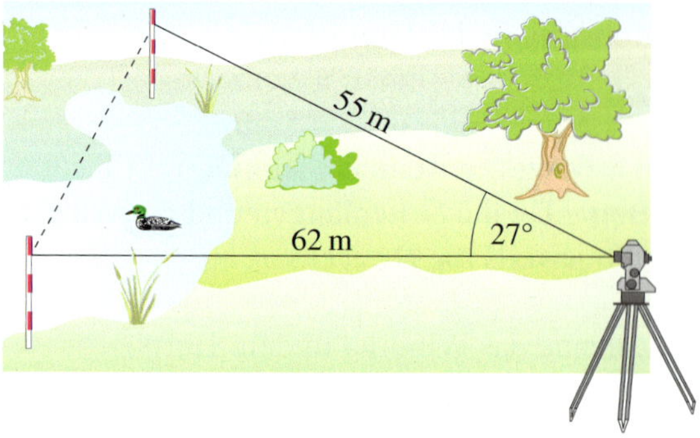

Verstehen

In der Landvermessung kann man manche Strecken nicht direkt vermessen, z. B. bei Gebirgen oder bei Seen.
Solche Strecken kann man mithilfe von Dreieckskonstruktionen bestimmen.

> **Merke** Sind von einem Dreieck zwei Seiten und der von ihnen eingeschlossene Winkel gegeben (**SWS**), kann man das Dreieck *eindeutig* konstruieren, d. h. es entsteht immer das gleiche Dreieck.

PLANFIGUR

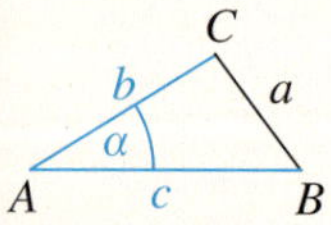

*Gegeben sind: Seite – Winkel – Seite (**SWS**)*

Beispiel 1

Im Dreieck ABC sind $b = 5{,}4\,\text{cm}$; $c = 7{,}2\,\text{cm}$ und $\alpha = 45°$ gegeben.

①

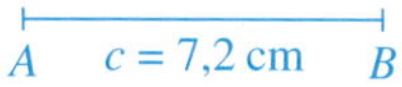

Zeichne $c = 7{,}2\,\text{cm}$.

②

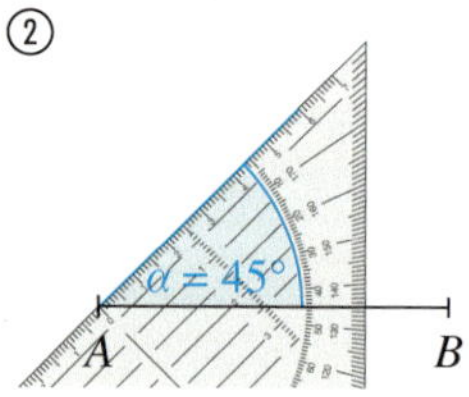

Zeichne in A an c den Winkel $\alpha = 45°$ an.

③

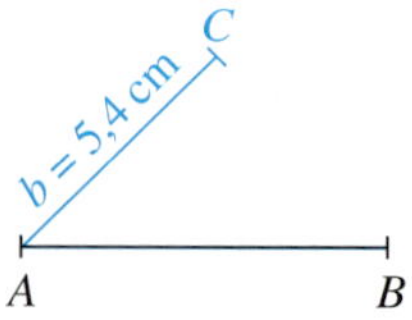

Verlängere den Schenkel von α auf $b = 5{,}4\,\text{cm}$. Endpunkt ist C.

④

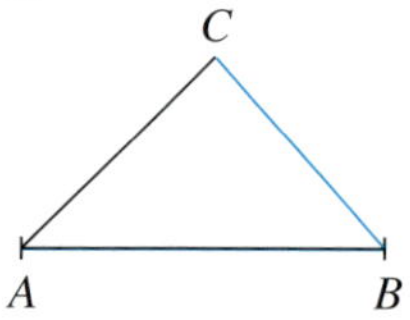

Verbinde B und C.

Üben und anwenden

1 Zeichne das Dreieck *ABC*.
Fertige zuerst eine Planfigur an.
a) $b = 5\,\text{cm};\ c = 7\,\text{cm};\ \alpha = 45°$
b) $a = 6\,\text{cm};\ c = 8\,\text{cm};\ \beta = 90°$
c) $a = 4\,\text{cm};\ b = 4\,\text{cm};\ \gamma = 70°$

2 Das Dreieck *ABC* soll gezeichnet werden.
a) Bringe die Konstruktionsschritte in die richtige Reihenfolge.

Ⓐ Zeichne in *C* an *a* den Winkel $\gamma = 55°$ an.

Ⓑ Zeichne $a = 5\,\text{cm}$.

Ⓒ Verbinde *A* und *B*.

Ⓓ Verlängere den Schenkel von γ auf $b = 6{,}5\,\text{cm}$. Endpunkt ist *A*.

b) Konstruiere das Dreieck.
c) Miss alle Seiten und Winkel.

1 Zeichne das Dreieck *ABC*.
Fertige zuerst eine Planfigur an.
a) $b = 6{,}5\,\text{cm};\ c = 9{,}3\,\text{cm};\ \alpha = 83°$
b) $a = 3{,}5\,\text{cm};\ c = 4{,}2\,\text{cm};\ \beta = 57°$
c) $a = 3{,}4\,\text{cm};\ b = 3{,}9\,\text{cm};\ \gamma = 65°$

2 Die Konstruktionsbeschreibung ist durcheinander geraten.

Ⓐ Den Schenkel von γ auf $\overline{BC} = a = 5{,}2\,\text{cm}$ verlängern.

Ⓑ $\overline{AC} = b = 4\,\text{cm}$ zeichnen.

Ⓒ *A* und *B* verbinden.

Ⓓ Winkel $\gamma = 33°$ in Punkt *C* an Seite *b* antragen.

a) Fertige eine Planfigur an und konstruiere das Dreieck.
b) Miss alle Seiten und Winkel.

HINWEIS
Planfigur zu Aufgabe 2 (lila):

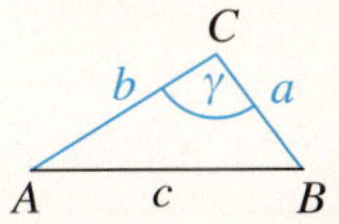

3 Celina und Linus sollen ein Dreieck nach den vorgeschriebenen Angaben an der Tafel zeichnen. Celina beginnt ihre Zeichnung mit Seite *b*, Linus fängt mit Seite *c* an.

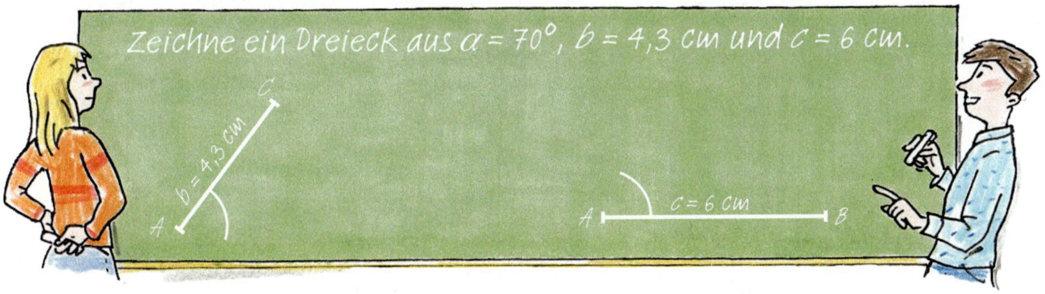

a) Zeichne das Dreieck nach beiden Ansätzen ins Heft.
b) Diskutiert, ob es Vorteile für den einen oder anderen Weg gibt.

4 Aus dem Berufsleben
Wie weit sind die beiden Messlatten voneinander entfernt? Löse die Aufgabe mit einer maßstabsgerechten Zeichnung.

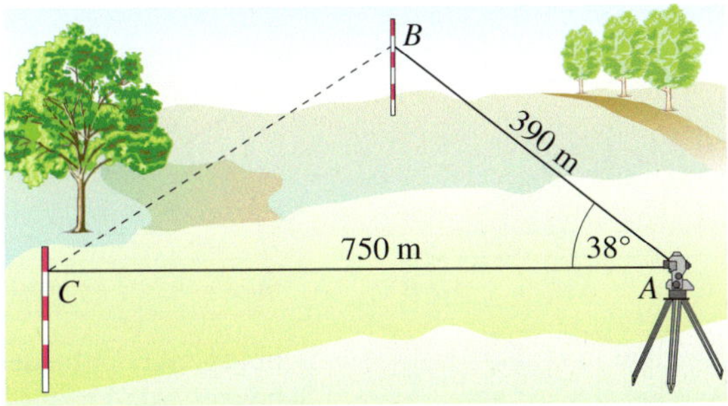

4 Aus dem Berufsleben
Ein Vermessungstechniker sieht das Schloss Hausen und die Burgruine Berchingen unter einem Winkel $\alpha = 43°$.
Er ist von Hausen 3,3 km und von Berchingen 5,2 km entfernt.
Wie weit sind Schloss und Burgruine voneinander entfernt?
a) Beschreibe, wie du die Entfernung bestimmen kannst.
b) Fertige eine Planfigur an.
c) Bestimme die Entfernung. Zeichne im Maßstab 1:100 000.

HINWEIS
Vermessungstechniker vermessen das Gelände und werten die Ergebnisse aus. Sie führen Berechnungen durch und übertragen die Ergebnisse beispielsweise auf Karten.

Dreiecke konstruieren (Winkel – Seite – Winkel)

Entdecken

1 Das Dreieck ABC mit $c = 4{,}8\,\text{cm}$, $\alpha = 40°$ und $\beta = 70°$ wird konstruiert.
Fertige eine Planfigur und eine Konstruktionsbeschreibung zu den abgebildeten Arbeitsschritten an.

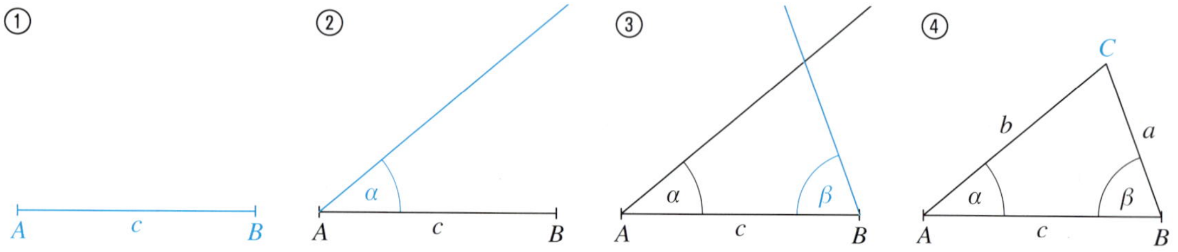

2 Eine neue Seilbahn soll gebaut werden.

a) Welche Größen vom Dreieck sind bekannt?
Fertige eine Planfigur an.

b) Beschreibe, wie die Länge der Seilbahnstrecke bestimmt werden kann.
Warum können die gesuchten Größen nicht direkt aus der Zeichnung rechts abgemessen werden?

c) Bestimme die Länge der Seilbahnstrecke.

d) Wie groß ist der Höhenunterschied zwischen Tal- und Bergstation?

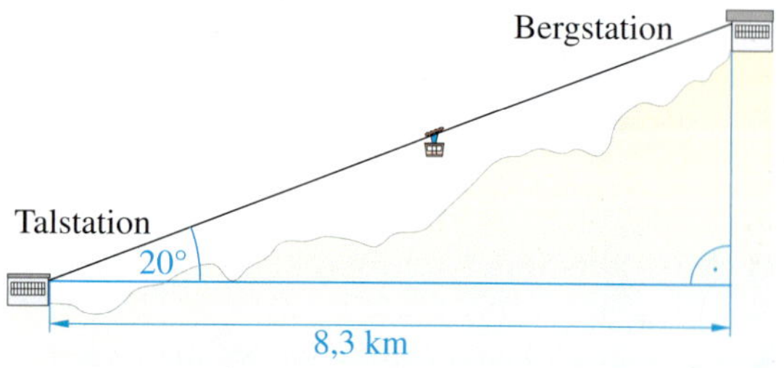

Verstehen

Die Höhe der Bergstation kann man bestimmen, wenn man die Entfernung zur Talstation und die zwei Winkel kennt.
Aus diesen Angaben lässt sich ein Dreieck konstruieren.
Die Höhe kann man aus der Zeichnung abmessen.

Merke Sind von einem Dreieck eine Seite und die anliegenden Winkel gegeben (**WSW**), kann man das Dreieck *eindeutig* konstruieren, d. h., es entsteht immer das gleiche Dreieck.

PLANFIGUR

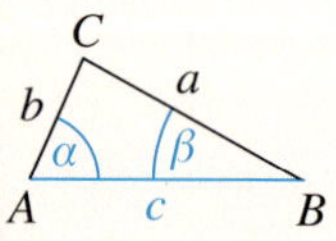

*Gegeben sind: Winkel – Seite – Winkel (**WSW**)*

Beispiel 1

Im Dreieck ABC sind $c = 7{,}5\,\text{cm}$; $\alpha = 80°$ und $\beta = 35°$ gegeben.

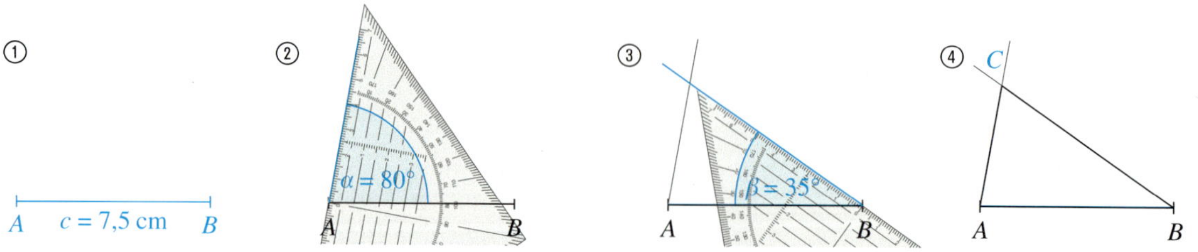

① Zeichne $c = 7{,}5\,\text{cm}$.

② Zeichne in A an c den Winkel $\alpha = 80°$ an.

③ Zeichen in B an c den Winkel $\beta = 35°$ an.

④ Schnittpunkt der beiden Schenkel a und b ist C.

Üben und anwenden

1 Die Konstruktionsbeschreibung für das Dreieck ABC ist durcheinander geraten.

Ⓐ Der Schnittpunkt ist A.
Ⓑ $\beta = 43°$ in Punkt B an Seite a antragen.
Ⓒ $\gamma = 67°$ in Punkt C an Seite a antragen.
Ⓓ Seite $a = 4\,\text{cm}$ zeichnen.

a) Bringe die Konstruktionsschritte in die richtige Reihenfolge.
b) Zeichne eine Planfigur und führe die Konstruktion in deinem Heft aus.

1 Zeichne jeweils das Dreieck ABC. Erstelle zuerst eine Planfigur. Gib für zwei Dreiecke die Konstruktionsbeschreibung an.

a) $a = 4\,\text{cm}$; $\gamma = 60°$; $\beta = 85°$
b) $c = 6\,\text{cm}$; $\alpha = 45°$; $\beta = 76°$
c) $a = 8\,\text{cm}$; $\gamma = 92°$; $\beta = 27°$

2 Zeichne die Figur rechts in dein Heft. Folgende Größen sind gegeben: $c = 5{,}3\,\text{cm}$; $\alpha = 60°$; $\beta = 30°$.

a) Beschreibe, wie du beim Zeichnen vorgegangen bist.
b) Gibt es eine möglichst geschickte Lösung? Vergleicht eure Ergebnisse untereinander.

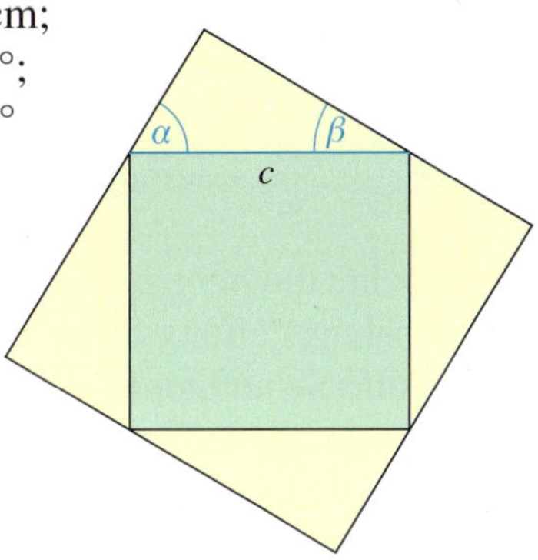

3 Wie weit ist das Schiff jeweils von den beiden Leuchttürmen entfernt? Ermittle die Entfernungen zeichnerisch. Zeichne 1 cm für 1 km.

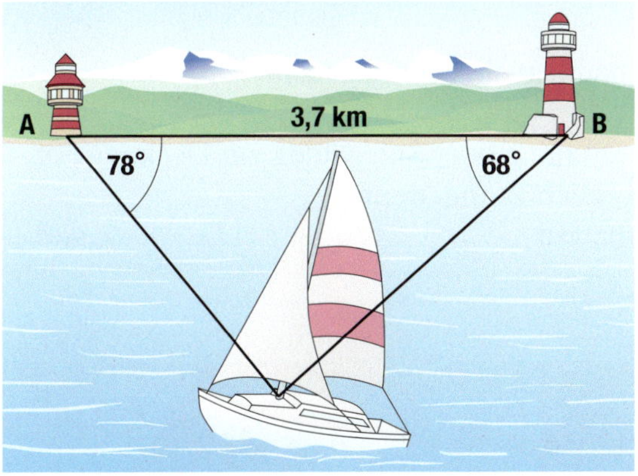

3 Bestimme die Höhe der Pappel mit einer Zeichnung. Wähle einen geeigneten Maßstab. Beschreibe deinen Lösungsweg.

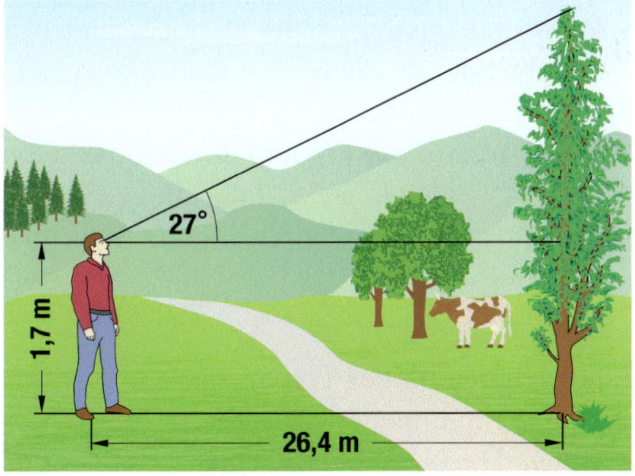

4 Ein Dreieck ABC mit $c = 4\,\text{cm}$; $\alpha = 60°$ und $\gamma = 75°$ soll konstruiert werden.

a) Wiederhole, was du über die Winkelsumme im Dreieck weißt.
b) Berechne den Winkel β und konstruiere damit das Dreieck.
c) Präsentiere die Vorgehensweise in deiner Klasse.

5 Konstruiere das Dreieck ABC. Berechne zunächst den fehlenden Winkel. (Es gilt $\alpha + \beta + \gamma = 180°$.)

a) $c = 5\,\text{cm}$; $\alpha = 90°$; $\gamma = 45°$
b) $a = 6{,}5\,\text{cm}$; $\alpha = 80°$; $\gamma = 60°$
c) $c = 7\,\text{cm}$; $\alpha = 60°$; $\gamma = 60°$
d) $b = 5{,}5\,\text{cm}$; $\alpha = 50°$; $\beta = 80°$

5 Konstruiere das Dreieck ABC. Ein Dreieck lässt sich nicht konstruieren. Begründe, warum es nicht geht.

a) $c = 6{,}7\,\text{cm}$; $\alpha = 80°$; $\gamma = 50°$
b) $b = 5{,}6\,\text{cm}$; $\beta = 49°$; $\gamma = 67°$
c) $a = 3{,}8\,\text{cm}$; $\alpha = 112°$; $\beta = 34°$
d) $b = 5{,}7\,\text{cm}$; $\alpha = 74°$; $\beta = 106°$

+ Kongruenz

Entdecken

HINWEIS
Übertrage die Schablone zuerst auf Transparentpapier und dann auf dicke Pappe oder Karton.

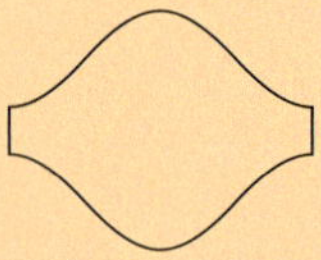

1 Muster zeichnen

a) Erkläre, dass man mit nur einer Schablone das ganze bunte Muster zeichnen kann.
b) Zeichne das Muster mithilfe der Schablone in dein Heft.
c) Beschreibe die Besonderheit des Musters.

2 Claudio möchte die nebenstehende Aufgabe auf der Rätselseite in seiner Zeitung lösen.
Dazu misst er alle Seitenlängen und alle Winkelgrößen.
a) Wie würdest du die Aufgabe angehen?
b) Zu welcher Lösung gelangst du?
Tausche dich über dein Ergebnis mit deinem Sitznachbarn oder deiner Sitznachbarin aus.

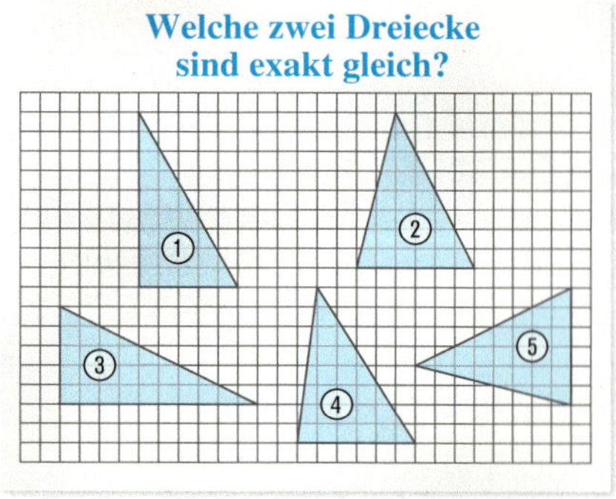

Verstehen

Anke möchte wissen, ob die Dreiecke gleich sind.
Dazu schneidet sie die beiden Dreiecke zuerst aus und legt sie übereinander.

> **Merke** Wenn zwei Figuren durch Verschiebung, Drehung oder Spiegelung zur Deckung gebracht werden können, dann sind sie **deckungsgleich (kongruent)**.
> Sie stimmen in allen Seitenlängen und Winkeln überein.

Beispiel 1

Ein gleichschenkliges Trapez wird entlang der Symmetrieachse zerschnitten. Die beiden Teilflächen können genau übereinander gelegt werden, da sie deckungsgleich sind.

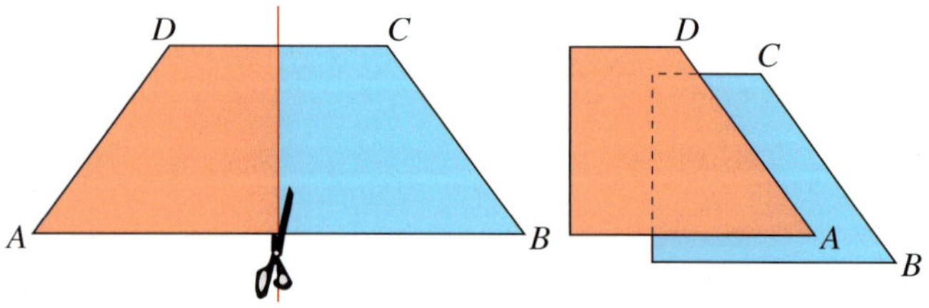

Stimmen Dreiecke in allen sechs Angaben überein, nennt man die Dreiecke deckungsgleich oder kongruent.
Häufig genügt es, weniger Angaben zu prüfen: Zwei Dreiecke sind kongruent, wenn sie in drei Seiten **(SSS)**, zwei Seiten und dem von ihnen eingeschlossenen Winkel **(SWS)** oder einer Seite und ihren anliegenden Winkeln **(WSW)** übereinstimmen.

Beispiel 2

Die beiden Dreiecke sind deckungsgleich, da sie in allen drei Winkelgrößen und allen drei Seitenlängen übereinstimmen.

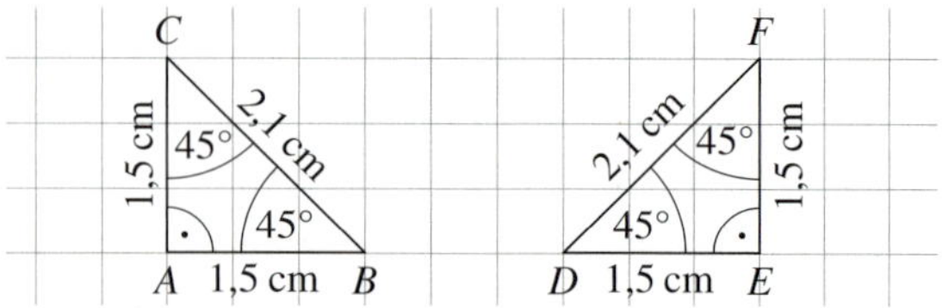

Üben und anwenden

1 Jan hat ein Zwei-Euro-Stück in der Hand. Wie kann er auch im Dunkeln feststellen, ob ein zweites Geldstück ebenfalls den Wert 2 € hat?

2 Übertrage beide Figuren auf Karopapier. Überprüfe, ob die Figuren deckungsgleich (kongruent) sind, indem du eine Figur ausschneidest und sie auf die andere legst.

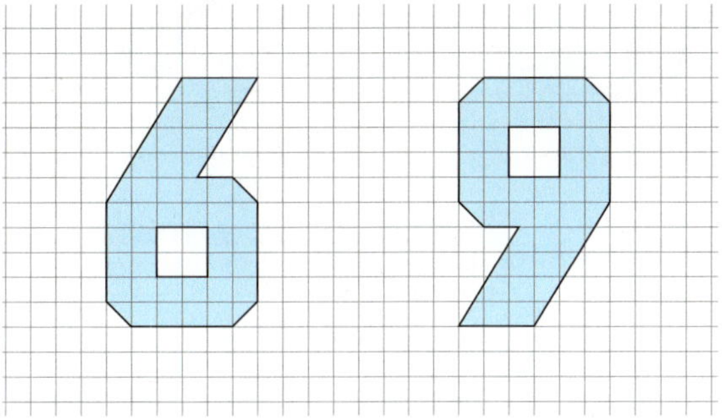

3 Was stimmt?
Begründe mithilfe von Beispielen.

a) Alle Quadrate mit gleichen Seitenlängen sind deckungsgleich.
b) Alle Rechtecke mit gleichem Flächeninhalt sind zueinander deckungsgleich.
c) Alle Dreiecke mit gleichen Seitenlängen sind zueinander deckungsgleich.
d) Alle Dreiecke mit gleichen Winkelgrößen sind zueinander deckungsgleich.

4 Übertrage das Dreieck und den Punkt C' auf ein kariertes Blatt.

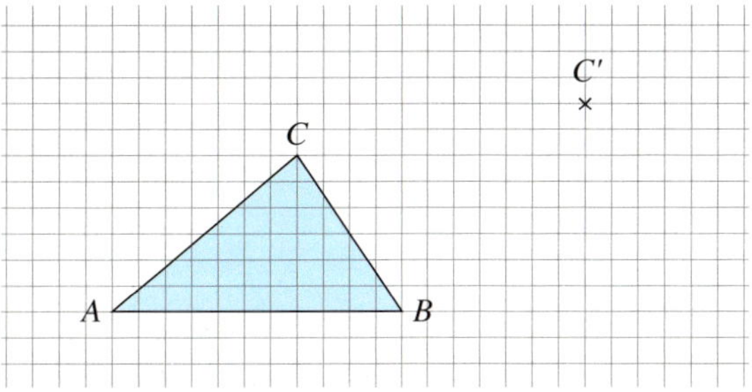

a) Zeichne zu dem Dreieck ABC ein deckungsgleiches Dreieck durch den Punkt C'. Worauf musst du achten?
b) Schneide die Dreiecke aus, lege sie aufeinander und überprüfe, ob sie deckungsgleich sind.

5 Welche Dreiecke sind deckungsgleich? Prüfe mithilfe einer geeigneten Methode. Beschreibe deinen Lösungsweg.

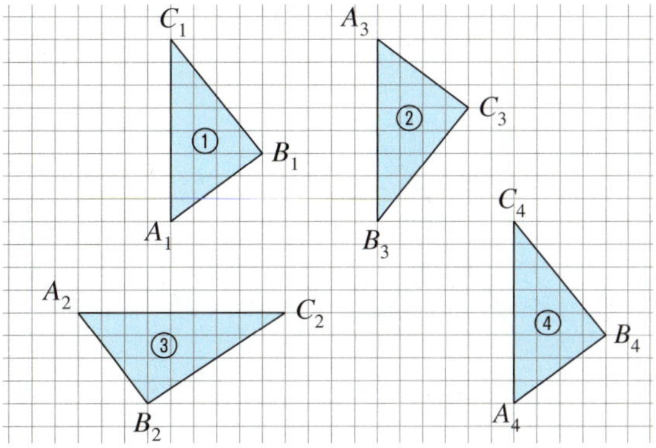

6 Welche Dreiecke sind zueinander kongruent? Begründe deine Antwort.

Dreieck 1
$a = 2{,}3\,cm$
$b = 4{,}7\,cm$
$c = 5{,}5\,cm$

Dreieck 2
$\alpha = 70°$
$\beta = 80°$
$c = 5\,cm$

Dreieck 3
$a = 5\,cm$
$\alpha = 30°$
$\beta = 70°$

Dreieck 4
$a = 4{,}7\,cm$
$b = 5{,}5\,cm$
$c = 2{,}3\,cm$

7 Welche Dreiecke sind eindeutig konstruierbar, welche nicht?

① $\alpha = 70°;\ \beta = 39°;\ \gamma = 71°$

② $\alpha = 97°;\ b = 5{,}7\,cm;\ c = 9\,cm$

③ $\beta = 150°;\ a = 7{,}3\,cm;\ \gamma = 85°$

④ $a = 6\,cm;\ b = 4\,cm;\ c = 5{,}5\,cm$

8 Welche Flächen bei dem Würfel, dem Haus und der quadratischen Pyramide sind deckungsgleich?

HINWEIS
043-1
Hier findest du Vorlagen zu den Aufgaben 2, 4 und 5.

HINWEIS
zu Aufgabe 6: Du musst die Dreiecke nicht zeichnen, um die Lösung zu finden.

Scheitelwinkel und Nebenwinkel

Entdecken

1 An einer geöffneten Schere lassen sich vier Winkel messen.
Zeige diese Winkel an den Fotos.
Bringt Scheren in die Schule mit und messt diese vier Winkel. Vergleicht eure Ergebnisse.

HINWEIS
zu Aufgabe 2:
Unter dem Webcode 044-1 *findest du eine Vorlage zum Ausdrucken.*

2 Arbeitet zu zweit.
Baut aus vier Pappstreifen und Musterbeutelklammern ein bewegliches Viereck.
Achtet darauf, dass auf je zwei Pappstreifen die Löcher den gleichen Abstand haben.
Stellt verschiedene Winkel ein und messt diese.

a) Welche Winkel sind jeweils gleich groß?
b) Wie verändern sich die Winkel beim Bewegen des Vierecks?
c) Gibt es etwas, das sich nicht ändert? Beschreibt diesen Zusammenhang.

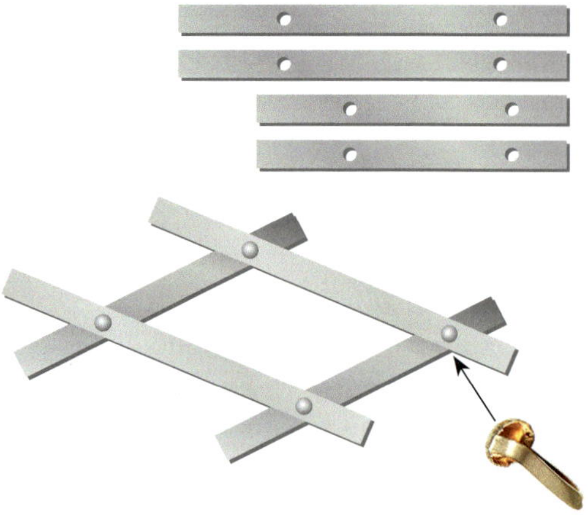

Verstehen

Überall in der Natur und in der Technik finden wir Winkel.
Manche Winkel kann man nicht direkt messen, weil sie nicht erreichbar sind.
Oft kann man ihre Größe bestimmen, indem man andere Winkel zu Hilfe nimmt.

Wenn sich zwei Geraden schneiden, entstehen immer vier Winkel.

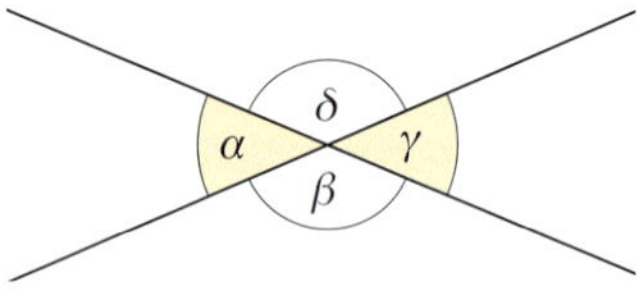

Merke Gegenüber liegende Winkel nennt man **Scheitelwinkel**.

Scheitelwinkel sind immer **gleich groß**.

Beispiel 1

Merke Nebeneinander liegende Winkel nennt man **Nebenwinkel**.

Nebenwinkel ergänzen sich zu **180°**.

Beispiel 2

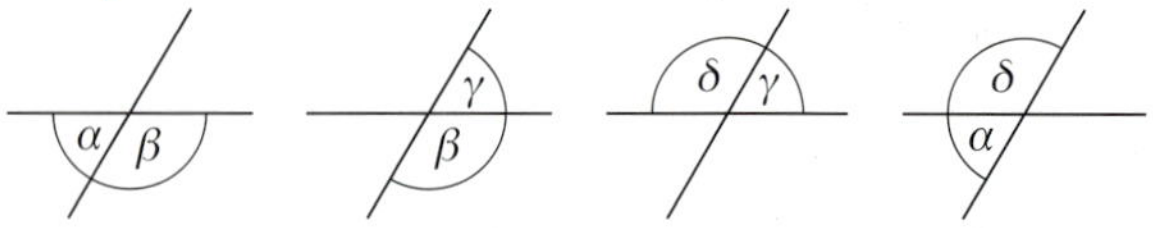

$\alpha + \beta = 180°$ $\quad \beta + \gamma = 180°$ $\quad \gamma + \delta = 180°$ $\quad \alpha + \delta = 180°$

Üben und anwenden

1 Begründe deine Antworten.

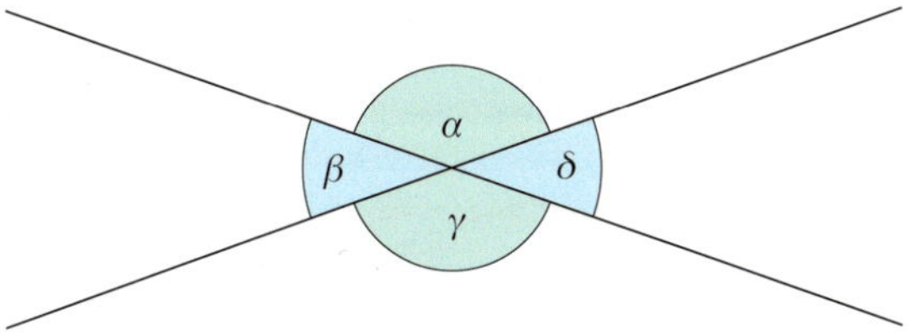

a) Wie heißt der Scheitelwinkel von α?
b) Nenne die Nebenwinkel von β, von γ und von δ.
c) Gib die Scheitelwinkel von β, von γ und von δ an.

2 Gib die Größe der markierten Winkel an. Welche Winkel sind Nebenwinkel, welche sind Scheitelwinkel?

a)
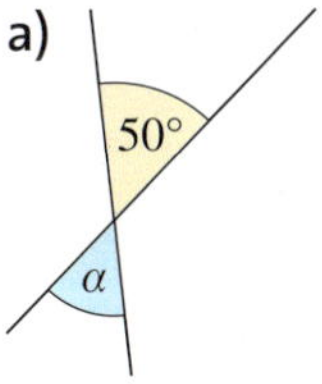

b)
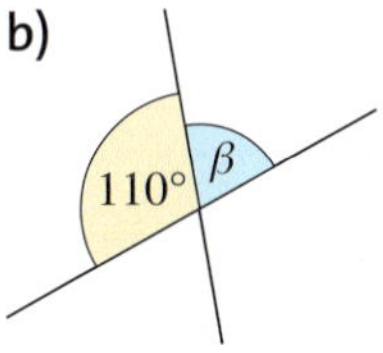

c)
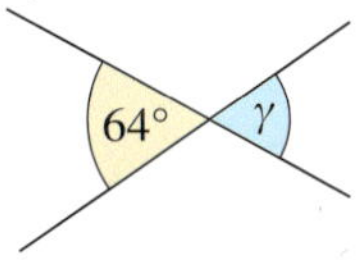

3 Zeichne zwei Geraden, die sich unter Winkeln von 45° (60°; 90°; 100°) schneiden. Markiere ein Nebenwinkelpaar farbig und bestimme die Größe aller Winkel.

4 Zeichne zwei Geraden, die sich unter 40° (80°; 110°) schneiden. Markiere ein Scheitelwinkelpaar farbig und bestimme die Größe aller Winkel.

1 Scheitel- und Nebenwinkel

①
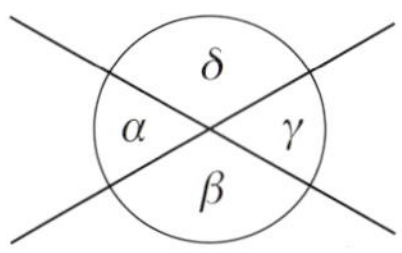

②
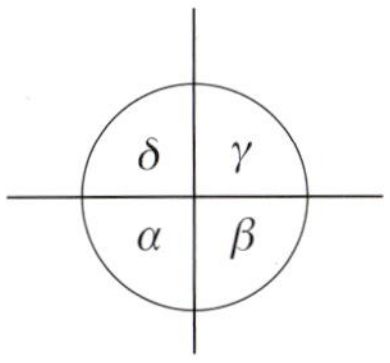

a) Nenne alle Paare von Scheitelwinkeln und alle Paare von Nebenwinkeln.
b) Welche Winkel sind jeweils gleich groß? Begründe deine Antwort.
c) Wann sind zwei Nebenwinkel gleich groß? Formuliere eine Bedingung.

2 Berechne die Größe der Winkel. Welche Winkel sind Nebenwinkel, welche sind Scheitelwinkel?

a)
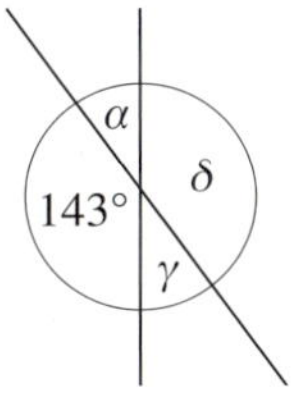

b)
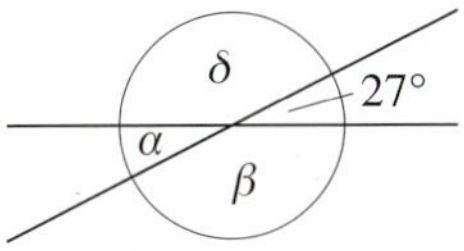

3 Zeichne zwei Geraden, die sich unter Winkeln von 50° (76°; 130°; 179°) schneiden. Markiere ein Nebenwinkelpaar farbig und bestimme die Größe aller Winkel.

4 Zeichne zwei Geraden, die sich unter 30° (51°; 83°; 123°) schneiden. Markiere ein Scheitelwinkelpaar farbig und bestimme die Größe aller Winkel.

5 Prüfe, ob die folgenden Aussagen richtig oder falsch sind. Zeichne, falls möglich, ein Beispiel zur Begründung deiner Antwort.
a) Jeder Scheitelwinkel eines rechten Winkels ist ein rechter Winkel.
b) Jeder Scheitelwinkel eines spitzen Winkels ist ein stumpfer Winkel.
c) Jeder Nebenwinkel eines spitzen Winkels ist ein spitzer Winkel.
d) Jeder Nebenwinkel eines stumpfen Winkels ist ein spitzer Winkel.
e) Jeder Nebenwinkel eines rechten Winkels ist ein stumpfer Winkel.

6 Das Andreaskreuz findet man an Bahnübergängen. Der obere Winkel des Andreaskreuzes misst 60°.
a) Bestimme die anderen Winkelgrößen.
b) Warum können alle Winkelgrößen mit nur einer bekannten Größe bestimmt werden? Begründe deine Antwort.

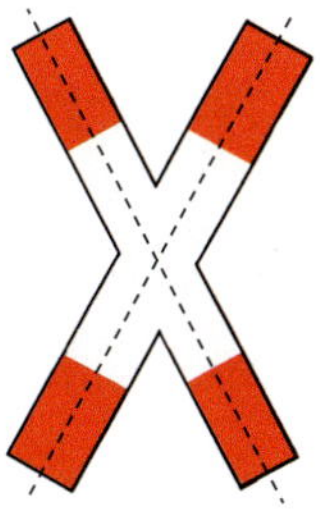

Stufenwinkel und Wechselwinkel

Entdecken

1 Beschreibe das Bild der Treppe möglichst genau.
Bestimme die Größe aller eingezeichneten Winkel.
Was fällt dir auf?

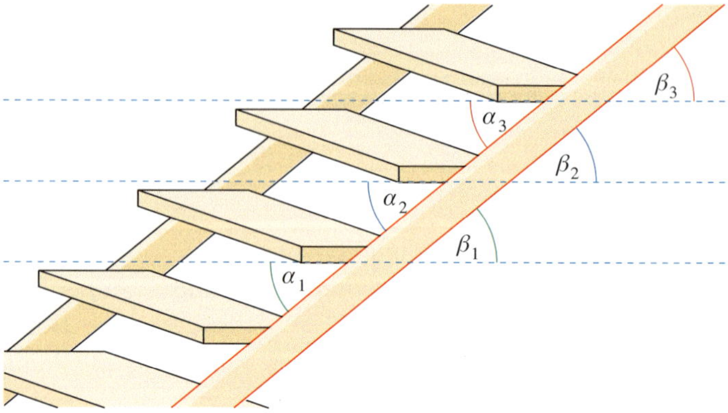

2 Die beiden Winkel α_1 und α_2 heißen Stufenwinkel.
Erkläre diesen Begriff und finde weitere Stufenwinkel.

3 Beim Winkelpaar α_1 und β_1 wechseln die Winkel auf verschiedene Seiten der blau eingezeichneten Parallelen.
Suche und benenne weitere solcher Winkelpaare.

Verstehen

Wenn sich zwei parallele Geraden mit einer dritten Geraden schneiden, entstehen viele gleich große Winkel.
Wegen ihrer Lage zueinander erhalten diese Winkel besondere Namen.

Beispiel 1

Winkel, die zueinander liegen wie α und β, heißen **Stufenwinkel**.

Sie liegen auf derselben Seite der Parallelen und der schneidenden Geraden.

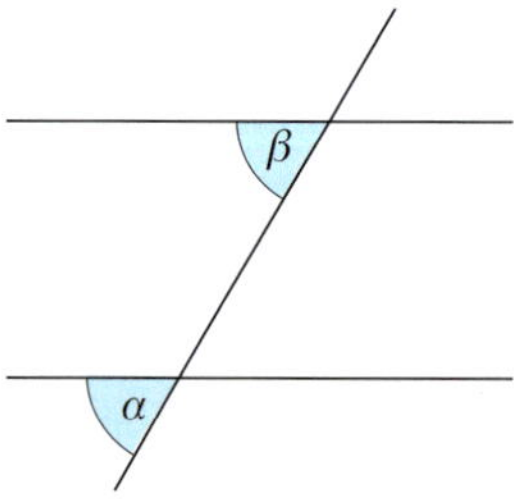

Beispiel 2

Winkel, die zueinander liegen wie α und δ, heißen **Wechselwinkel**.

Sie wechseln auf verschiedene Seiten der Parallelen und der schneidenden Geraden.

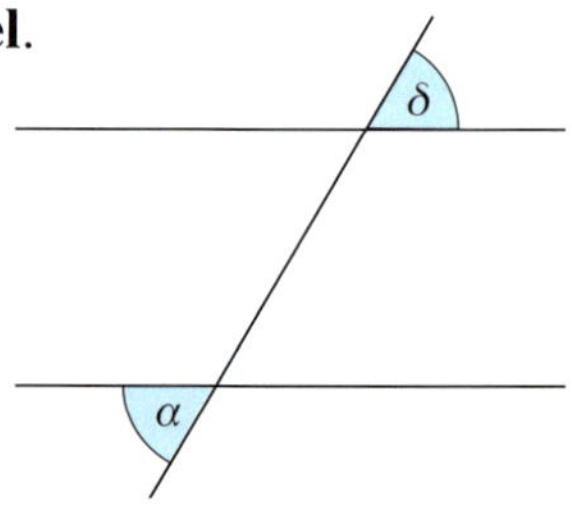

Merke Wenn zwei Parallelen von einer Geraden geschnitten werden, gilt:

Stufenwinkel an geschnittenen Parallelen sind immer **gleich groß**.

Wechselwinkel an geschnittenen Parallelen sind immer **gleich groß**.

Beispiel 3

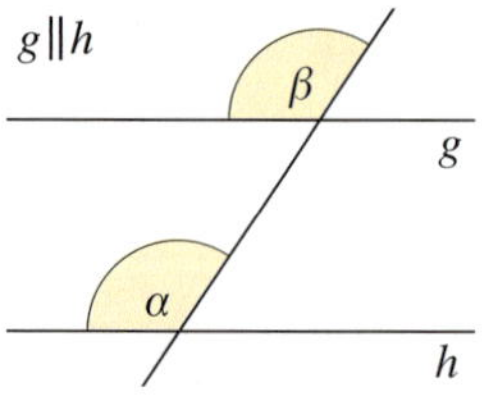

$\alpha = \beta$, denn α und β sind Stufenwinkel.

Beispiel 4

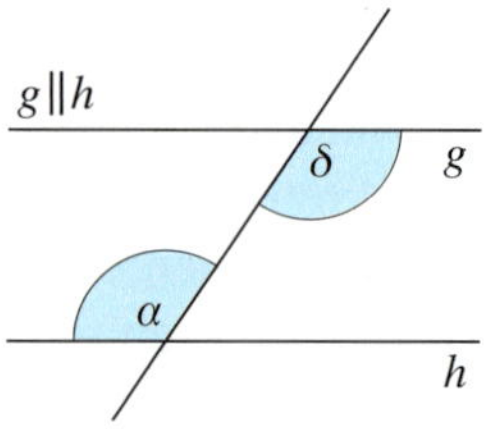

$\alpha = \delta$, denn α und δ sind Wechselwinkel.

Üben und anwenden

1 In deiner Umgebung findest du häufig bestimmte Winkel wieder.
a) Zeige an den Bildern die Begriffe Stufenwinkel und Wechselwinkel.
b) Findest du auch Scheitelwinkel und Nebenwinkel?
c) Kennst du weitere Beispiele?

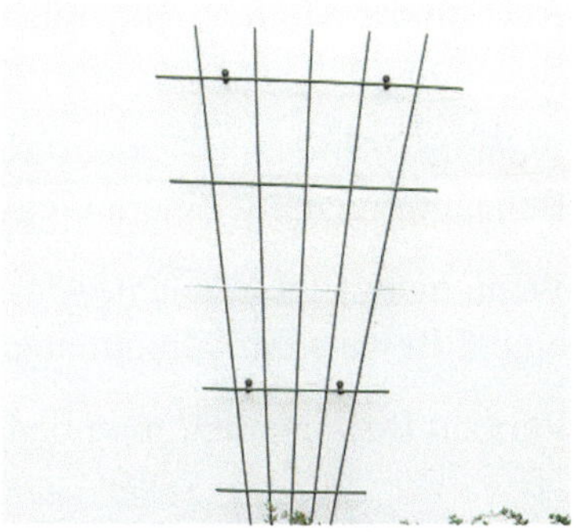

2 Gib alle Paare von Stufenwinkeln und Wechselwinkeln an.
Beispiel Stufenwinkel: β_1 und β_2

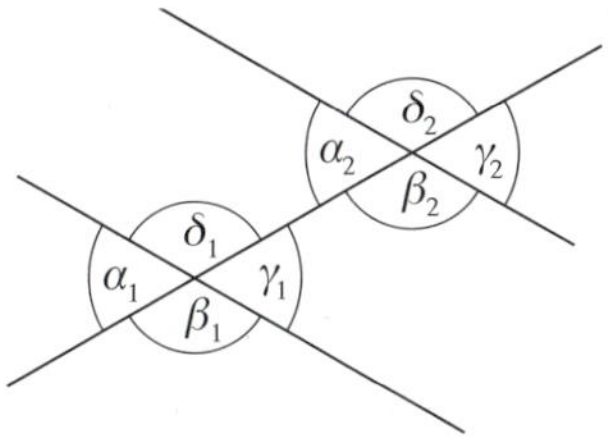

2 Gib alle Paare von Stufenwinkeln und Wechselwinkeln an.

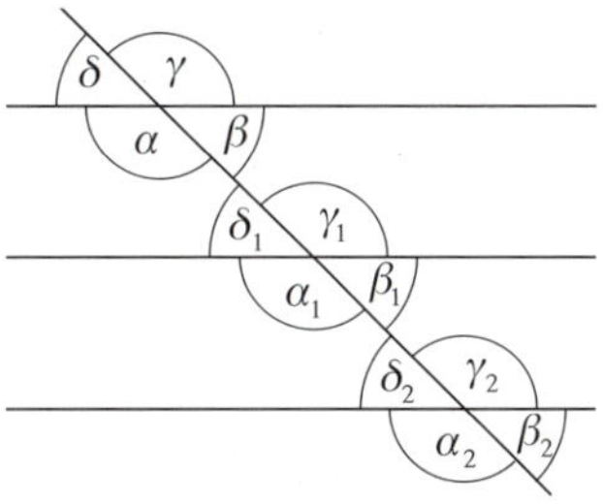

3 Gib die Größe der markierten Winkel an.

a)

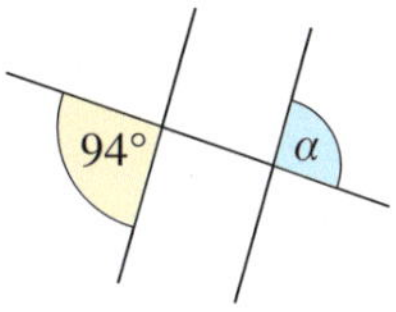

b)

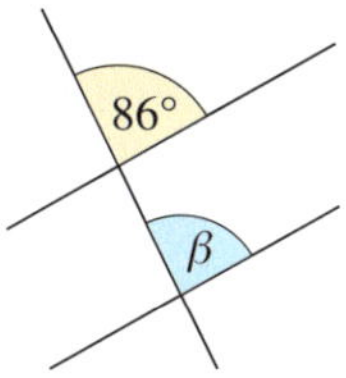

3 Bestimme alle Winkelgrößen.

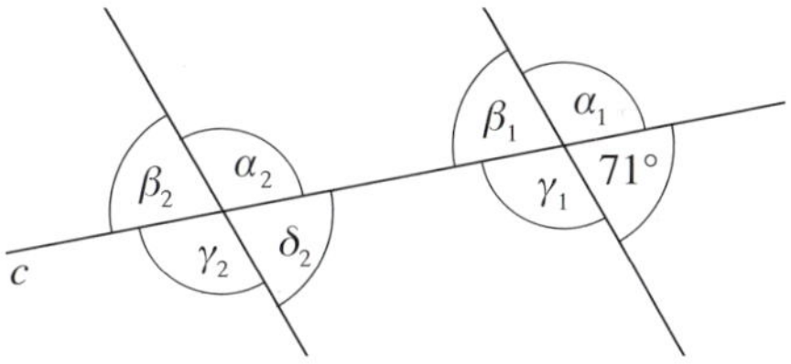

4 Gib die Größe der benannten Winkel an und begründe.

a)

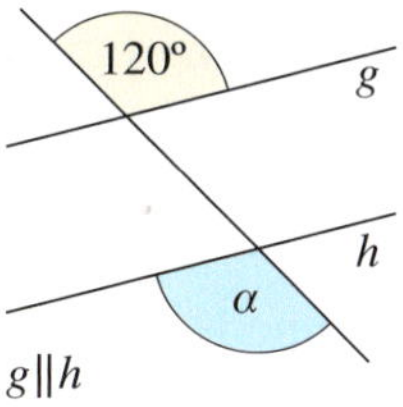

b)

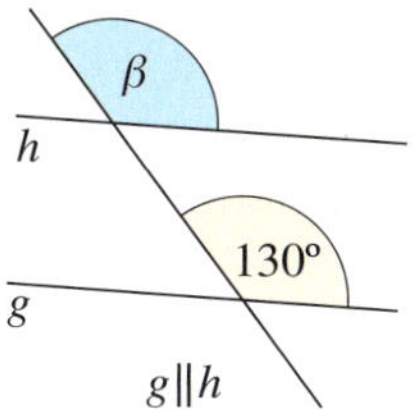

c)

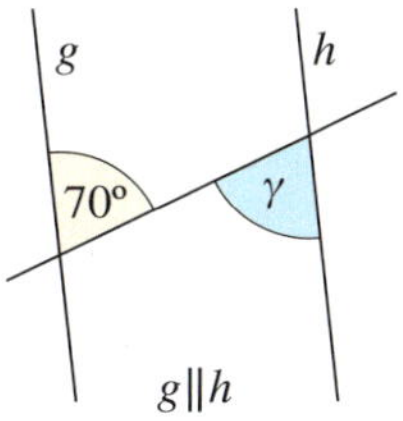

d)

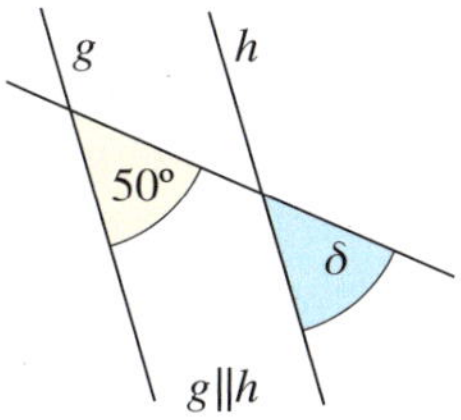

4 Betrachte das Parallelogramm.
a) Begründe mithilfe der gelb eingezeichneten Winkel, warum die rosa eingezeichneten Winkel gleich groß sind.
b) Finde weitere Paare gleich großer Winkel und begründe möglichst unterschiedlich.
c) Berechne die Größe aller eingezeichneten Winkel, wenn $\alpha_1 = 35°$ ist.

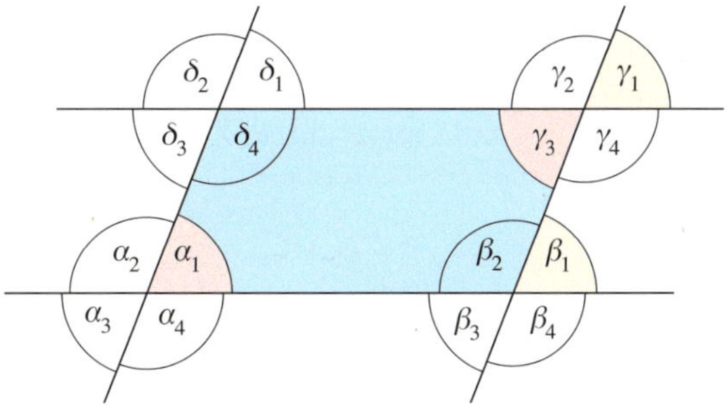

NACHGEDACHT
zu Aufgabe 4 (türkis): Finde weitere Möglichkeiten, auf die gleiche Größe von α_1 und γ_3 zu schließen.

Methode Beweisen in der Geometrie

Auch in der Mathematik stellt man **Behauptungen** auf. Behauptungen können *wahr* oder *falsch* sein.

Wenn man zeigen möchte, dass eine Behauptung *falsch* ist, kann man die Behauptungen mit einem **Gegenbeispiel** widerlegen.

Wenn man zeigen möchte, dass eine Behauptung *wahr* ist, kann man mit einem **Beweis** ihre allgemeine Gültigkeit zeigen.

Für den Beweis nutzt man bereits bekannte Aussagen, sogenannte Voraussetzungen.

Üben und anwenden

1 Begründe, dass die Innenwinkelsumme in jedem Dreieck 180° beträgt.
Ergänze dazu den Lückentext und die Skizze im Heft.

Voraussetzungen:
Stufenwinkel an geschnittenen Parallelen sind immer ________.
Wechselwinkel an geschnittenen Parallelen sind immer ________.
Skizze:

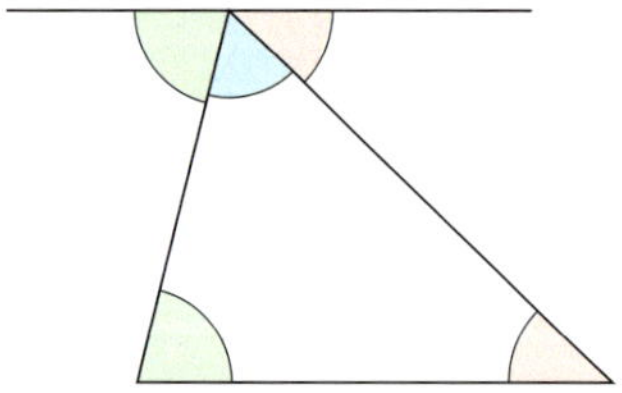

Beweis:
Die roten Winkel sind ________, die grünen Winkel sind ________.
Deshalb sind die beiden roten bzw. die beiden grünen Winkel ________.
An der Geradenkreuzung bilden der rote, der grüne und der blaue Winkel einen ________.
Deshalb beträgt die Summe der Innenwinkel im Dreieck ________.

2 Begründe, dass die Innenwinkelsumme in jedem Dreieck 180° beträgt.
Verwende dazu die abgebildete Zeichnung.

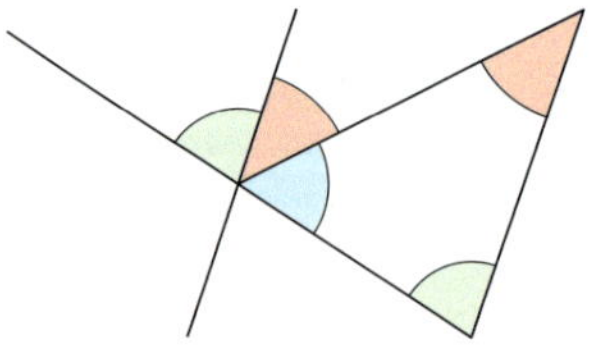

3 Das Viereck *ABCD* wurde durch die Diagonale $\overline{AC}$ in zwei Dreiecke zerlegt.
Begründe, dass die Innenwinkelsumme im Viereck 360° beträgt.

Voraussetzung:
Die Innenwinkelsumme in jedem Dreieck beträgt 180°.

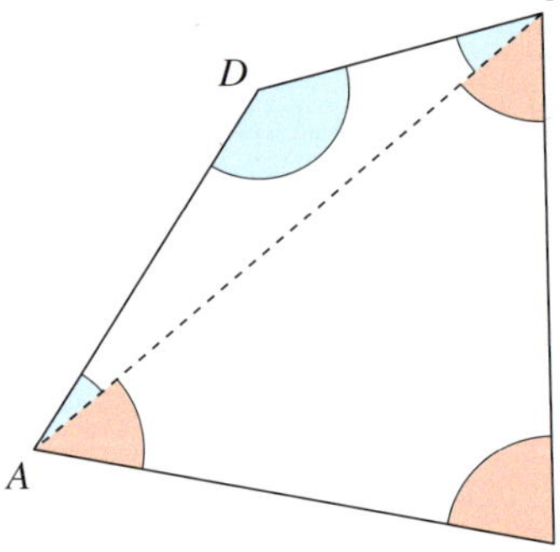

4 Winkelsumme im Sechseck
a) Zeichne ein beliebiges Sechseck.
b) Miss die Winkel und berechne die Innenwinkelsumme.
Formuliere eine Behauptung über die Winkelsumme im Sechseck:
„Im Sechseck beträgt die Innenwinkelsumme immer …“
c) Beweise deine Behauptung mithilfe des Winkelsummensatzes für Dreiecke.
Unterteile dazu das Sechseck wie in Aufgabe 3 in Dreiecke.
Worauf musst du achten?
d) Beweise deine Behauptung mithilfe des Winkelsummensatzes für Vierecke.

Methode Dreiecke mit dem Computer konstruieren

Mithilfe dynamischer Geometrie-Software (kurz: DGS) kann man geometrische Konstruktionen ausführen.
Diese lassen sich bewegen und dynamisch verändern.
Die fertigen Zeichnungen können gespeichert und ausgedruckt werden.

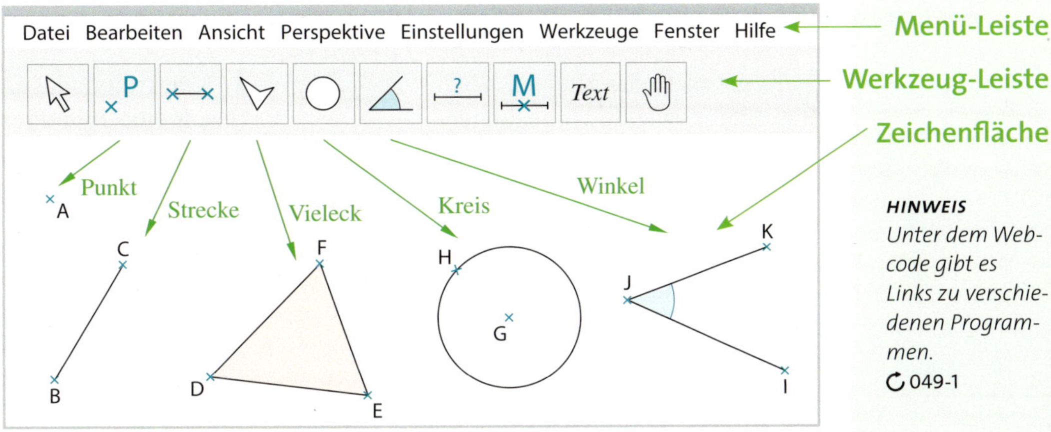

HINWEIS
Unter dem Webcode gibt es Links zu verschiedenen Programmen.
049-1

Üben und anwenden

1 Verschiedene Dreiecksarten konstruieren

a) Führe die Konstruktionsschritte wie im Bild für ein rechtwinkliges Dreieck aus.
Notiere, welche Werkzeuge des Programms du benutzt hast.

b) Konstruiere ein gleichseitiges und ein gleichschenkliges Dreieck.
Notiere jeweils, welche Schritte du im Programm ausgeführt hast.

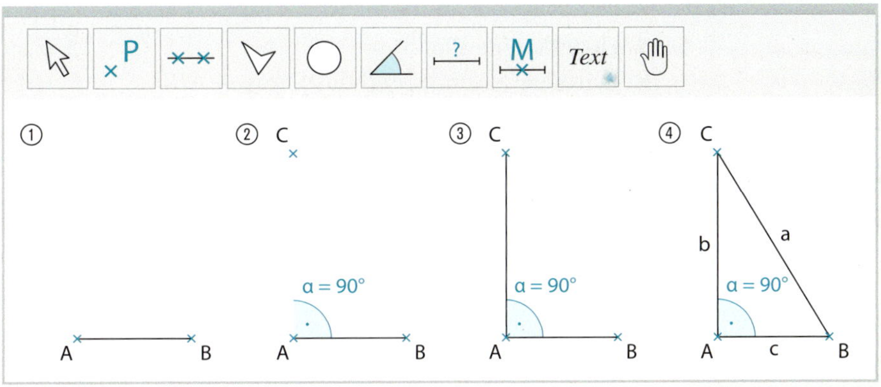

2 Mit dem Zirkel arbeiten

Konstruiere folgende Dreiecke. Was fällt dir auf?

a) $a = 4\,\text{cm};\ b = 5\,\text{cm};\ c = 7\,\text{cm}$

b) $a = b = 4{,}5\,\text{cm};\ c = 6{,}3\,\text{cm}$

c) $a = b = c = 5{,}3\,\text{cm}$

d) $a = b = 4{,}5\,\text{cm};\ c = 10\,\text{cm}$

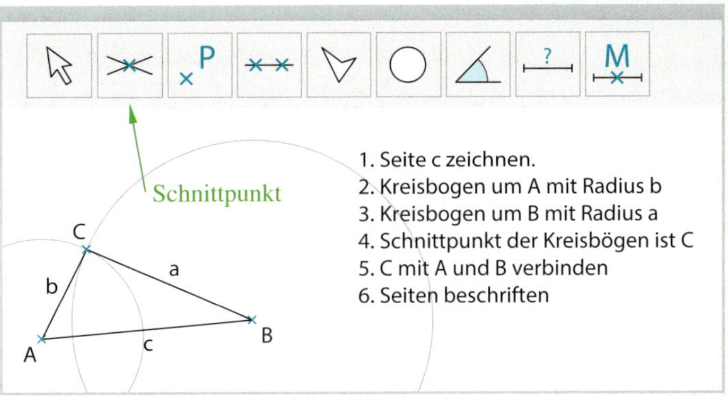

3 Ergebnisse ausdrucken

Konstruiere das Dreieck nach folgender Kurzbeschreibung und drucke die Zeichnung aus.

① Zeichne $\overline{AC} = 4{,}7\,\text{cm}$.
② Zeichne in Punkt A den Winkel $\alpha = 41°$.
③ Zeichne von A aus einen Strahl durch den Endpunkt des Schenkels.
④ Zeichne in Punkt C den Winkel $\gamma = 70°$.
⑤ Zeichne von C aus einen Strahl durch den Endpunkt des Schenkels.
⑥ Der Schnittpunkt der beiden Strahlen ist B.

Klar so weit?

→ Seite 36

Dreiecke konstruieren (Seite – Seite – Seite)

1 Konstruiere das Dreieck ABC.
Beschreibe, wie du vorgegangen bist.
a) $a = 5\,\text{cm}$; $b = 5\,\text{cm}$; $c = 5\,\text{cm}$
b) $a = 4\,\text{cm}$; $b = 4\,\text{cm}$; $c = 3\,\text{cm}$
c) $a = 5\,\text{cm}$; $b = 3\,\text{cm}$; $c = 4\,\text{cm}$

2 Zeichne die Figur ins Heft.
Alle erkennbaren Dreiecke sind gleichseitig.
$\overline{AB} = 6\,\text{cm}$;
$\overline{AD} = 3\,\text{cm}$;
$\overline{BE} = 3\,\text{cm}$

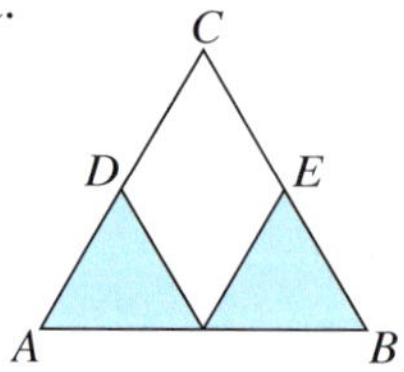

1 Konstruiere das Dreieck ABC.
Beschreibe, wie du vorgegangen bist.
a) $a = 4{,}7\,\text{cm}$; $b = 5{,}2\,\text{cm}$; $c = 3{,}9\,\text{cm}$
b) $a = 2{,}8\,\text{cm}$; $b = 5{,}9\,\text{cm}$; $c = 4{,}5\,\text{cm}$
c) $a = 5{,}5\,\text{cm}$; $b = 3{,}3\,\text{cm}$; $c = 3{,}6\,\text{cm}$

2 Zeichne die Figur ins Heft.
Alle erkennbaren Dreiecke sind gleichseitig.
$\overline{AB} = 4\,\text{cm}$;
$\overline{AD} = 3\,\text{cm}$;
$\overline{BE} = 3\,\text{cm}$

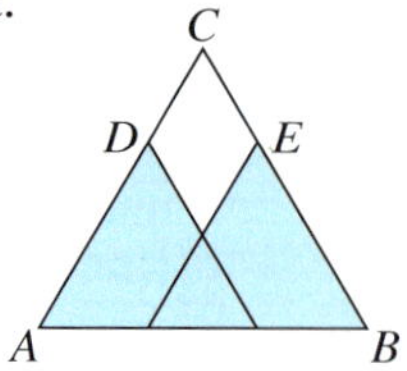

→ Seite 38

Dreiecke konstruieren (Seite – Winkel – Seite)

3 Erstelle eine Planfigur.
Konstruiere anschließend das Dreieck ABC.
a) $a = 4\,\text{cm}$; $c = 6\,\text{cm}$; $\beta = 45°$
b) $b = 3{,}5\,\text{cm}$; $c = 4\,\text{cm}$; $\alpha = 90°$

4 Konstruiere das Dreieck mit den vorgegebenen Maßen in dein Heft.
Beschrifte das Dreieck vollständig und miss alle fehlenden Größen.

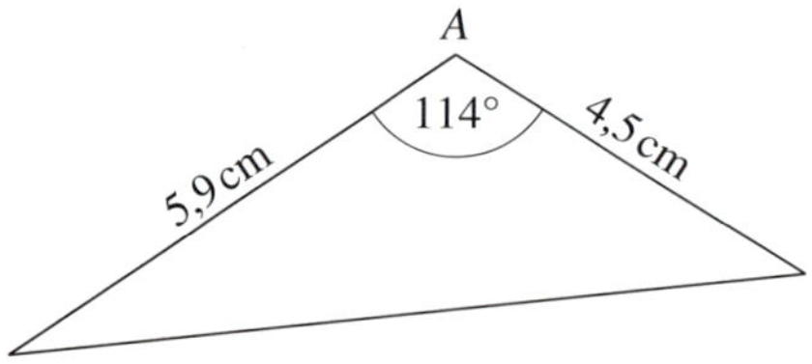

3 Zeichne das Dreieck ABC.
Fertige eine Konstruktionsbeschreibung an.
a) $b = 3{,}8\,\text{cm}$; $c = 4{,}4\,\text{cm}$; $\alpha = 60°$
b) $a = 3{,}5\,\text{cm}$; $b = 6{,}4\,\text{cm}$; $\gamma = 35°$

4 Zeichne die Figur exakt in dein Heft.
Beginne mit Punkt A.
Miss zum Schluss die Größe des Winkels γ.

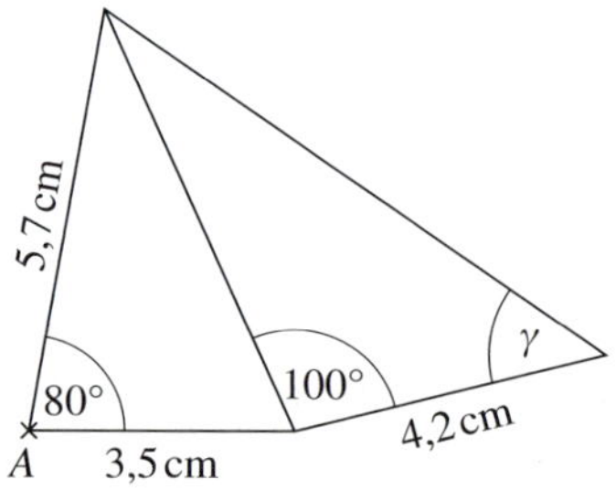

→ Seite 40

Dreiecke konstruieren (Winkel – Seite – Winkel)

5 Zeichne das Dreieck ABC.
Denke an die Planfigur.
a) $a = 5\,\text{cm}$; $\beta = 60°$; $\gamma = 40°$
b) $b = 6\,\text{cm}$; $\alpha = 80°$; $\gamma = 55°$

6 Konstruiere das Dreieck ABC.
Berechne zunächst den fehlenden Winkel.
a) $c = 7\,\text{cm}$; $\alpha = 50°$; $\gamma = 50°$
b) $b = 5{,}5\,\text{cm}$; $\beta = 80°$; $\gamma = 30°$

5 Zeichne das Dreieck ABC.
Gib jeweils die Dreiecksart an.
a) $a = 4\,\text{cm}$; $\beta = 27°$; $\gamma = 130°$
b) $b = 6{,}8\,\text{cm}$; $\alpha = 80°$; $\gamma = 42°$

6 Bestimme alle Seitenlängen und Winkelgrößen des Dreiecks ABC.
a) $c = 2{,}5\,\text{cm}$; $\alpha = 35°$; $\gamma = 40°$
b) $b = 4{,}7\,\text{cm}$; $\beta = 55°$; $\gamma = 68°$

+ Kongruenz

→ Seite 42

7 Übertrage die Figuren auf ein kariertes Blatt.
Sind die beiden Figuren deckungsgleich (kongruent)?
Begründe deine Antwort.
Beschreibe deinen Lösungsweg.

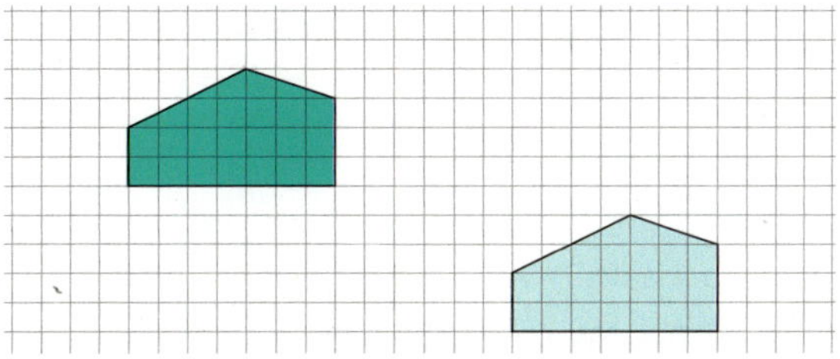

8 Welche der folgenden Dreiecke sind deckungsgleich? Fertige zuerst Planfiguren an.

Dreieck 1: $a = 3{,}4\,\text{cm}$; $b = 5{,}5\,\text{cm}$; $\gamma = 120°$

Dreieck 2: $b = 2{,}3\,\text{cm}$; $c = 4{,}7\,\text{cm}$; $\alpha = 120°$

Dreieck 3: $a = 4{,}5\,\text{cm}$; $\beta = 70°$; $\gamma = 50°$

Dreieck 4: $c = 4{,}5\,\text{cm}$; $\alpha = 70°$; $\beta = 50°$

Scheitelwinkel und Nebenwinkel

→ Seite 44

9 Betrachte die Geradenkreuzung.
a) Wie heißt der Scheitelwinkel von α?
b) Nenne die Nebenwinkel von β.
c) Berechne β, γ und δ für $\alpha = 47°$. Wie bist du vorgegangen?

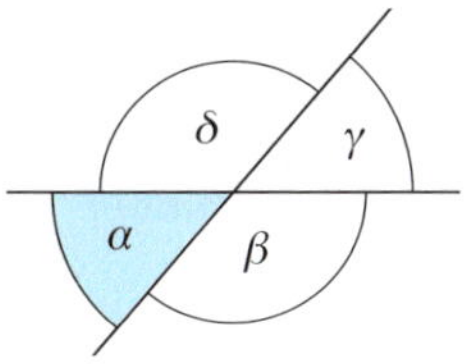

9 Gib die Größe der markierten Winkel an. Erläutere deinen Lösungsweg.

a)

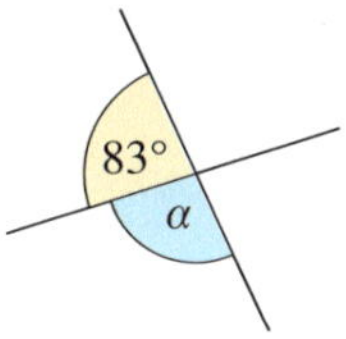

b)

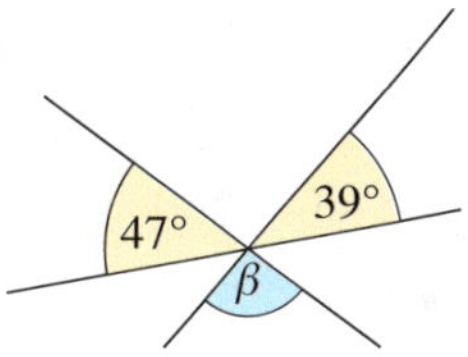

10 Zeichne zwei Geraden, die sich unter 50° (90°; 130°) schneiden. Was fällt dir auf?
Markiere ein Nebenwinkelpaar blau und ein Scheitelwinkelpaar rot.
Bestimme die Größe aller Winkel.

10 Zeichne zwei Geraden, die sich unter 42° (76°; 114°; 167°) schneiden.
Markiere ein Nebenwinkelpaar blau und ein Scheitelwinkelpaar rot.
Bestimme die Größe aller Winkel.

Stufenwinkel und Wechselwinkel

→ Seite 46

11 Bestimme die Größe der benannten Winkel und begründe.

a)

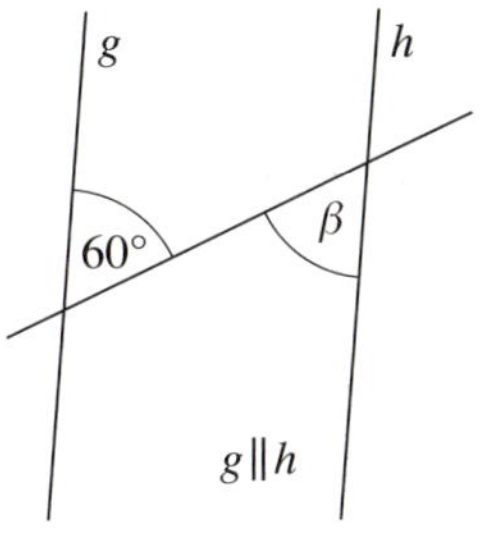

b)

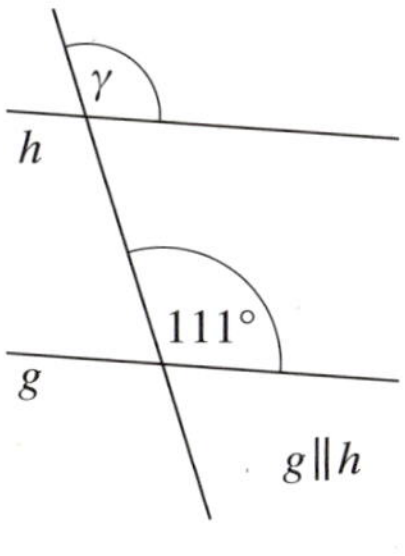

11 Übertrage die Zeichnung ins Heft.
a) Gib die Größe von α an. Begründe.
b) Zeichne einen Stufenwinkel und einen Wechselwinkel von α ein. Wie groß sind diese Winkel?

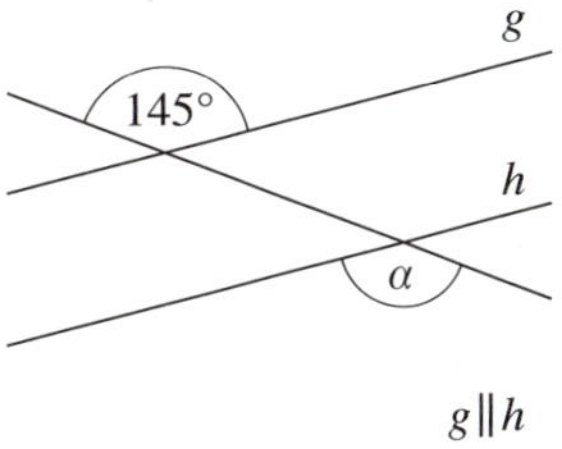

Vermischte Übungen

WEITERDENKEN
Wie könnten die Angaben für die übrig gebliebene Planfigur lauten?

1 Ordne folgende Angaben den Planfiguren zu.

a) $a = 3{,}6\,\text{cm}$; $\gamma = 90°$; $\beta = 60°$
b) $b = 5\,\text{cm}$; $\beta = 50°$; $\gamma = 45°$
c) $a = b = c = 4{,}3\,\text{cm}$
d) $\alpha = \gamma = 65°$; $c = 7\,\text{cm}$

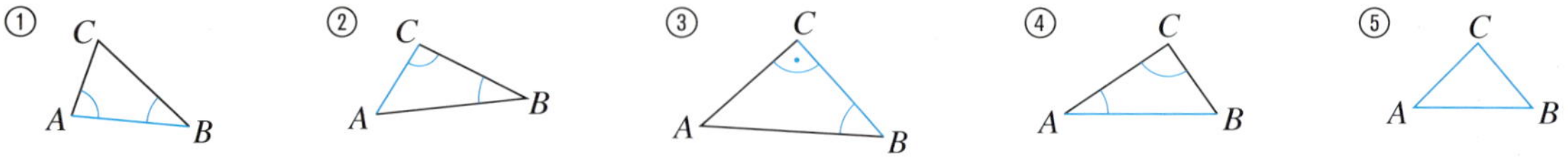

HINWEIS
052-1
Du kannst die Konstruktionen auch mithilfe dynamischer Geometrie-Software erstellen. Unter dem Webcode findest du Links zu den entsprechenden Programmen.

2 Zeichne das Dreieck ABC.
Nach welchem der drei Fälle SSS, SWS und WSW musst du es konstruieren?
a) $a = 4\,\text{cm}$; $b = 4\,\text{cm}$; $c = 4\,\text{cm}$
b) $a = 3\,\text{cm}$; $c = 6\,\text{cm}$; $\beta = 45°$
c) $c = 4{,}5\,\text{cm}$; $\alpha = 70°$; $\beta = 70°$

2 Zeichne das Dreieck ABC.
Nach welchem der drei Fälle SSS, SWS und WSW musst du es konstruieren?
a) $a = 3{,}5\,\text{cm}$; $b = 6\,\text{cm}$; $c = 5\,\text{cm}$
b) $b = 2{,}9\,\text{cm}$; $c = 5{,}3\,\text{cm}$; $\alpha = 36°$
c) $a = 5{,}3\,\text{cm}$; $\beta = 43°$; $\gamma = 62°$

3 Konstruiere ein Dreieck mit
$c = 5\,\text{cm}$; $\alpha = \beta = 60°$.
Was ist das Besondere an dem Dreieck?

3 Zeichne das gleichschenklige Dreieck.
a) $b = 6{,}1\,\text{cm}$; $\alpha = 25°$; es gilt $b = c$
b) $a = 5{,}6\,\text{cm}$; $\gamma = 50°$; es gilt $a = b$

4 Das Dreieck mit $a = 3\,\text{cm}$; $b = 4\,\text{cm}$ und $c = 5\,\text{cm}$ ist rechtwinklig.
a) Überprüfe diese Aussage durch eine Konstruktion. Welcher Winkel beträgt 90°?
b) Ist das Dreieck noch rechtwinklig, wenn du alle Seiten verdoppelst, verdreifachst, halbierst?
Überprüfe an Beispielen.

4 Das Dreieck ABC hat die Maße $c = 5\,\text{cm}$; $\alpha = 90°$ und $\beta = 22°$.
a) Konstruiere das Dreieck ABC.
Wie lang ist die Seite b? Miss nach.
b) Schätze, wie lang die Seite b ist, wenn man den Winkel β verdoppelt, verdreifacht, halbiert.
Überprüfe deine Schätzung.

5 Begründe, warum es nicht möglich ist, ein Dreieck mit zwei rechten Winkeln zu zeichnen.
Hinweis: Im Dreieck gilt $\alpha + \beta + \gamma = 180°$.

5 Versuche ein Dreieck ABC mit $c = 3{,}4\,\text{cm}$; $\alpha = 95°$ und $\beta = 107°$ zu konstruieren.
Was stellst du fest?
Begründe, warum dies nicht möglich ist.

HINWEIS
zu Aufgabe 6 (türkis): Die Flagge gehört zu dem südamerikanischen Land Guyana. Sie enthält gleichschenklige Dreiecke.

6 Damit die Leiter sicher steht, darf der Winkel α nicht größer als 70° sein.
Bestimme mit einer maßstabsgerechten Zeichnung, bis zu welcher Höhe eine 5 m lange Leiter reicht.

6 Zeichne die Flagge mit folgenden Maßen:
$a = 3\,\text{cm}$; $\alpha_1 = 61°$; $\alpha_2 = 74°$

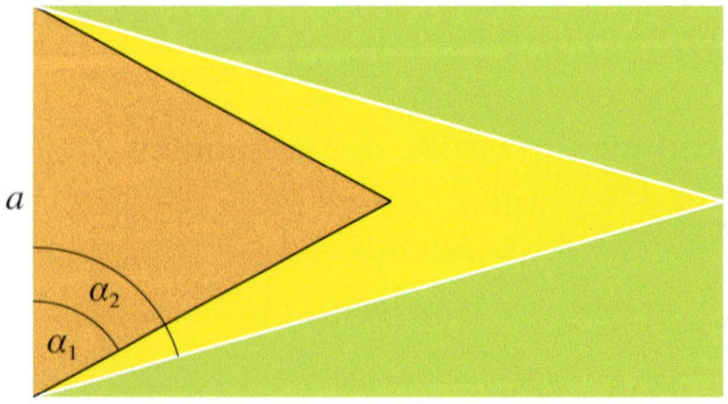

7 Zeichne ein Dreieck mit $\alpha = 40°$; $\beta = 80°$ und $\gamma = 60°$.
Vergleicht eure Ergebnisse untereinander.
Sucht eine Begründung für die unterschiedlichen Lösungen.

8 Aus dem Berufsleben

Eine Eisenbahngesellschaft plant eine neue Strecke mit einem Tunnel (gestrichelte Linie).

a) Bestimme mithilfe einer maßstabsgetreuen Zeichnung die Länge des Tunnels. Gib den Maßstab an.

b) Berechne die Kosten für den Tunnel. Ein Meter Tunnel kostet ca. 18 000 €.

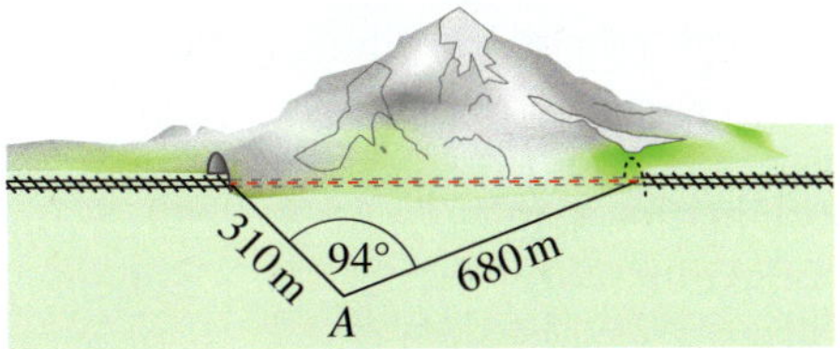

9 Ein Dreieck ABC mit $c = 3{,}2\,\text{cm}$; $\alpha = 30°$ und $a = 3{,}5\,\text{cm}$ wird konstruiert.

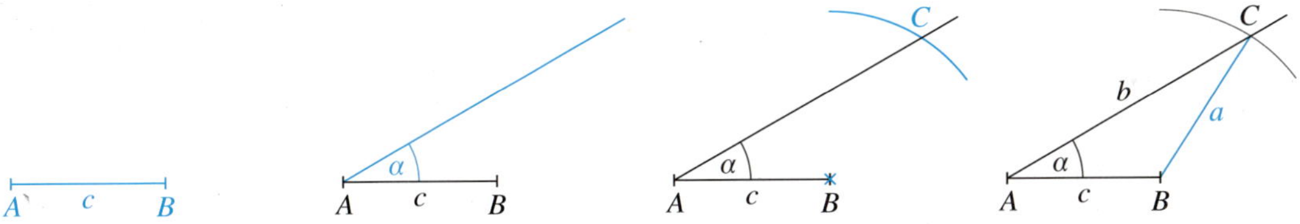

a) Welche Werte sind gegeben? Fertige eine Planfigur an.

b) Beschreibe die einzelnen Konstruktionsschritte der Bildfolge.

ZUM WEITERARBEITEN
Konstruiere das Dreieck ABC mit $c = 6\,\text{cm}$; $\beta = 60°$ und $b = 7\,\text{cm}$.

10 Winkel an Geradenkreuzungen

a) Gib Beispiele für Scheitel-, Neben-, Stufen- und Wechselwinkel an.

b) Bestimme die Größe aller Winkel, wenn $\gamma_1 = 110°$ gilt.

c) Bestimme die Größe aller Winkel, wenn $\alpha_1 = 90°$ gilt.

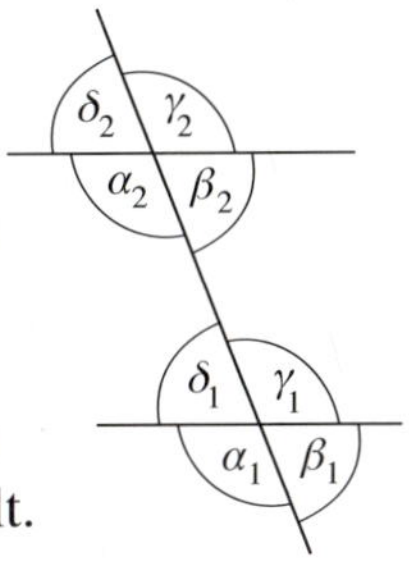

10 Winkel im Trapez

a) Begründe mithilfe von Stufen- und Nebenwinkeln, dass in dem Trapez $\alpha + \delta = 180°$ gilt.

b) Was gilt für $\beta + \gamma$?

c) Was folgt für die Winkelsumme im Trapez?

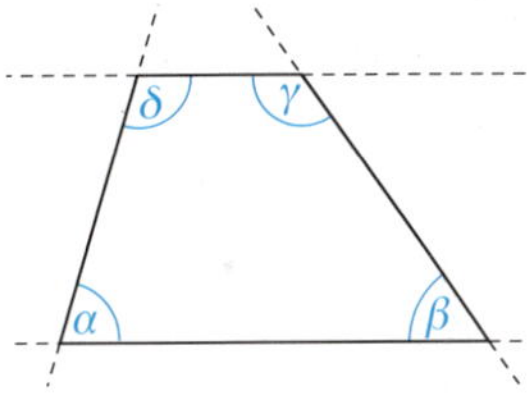

11 Vervollständige die Aussagen zum abgebildeten Treppengeländer in deinem Heft.

a) α_1 ist Nebenwinkel von ▢ und Scheitelwinkel zu ▢.

b) β_1 und ▢ sind Stufenwinkel.

c) γ_2 und ▢ sind Wechselwinkel.

d) α_2 und ▢ sind Stufenwinkel.

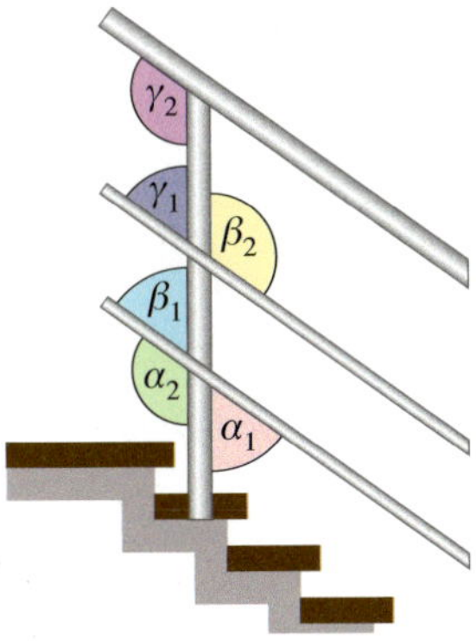

11 Vervollständige die Aussagen zum abgebildeten Treppengeländer in deinem Heft.

a) β_2 ist Nebenwinkel von ▢ und Wechselwinkel von ▢.

b) β_1 und γ_1 sind ein Paar ▢.

c) β_1 und α_1 sind gleich groß, weil ▢.

d) γ_2 und ▢ ergeben zusammen 180°.

12 Vervollständige die Tabelle im Heft.
Die Farben beziehen sich auf das Treppengeländer aus Aufgabe 11.

	α_1	α_2	β_1	β_2	γ_1	γ_2
a)	20°		20°			
b)			36°			
c)		135°				
d)						129°

ZUM WEITERARBEITEN
Gib für die Lösungen aus Aufgabe 12 jeweils eine Begründung an.

Checkliste
054-1

Teste dich!

(9 Punkte)

1 Die Konstruktionsbeschreibung ist durcheinander geraten.

a) Bringe die Konstruktionsschritte in die richtige Reihenfolge.

Ⓐ Zeichne in A an c den Winkel $\alpha = 40°$ an.

Ⓑ Schnittpunkt der beiden Schenkel a und b ist C.

Ⓒ Zeichne $c = 4{,}8\,\text{cm}$ mit den Eckpunkten A und B.

Ⓓ Zeichne in B an c den Winkel $\beta = 70°$ an.

b) Konstruiere das Dreieck.

c) Miss alle Winkel und Seiten.

(16 Punkte)

2 Konstruiere die Dreiecke.
Erstelle zuerst eine Planfigur und gib an, nach welchem der drei Fälle SSS, SWS und WSW du konstruieren musst.

a) $c = 6\,\text{cm}$; $b = 4{,}5\,\text{cm}$; $\alpha = 80°$

b) $a = 4{,}5\,\text{cm}$; $\beta = 25°$; $\gamma = 120°$

c) $a = 5{,}2\,\text{cm}$; $b = 5{,}5\,\text{cm}$; $c = 3{,}5\,\text{cm}$

d) Schreibe für eines der Dreiecke aus a) bis c) eine Konstruktionsbeschreibung.

(12 Punkte)

3 Zeichne das Dreieck ABC.

a) Arbeite nach folgender Konstruktionsbeschreibung von Paul:

① Zeichne $\overline{AB} = c = 6\,\text{cm}$.
② Zeichne je einen Kreisbogen um A und B mit dem Radius $r = 6\,\text{cm}$.
③ Bezeichne den Schnittpunkt der beiden Kreisbogen mit C.
④ Verbinde C mit A und C mit B.
⑤ Halbiere alle drei Seiten des Dreiecks ABC und markiere jeweils den Halbierungspunkt.
⑥ Verbinde die drei Halbierungspunkte miteinander.

b) Benenne die entstandene Dreiecksart.

(10 Punkte)

4 Eine Segelregatta führt vom Hafen um zwei Bojen herum zurück zum Ausgangspunkt.
Die Bojen sind 4,9 km voneinander entfernt.

a) Fertige eine maßstabsgetreue Zeichnung an ($1\,\text{cm} \mathrel{\hat{=}} 1\,\text{km}$).

b) Bestimme die Länge der gesamten Regattastrecke.

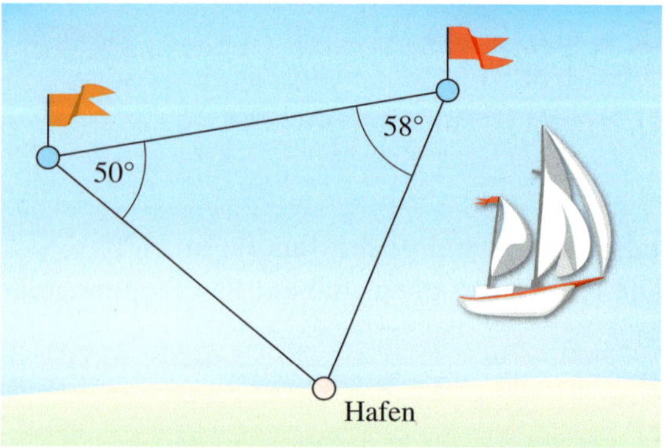

(8 Punkte)

+5 Begründe jeweils, warum nicht alle Dreiecke mit folgenden Maßen deckungsgleich sind.

a) $\alpha = 90°$; $\beta = 20°$; $\gamma = 70°$

b) $a = 5{,}9\,\text{cm}$; $\beta = 85°$

+6 Welche der folgenden Dreiecke sind kongruent zum Dreieck ABC? Begründe jeweils. *(9 Punkte)*

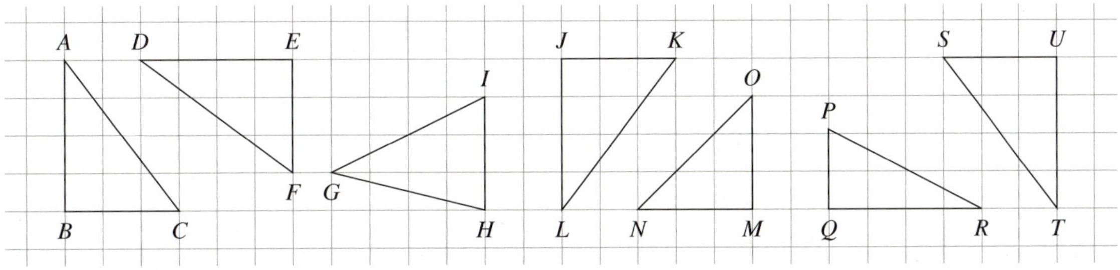

7 Übertrage die Zeichnung in dein Heft. Zeichne den Scheitelwinkel von α und einen Nebenwinkel von β ein. *(6 Punkte)*

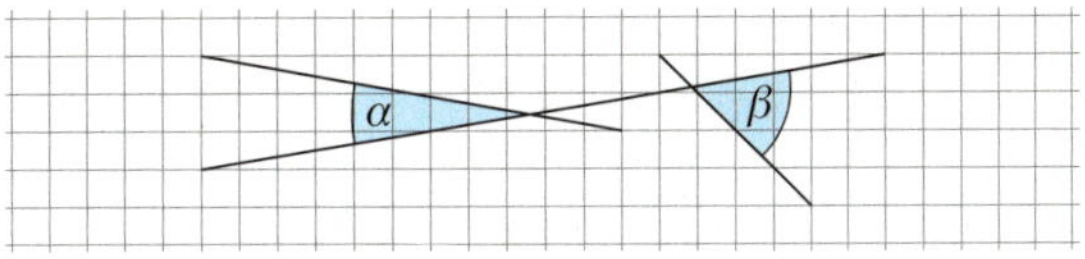

8 Übertrage die Zeichnung in dein Heft. *(12 Punkte)*

a) Zeichne den Wechselwinkel von α und den Stufenwinkel von β ein.

b) Begründe.
Es gilt: $\alpha + \beta = 180°$

c) Wie oft findest du die Winkelgröße von β in der Zeichnung?
Begründe deine Antwort.

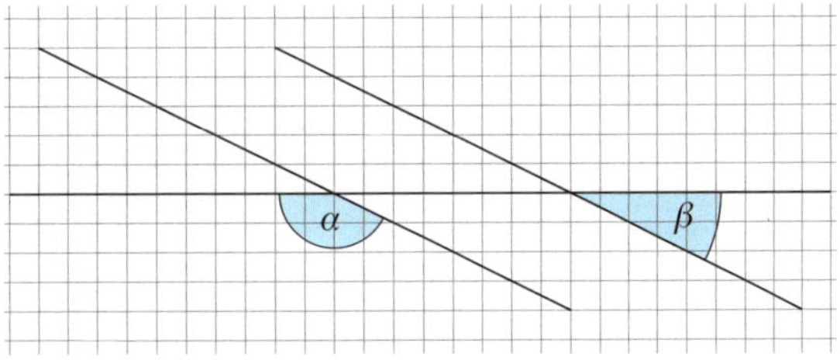

9 Begründe jeweils, weshalb die eingefärbten Winkel gleich groß sind. *(10 Punkte)*

a)

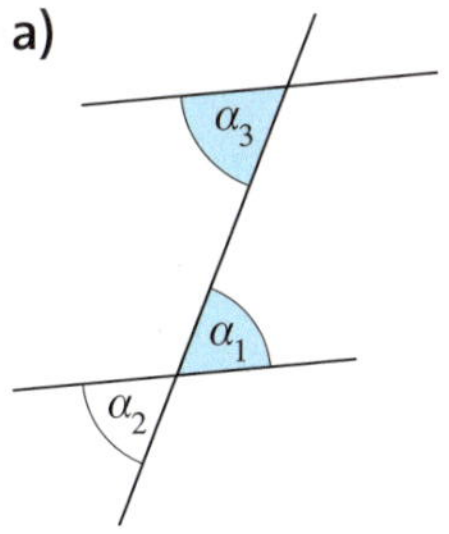

b)

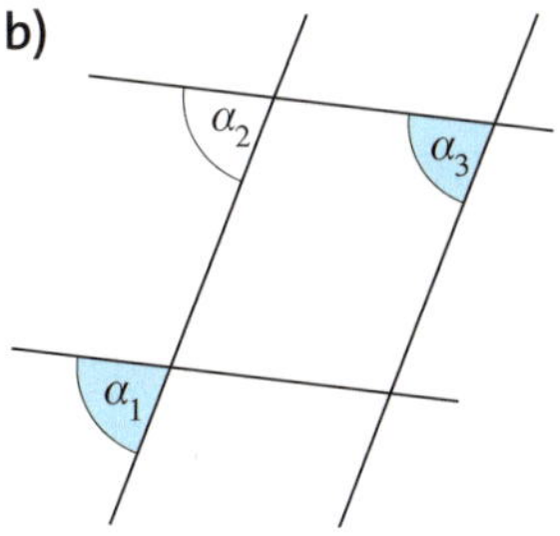

10 Berechne in der folgenden Zeichnung alle markierten Winkelgrößen. *(8 Punkte)*

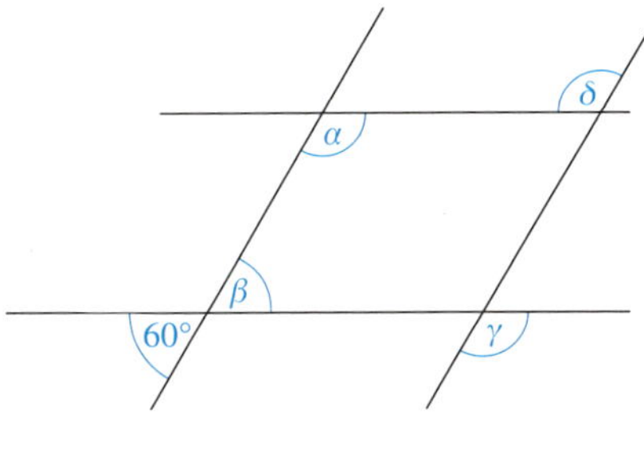

Gold: 94–100 Punkte, Silber: 77–93 Punkte, Bronze: 60–76 Punkte

Zusammenfassung

→ Seite 36

Dreiecke konstruieren (Seite – Seite – Seite)

Sind von einem Dreieck alle drei Seiten gegeben (**SSS**), kann man das Dreieck *eindeutig* konstruieren, d. h. es entsteht immer das gleiche Dreieck.

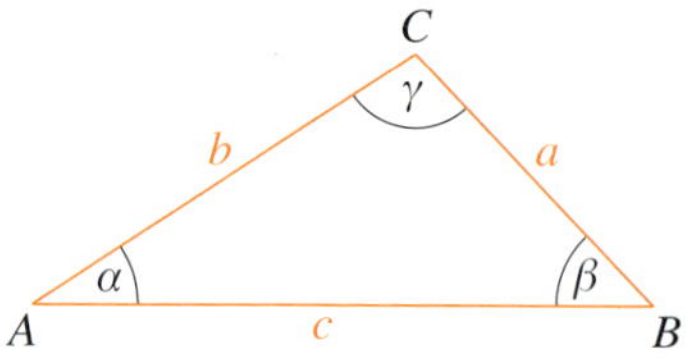

→ Seite 38

Dreiecke konstruieren (Seite – Winkel – Seite)

Sind von einem Dreieck zwei Seiten und der von ihnen eingeschlossene Winkel gegeben (**SWS**), kann man das Dreieck *eindeutig* konstruieren.

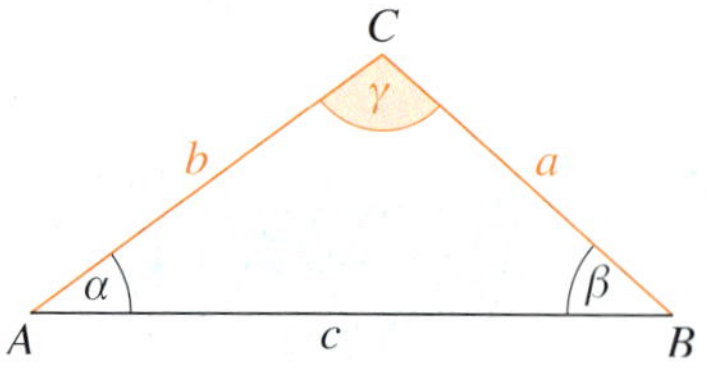

→ Seite 40

Dreiecke konstruieren (Winkel – Seite – Winkel)

Sind von einem Dreieck eine Seite und die anliegenden Winkel gegeben (**WSW**), kann man das Dreieck *eindeutig* konstruieren.

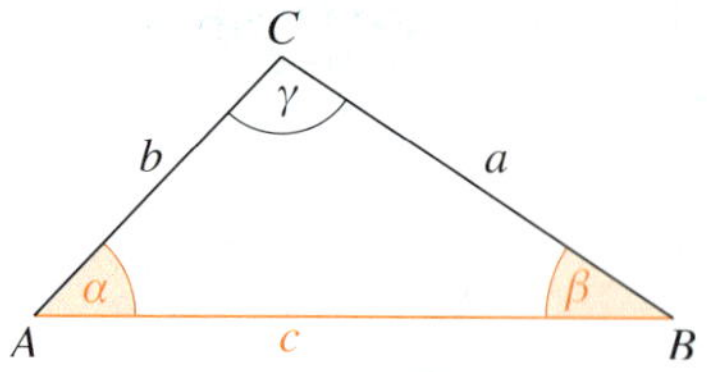

→ Seite 42

+ Kongruenz

Können zwei Figuren durch Verschiebung, Drehung oder Spiegelung zur Deckung gebracht werden, sind sie **deckungsgleich (kongruent)**. Sie stimmen in allen Seitenlängen und Winkeln überein.

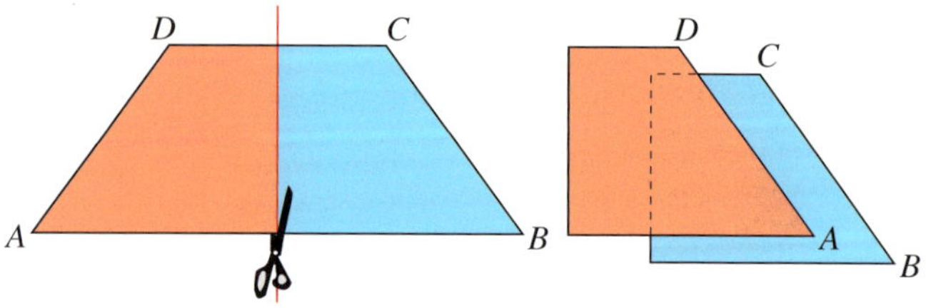

→ Seite 44

Scheitelwinkel und Nebenwinkel

Gegenüber liegende Winkel nennt man **Scheitelwinkel**. Scheitelwinkel sind immer **gleich groß**.

Nebeneinander liegende Winkel nennt man **Nebenwinkel**. Nebenwinkel ergänzen sich zu **180°**.

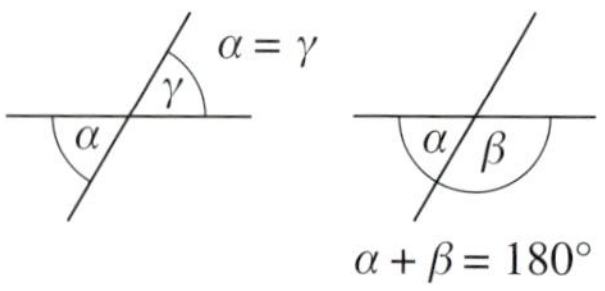

→ Seite 46

Stufenwinkel und Wechselwinkel

Wenn zwei Parallelen von einer Geraden geschnitten werden, gilt:

Stufenwinkel an geschnittenen Parallelen sind immer **gleich groß**.

Wechselwinkel an geschnittenen Parallelen sind immer **gleich groß**.

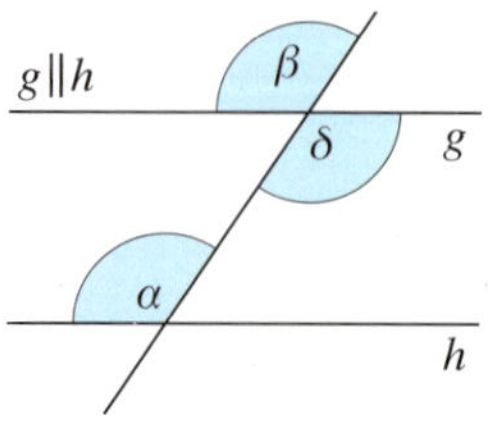

$\alpha = \beta$, denn α und β sind Stufenwinkel.

$\alpha = \delta$, denn α und δ sind Wechselwinkel.

Terme und lineare Gleichungen

Die Waage zeigt deutlich an, dass die kleine Katze schwerer ist als die zwei Gewichtsstücke zusammen. Was könnte man tun, um die Waage ins Gleichgewicht zu bringen?

Noch fit?

ERINNERE DICH
Eine sinnvolle Verbindung von Variablen, Zahlen, Größen, Klammern und Rechenzeichen heißt ***Term****.*

Einstieg

Aufstieg

1 Terme aufstellen

In einem Eiscafé kostet eine Kugel Eis 90 Cent. Sahne und Streusel kosten je 40 Cent. Berechne jeweils die Preise für die abgebildeten Portionen.

a) 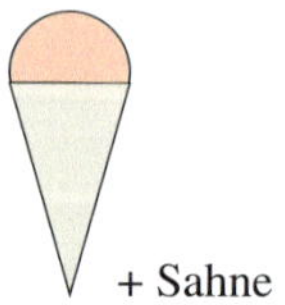

b) 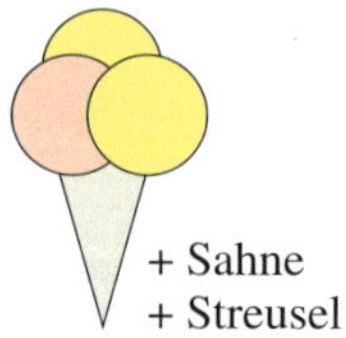

c) 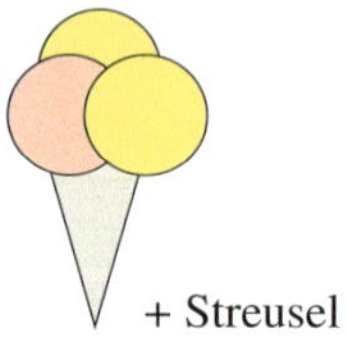

d) 

2 Mit Klammern rechnen (Einstieg)

Berechne. Löse Aufgaben in Klammern immer zuerst.

a) $5 + (10 - 6)$ b) $50 - (18 + 12)$
c) $42 - (30 - 10)$ d) $7 \cdot (8 + 2)$

2 Mit Klammern rechnen (Aufstieg)

Berechne. Beachte die Klammern.

a) $52 + (48 - 19)$ b) $280 - (87 + 113)$
c) $69 - (50 - 10) + 8$ d) $7 \cdot (8 + 20)$
e) $(0{,}2 + 9{,}8) \cdot 7$ f) $56 : (6 + 2)$

3 Punkt- und Strichrechnung (Einstieg)

Berechne. Beachte die Regel „Punktrechnung vor Strichrechnung“.

a) $4 \cdot 10 - 6$ b) $50 - 2 \cdot 8$
c) $42 + 3 \cdot 10$ d) $6 \cdot 8 + 22$

3 Punkt- und Strichrechnung (Aufstieg)

Berechne. Beachte die Vorrangregeln.

a) $20 \cdot 20 + 9$ b) $144 - 12 \cdot 12 + 1$
c) $50 \cdot (3 + 8 - 1)$ d) $0{,}7 \cdot (2 + 6 + 2)$
e) $63 : 9 - 12$ f) $8 + 540 : 6 - 12$

4 Umfänge mit Termen beschreiben

Stelle jeweils einen Term für den Umfang der Figur auf.

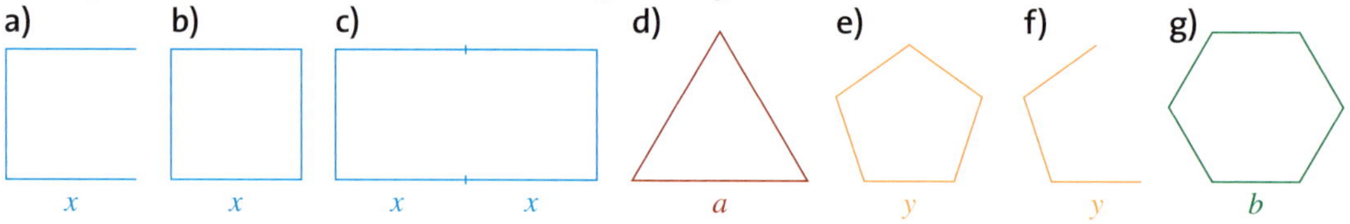

5 Terme zusammenfassen (Einstieg)

Fasse zusammen.

a) $c + c + c + c$
b) $x - x - x + x + x$
c) $p - p + p + p - p + p$
d) $x + x + x - x + x$

5 Terme zusammenfassen (Aufstieg)

Fasse zusammen.

a) $c + c + d - c + c + d$
b) $p - p + q + q + p - p + p - q$
c) $x + y + x + x + x - y + z$
d) $-a - c + b - a + c - b - a$

BEISPIEL
zu Aufgabe 6 (lila und türkis):
Den ***Wert des Terms*** $2 \cdot x + 1$ *für* $x = 3$ *berechnen:*
$2 \cdot x + 1$
$2 \cdot 3 + 1 = 6 + 1$
$= 7$

6 Termwerte berechnen (Einstieg)

Vereinfache die Terme, wenn möglich.
Setze dann jeweils für x die Zahl 0 (2; 5) ein.
Berechne jeweils den Wert des Terms.

a) $2 \cdot x$
b) $3 \cdot x + 5$
c) $3 \cdot x + 12 \cdot x$
d) $6 \cdot x + 24 \cdot x + 6$
e) $x + 19 \cdot x + 26 \cdot x + 40$

6 Termwerte berechnen (Aufstieg)

Vereinfache die Terme.
Berechne dann jeweils den Wert des Terms für $x = -3$ (für $x = 0$; für $x = 11$; für $x = 30$).

a) $22 \cdot x - 14 \cdot x + 3 \cdot x$
b) $13 \cdot x - 29 \cdot x + 46$
c) $8 \cdot x - 4 \cdot x + 13 - 11$
d) $6 \cdot x + 5 \cdot x + 4 + 13 + x$
e) $20 \cdot x + 38 \cdot x - 26 \cdot x + 35$

7 Terme zu geometrischen Körpern angeben

Jule und Jakob haben das Kantenmodell eines Quaders aus Draht gebaut.

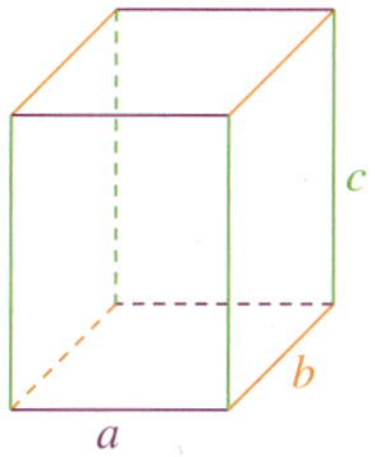

a) Stelle jeweils einen passenden Term auf.
   ① Wie lang sind die Kanten des Quaders insgesamt?
   ② Wie groß ist der Oberflächeninhalt des Quaders?
   ③ Wie groß ist sein Volumen?

b) Setze für die Variablen ein: $a = 4\,\text{dm}$; $b = 1\,\text{dm}$; $c = 5\,\text{dm}$.
   Berechne die gesamte Kantenlänge, den Oberflächeninhalt und das Volumen.

8 Probe bei Gleichungen

Prüfe, ob die angegebenen Lösungen der Gleichungen richtig sind.
Korrigiere die Lösungen, wenn nötig.

a)	$x + 4 = 13$	$x = 9$
b)	$x + 2 = 10$	$x = 3$
c)	$x - 5 = 4$	$x = 11$
d)	$3 \cdot x = 12$	$x = 4$
e)	$14 + x = 20$	$x = 6$
f)	$7 \cdot x = 70$	$x = 0$
g)	$4x + 4 = 12$	$x = 2$

8 Probe bei Gleichungen

Prüfe, ob die angegebenen Lösungen der Gleichungen richtig sind.
Korrigiere die Lösungen, wenn nötig.

a)	$3 \cdot x + 2 = 14$	$x = 4$
b)	$5 \cdot a + 2 \cdot a = 49$	$a = 7$
c)	$5 \cdot x + 4 \cdot x = 0$	$x = 1$
d)	$10 + 8 \cdot y = 90$	$y = 10$
e)	$3 \cdot b + 0{,}3 + 7 \cdot b = 10{,}3$	$b = 1$
f)	$8 \cdot x + 2 - 6 \cdot x = 12$	$x = 0{,}5$
g)	$35 - 10 \cdot y + 25 = 0$	$y = 6$

9 Gleichungen lösen durch Probieren

Setze in die Gleichungen für die Variable x jeweils die Zahlen 1; 2; 3; 4 und 5 ein.
Welche Zahl ist die Lösung der Gleichung?

a) $x + 18 = 21$ b) $9 \cdot x = 27$
c) $17 = 21 - x$ d) $5 = 10 : x$

9 Gleichungen lösen durch Probieren

Finde die Lösungen der Gleichungen.
Sie sind unter den Zahlen 1; 2; 3; 4 und 5.

a) $62 - x = 59$ b) $36 : x = 9$
c) $2 \cdot x + 15 = 17$ d) $3 \cdot x - 2 = 13$
e) $56 = 9 \cdot x + 20$ f) $8 = 4 \cdot x - 4$

10 Gleichungen lösen

Löse die Gleichungen und mache jeweils eine Probe. Die Lösungen sind unter den Zahlen in der Lösungsblüte.

a) $4 \cdot x = 24$
b) $3 \cdot x = 24$
c) $x - 8 = 20$
d) $x + 15 = 30$
e) $48 : x = 24$
f) $5 \cdot x = 45$

10 Gleichungen lösen

Löse die Gleichungen.
Mache jeweils eine Probe.

a) $20 \cdot x = 180$
b) $60 = 3 \cdot x$
c) $370 = x - 8$
d) $x + 61 = 100$
e) $720 : x = 10$
f) $60 = 12 \cdot x$
g) $42 = 84 : x$

11 Zahlenrätsel

a) Gib einen Term für das Rätsel von Sina an. Verwende für die gedachte Zahl die Variable x.
b) Welches Ergebnis erhält Sina, wenn sie sich die Zahl 8 denkt?

Sina schreibt:
„Ich denke mir eine Zahl. Dann addiere ich zu dieser Zahl das Dreifache der Zahl und ziehe anschließend 10 ab."

11 Zahlenrätsel

a) Welches Ergebnis erhält Sina, wenn sie sich die Zahl –3 (die Zahl 0; die Zahl 0,5) denkt?
b) Welche Zahl muss man in Sinas Term einsetzen, um als Ergebnis 2 zu erhalten?

Terme vereinfachen

Entdecken

ERINNERE DICH
*Den **Umfang** eines Vielecks berechnest du, indem du alle Seitenlängen addierst.*

1 Arbeitet zu zweit.

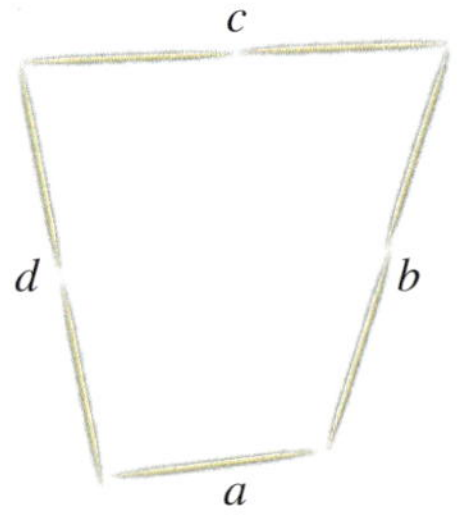

a) Legt wie im Beispiel rechts aus Zahnstochern ein Viereck. Jede Seite kann aus mehreren Zahnstochern bestehen.

b) Tragt das Viereck in eine Tabelle im Heft ein. Das „z“ steht dabei für die Länge eines Zahnstochers. Besteht eine Seite des Vierecks aus zwei Zahnstochern, tragt ihr „$2 \cdot z$“ ein.

Viereck Nr.	Seite a	Seite b	Seite c	Seite d	Term für Umfang des Vierecks	Umfang bei $z = 5$ cm
①	$1 \cdot z$	$2 \cdot z$	$2 \cdot z$	$2 \cdot z$	$7 \cdot z$	35 cm
②						

c) Wiederholt die Schritte aus a) und b) für vier weitere Vierecke aus Zahnstochern.

Verstehen

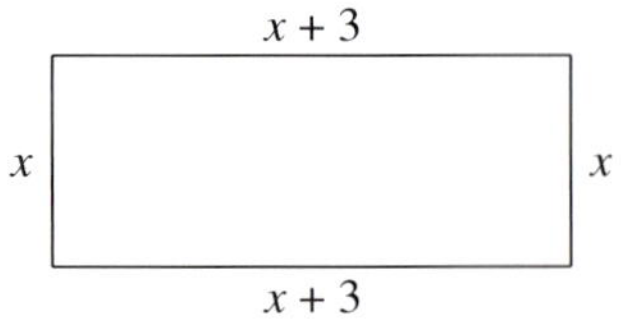

Gegeben ist das Rechteck im Bild rechts.

Für den Umfang des Rechtecks schreibt Svenja den Term: $x + 3 + x + x + 3 + x$

Diesen Term vereinfacht sie zu: $x + x + x + x + 3 + 3$

Daraus erhält sie: $4 \cdot x + 6$

HINWEIS
*Terme, die durch Vereinfachung entstehen, nennt man **gleichwertig**.*

Merke Durch Ordnen und Zusammenfassen kann man **Terme vereinfachen**:

① Gleichartige Bestandteile markieren (farbig oder durch Unterstreichen).
② Die Bestandteile des Terms nach Variablen ordnen (das Rechenzeichen vor einer Variablen dabei immer mitnehmen).
③ Gleichartige Bestandteile addieren bzw. subtrahieren.
④ Bei Termbestandteilen wie $4 \cdot x$ schreibt man kurz $4x$. Der Malpunkt wird weggelassen.

Beispiel 1

$15x + 18x + 23x = 56x$

Beispiel 2

$5x + 2y + 3x - y$
$= 5x + 3x + 2y - y$
$= 8x + y$

Beispiel 3

$14x + 7y + 4 - 9x - 5y + 11$
$= 14x - 9x + 7y - 5y + 4 + 11$
$= 5x + 2y + 15$

Auch Produkte mit gleichen Variablen kann man zusammenfassen:

ERINNERE DICH
Faktor · Faktor = Produkt

Merke Produkte aus gleichen Faktoren schreibt man kurz als **Potenz**.

Potenzen bestehen aus einer **Basis** (Faktor) und einem **Exponenten** (Anzahl gleicher Faktoren).

$\underbrace{x \cdot x \cdot x}_{\text{3 gleiche Faktoren}} = x^3$ (Exponent: 3, Basis: x)

Beispiel 4

$a \cdot a = a^2$

Beispiel 5

$a^3 = a \cdot a \cdot a$

Beispiel 6

$5^4 = 5 \cdot 5 \cdot 5 \cdot 5 = 625$

Üben und anwenden

1 Fasse die Terme zusammen. Ordne dafür zuerst die Variablen, wenn nötig.
a) $a + a + a + a + a + a + a + a$
b) $x + x + x + x + x + x$
c) $c + d + c + c + d + d - c + d + c$
d) $x + y + y + x - y - x + y + x + x$

1 Fasse die Terme zusammen. Ordne dafür zuerst die Variablen, wenn nötig.
a) $b + b + b + a + b + b + b + a$
b) $x + y + y + x + y + y + x + x + x + y$
c) $x + y + z + x + z + y + z + z + x + x + z$
d) $a + a + b + c - a - b - c - b + a + b$

2 Vereinfache die Terme.
a) $16a + 3a + 12$ b) $20x - 16 + 2x$
c) $17a + 8a - 10a$ d) $15y - 20 - 14y$

2 Vereinfache die Terme.
a) $17x + 35x + 42x$ b) $12c + 45c - 28c$
c) $x + 19x + 7x - 50$ d) $0{,}3 + 4z - 8z + 1$

3 Vereinfache die Terme.
Beachte: Hier gibt es mehrere Variablen.
a) $6x + 3y + 4x + 9y + 20y$
b) $9a + 15a + 5 + 20b + 4b$
c) $40y + 10z + 30 + 14z - 4z$
d) $4a + 19c + 26c + 400$
e) $20x - 17y + 15x - y - 5x$

3 Vereinfache die Terme.
a) $8x - 76y + 48x + 100y - 10x$
b) $9y - 3z + 9{,}6z + 4{,}8x$
c) $3{,}5a + 12{,}7b - 0{,}5a - 2{,}9b$
d) $2{,}7b + 8{,}7b + 2{,}5c + 2{,}5c - b$
e) $p + q + 0{,}2p + 4{,}5p - 5q - 3p$
f) $9{,}2b - 7{,}8a + 13{,}7a - 2{,}9d$

4 Schreibe kürzer mit Potenzen.
a) $4 \cdot 4 \cdot 4$ b) $6 \cdot 6 \cdot 6 \cdot 6$
c) $b \cdot b$ d) $x \cdot x \cdot x \cdot y$
e) $5 \cdot a \cdot a \cdot a$ f) $7 \cdot x \cdot x$

4 Schreibe kürzer mit Potenzen.
a) $3 \cdot 3 \cdot 3 \cdot 3 \cdot 3$ b) $6 \cdot 6 \cdot 6 \cdot 6 \cdot 6 \cdot 6$
c) $c \cdot c \cdot c \cdot c$ d) $x \cdot x \cdot y \cdot y \cdot y \cdot y$
e) $4{,}5 \cdot a \cdot a \cdot b \cdot b$ f) $0{,}7 \cdot x \cdot x \cdot x \cdot x$

Beispiel
zu Aufgabe 4 (lila und türkis):
$4 \cdot x \cdot x$
$= 4 \cdot x^2$

5 Finde Paare von Termen, die den gleichen Termwert haben, wenn man für x die Zahl 3 einsetzt.

$x + 2 + x$ | $18x - 12$ | x | $12 + 31 + 5x - 43 - 2x$ | $3x$ | $22 + 4x - 12 - 3x - 10$ | $2x + 2$ | $0{,}5x + 81 + x - 79 + 0{,}5x$ | $20x - 12 + 3x - 5x$ | $2x + 5 + x - 5$ | $12x + 7 + 5x - 10 + x - 9$

6 Umfang eines Rechtecks

a) Stelle einen Term für den Umfang des Rechtecks auf.
b) Vereinfache den Term so weit wie möglich.
c) Berechne den Umfang für $k = 20$ cm (für $k = 8$ cm; für $k = 12{,}5$ cm).

6 Kantenlängen eines Quaders

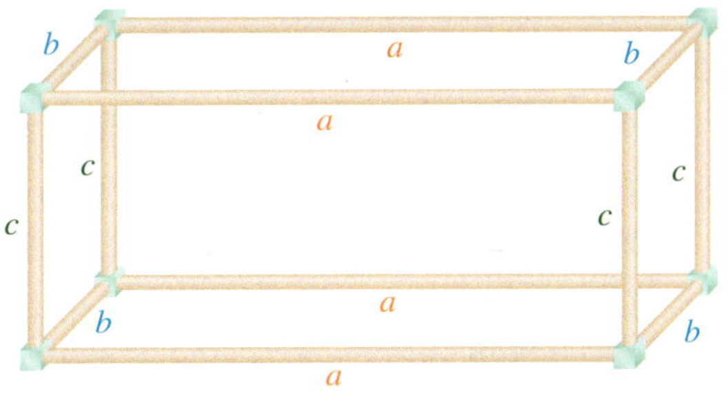

a) Stelle einen Term für die Summe der Kantenlängen des Quaders auf.
b) Vereinfache den Term so weit wie möglich.
c) Berechne die Summe der Kantenlängen für $a = 8$ cm; $b = 4$ cm und $c = 3$ cm.

Terme mit Klammern vereinfachen

Entdecken

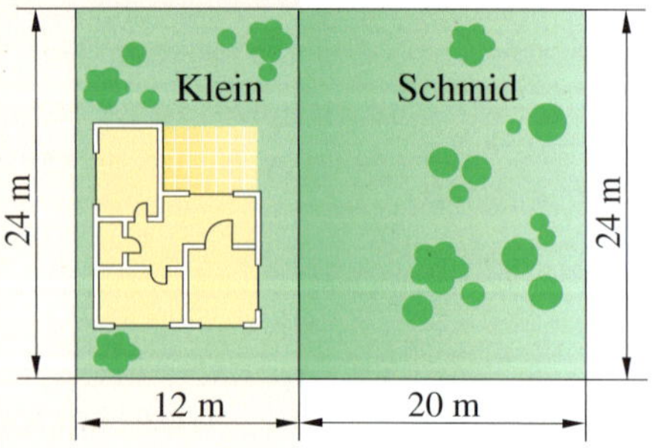

1 Arbeitet zu zweit.
Die Grundstücke der Familien Klein und Schmid grenzen aneinander.
Wie groß sind beide Grundstücke zusammen?

Sara rechnet so:	*Antonia rechnet so:*
$A_1 = 12 \cdot 24\,\text{m}^2 = 288\,\text{m}^2$	$A = (12 + 20) \cdot \ldots$
$A_2 = 20 \cdot 24\,\text{m}^2 = \ldots$	$= \ldots$
$A = A_1 + A_2 = \ldots$	

a) Ergänze die Rechnungen im Heft.
b) Welchen der beiden Rechenwege findest du einfacher? Begründe deine Antwort.
c) Erläutere die Unterschiede zwischen den Rechenwegen von Sara und Antonia.

2 Terme mit und ohne Klammern

① $2a + 6$	② $2 \cdot (a + 6)$	③ $2 \cdot (a + 3)$	④ $3a - (a - 6)$	⑤ $2a + 12$	⑥ $(a + 3) \cdot 2$

a) Berechne jeweils den Wert des Terms für $a = 10$.
Bei welchen Termen stimmen die Ergebnisse überein?
b) Berechne die Termwerte auch für andere Zahlen. Was fällt dir auf?
c) Vergleicht eure Ergebnisse untereinander. Stellt gemeinsam eine Vermutung auf.

Verstehen

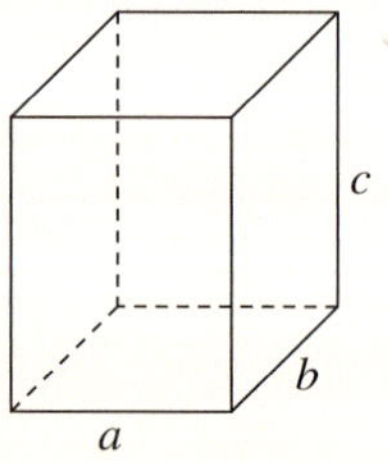

Leandro baut ein Modell eines Quaders aus Holzstäben.
Er benötigt jeweils 4 gleich lange Stäbe für die Seiten a, b, und c:
$4 \cdot a + 4 \cdot b + 4 \cdot c$

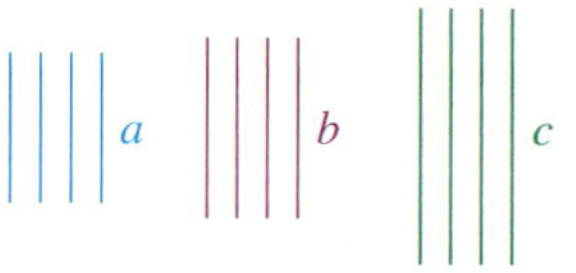

Die Summe der Kantenlängen des Quaders kann er auch so schreiben: $4 \cdot (a + b + c)$

Beide Terme sind gleichwertig.

Merke Um **Terme mit Klammern** zu vereinfachen, wendet man folgende Regeln an:

① **Pluszeichen vor einer Klammer**	Die Klammer kann man weglassen. Die Vorzeichen und Rechenzeichen im Term bleiben gleich.
② **Minuszeichen vor einer Klammer**	Die Klammer kann man auflösen. Die Zahlen in der Klammer bekommen das entgegengesetzte Vorzeichen. Aus + wird –. Aus – wird +.
③ **Malzeichen vor einer Klammer**	Die Klammer kann man auflösen. Jedes Glied in der Klammer multipliziert man mit dem gleichen Faktor vor (oder hinter) der Klammer.

Hinweis
Das Malzeichen vor einer Klammer kann man weglassen:
$7 \cdot (x - 3)$
$= 7(x - 3)$

Beispiel 1
$8x + (-2x + 3)$
$= 8x - 2x + 3$
$= 6x + 3$

Beispiel 2
$6y - (-2 + 5y)$
$= 6y + 2 - 5y$
$= 6y - 5y + 2$
$= y + 2$

Beispiel 3
$5 \cdot (z - 3)$
$= 5 \cdot z - 5 \cdot 3$
$= 5z - 15$

Üben und anwenden

1 Schreibe den Term jeweils ohne Klammern in dein Heft.

a) $5 + (a + 8)$ b) $32 + (20 - b)$
c) $50 + (-6 + x)$ d) $40 + (-6 - 2x)$
e) $5 + (2a + 0{,}1)$ f) $9 - (a + 8)$
g) $32 - (20 - b)$ h) $15 - (10 + 4b)$
i) $12 - (3a + 4)$ j) $100 - (3a + 70)$

1 Schreibe die Terme ohne Klammern.

a) $5 - (a + b)$ b) $6 - (x + 0{,}8)$
c) $x + (14 - x)$ d) $8 - (3r - s)$
e) $y + (3y + 5)$ f) $x + (-5x + 7)$
g) $a + (-8 - 2a)$ h) $19 - (-b - 19)$
i) Vereinfache die Terme weiter durch Ordnen und Zusammenfassen, wenn möglich.

2 Schreibe die Terme ohne Klammern.

a) $3 \cdot (x + 2)$ b) $4 \cdot (y - 5)$
c) $9 \cdot (3 + a)$ d) $10 \cdot (8 - a)$
e) $4 \cdot (3x + 2)$ f) $6 \cdot (5a - 1)$
g) $6 \cdot (-2 + x)$ h) $12 \cdot (-2a + 10)$

2 Schreibe die Terme ohne Klammern.

a) $20\,(a + 3)$ b) $4\,(m - 80)$
c) $3\,(0{,}5 + x)$ d) $7\,(b - 0{,}4)$
e) $3\,(a + 9 + b)$ f) $7\,(2a + 3b + 20)$
g) $(4 + b) \cdot 2$ h) $(c - 5) \cdot 4$

3 Tim hat einen Term vereinfacht.
Sein Ergebnis: $3x + 12$.
Finde drei mögliche Ausgangsterme.

3 Sandra hat einen Term vereinfacht.
Ihr Ergebnis: $3x + 4y + 12$.
Finde fünf mögliche Ausgangsterme.

4 Wie muss eine Klammer gesetzt werden, damit die Aufgabe $10 - 5 + 4$ ein möglichst kleines Ergebnis hat? Begründe.

4 Wie muss eine Klammer gesetzt werden, damit der Term $3 - 5 - 4 + 8$ einen möglichst großen (kleinen) Wert erhält? Begründe.

5 Ordne jeder Aussage einen passenden Term zu. Begründe deine Auswahl.

5 Ordne jeder Aussage einen passenden Term zu. Begründe deine Auswahl.

$3x$ | $x + 2 + x$ | $10\,(x + 5)$ | $x - 40$ | $(x + 5) \cdot 2$ | $3\,(x + 18)$ | $2x - 3$
$2\,(x + 5) + 10$ | x^3 | $\frac{1}{3}x - 40$ | $\frac{x}{2} - 2$ | $10x + 5$ | $3x + 18$

a) die 3-fache Menge
b) Der doppelte Preis wird um drei Euro vermindert.
c) Zur zehnfachen Anzahl kommen 5 hinzu.
d) Die Fläche wird um $40\,m^2$ kleiner.
e) Eine Zahl wird um 5 vergrößert. Das Ergebnis wird verdoppelt.

a) die 3-fache Menge, vermehrt um 18
b) Addiere zu einer Zahl fünf und verdopple die Summe. Addiere dann 10.
c) eine Zahl, dreimal mit sich multipliziert
d) Ein Drittel der Fläche wird um $40\,m^2$ verkleinert.
e) die Hälfte einer Zahl, um 2 verkleinert

6 Aus dem Berufsleben
Ein Sachbearbeiter im Bauamt erhält eine Mitteilung:
„Familie Klein kauft einen 2,50 m × 24 m langen Streifen des Grundstücks von Familie Schmid.
Der Streifen grenzt direkt an das Grundstück von Kleins.“

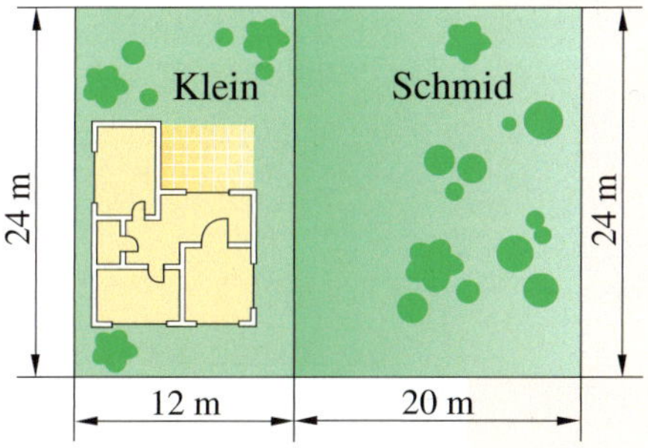

a) Fertige eine Skizze an, in welcher der gekaufte Streifen markiert ist.
b) Berechne die Größe des gekauften Streifens in m^2 und die neuen Grundstücksgrößen der Familien Klein und Schmid.

Gleichungen durch Probieren lösen

Entdecken

1 Dustin Otter ist zum dritten Mal in Folge unter die besten zehn Kandidaten einer Castingshow gekommen.
Vor einem Jahr war er um einen Rang besser als in diesem Jahr.
Im vorletzten Jahr war er um vier Plätze schlechter.

a) Welchen Platz könnte Dustin Otter in diesem Jahr belegt haben?
Beantworte mithilfe der Tabelle rechts.

b) Bei einer der drei Shows hat Dustin Otter den dritten Platz belegt.
Wie viele mögliche Platzierungen aus a) bleiben übrig?

Jahr	dieses Jahr	letztes Jahr	vorletztes Jahr
Term	x	…	…
Platz	1	…	
Platz	2		

2 Arbeitet zu zweit.
Eric sagt: „Wenn ich zu meinem Alter 20 Jahre addiere und das Ergebnis verdoppele, erhalte ich als Ergebnis 70 Jahre.“

a) Stellt eine Gleichung auf, bei der das Alter von Eric mit x bezeichnet wird.

b) Versucht, durch Einsetzen verschiedener Zahlen Erics Alter herauszufinden.

3 Ben ist zusammen mit dem Ziegelstein genauso schwer wie Bea (56 kg) und Malte (72 kg) zusammen.
Finde heraus, wie viel Kilogramm Ben wiegt.

Verstehen

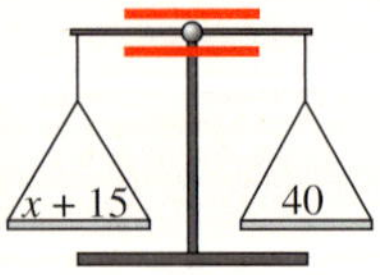

$x + 15 = 40$

Eine Gleichung kann man sich wie eine Waage vorstellen, die im Gleichgewicht ist.
Beide Seiten müssen dafür „gleich schwer“ sein.

Merke Werden zwei Terme durch das Zeichen „=“ miteinander verbunden, dann entsteht eine **Gleichung**.

Wenn eine Zahl für die Variable in eine Gleichung eingesetzt wird und die Terme auf beiden Seiten den gleichen Wert haben, dann ist die Zahl eine **Lösung** der Gleichung.

Hinweis
Überprüfe deine Lösungen. Setze dafür die gefundene Lösung in die Gleichung ein und berechne. Dies nennt man ***Probe****.*

Beispiel 1
Gleichungen durch Probieren lösen

Gleichung: $6 \cdot x + 2 = 44$
Probieren mit …
$x = 5$: $6 \cdot 5 + 2 = 32 \stackrel{?}{=} 44$ (falsche Aussage)
$x = 10$: $6 \cdot 10 + 2 = 62 \stackrel{?}{=} 44$ (falsche Aussage)
$x = 7$: $6 \cdot 7 + 2 = 44 \stackrel{?}{=} 44$ (wahre Aussage)

7 ist Lösung der Gleichung $6 \cdot x + 2 = 44$.
Probe: $6 \cdot 7 + 2 = 44$
5 und 10 sind keine Lösungen der Gleichung.

Beispiel 2
Gleichungen mit Umkehrrechnungen lösen

Gleichung: $x + 15 = 40$

Umkehrrechnung: $40 - 15 = 25$
$x = 25$

Probe: $25 + 15 \stackrel{?}{=} 40$
$40 = 40$ (wahr)

25 ist Lösung der Gleichung $x + 15 = 40$.
Probe: $25 + 15 = 40$

Üben und anwenden

1 Übertrage die Tabelle ins Heft.
Setze für die Variable x die gegebene Zahl ein und überprüfe wie im Beispiel, ob die Aussage wahr oder falsch ist.

x	$x + 2 = 4$	$x + 5 = 7$	$x - 2 = 2$
0	$2 \stackrel{?}{=} 4$ f		
1			
2			
3			
4			

2 Setze für die Variable x jeweils einen der Münzwerte 1 ct, 2 ct, 5 ct, 10 ct ein.

Wann entsteht eine wahre Aussage?
a) $5x = 25$ ct
b) $12x + 6$ ct $= 30$ ct
c) $5x + 10$ ct $= 6x$
d) 40 ct $- 5x = 30$ ct
e) $3x + 38$ ct $+ 9x = 50$ ct

3 Prüfe, ob du für die angegebene Zahl eine wahre oder eine falsche Aussage erhältst.
Beispiel $x + 3 = 5$ $\quad x = 8$
$8 + 3 \stackrel{?}{=} 5$ f

a) $x - 10 = 20$	$x = 30$
b) $5 \cdot y = 45$	$y = 6$
c) $18 + a = 40$	$a = 32$
d) $9{,}5 - b = 6{,}5$	$b = 3$

4 Löse die Gleichungen. Die Lösungen sind unter den Zahlen 1; 2; 3; 4; 5 und 6.
a) $2x + 9 = 19$
b) $7x + 5 = 33$
c) $28 - 2x = 16$
d) $11 - 2x = 1$
e) $24 + 5x = 34$
f) $8 = 2x - 2$
g) $18 + x = 19$
h) $81 - 27x = 0$

1 Übertrage die Tabelle ins Heft.
Setze für die Variable x die gegebene Zahl ein und überprüfe wie im Beispiel, ob die Aussage wahr oder falsch ist.

x	$3 \cdot x + 6 = 9$	$2 \cdot x + 5 = 9$	$x - 2 = 2$
0	$6 \stackrel{?}{=} 9$ f		
1			
2			
3			
4			

2 Setze für die Variable x jeweils einen der Münzwerte 10 ct, 20 ct, 50 ct, 1 €, 2 € ein.

Wann entsteht eine wahre Aussage?
a) $6{,}50$ € $+ 5x = 9$ €
b) $3x + 4$ € $= 10$ €
c) $7x + 60$ ct $= 2$ €
d) $2 \cdot (5$ € $+ 5x) = 30$ €
e) $3x + 15{,}80$ € $+ 5x = 23{,}80$ €

3 Prüfe, ob du für die angegebene Zahl eine wahre oder eine falsche Aussage erhältst.

a) $3a + 5 = 7$	$a = 4$
b) $b + 3 = b - 2$	$b = 1$
c) $2c + 10 = 10 - 2c$	$c = 2$
d) $2(d + 7) = 20$	$d = 3$
e) $5(e - 0{,}5) = 0$	$e = 0{,}5$
f) $3f + 90 = f + 90$	$f = 0$

4 Löse die Gleichungen. Die Lösungen sind unter den natürlichen Zahlen 1 bis 10.
a) $7 + n = 15 - 4$
b) $19 - d = 2 \cdot 8$
c) $7x - 12 = 44$
d) $3x - 12 = 2x - 7$
e) $2b + 5 = 8b - 1$
f) $27 - 6y = 15$
g) $49 : z = z$
h) $2a + 5a = 42$

Hinweis
065-1
Hier findest du eine interaktive Übung zum Lösen von Gleichungen.

5 Aus 5 cm langen Zahnstochern werden Vierecke gebildet.
Der Umfang eines solchen Vierecks beträgt 70 cm (105 cm; 140 cm; 175 cm).
Aus wie vielen Zahnstochern besteht das Viereck jeweils? Erläutere deinen Lösungsweg.

6 Gesucht ist jeweils die Seitenlänge des Quadrats. Finde sie durch Probieren.
a) $A_{\text{Quadrat}} = 25\,\text{cm}^2$
b) $A_{\text{Quadrat}} = 100\,\text{cm}^2$
c) $A_{\text{Quadrat}} = 81\,\text{cm}^2$
d) $A_{\text{Quadrat}} = 400\,\text{cm}^2$

Nachgedacht
Löse die Gleichungen
$x - x = 0$ und
$x - x = 6$.
Was fällt dir auf?

Lineare Gleichungen durch Umformen lösen

Entdecken

1 Arbeitet zu zweit. Auf dem Bild links seht ihr eine Waage.

a) Maxim hat ein 200 g schweres Wiegestück und viele 50 g schwere Wiegestücke. Wie kann er mit diesen Wiegestücken die Waage ins Gleichgewicht bekommen?

b) Julia hat zwei 100 g, sechs 50 g und acht 20 g schwere Wiegestücke. Gebt drei Möglichkeiten an, die Waage ins Gleichgewicht zu bringen.

2 Arbeitet zu zweit. Die abgebildete Balkenwaage ist im Gleichgewicht. Legt weitere blaue Pakete und rote Kugeln auf die Waage. Die Waage muss dabei aber im Gleichgewicht bleiben. Zeichnet passende Waagebilder und erklärt euer Vorgehen.

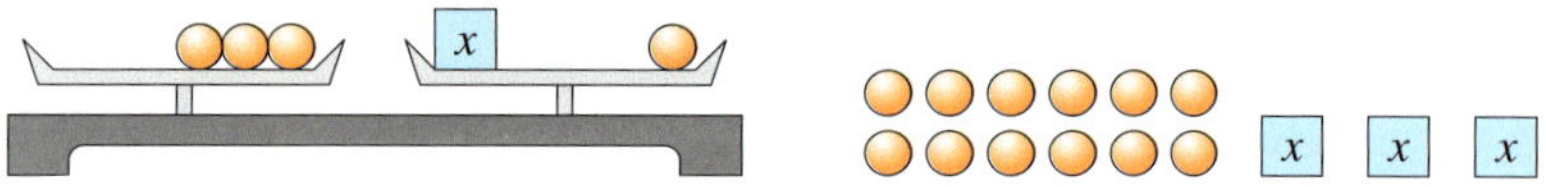

HINWEIS
Arbeitsblätter mit leeren Waagen zu Aufgabe 2 und 3 findet ihr hier:
066-1

3 Arbeitet zu zweit.

a) Beschreibt die Abbildungen ① und ② und vergleicht sie miteinander.

b) Wie kommt man von Waage ① zu Waage ②? Beschreibt die Veränderungen.

c) Stellt zu jeder Abbildung eine Gleichung auf. Wie heißt die Lösung jeder Gleichung?

d) Zeichnet ähnliche Waagen im Gleichgewicht, die zu den Abbildungen ① und ② passen.

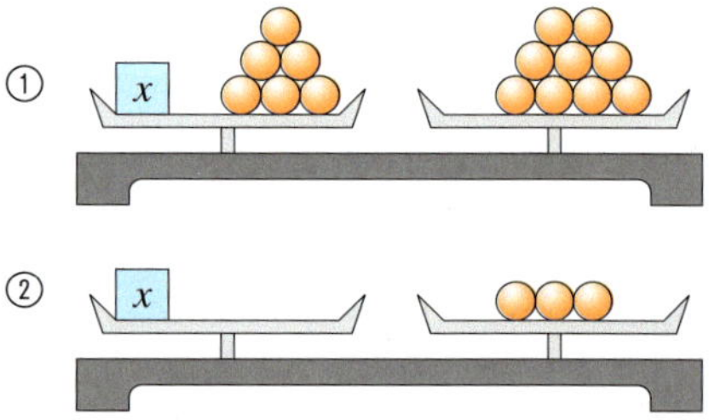

Verstehen

An der Waage rechts wird die Gleichung $\mathbf{3x + 2 = 14}$ dargestellt.

① Die Waage bleibt im Gleichgewicht, wenn man **auf beiden Seiten zwei Kugeln wegnimmt**. Die Gleichung nach dem Wegnehmen der Kugeln lautet $\mathbf{3x = 12}$.

② Die Waage bleibt weiter im Gleichgewicht, wenn man **auf beiden Seiten nur den dritten Teil liegen lässt**.
Die passende Gleichung lautet $\mathbf{x = 4}$.

Die Zahl 4 ist die Lösung der Gleichung.

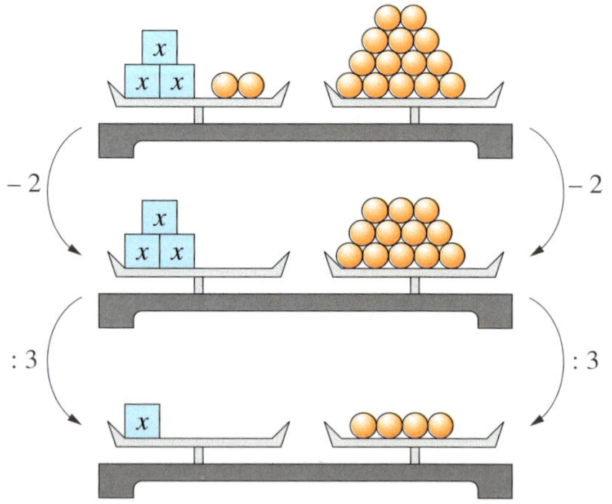

HINWEIS
Oft ist es sinnvoll, so vorzugehen:
① Forme so um, dass die Zahlen rechts stehen.
② Forme so um, dass die Vielfachen der Variablen links stehen.
③ Fasse zusammen.
④ Dividiere durch die Zahl vor der Variablen.

Merke Eine Gleichung löst man durch **Umformen**, indem man **auf beiden Seiten** der Gleichung …

– dasselbe addiert oder subtrahiert,
– den Term mit derselben Zahl (ungleich 0) multipliziert oder durch dieselbe Zahl (ungleich 0) dividiert.

Beispiel 1
Die Gleichung $3x + 2 = 14$ wird gelöst:

$3x + 2 = 14$	$\vert -2$	Umformungen
$3x = 12$	$\vert :3$	werden neben dem
$x = 4$		Strich „|“ notiert.

Probe: $3 \cdot 4 + 2 \overset{?}{=} 14$
$12 + 2 = 14$ (wahr)

Üben und anwenden

1 Arbeitet zu zweit.
Notiert zu jeder Waage eine zugehörige Gleichung. Welche Umformungen wurden zwischen den einzelnen Schritten durchgeführt?
Notiert die Lösungsschritte mit Pfeilen im Heft und gebt die Lösung der Gleichung an.

a) ① ② ③

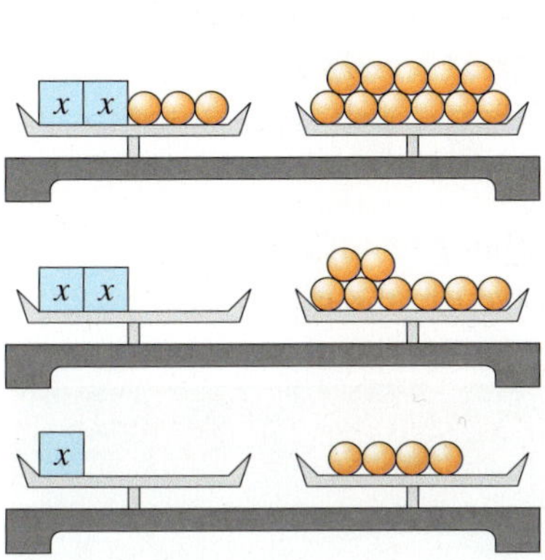

b) ① ② ③

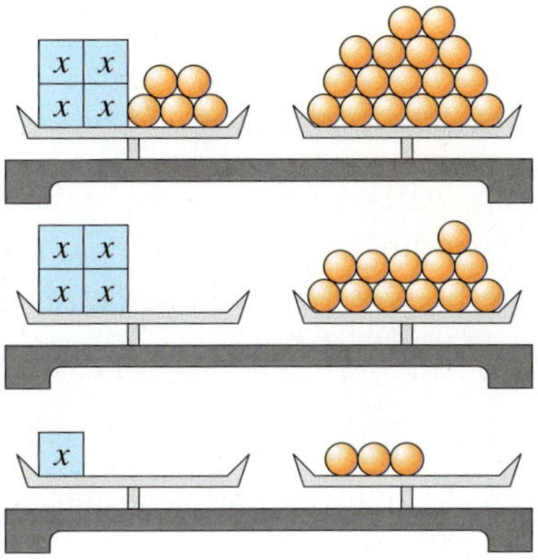

2 Arbeitet zu zweit.
Gebt Gleichungen an, die zu den Waagen passen. Beschreibt dann mögliche Lösungsschritte.

a)

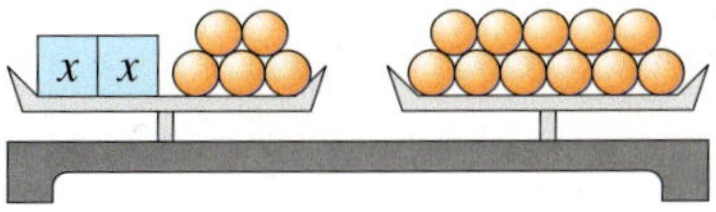

b)

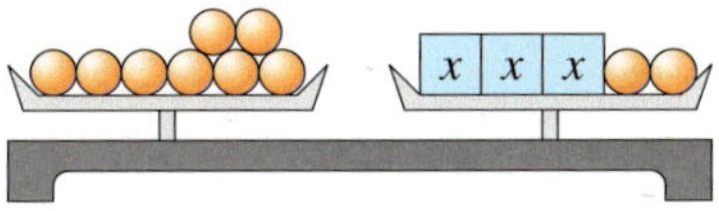

c)

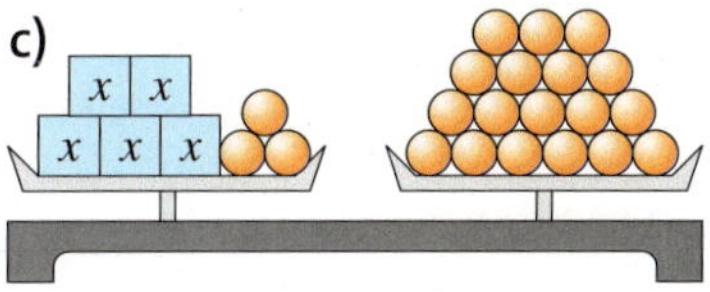

3 Löse die Gleichungen. Die ersten Umformung ist bereits angegeben.

a) $2x + 10 = 18$ $\quad | -10$
b) $4y - 5 = 15$ $\quad | +5$
c) $18 + 4a = 22$ $\quad | -18$
d) $a + 6 = 2a$ $\quad | -a$
e) $14 - 2b = 5b$ $\quad | +2b$
f) $8x + 16 = 16$ $\quad | -16$

3 Löse die Gleichungen. Die erste Umformung ist bereits angegeben.

a) $6 = 2a + 4$ $\quad | -4$
b) $3b - 5 = 10$ $\quad | +5$
c) $2c - 12 = 5c$ $\quad | -2c$
d) $5 - d = 9d$ $\quad | +d$
e) $3g + 12 = 21$ $\quad | :3$
f) $0{,}2h + 3 = 1$ $\quad | \cdot 5$

4 Löse die Gleichungen.

a) $4 = 2a - 8$ b) $b + 7 = 23$
c) $5c + 10 = 25$ d) $3d + 9 = 18$
e) $24 = 7 + e$ f) $24 + 2y = 3y$
g) $80 + 3x = 140$ h) $25 = 0{,}5f + 5$

4 Löse die Gleichungen.

a) $3x = 18 + 6x$ b) $0{,}8 + 2y = 4y$
c) $12{,}5 + 3x = 3{,}5x$ d) $0{,}5a = 45 - a$
e) $8x = -32 + 6x$ f) $0{,}3b = 4 + 0{,}2b$
g) $7z - 17{,}5 = 59{,}5$ h) $8g = 9{,}5g - 180$

Lerncheck

1 Zeichne auf unliniertes Papier Winkel mit den angegebenen Größen.
a) 45° b) 120° c) 30° d) 85° e) 170°
f) Gib jeweils die Winkelart an (spitzer, rechter oder stumpfer Winkel).

2 Zeichne auf Karopapier ein gleichschenkliges Dreieck (ein rechtwinkliges Dreieck).

3 Ein Dreieck ABC hat die Winkelgrößen $\alpha = 60°$, $\beta = 88°$. Berechne die Größe von γ.

HINWEIS
*Mache immer eine **Probe**, wenn du Gleichungen löst (auch wenn dies nicht in der Aufgabe steht).*

HINWEIS
zu Aufgabe 3 und 4 (lila und türkis): Addierst du alle Ergebnisse einer Aufgabe, erhältst du eine der folgenden Zahlen.

–4,5 129 18 204,4

Schwierigere Gleichungen lösen

Entdecken

Hinweis
Arbeitsblätter mit leeren Waagen findest du hier:
068-1

1 Arbeitet zu zweit.

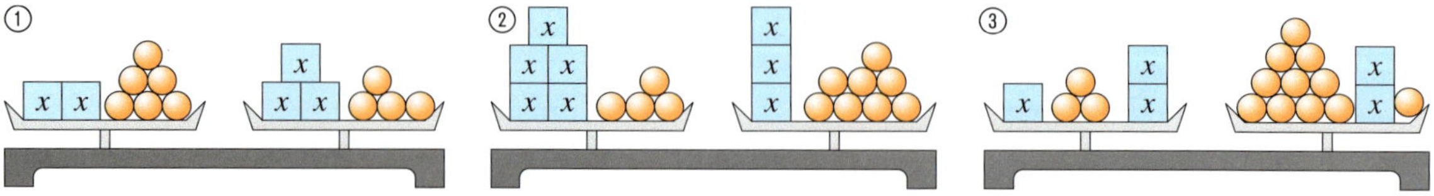

a) Notiert jeweils die dargestellte Gleichung.
b) Vergleicht die dargestellten Gleichungen mit den Gleichungen auf Seite 66.
c) Beschreibt, wie man die Gleichungen mithilfe der Waage lösen kann.
Gebt jeweils die Lösung der Gleichung an.

2 Arbeitet zu zweit.
Erklärt den Rechenweg und zeichnet zu der Aufgabe ein Waagemodell.

$$
\begin{aligned}
5x + 4 &= 3x + 8 \quad &| -3x \\
2x + 4 &= 8 \quad &| -4 \\
2x &= 4 \quad &| :2 \\
x &= 2
\end{aligned}
$$

3 Erik sagt: „Es ist günstiger, Gleichungen so umzuformen, dass das x mit der kleineren Zahl zum x mit der größeren Zahl kommt.“
Was meint er damit?

Verstehen

An der Waage wird die Gleichung
$\mathbf{2x + 5 + x = 3 + 2x + 4}$ dargestellt.

① Die Waage bleibt im Gleichgewicht, wenn man **auf beiden Seiten die Terme vereinfacht:** $\quad \mathbf{3x + 5 = 2x + 7}$

② Die Waage bleibt im Gleichgewicht, wenn man **auf beiden Seiten fünf Kugeln wegnimmt:** $\quad \mathbf{3x = 2x + 2}$

③ Die Waage bleibt im Gleichgewicht, wenn man **auf beiden Seiten zwei blaue Pakete wegnimmt:** $\mathbf{x = 2}$

Die Zahl 2 ist die Lösung der Gleichung.

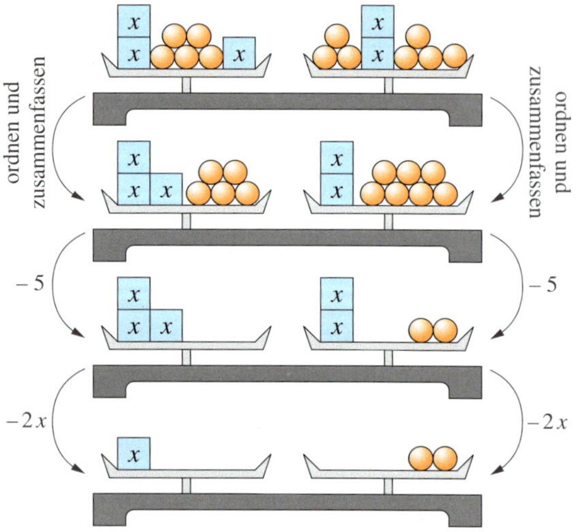

Merke Bei einigen Gleichungen müssen zuerst die **Terme** auf beiden Seiten der Gleichungen **vereinfacht** werden. Dazu löst man Klammern auf (wenn nötig), ordnet und fasst zusammen.
Dann löst man die Gleichung durch **Umformen**, indem man **auf beiden Seiten** der Gleichung …
– dasselbe addiert oder subtrahiert,
– mit derselben Zahl (ungleich 0) multipliziert oder durch dieselbe Zahl (ungleich 0) dividiert.

Beispiel 1

Lösen der Gleichung $7x - 8 = 4x + 7$ durch Umformen:

$$
\begin{aligned}
7x - 8 &= 4x + 7 && \mid -4x \\
3x - 8 &= 7 && \mid +8 \\
3x &= 15 && \mid :3 \\
x &= 5
\end{aligned}
$$

Probe: $7 \cdot 5 - 8 \overset{?}{=} 4 \cdot 5 + 7$

$35 - 8 \overset{?}{=} 20 + 7$

$27 = 27$ (wahr)

Beispiel 2

Lösen der Gleichung $3(x - 2) = 2x + 9$ durch Umformen:

$$
\begin{aligned}
3(x - 2) &= 2x + 9 && \mid \text{Klammer auflösen} \\
3x - 6 &= 2x + 9 && \mid -2x \\
x - 6 &= 9 && \mid +6 \\
x &= 15
\end{aligned}
$$

Probe: $3 \cdot (15 - 2) \overset{?}{=} 2 \cdot 15 + 9$

$3 \cdot 13 \overset{?}{=} 30 + 9$

$39 = 39$ (wahr)

Üben und anwenden

1 Mache zu den Ergebnissen eine Probe.

a) $21x - 7 = 9x + 17$ $\quad x = 2$
b) $3x + 3 = 2x - 1$ $\quad x = -4$
c) $5x - 3 = 61 - 3x$ $\quad x = 8$
d) $2 + 3x = 5x - 8$ $\quad x = 5$
e) $7x + 4 = -12 - x$ $\quad x = 2$
f) $5 - 2x = x - 34$ $\quad x = 13$
g) $x : 4 + 1 = 11$ $\quad x = 4$
h) Finde die richtigen Lösungen zu den falsch gelösten Gleichungen.

2 Vereinfache jeweils und bestimme dann die Lösung der Gleichung.

a) $10x + 2 = 8x + 10$
b) $9x + 14 = 13x - 2$
c) $7x - 5 = 6x + 3$
d) $4x + 3 = 13 + 2x$
e) $18 + 2x = 3 + 5x$

3 Löse die Gleichungen.

a) $7y - 5 = 3y + 13 - 2y$
b) $5x + 5 - 4x = 57 - 3x$
c) $20x - 55 + x = 13x - 15$
d) $17z - 13 = -4z + 47 + 15z$
e) $25x - 10 + 15x = 20x + 10$

4 Schreibe die Gleichungen ohne Klammern. Löse sie dann durch Umformen.

a) $3(x + 2) = 24$
b) $5(y - 2) = 35$
c) $4(9 - 2a) = 10a$

1 Wo stecken die Fehler? Begründe.

a)
$$
\begin{aligned}
7x - 5 &= 5x + 1 && \mid -5 \\
7x &= 5x - 4 && \mid -5x \\
2x &= -4 \\
x &= -2
\end{aligned}
$$

b)
$$
\begin{aligned}
12x + 10 &= 8x + 18 && \mid -10 \\
12x &= 8x + 8 && \mid -8 \\
12x &= x && \mid -x \\
11x &= 0 && \mid :11 \\
x &= 0
\end{aligned}
$$

2 Löse die Gleichungen.

a) $48 - 8x = 4x + 12$
b) $5x - 14 = 98 + x$
c) $1{,}4 + 7x = 6{,}2 - 5x$
d) $-3 + 7x = x + 15$
e) $9y - 0{,}31 = 0{,}89 - y$
f) $1{,}2 - 0{,}5x = 2{,}4 - 0{,}6x$

3 Löse die Gleichungen.

a) $2x + 31 + x - 3 = 25x - 8 - 10x$
b) $5x + 7 - 8x - 9 = -3x + 2 - 2x$
c) $-5{,}5x - 16 + 7{,}5x = 3{,}5 - 8x - 9{,}5$
d) $3 - 19x + 5{,}8 + 6{,}4 - x = 0$
e) $\frac{1}{5}x + 3 + \frac{1}{2}x = 2x - 10$

4 Löse die Gleichungen.

a) $2 + 2a + 4 - a = 2(a + 2)$
b) $b - 10 + 2b = 6 + 5b - 16 - 2b$
c) $3c + 6 - 2c = 4 + 5(2 + c) + 4c$
d) $d - 1{,}5 + 2d = 2d - (3 + d) - d + 3$

5 Hier sind die Ziffern gleich, die Lösungen sind aber verschieden.

a) $-3 - 5x + 4 = 12$
b) $-3 + 5(x + 4) = 12$
c) $-(3 + 5x) + 4 = 12$
d) $3 + 5x - 4 = 12$
e) $3 + 5 - (x - 4) = 12$
f) $3 - (5x - 4) = 12$

Hinweis
*Mache **immer** eine **Probe**, wenn du Gleichungen löst.*

Methode Sachaufgaben systematisch lösen

Meike und Henning sollen aus einem 500 mm langem Draht ein Rechteck biegen.
Die Länge des Rechtecks soll dreimal so groß wie die Breite sein.
Gesucht ist die Breite des Rechtecks.

Meike und Henning lesen zuerst die Aufgabe aufmerksam.
Dann lösen sie die Aufgabe schrittweise mithilfe einer Gleichung:

Hinweis
*Den Lösungsweg im Beispiel nennt man **Sechs-Schritte-Verfahren**. Es ist sinnvoll, wenn bei Sachaufgaben Gleichungen aufgestellt werden können.*

Lösungsschritt	Sachproblem	Mathematik
① *Variable festlegen*	Die Informationen in der Aufgabe beziehen sich auf die Breite des Rechtecks. Dafür wird eine Variable gewählt.	Breite: x
② *Terme bilden*	• Die Länge des Rechtecks soll dreimal so groß wie Breite sein. • Der Umfang u ist die Summe der Seitenlängen des Rechtecks. • Für das Rechteck stehen 500 mm Draht zur Verfügung.	• Länge: $3x$ • $x + 3x + x + 3x$ • 500 mm
③ *Gleichung aufstellen*	Der Umfang des Rechtecks ist gleich 500 mm.	$x + 3x + x + 3x = 500\,\text{mm}$ ohne Einheit: $x + 3x + x + 3x = 500$
④ *Gleichung lösen*	Zuerst wird die linke Seite der Gleichung vereinfacht. Dann wird durch Umformen nach x aufgelöst.	$x + 3x + x + 3x = 500$ $8x = 500 \quad \mid :8$ $x = 62{,}5$
⑤ *Lösung prüfen*	Die Lösung wird immer an der Sachsituation geprüft: – Die Breite ist 62,5 mm. – Die Länge ist das Dreifache der Breite: $3 \cdot 62{,}5\,\text{mm} = 187{,}5\,\text{mm}$ – Umfang = 62,5 mm + 187,5 mm + 62,5 mm + 187,5 mm = 500 mm (wahr)	
⑥ *Ergebnis formulieren*	Meike und Henning können aus dem Draht ein passendes Rechteck biegen. Das Rechteck hat eine Breite von 62,5 mm.	

Üben und anwenden

1 Ein Rechteck ist doppelt so lang wie breit. Sein Umfang beträgt 96 cm.
Berechne Länge und Breite des Rechtecks.
Rechne wie im Beispiel oben.

2 Ermittle die gedachte Zahl, indem du eine Gleichung aufstellst und löst.
„Addiere zu einer gedachten Zahl 10.
Das Ergebnis ist doppelt so groß wie die gedachte Zahl.“

1 Ein gleichschenkliges Dreieck hat einen Umfang von 125 cm. Die Basis des Dreiecks ist halb so lang wie ein Schenkel.
Berechne die Seitenlängen des Dreiecks.

2 Löse die Zahlenrätsel.
a) Welche Zahl ist dreimal so groß wie das Doppelte ihres Nachfolgers?
b) Welche Zahl ist doppelt so groß wie das Dreifache ihres Vorgängers?

3 Ordne den Gleichungen ① bis ④ die passenden Situation a) bis d) zu.

① $3x + 0{,}2 = 5$

② $\frac{1}{5}x = 70$

③ $3x + 5 = 20$

④ $5x = 70$

Löse dann jeweils die Gleichung.
Überprüfe dein Ergebnis mit einer Probe und formuliere einen Antwortsatz.

a) 5 Eintrittskarten kosten 70 €.
Wie viel kostet eine Eintrittskarte?

b) Julia kauft 3 kg Mehl. Sie bezahlt mit 5 € und erhält 20 ct Wechselgeld.
Wie viel kostet 1 kg Mehl?

c) Tarek transportiert in 5 Fuhren jeweils 70 kg Kies.
Wie viel Kies transportiert er insgesamt?

d) Drei Eimer Farbe und 5 kg Gips wiegen zusammen 20 kg.
Wie viel wiegt ein Eimer Farbe?

3 Löse die Aufgaben mit dem Sechs-Schritte-Verfahren.

a) Eine Holzleiste von 150 cm Länge soll in drei Stücke zersägt werden. Jedes Stück soll 3 cm länger sein als das vorige.
Wie lang sind die Stücke?

b) Von 100 m Draht werden acht gleich lange Stücke abgeschnitten. Es bleiben 2 m Draht übrig.
Wie lang sind die Teilstücke?

c) Chris hat ein Drittel der Kekse aufgegessen. Es sind nur noch vier Kekse übrig.
Wie viele Kekse waren es ursprünglich?

d) Der Rest des insgesamt 2 km langen Weges ist ein Drittel von dem, was Julia schon geschafft hat.
Wie weit ist sie bereits gelaufen?

4 Jannik spart für ein Fahrrad, das 500 € kostet. Jeden Monat legt er 20 € zurück. Seine Eltern geben ihm 180 € dazu.
Wie viele Monate muss Jannik sparen, damit er sich das Fahrrad kaufen kann?

4 Yasemin möchte sich ein Fahrrad für 450 € kaufen. Sie spart jeden Monat 25 € und bekommt von ihren Eltern einmal 50 €.

a) Wie lange muss Yasemin sparen?

b) Wie lange hätte sie sparen müssen, wenn die Eltern nichts dazugegeben hätten?

c) Wie viel Prozent des Preises übernehmen die Eltern?

5 Arbeitet zu zweit.

a) Welche der folgenden Aufgaben können mit der Gleichung $2 \cdot (x + 5) = 70 - x$ gelöst werden? Begründet jeweils.

① Ein Aquarium fasst 70 l Wasser. Es wird einmal mit einem kleinen Eimer befüllt. Bis es voll ist, muss man es noch zweimal mit einem 5 l größeren Eimer befüllen.

② Lisa biegt ein gleichschenkliges Dreieck aus 70 cm Draht. Die beiden Schenkel sind 5 cm länger als die Basis.

③ Zieht man von 70 eine Zahl ab, so erhält man das gleiche Ergebnis, wie wenn man die um fünf vermehrte Zahl verdoppelt.

④ Tim fährt 5 $\frac{\text{km}}{\text{h}}$ schneller als Bibi. Nach 70 Minuten ist er doppelt so weit gefahren wie Bibi.

$$2 \cdot (x + 5) = 70 - x$$

⑤ Ein T-Shirt ist 5 € teurer als ein Schal. Marga hat 70 €. Nachdem sie zwei T-Shirts gekauft hat, bleibt noch genau so viel übrig, dass sie einen Schal kaufen kann.

b) Schreibt zu den Aufgaben aus a) auf, wofür in der Situation die Variable x steht.

c) Wie müsste man den Text ① ändern, wenn die Gleichung dazu $3 \cdot (x + 5) = 70 - x$ heißt?

Klar so weit?

→ Seite 60

Terme vereinfachen

1 Vereinfache die Terme.
a) $x + x + x + y + y + x$
b) $5x + 3y + 10 + 4y + 20$
c) $19a - 10b - 16a + 22b + 8$

1 Vereinfache die Terme.
a) $5a + 8a - 6a + 10a$
b) $8x + 4y + 20 + 3y - 18 - 7y + x$
c) $1{,}6y - 8z + 16z + 2{,}8 - 0{,}5y + z$

2 Finde zwei Paare von Termen, die beim Einsetzen der Zahl 5 für die Variable x den gleichen Wert haben.

$3x + 10$ | $12 + 3x - 2$ | $6x + 24 + 2x$ | $x - 3$ | $100 - 7x - 1$ | $x - 10 + 7$

2 Setze für $x = 18$ ein.
Welche Terme haben den gleichen Wert?

$3x + 10$ | $6x + 24 + 2x$ | $4x + 10 - x$ | $x - 3$ | $12 + 3x - 2$ | $x - 10 + 7$ | $100 - 7x - 1$ | $8x - 7x - 3$ | $8x$

3 Schreibe die Terme kürzer mit Potenzen.
a) $x \cdot x$ b) $3 \cdot 3 \cdot 3 \cdot 3$

3 Schreibe die Terme kürzer mit Potenzen.
a) $y \cdot y \cdot y \cdot y$ b) $4 \cdot 4 \cdot 4 \cdot 4 \cdot 4 \cdot 4$

4 Ordne den Aussagen den passenden Term zu.
a) die doppelte Menge b) 12 g mehr c) ziehe 3 davon ab d) 5 l weniger
e) 3 Jahre jünger f) 5 € teurer g) ziehe es von 3 ab h) der dritte Teil

① $x + 12$ | ② $x - 3$ | ③ $\frac{1}{3}x$ | ④ $3 - x$ | ⑤ $x - 3$ | ⑥ $x + 5$ | ⑦ $x - 5$ | ⑧ $2 \cdot x$

→ Seite 62

Terme mit Klammern vereinfachen

5 Schreibe die Terme ohne Klammern.
a) $33 + (3a + 17)$ b) $25 - (x + 18)$
c) $30 - (x + 30)$ d) $40 - (x - y)$
e) $7 \cdot (y - 10)$ f) $24 \cdot (b + 1)$

5 Schreibe die Terme ohne Klammern.
Vereinfache dann, wenn möglich.
a) $4a - (5 - 2a)$ b) $12 - 3 \cdot (18 + x)$
c) $6 \cdot (-3{,}5 + b - 2c)$ d) $8y - (-4y + 1{,}6)$

6 Bei einem rechteckigen Garten ist eine Seite x Meter länger als die andere Seite mit 10 m.
Stelle jeweils einen Term auf und vereinfache ihn.
a) für den Umfang der Gartenfläche
b) für den Flächeninhalt des Gartens

Angaben in m

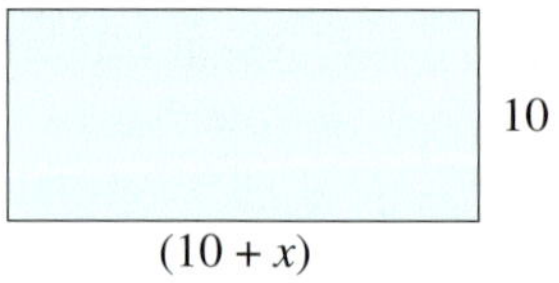

→ Seite 64

Gleichungen durch Probieren lösen

7 Prüfe, ob das Einsetzen der Variablen in die Gleichung zu einer wahren Aussage führt.
a) $45 = 3x + 3$ $x = 13$
b) $100 - x = 9x$ $x = 10$
c) $2x + 5 = 3$ $x = -4$
d) $25 - 2x = 29$ $x = 2$
e) $35 - 5x = 20$ $x = 3$

7 Welche der Zahlen ist Lösung der Gleichung?
a) $2x - 5 = 3x$ $x = 5$ oder $x = -5$
b) $2x = 1{,}5x + 4$ $x = 4$ oder $x = 8$
c) $-(6 + x) = 2x$ $x = -2$ oder $x = 2$
d) $\frac{1}{2}(10 + x) = \frac{4}{3}x$ $x = 3$ oder $x = 6$
e) $3x - 4 = -(1 + 3x)$ $x = 1$ oder $x = 0{,}5$

8 Löse die Gleichungen durch Probieren oder mithilfe von Umkehrrechnungen.

a) $6x = 12$ b) $a + 10 = 28$
c) $44 = x - 25$ d) $99 = 11y$
e) $33 + x = 43$ f) $14 = 124 - x$

8 Löse die Gleichungen durch Probieren oder mithilfe von Umkehrrechnungen.

a) $0{,}5 + x = 3$ b) $3a = 2{,}7$
c) $0{,}5x = 8$ d) $24{,}1 - b = 15$
e) $5{,}4 : b = 6$ f) $6y = 0$

Lineare Gleichungen durch Umformen lösen

→ Seite 66

9 Eine Gleichung mit der Waage lösen

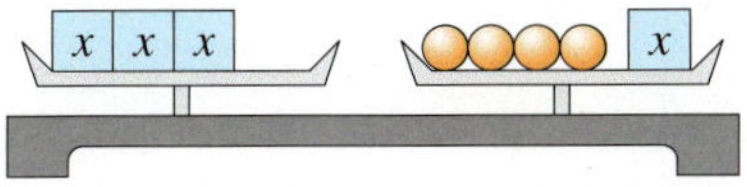

a) Notiere die passende Gleichung zur abgebildeten Waage.
b) Führe die folgenden Veränderungen durch:
① Nimm auf beiden Seiten ein x weg.
② Lass jeweils die Hälfte liegen.
Gib die Lösung der Gleichung an.

9 Eine Gleichung mit der Waage lösen

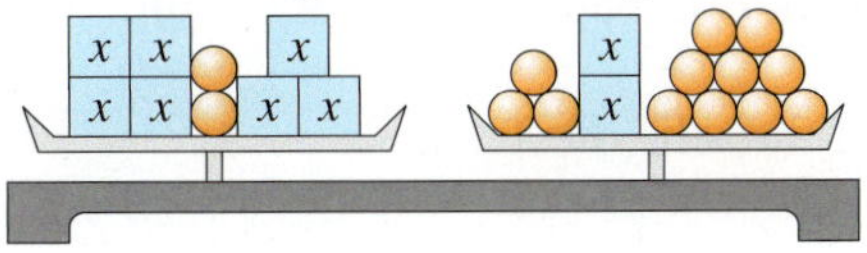

a) Notiere die passende Gleichung zur abgebildeten Waage.
b) Beschreibe Veränderungen an der Waage, mit denen man die Lösung der Gleichung ermitteln kann. Gib die Lösung an.

10 Löse die Gleichungen durch Umformen.

a) $2x + 3 = 9$ b) $12 = 5a + 7$
c) $3y + 4 = 13$ d) $3b - 8 = 52$

10 Löse die Gleichungen.

a) $3a = 12 - a$ b) $50 - 7b = 29$
c) $0{,}5 = 2y - 0{,}3$ d) $4x - 0{,}3 = 0{,}9$

Schwierigere Gleichungen lösen

→ Seite 68

11 Wie hat Cem umgeformt?

$3x - 8 = 31 - 10x \quad | + \square$
$\square x - 8 = 31 \quad | + 8$
$13x = \square \quad | \square$
$x = \square$

11 Wie hat Asli umgeformt?

$0{,}5x + 6 = 2x + 5{,}25 \quad | \square$
$6 = \square x + 5{,}25 \quad | \square$
$0{,}75 = \square \quad | \square$
$x = \square$

12 Löse die Gleichungen durch Umformen.

a) $3a + 5 = 21 - a$
b) $35z + 20 = 45 + 10z$
c) $3 \cdot (x + 2) = 24$
d) $5 - (y + 5) = -12$

12 Löse die Gleichungen.

a) $4a + 12 - 3a = 8a - 8 + a$
b) $9b - 8 - 5b = 2 \cdot (2 + b)$
c) $-3 \cdot (x + 1) = 2x - 11 - 4x$
d) $-x - 3{,}5 + 2{,}4x = 0{,}7x - 1{,}2 - 0{,}1x$

13 Stelle zu jeder Aussage eine Gleichung auf. Ermittle die Lösung der Gleichung.

a) Zieht man von einer gedachten Zahl 12 ab, so erhält man als Ergebnis 2.
b) Tom wiegt zusammen mit seinem 35 kg schweren Hund genau 100 kg.
c) Mit 650 € Miete ist die Wohnung von Familie Klappeck doppelt so teuer wie die Wohnung von Torben.

13 Stelle zu jeder Aussage eine Gleichung auf. Ermittle die Lösung der Gleichung.

a) Dividiert man eine gedachte Zahl durch 12, so erhält man als Ergebnis 14.
b) Ein Drittel des gesamten Weges zur Waldhütte beträgt 7,5 km.
c) Gülcan wiegt 54 kg. Würde Gülcan 6 kg weniger wiegen, dann wäre sie 3-mal so schwer wie ihr kleiner Bruder.

Vermischte Übungen

1 Terme aufstellen

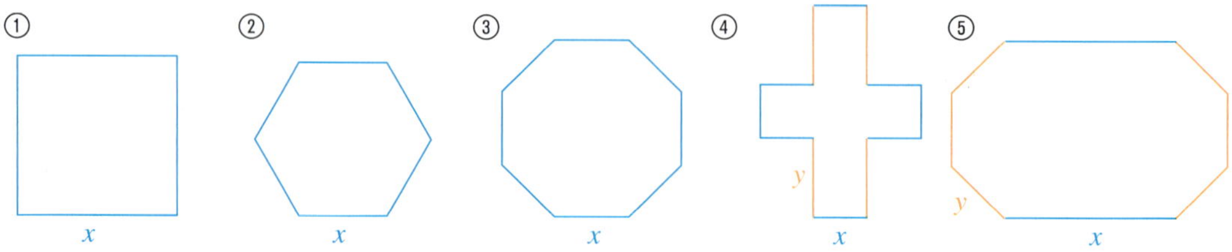

a) Stelle jeweils einen Term für den Umfang der Figur auf.
b) Berechne die Umfänge. Setze für x den Wert 5 cm und für y den Wert 3 cm ein.

2 Vereinfache die Terme.

a) $3x + 8x + 12x$ b) $0{,}5x + 24 + 6{,}3x$
c) $5y - 80 - 0{,}9y$ d) $9x - (-3 + x)$
e) $10 \cdot (a + 4)$ f) $4 \cdot (8 - a)$
g) $18 + 2(c - 4)$ h) $-3(y + 5) + 24$
i) $7d - 8e + 48 + 5e - 2e$

2 Vereinfache die Terme. Berechne die Termwerte für $x = 0$ ($x = 3$; $x = 15$).

a) $x - 2x + 3x - 4x + 5x - 6x + 7x - 8x$
b) $6x + 24 - 9(4x + 38)$
c) $-4(10 + 8x) - 19x + 20 + 53x$
d) $18 + 0{,}2(70 - 5x) + 21x - 2{,}4 + x$

3 Schreibe kurz mithilfe von Potenzen.

a) $5 \cdot 5 \cdot 5$ b) $2 \cdot 2 \cdot 2 \cdot 2$
c) $4 \cdot 4 \cdot x \cdot x$ d) $10 \cdot 10 \cdot 10 \cdot y \cdot y$

3 Schreibe kurz mithilfe von Potenzen.

a) $z \cdot z \cdot z \cdot z$ b) $8 \cdot 8 \cdot 8 \cdot 8 \cdot 8$
c) $x \cdot x \cdot x \cdot y \cdot y$ d) $a \cdot b \cdot a \cdot b \cdot a$

4 Ermittle durch Probieren die Seitenlängen der Quadrate mit den folgenden Flächeninhalten.

a) $A = 49\,\text{cm}^2$ b) $A = 64\,\text{cm}^2$
c) $A = 900\,\text{m}^2$ d) $1600\,\text{mm}^2$
e) Welche der Quadrate kannst du auf ein Blatt Papier (DIN A4) zeichnen? Begründe.

4 Ermittle durch Probieren die Seitenlängen der Würfel mit den folgenden Volumen.

a) $V = 8\,\text{cm}^3$ b) $V = 64\,\text{cm}^3$
c) $V = 1000\,\text{cm}^3$ d) $V = 216\,\text{cm}^3$
e) Ordne die Würfel nach ihren Volumen (beginnend mit dem kleinsten).
f) Ermittle die Oberflächeninhalte der Würfel.

5 Überprüfe, ob die angegebenen Zahlen Lösungen der Gleichungen sind.

a) $x + 5 = 11$ $x = 6$
b) $x - 1 = 3$ $x = 3$
c) $x + 40 = 10$ $x = 50$
d) $3x = 15$ $x = 5$
e) $6 + x = 21$ $x = 13$
f) $7x = 70$ $x = 0$
g) $5x + 10 = 20$ $x = 2$
h) $3x + 7 = 10$ $x = 1$

5 Überprüfe, ob die angegebenen Zahlen Lösungen sind.

a) $12x + 2 = 38$ $x = 3$
b) $3x + 15 = 37$ $x = 7$
c) $6 \cdot (x + 4) = 24$ $x = 1$
d) $3 \cdot (x - 5) = 15$ $x = 5$
e) $16 + 5x = 56$ $x = 8$
f) $7x - 3 = 63$ $x = 10$
g) $48 : x = 5$ $x = 8$
h) $15 = 15x$ $x = 1$

6 Vereinfache die Gleichungen und löse sie.

a) $3a - 2a = 4$
b) $10b + 3 - 9b = 23$
c) $2c + 10 + 3c - 6 + c - 2 - 5c = 10$
d) $3d + 5d = 56$

6 Vereinfache die Gleichungen und löse sie.

a) $a + 5 + 6a - 7 - 5a + 2 = 40$
b) $3(b + 4) - 12 = 9$
c) $18 + y + 4 = 4(y + 5) + y$
d) $x - 2x + 3x - 4x + 5x - 6x = 140$

7 Erkläre jeweils, welche Umformungen an der Gleichung durchgeführt wurden.

a) $5x + 3 = 13$
$5x = 10$
$x = 2$

b) $7x + 8 = 29$
$7x = 21$
$x = 3$

c) $7a - 8 - a = 10$
$6a - 8 = 10$
$6a = 18$
$a = 3$

d) $18 = 4y + 8$
$10 = 4y$
$2{,}5 = y$

e) $\frac{3}{4}x - 8 = 7$
$\frac{3}{4}x = 15$
$3x = 60$
$x = 20$

7 Welche dieser Gleichungen haben dieselbe Lösung?
Gib auch die Lösungen der Gleichungen an.

$4x = 12$ | $4x - 2 = 10$ | $4x + 4 = 12$ | $2x = 4$ | $4x + 2 = 10$ | $5x + 7 = 17$ | $8x = 24$ | $3 \cdot (x - 2) = 21$ | $16 - 2x = 11 - x$ | $4 \cdot (x + 1) = 8$

Hinweis
075-1
Hier findest du Übungen zum Lösen von Gleichungen.

8 Arbeitet zu zweit. Erfindet mit Umformungen eigene Gleichungen.
① Sucht euch jeweils aus den Karten unten sechs Gleichungen aus.
② Verändert diese Gleichungen mithilfe von Umformungen so, dass man den Wert der Variablen nicht mehr erkennen kann. Beachte das Beispiel rechts.
③ Tauscht die veränderten Gleichungen untereinander aus.
④ Löst gemeinsam die Gleichungen anderer Teams.

$x = 4 \quad |\cdot 2$
$2x = 8 \quad |+10$
$2x + 10 = 18 \quad |+4x$
$2x + 10 + 4x = 18 + 4x$

$x = 7$ | $x = -2$ | $x = 5$ | $x = 0$ | $-10 = x$ | $x = 0{,}2$ | $x = -1$ | $x = -\frac{2}{5}$ | $1{,}5 = x$ | $x = 12$ | $\frac{1}{3} = x$ | $-0{,}5 = x$

9 Prüfe, ob Alina, Benjamin, Marie und Denzil alles richtig gemacht haben.
Korrigiere falls nötig.
Schreibe bei jedem Fehler auf, was falsch gemacht wurde.

Alina	Benjamin	Marie	Denzil
$3x + 5 = 5x - 3 \quad \vert -5$	$4y - 4 = 2y + 6 \quad \vert +4$	$3(z - 7) = -z + 9 \quad \vert -9$	$0{,}5(v - 8) = 5v + 4$
$3x = x - 3 \quad \vert -x$	$4y = 2y + 10 \quad \vert -2y$	$3z - 21 - 9 = -z \quad \vert -3z$	$0{,}5v - 4 = 5v + 4 \quad \vert -4$
$2x = 1 - 3$	$2y = 10 \quad \vert :2$	$-21 - 9 = -z - 3z$	$0{,}5v - 4 = 5v \quad \vert -0{,}5v$
$2x = -2 \quad \vert :2$	$y = 5$	$-30 = -4z \quad \vert :(-4)$	$4 = 5v \quad \vert :5$
$x = 1$		$-34 = z$	$0{,}8 = v$

10 Finde die unbekannten Zahlen.
a) Sophie addiert zu einer unbekannten Zahl die Zahl 60. Ihr Ergebnis ist 100.
b) Sophie multipliziert eine unbekannte Zahl mit der Zahl 6. Ihr Ergebnis ist 48.
c) Sophie subtrahiert von einer unbekannten Zahl die Zahl 9. Ihr Ergebnis ist 98.
d) Welche Zahl musst du mit 24 multiplizieren, um 144 als Ergebnis zu erhalten?
e) Die Summe aus dem Dreifachen und dem Siebenfachen einer gesuchten Zahl ist 100. Welche Zahl ist gesucht?

10 Finde die unbekannten Zahlen.
a) Sophie addiert zum Doppelten einer unbekannten Zahl die Zahl 5. Ihr Ergebnis ist 9.
b) Sophie subtrahiert von einer unbekannten Zahl 21,8. Ihr Ergebnis ist 33,2.
c) Sophie addiert zur Hälfte der unbekannten Zahl die Zahl 10. Ihr Ergebnis ist 20.
d) Wird zum Dreifachen einer Zahl 99 addiert, so erhält man als Ergebnis 66.
e) Die Differenz aus dem Neunfachen und dem Sechsfachen einer gesuchten Zahl ist 84. Welche Zahl ist gesucht?

Hinweis
Lösungen zu 10 (lila und türkis): 2; 6; 8; 10; –11; 20; 28; 40; 55; 107

11 Arbeitet zu zweit.
Sarah, David, Alexander und Larissa erhalten zusammen 81 € Taschengeld im Monat. Larissa bekommt 5 € mehr als David. Alexander bekommt 8 € mehr als David. Sarah bekommt 4 € weniger als David.

a) Stellt eine Gleichung zur Summe des Taschengeldes auf. Wählt für Davids Taschengeld die Variable x. Berechnet mit der Gleichung: Wie viel Taschengeld erhält David im Monat?
b) Berechnet das monatliche Taschengeld von Sarah, Alexander und Larissa.
c) Präsentiert eure Lösung vor der Klasse.

12 Löse die drei Textaufgaben mit dem Sechs-Schritte-Verfahren.

a) Ordne den Textaufgaben die am besten geeignete Variable zu. Begründe deine Wahl. Welche Variablen sind nicht sinnvoll? Begründe deine Antwort.

Ⓐ Bei einem Ausflug wandert Jan 15 km. „Noch 1 km mehr und wir wären doppelt so weit gewandert wie beim letzten Mal“, denkt Jan.

Ⓑ Drei Schulhefte kosten genauso viel wie zwei blaue Tintenschreiber. Ein Tintenschreiber ist 60 ct teurer als ein Schulheft.

Ⓒ Meike möchte ihre Haare wachsen lassen. Sie sind 24 cm lang. „In einem halben Jahr sind sie doppelt so lang wie vor 9 Monaten“, denkt Meike.

- x: heute gewanderte Strecke
- x: Kilometer
- x: Schulheft
- x: Preis eines Tintenschreibers in €
- x: Meikes Haare vor 9 Monaten
- x: monatliches Haarwachstum von Meike in cm
- x: zuletzt gewanderte Strecke in km
- x: Preis eines Schulheftes in €
- x: Gesamtpreis
- x: Meikes Haarlänge in cm
- x: Meikes Haarlänge in cm nach 6 Monaten
- x: doppelte Strecke

b) Welche Gleichungen passen zu den Textaufgaben?
Gib jeweils an, wofür die Variable steht. Begründe deine Antwort.
① $x + 1 = 2x$ ② $0{,}5x = 16$ ③ $x + 6 = 2 \cdot (x - 9)$ ④ $24 + 6x = 2 \cdot (24 - 9x)$
⑤ $2x = 3x + 60$ ⑥ $2x = 16$ ⑦ $3x = 2 \cdot (x + 0{,}6)$ ⑧ $2 \cdot (x + 60) = 3x$

c) Gib die Lösungen der Textaufgaben an.

13 Finde zu den Termen passende Situationen und formuliere jeweils eine Textaufgabe.

a) $2x$ b) $x + 25$
c) $x - 68$ d) $3x + 20$

14 Vervollständige die Tabelle im Heft.

x	0	1	2	3	5	10
$2{,}5x$						

a) Welche Regelmäßigkeiten beobachtest du in der Tabelle? Beschreibe sie.
b) Zeichne den Graphen der Zuordnung $x \rightarrow 2{,}5x$ in ein Koordinatensystem.
c) Finde eine passende Sachsituation zur Tabelle und beschreibe sie.

13 Finde zu den Termen passende Situationen und formuliere eine Textaufgabe.

a) $2x - 6$ b) $2 \cdot (x + 30)$
c) $2x - (68 + x)$ d) $0{,}5 \cdot (3x + 20)$

14 Vervollständige die Tabellen im Heft.

x	−6	−2	0	3	8	15
$2{,}5x + 4$						

x	−6	−2	0	3	8	15
$-2{,}5x + 4$						

a) Welche Regelmäßigkeiten beobachtest du in den Tabellen? Beschreibe sie.
b) Zeichne die Graphen zu den Tabellen in ein Koordinatensystem.

15 Leandro hat aus einem Stück Schnur durch Zusammenknoten eine 60 cm lange „Endlosschnur“ hergestellt.
Er zeigt damit verschiedene große Rechtecke.

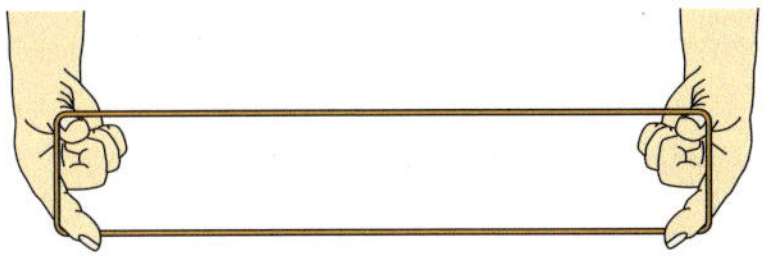

Wie lang ist die zweite Seite des Rechtecks, wenn eine Seite 6 cm (10 cm; 12 cm) lang ist? Löse jeweils mit einer Gleichung.

15 Ein Rechteck *ABCD* ist viermal so lang wie breit. Sein Umfang beträgt 20 cm.
a) Berechne die Länge und die Breite des Rechtecks.
b) Zeichne das Rechteck.
c) Verbinde die Eckpunkte *A* und *C*. Ermittle die Winkelgrößen α, β und γ im Dreieck *ABC*.
d) Welchen Flächeninhalt hat das Rechteck?
e) Ermittle die Seitenlänge eines Quadrats mit dem gleichen Flächeninhalt wie das Rechteck.

Mit Formeln rechnen

16 Du kennst aus der Geometrie bereits einige Formeln.
Gib an, was mit diesen Formeln berechnet werden kann und was die Variablen bedeuten.

17 Bei einem Rechteck ist gegeben: $A = 96\,\text{cm}^2$; $a = 12\,\text{cm}$. Gesucht ist die Breite b.
Durch Einsetzen der Größen in die Formel $A = a \cdot b$ ergibt sich die Gleichung: $96 = 12 \cdot b$
Berechne die gesuchte Größe b mithilfe dieser Gleichung.

18 Die Formel für den Flächeninhalt des Rechtecks lautet $A = a \cdot b$. Die gesuchte Größe b steht darin aber nicht allein auf der linken Seite. Man kann die Formel daher wie eine Gleichung umformen, so dass die gesuchte Größe b allein auf der linken Seite steht (siehe Beispiel).
Stelle die Formeln wie im Beispiel nach den angegebenen Größen um.
a) $u = 4 \cdot a$ (nach a)
b) $V = a \cdot b \cdot c$ (nach b)
c) $180° = \alpha + \beta + \gamma$ (nach α)

Beispiel
zu Aufgabe 18: Umstellen der Flächeninhaltsformel für Rechtecke nach b:
$A = a \cdot b$
$a \cdot b = A \mid :a$
$b = \frac{A}{a}$

19 Berechne die gesuchten Größen.
a) Ein Rechteck hat eine Fläche von $36\,\text{cm}^2$. Die Seite a ist 7,2 cm lang. Berechne b.
b) Ein Quader hat ein Volumen von $400\,\text{cm}^3$. Die Kante a ist 8 cm lang.
Die Kante b ist 20 cm lang. Berechne die Länge der Kante c.

Aus dem Berufsleben – Haus- und Familienpfleger/-in

1 Pro zu betreuende Person steht einer Sozialstation im Monat ein bestimmter Geldbetrag vom Staat zur Verfügung.
a) Stelle einen Term auf, wie viel Geld die Sozialstation im Monat bekommt, wenn 54 Personen betreut werden.
b) Stelle dann einen Term auf, wie viel Geld die Sozialstation im Jahr bekommt.

2 Familienpfleger Torsten Schulz hilft im Privathaushalt der Familie Mauer.
Herr Mauer sitzt seit einem Autounfall vor einem Jahr im Rollstuhl und Frau Mauer schafft den Haushalt nicht mehr allein.
Herr Schulz arbeitet an drei Tagen insgesamt 22 Stunden.
Am Mittwoch arbeitet er 3 Stunden mehr als am Montag.
Dafür arbeitet er am Freitag 2 Stunden weniger als am Montag.
Wie viele Stunden hat Herr Schulz jeden Tag gearbeitet?

3 Jahre Ausbildungszeit

Häufige Tätigkeiten:
– Familien und Einzelpersonen in Notfallsituationen versorgen
– Pflegemaßnahmen durchführen
– Haushalt führen

Weitere Informationen: **077-1**

Checkliste 078-1

Teste dich!

(4 Punkte)

1 Prüfe, welche Aussagen richtig sind. Widerlege falsche Aussagen mithilfe von Beispielen.
a) Terme können durch Ordnen und Zusammenfassen vereinfacht werden.
b) Terme enthalten immer nur eine Variable, zum Beispiel x.
c) Terme können Klammern enthalten.
d) Produkte aus gleichen Faktoren kann man kurz als Potenz schreiben. Der Exponent gibt darin die Anzahl der gleichen Faktoren an.

(3 Punkte)

2 Berechne die Termwerte für $a = 5$.
a) $10 - 3a + 28$ b) $6 \cdot (4a - 1)$ c) $39 : (8 + a)$

(8 Punkte)

3 Vereinfache die Terme durch Ordnen und Zusammenfassen.
a) $4a + 9a - 6a + a$ b) $9b - 20c - 17 + 22c - 5b - 4b$
c) $16 + 5x - 8y + 5x + 16 + 5x$ d) $10a - 8b - 8 + 12a - 11b + 0{,}5c$

(12 Punkte)

4 Löse die Klammern auf und fasse die Terme zusammen, wenn es möglich ist.
a) $3x + (2 - y)$ b) $12x - (8 + 3x)$ c) $x + (2x + 3y)$
d) $3 + (8y - 5)$ e) $10 \cdot (x + 15)$ f) $9 \cdot (3a + 0{,}6)$

(10 Punkte)

5 Stelle für die Umfänge der folgenden Figuren passende Terme auf. Vereinfache die Terme.

a)
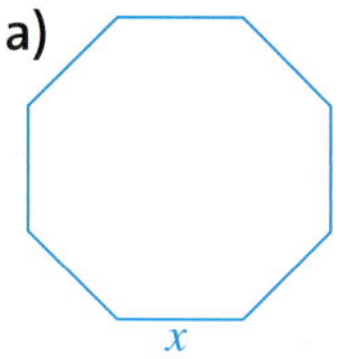

b)
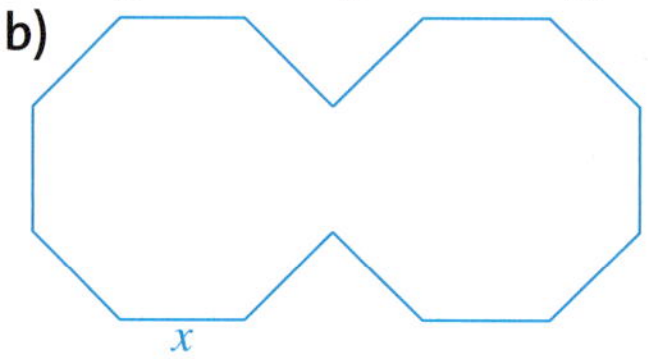

c)
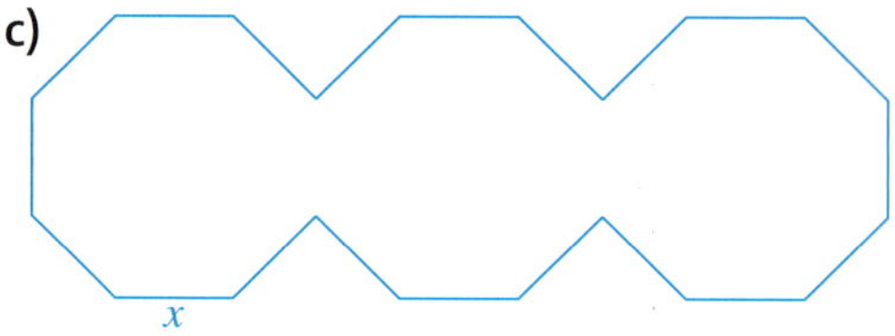

d)
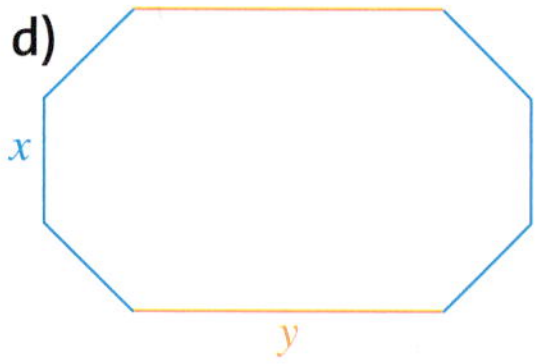

e)

(7 Punkte)

6 Ordne jeder Aussage den passenden Term zu. (Drei Terme bleiben übrig.)
a) die 4-fache Menge
b) der halbe Preis
c) um 18 Jahre älter sein
d) um 18 Jahre jünger sein
e) Die doppelte Länge wird um 5 cm vermindert.
f) die dreifache Anzahl um 10 vermehren
g) zum Doppelten einer Zahl das Dreifache der Zahl addieren

$3x + 10$ | $\frac{1}{2}x$ | $2x + 3x$ | $\frac{1}{4}x$ | $x - 18$ | $3x - 10$ | $2x$ | $2x - 5$ | $4x$ | $x + 18$

(4 Punkte)

7 Prüfe, welche Aussagen über Gleichungen richtig sind. Widerlege falsche Aussagen mithilfe von Beispielen.
a) Eine Gleichung verbindet zwei Terme durch ein Gleichheitszeichen.
b) In Gleichungen heißt die Variable immer x.
c) In Gleichungen kann eine Variable immer nur auf einer Seite vorkommen.
d) Umformungen einer Gleichung muss man immer auf beiden Seiten vornehmen.

8 Setze in die Gleichungen nacheinander die Zahlen 1 bis 6 ein. Welche dieser Zahlen ist Lösung der Gleichung? *(10 Punkte)*

a) $52 \cdot x - 18 = 86$

b) $100 + 22 \cdot x = 188$

c) $5 \cdot x = 30$

d) $2 \cdot (x - 4) = 2$

e) $3 \cdot (x + 2) = 15$

9 Löse die Gleichungen durch Umformen. *(9 Punkte)*

a) $5x + 6 = 96$

b) $11 + 3y = 71$

c) $5x + 2 = 2$

d) $46 = 7n + 4$

e) $32 = 12 + 4b$

f) $12 = 9z + 3$

10 Überprüfe die Rechnungen auf Fehler. Verbessere gegebenenfalls die Rechnung. *(6 Punkte)*

a)
$5x - 9 = 11 \quad | -9$
$5x = 2 \quad | :5$
$x = 0{,}4$

b)
$12 + 6x = 33 \quad | -12$
$6x = 33 \quad | :6$
$x = 5{,}5$

c)
$24 = 8x + 20 \quad | -20$
$4 = 8x \quad | :4$
$2 = x$

11 Vereinfache zuerst die Gleichungen und löse dann. *(12 Punkte)*

a) $6x - 4 = 32 + 3x$

b) $5b - 3b = 44$

c) $21 = 3c - 24 + c$

d) $4 \cdot (a + 3) = 32$

e) $3y - (4 + y) = 0{,}8$

f) $7 + (d - 0{,}5) = 2d$

12 Stelle jeweils eine Gleichung auf. Ermittle damit die gedachten Zahlen. *(4 Punkte)*

a) Die gedachte Zahl wird um 25 verkleinert. Das Ergebnis ist 67.

b) Die Summe aus dem Doppelten einer gedachten Zahl und 43 ergibt die Zahl 77.

13 Löse die Textaufgaben. *(6 Punkte)*

a) Lena kauft 5 Kinokarten.
Sie bezahlt mit einem 50-€-Schein und erhält 4 € Wechselgeld.
Wie viel kostet eine Kinokarte?

b) Herr Hauprecht erhält eine Theaterkarte zum halben Preis, muss aber zusätzlich 3 € Bearbeitungsgebühr bezahlen.
Insgesamt spart er 5 € im Vergleich zum vollen Preis.
Wie viel kostet eine Theaterkarte zum vollen Preis (zum halben Preis)?

14 Beim letzten Basketballspiel hat Max doppelt so viele Körbe geworfen wie Kai. Enis erzielte drei Körbe mehr als Kai. Zusammen erzielten die drei Freunde 31 Körbe. *(5 Punkte)*

a) Schreibe eine Gleichung zu den erzielten Körben. Verwende darin die Variable x für die Anzahl der Körbe, die Kai erzielt hat.

b) Löse die Gleichung aus a). Wie viele Körbe erzielte Kai?

c) Wie viele Körbe erzielten Max und Enis?

Gold: 94–100 Punkte, Silber: 77–93 Punkte, Bronze: 60–76 Punkte

Zusammenfassung

→ Seite 60

Terme vereinfachen

Terme ordnen und zusammenfassen:
① gleichartige Bestandteile markieren
② Bestandteile nach Variablen ordnen
③ gleichartige Bestandteile addieren bzw. subtrahieren

$9x + 8y + 5 - 6x$
$= 9x - 6x + 8y + 5$
$= 3x + 8y + 5$

Produkte aus gleichen Faktoren schreibt man kurz als **Potenz**.
Potenzen bestehen aus Basis und Exponent.

$\underbrace{x \cdot x \cdot x}_{\text{3 gleiche Faktoren}} = x^3$ (Exponent: 3; Basis: x)

→ Seite 62

Terme mit Klammern vereinfachen

Steht ein **Pluszeichen** vor einer Klammer, kann man die Klammer weglassen.

$3x + (-2y + 4) = 3x - 2y + 4$

Steht ein **Minuszeichen** vor einer Klammer, gilt: Aus + wird –. Aus – wird +.

$4a - (-5 + 2b) = 4a + 5 - 2b$

Steht ein **Malzeichen** vor einer Klammer: Jedes Glied in der Klammer mit dem Faktor vor (oder hinter) der Klammer multiplizieren.

$6 \cdot (2x + 5) = 6 \cdot 2x + 6 \cdot 5$
$= 12x + 30$

→ Seite 64

Gleichungen durch Probieren lösen

Werden zwei Terme durch das Zeichen „=“ verbunden, dann entsteht eine **Gleichung**.
Eine Zahl ist eine **Lösung** der Gleichung, wenn durch Einsetzen der Zahl eine wahre Aussage entsteht.

Lösen durch Probieren:
Gleichung: $4 \cdot x - 5 = 31$
Probieren mit …
$x = 10$: $4 \cdot 10 - 5 = 35 \stackrel{?}{=} 31$ (falsche Aussage)
$x = 9$: $4 \cdot 9 - 5 = 31 \stackrel{?}{=} 31$ (wahre Aussage)
9 ist Lösung der Gleichung $4 \cdot x - 5 = 31$.

Lösen mit einer Umkehrrechnung:
Gleichung: $a + 40 = 100$
Umkehrrechnung: $100 - 40 = 60$
$a = 60$
Probe: $60 + 40 = 100$ (wahr)
60 ist Lösung der Gleichung $a + 40 = 100$.

→ Seite 66

Lineare Gleichungen durch Umformen lösen

Eine Gleichung löst man durch **Umformen**, indem man **auf beiden Seiten** der Gleichung …
– dasselbe addiert (dasselbe subtrahiert),
– mit derselben Zahl (ungleich 0) multipliziert,
– durch dieselbe Zahl (ungleich 0) dividiert.

$x + 5 = 15 - 4x \quad | -5$
$x = 10 - 4x \quad | +4x$
$5x = 10 \quad | :5$
$x = 2$

→ Seite 68

Schwierige Gleichungen lösen

Bevor man schwierigere Gleichungen löst, vereinfacht man Terme durch Ordnen, Zusammenfassen und Auflösen von Klammern.

$2x + 2x = 4 + 2 \cdot (x + 2)$ | Klammern auflösen
$2x + 2x = 4 + 2x + 4$ | ordnen, zusammenfassen
$4x = 2x + 8$ | $-2x$
$2x = 8$ | $:2$
$x = 4$

Zuordnungen

An einem Tag füllt eine Maschine 2 500 Flaschen.
In einer Woche werden von dieser Maschine
$7 \cdot 2\,500 = 17\,500$ Flaschen gefüllt.

Zwei Maschinen benötigen nur die Hälfte der Zeit,
um die gleiche Anzahl an Flaschen zu füllen.

Noch fit?

Einstieg

1 Zahlenfolgen
Setze die Reihen mit jeweils drei weiteren Zahlen fort.

a) 5; 10; 15; 20; …
b) 5; 10; 16; 23; …
c) 5; 10; 6; 11; 7; …
d) 1; 2; 4; 7; 11; …

2 Muster untersuchen
Wie viele Streichhölzer braucht man für die Stufe 6 des Musters?

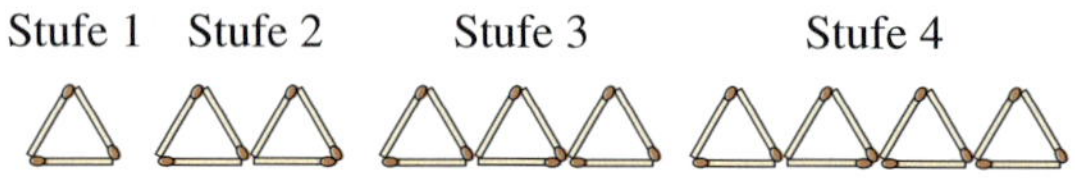

Aufstieg

1 Zahlenfolgen
Finde die Rechenregel und rechne in beide Richtungen um drei weitere Zahlen weiter.

a) …; 15; 21; 27; 33;…
b) …; 15; 20; 26; 33;…

2 Muster untersuchen
Welche Zahlenfolge gehört zu dem Muster? Setze sie fort, ohne das Muster zu zeichnen.

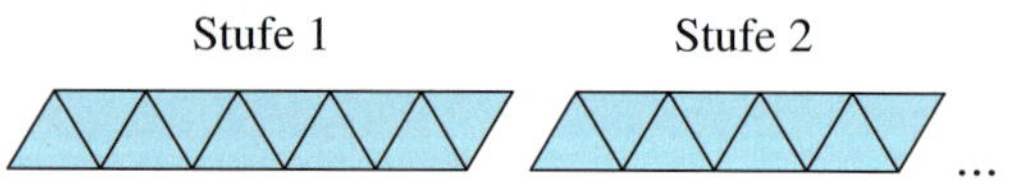

3 Zuordnungen erkennen
Ergänze die folgenden Aussagen im Heft. Notiere wie im Beispiel.
Findest du mehrere Lösungen?

Beispiel Jedem Buch kann … zugeordnet werden: *Buch* → *Anzahl an Seiten*

a) Jedem Auto kann … zugeordnet werden.
b) Jeder Schule kann … zugeordnet werden.
c) Jeder Mathearbeit kann … zugeordnet werden.
d) Jedem … kann seine Größe zugeordnet werden.
e) Erfinde fünf eigene Aussagen zu Zuordnungen. Ergänzt sie gegenseitig.

Einstieg

4 Zuordnungen im Pfeilbild
Welche Zuordnung könnte in dem Pfeilbild dargestellt sein? Beschreibe sie mit Worten. Ergänze weitere Wertepaare.

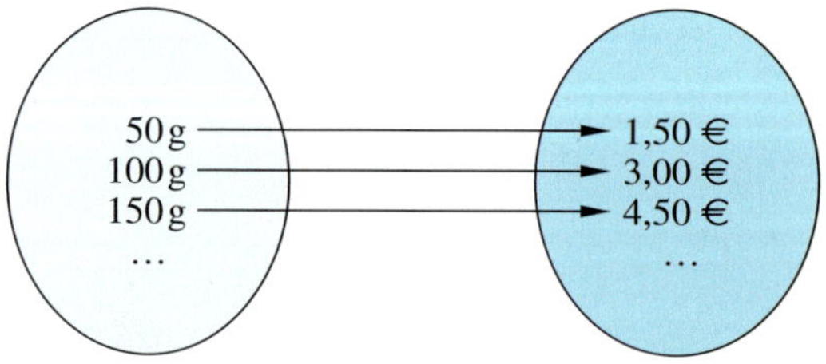

Aufstieg

4 Zuordnungen im Pfeilbild
Beschreibe eine mögliche Zuordnung mit Worten. Erstelle eine Wertetabelle und ergänze mögliche weitere Werte.

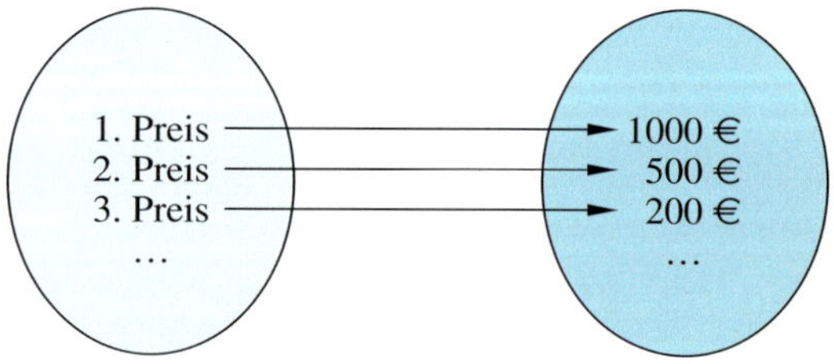

5 Wertetabellen zu Diagrammen erstellen
In dem Diagramm ist die Zuordnung *Gesprächsdauer* → *Kosten* für einen Handyanbieter dargestellt.

a) Lies die Werte aus dem Diagramm ab und erstelle eine Wertetabelle.
b) Wie könnten die Kosten für eine Gesprächsdauer von 9 min und 10 min sein?

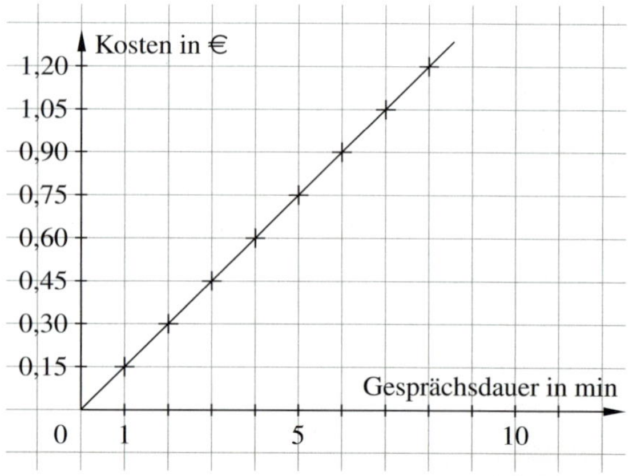

6 Proportionale Zuordnungen erkennen

Welche Zuordnungen sind proportional?

a) 15 Liter Apfelsaft kosten 30 €.
Ein Liter Apfelsaft kostet 2 €.

b) 2 Kilo Äpfel kosten 3,60 €.
10 Kilo Äpfel kosten 15,80 €.

c) Wenn eine Dose doppelt so groß ist, dann kostet sie das Doppelte.

7 Wertetabellen proportionaler Zuordnungen erkennen

Prüfe, ob die Zuordnungen proportional sind. Begründe.

a)

Anzahl	1	2	4	8
Preis (in €)	7	14	28	56

b)

Tage	2	4	6	12
Futter (in kg)	1,5	3	4,5	9

8 Wertetabellen proportionaler Zuordnungen vervollständigen

Vervollständige zu einer proportionalen Zuordnung im Heft.

Arbeitszeit in Stunden → Lohn in Euro

Arbeitszeit (h)	2	4	8	10	12
Lohn (€)		28			

9 Sachaufgaben lösen

Eine Autoreparaturwerkstatt berechnet eine Werkstattstunde mit 54 €.

Ergänze die Tabelle im Heft.

Arbeitszeit (in min)	Kosten (in €)
60	54
30	
10	
20	
120	

10 Mit dem Dreisatz rechnen

Ergänze die Tabelle im Heft.
Die Zuordnung ist proportional.

	Gewicht (in kg)	Preis (in €)	
	3	12	
:3	1		:3
·5	5		·5

6 Proportionale Zuordnungen erkennen

Welche der folgenden Zuordnungen können proportional sein.
Begründe deine Entscheidung.

a) *Anzahl Briefmarken → Preis (€)*

b) *Minuten → Füllmenge*

c) *Zeit → Kosten*

d) *Alter → Körpergröße*

7 Wertetabellen proportionaler Zuordnungen erkennen

Prüfe, ob die Zuordnungen proportional sind. Begründe.

a)

x	3	6	9	12	18
y	0,85	5,7	8,55	9,9	15,6

b)

x	0,7	2,1	4,2	8,4	13,3
y	4,2	12,6	25,2	50,4	79,8

8 Wertetabellen proportionaler Zuordnungen vervollständigen

Vervollständige zu einer proportionalen Zuordnung im Heft.

Volumen in cm^3 → Gewicht in Gramm

Volumen (cm^3)	1	5	15	25	40
Gewicht (g)			37,5		

9 Sachaufgaben lösen

Ein Elektriker berechnet seine Arbeitsstunde mit 39 €. Berechne, wie viel …

$\frac{1}{2}$ Stunde,

$\frac{1}{4}$ Stunde,

$\frac{3}{4}$ Stunde,

$1\frac{1}{2}$ Stunden,

$6\frac{3}{4}$ Stunden kosten.

Erstelle eine Wertetabelle.

10 Mit dem Dreisatz rechnen

Berechne mit dem Dreisatz.
Die Zuordnungen sind proportional.

a) 5 kg Kirschen kosten 24,50 €.
Was kosten 2 kg Kirschen?

b) 4 kg Kaninchenfutter reicht für 10 Tage.
Für wie viele Tage reichen 12 kg Kaninchenfutter?

Proportionale Zuordnungen

Entdecken

1 Ergänze die Sätze im Heft.
a) Die dreifache Käsemenge kostet ...
b) Die halbe Käsemenge kostet ...

2 Für die Käsetheke werden verschieden große Stücke Käse abgepackt.
a) Berechne die Preise für Käsestücke mit 360 g; 300 g; 60 g; 480 g und 800 g.
b) Wie viel Gramm wiegt ein Stück Käse, das 5,40 € kostet?

3 Arbeitet zu zweit.
a) Erkläre deinem Nachbarn, woran man eine proportionale Zuordnung erkennt.
b) Nennt Beispiele für proportionale Zuordnungen und für nicht proportionale Zuordnungen.

Verstehen

Ein Eimer mit 10 Liter Farbe reicht für eine Wandfläche von 50 m^2.
Mit der doppelten Menge Farbe kann man eine doppelt so große Wandfläche streichen, mit der halben Farbmenge kann man nur eine halb so große Wandfläche streichen usw.

Beispiel 1

Die Menge der Farbe wird jeweils der Wandfläche, die gestrichen werden kann, zugeordnet.
Die Zuordnung *Farbmenge* → *Wandfläche* ist proportional.

ERINNERE DICH
Die beiden einander zugeordneten Werte nennt man ***Wertepaar****.*

Wertetabelle:

Farbmenge (in l)	Wandfläche (in m^2)
1	5
2	10
10	50
20	100
30	150

: 2 (von 2 zu 1) : 2
: 5 (von 10 zu 2) : 5
· 2 (von 10 zu 20) · 2
· 3 (von 10 zu 30) · 3

Merke Eine Zuordnung heißt **proportional**, wenn gilt:
Zum *Doppelten* (*Dreifachen* usw.) der einen Größe gehört das *Doppelte* (*Dreifache* usw.) der anderen Größe.
Zur *Hälfte* (zum *Drittel* usw.) der einen Größe gehört die *Hälfte* (das *Drittel* usw.) der anderen Größe.

Um Wertepaare einer proportionalen Zuordnung zu berechnen, kann man den Dreisatz nutzen.

Beispiel 2

Der Teppichboden für ein 25 m^2 großes Zimmer kostet 375 €.
Wie viel kostet der Teppichboden für ein 16 m^2 großes Zimmer?

das Gesuchte steht *rechts*

Teppichboden (in m^2)	Preis (in €)
25	375
1	15
16	240

:25 :25
·16 ·16

auf beiden Seiten *gleich* rechnen

Merke So rechnet man mit dem **Dreisatzverfahren bei proportionalen Zuordnungen**:

① Die vorgegebenen Größen aufschreiben.
② Schluss auf die Einheit.
③ Schluss auf das Gesuchte.

Üben und anwenden

1 Arbeitet zu zweit.
Unter welchen Bedingungen sind die Zuordnungen proportional?
a) *Anzahl der Personen → Anzahl der Augen*
b) *Anzahl der Konservendosen → Gewicht*
c) *Zeit im Internet → Kosten*
d) *Fahrweg → Fahrdauer*

2 Übertrage die Tabelle in dein Heft und ergänze so, dass eine proportionale Zuordnung vorliegt.
Erkläre dein Vorgehen.

a)

x	1	2	3	6	9
y	4				

b)

x	3	6	12	15	30
y			12		

3 Übertrage die Tabelle in dein Heft und ergänze sie. Die Zuordnung ist proportional.

	Anzahl	Masse (in g)	
:12	12	60	: ■
	1		
·7	7		· ■

4 Aus dem Berufsleben
Ein Koch benötigt für Käsespätzle bei 4 Personen 800 g Spätzle, 4 Zwiebeln und 300 g Käse. Wie viel benötigt er von jeder Zutat, wenn er für 6 Personen kocht?

5 Berechne mithilfe des Dreisatzes.
a) Ein Springbrunnen wirft in sechs Minuten 48 Liter Wasser aus.
Wie viel Liter Wasser sind es in 13 Minuten?
b) Für den Druck von 4400 Büchern werden 2 t Papier benötigt.
Wie viele Bücher können mit 3,5 t Papier gedruckt werden?

6 Berechne jeweils den Preis für 100 g:

Ⓐ	Ⓑ	Ⓒ
800 g: 4 €	250 g: 5 €	25 g: 1,50 €

7 Drei Freunde sehen einen 90 Minuten langen Film. Wie lange dauert der Film, wenn fünf Freunde zuschauen?

2 Übertrage die Tabelle in dein Heft und ergänze so, dass eine proportionale Zuordnung vorliegt.
Erkläre dein Vorgehen.

a)

x	2	4	10	14	20
y	3,5				

b)

x	4	8	12	20	24
y				2	

3 Übertrage die Tabelle in dein Heft und ergänze sie. Die Zuordnung ist proportional.

Fahrstrecke (in km)	Verbrauch (in l)
100	8
1	
750	

4 Aus dem Berufsleben
5 Altenpfleger betreuen 70 Bewohner eines Altenheims.
Wie viele Altenpfleger werden benötigt, wenn 28 neue Bewohner hinzukommen?

5 Aus dem Berufsleben
Aus 1000 l Milch stellt eine Molkerei 70 kg Butter her.
a) Wie viel Liter Milch werden für 21 kg Butter benötigt?
b) Marek sagt: „Hier ist es nicht günstig, auf die Eins zu schließen.“ Erkläre, was Marek meint, und löse die Aufgabe im Kopf.

6 Was ist günstiger?
a) 6 Kiwis kosten 1,35 €,
13 Kiwis kosten 2,99 €.
b) 375 ml Traubensaft kosten 99 ct,
0,7 l Traubensaft kosten 1,75 €.

7 Wenn 7 Katzen 7 Mäuse in 7 Minuten fangen, wie viele Katzen sind dann notwendig, um 10 Mäuse in 10 Minuten zu fangen?

085-1
Hier findest du weitere Übungen zum Dreisatz bei proportionalen Zuordnungen.

Eigenschaften von proportionalen Zuordnungen

Entdecken

1 Familie Hansen will Urlaub in London machen.
In Großbritannien bezahlt man mit britischen Pfund (£).
Sie haben sich eine Umrechnungstabelle erstellt:

£	1	2	3	4	5	6	7	8	9	10	11	12	13	14
€	1,20				6,00									

HINWEIS
086-1
Der Webcode führt zu Internetseiten mit aktuellen Umrechnungskursen.

a) Übertrage die Tabelle in dein Heft und vervollständige sie.
b) Ergänze die Tabelle um eine Zeile. Trage in die Zeile jeweils den Quotienten aus Euro und Pfund (€ dividiert durch £) ein.
Was fällt dir auf?
Beschreibe, was der Quotient angibt.
c) Lest gemeinsam die Werte für 3,50 £; 8,50 £ und 0,50 £ aus dem Graphen ab.
Erklärt euch gegenseitig, wie ihr dabei vorgeht.
d) Eine Jeanshose kostet in England 52 £.
Gebt den Preis in Euro an.
e) Gebt die folgenden Beträge in Euro an:
60 £; 36 £; 108 £; 264 £.
Erklärt, wie ihr vorgegangen seid.
Vergleicht eure Ergebnisse.

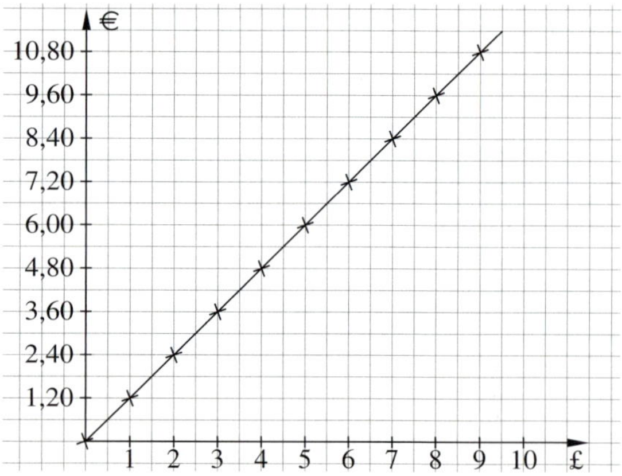

Verstehen

Ein Zug fährt mit gleichbleibender Geschwindigkeit. In einer Stunde legt er 150 km zurück.

HINWEIS
Den Quotienten aus Weg (s) und Zeit (t), nennt man auch Geschwindigkeit (v).
Kurz: $v = \frac{s}{t}$
Die Geschwindigkeit wird in $\frac{km}{h}$ *angegeben.*

Beispiel 1

Die Zuordnung *Zeit → zurückgelegter Weg* ist proportional.

Zeit (in h)	Weg (in km)	Weg : Zeit
1	150	150 : 1 = 150
2	300	300 : 2 = 150
3	450	450 : 3 = 150
4	600	600 : 4 = 150

Die Zuordnung ist **quotientengleich**:
Der Quotient aus Weg durch Zeit ergibt immer den gleichen Wert.

Die Werte aus der Tabelle lassen sich in einem **Koordinatensystem** darstellen.

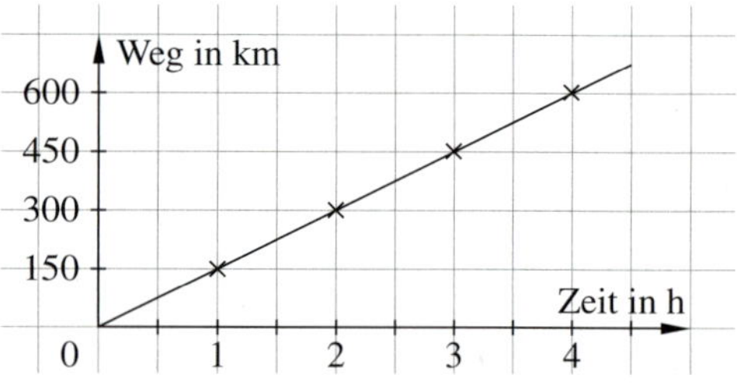

Die Punkte liegen auf einer Geraden, die durch den Nullpunkt (0|0) geht.

Merke Bei der grafischen Darstellung einer **proportionalen Zuordnung** liegen alle Punkte auf einer **Geraden**, die durch den Nullpunkt (0|0) geht.

Bei einer proportionalen Zuordnung ergeben einander zugeordnete Werte immer denselben Quotienten. Hier sind zusammengehörige Werte **quotientengleich**.

Üben und anwenden

1 Prüfe, ob Zeit und Geld quotientengleich sind. Ist die Zuordnung proportional?

Zeit (h)	3	5	8	12	20
Geld (€)	36	60	96	144	240

1 Ergänze die Tabelle im Heft so, dass die Wertepaare quotientengleich werden.

Anzahl	8	11	16		3
Länge (m)		154		280	

2 Mit welcher Zahl musst du die Anzahl multiplizieren, um die Länge zu erhalten? Ergänze die Tabelle im Heft.

Anzahl	2	5	7	11	17
Länge (m)	14				

2 Katharina läuft in 8 Minuten 1,5 km. Wie viele Kilometer legt sie bei gleicher Geschwindigkeit in einer Stunde zurück? Stelle für die Zuordnung *Zeit* → *Weg* eine Wertetabelle auf und ergänze sechs weitere Wertepaare.

3 Löse mithilfe der Grafik.

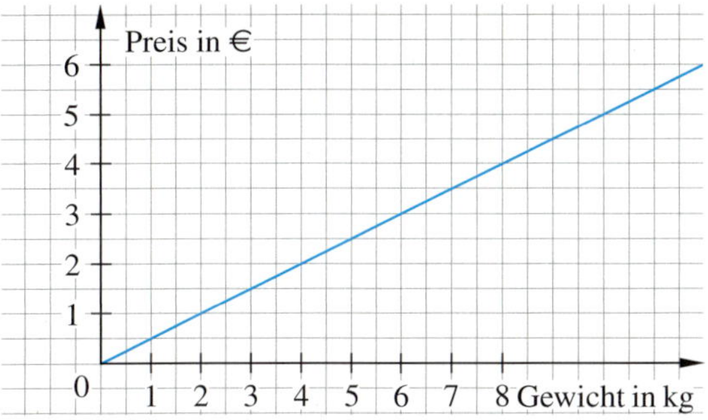

a) Wie viel kosten 2 kg Kartoffeln?
b) Stelle eine Wertetabelle mit fünf Wertepaaren auf. Prüfe, ob die zusammengehörigen Werte quotientengleich sind.

3 Betrachte die drei Graphen.

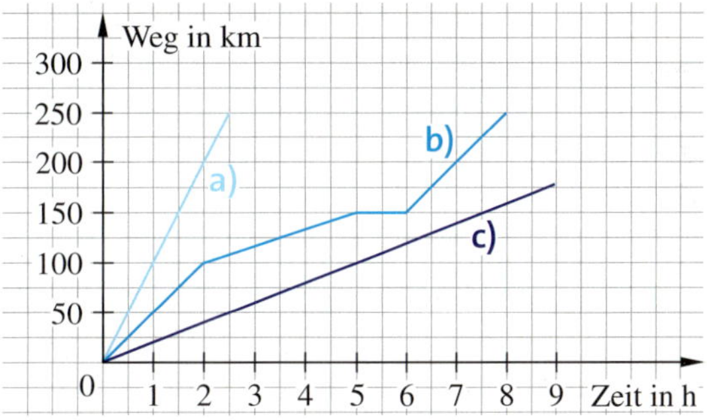

a) Welche Zuordnungen sind proportional? Begründe deine Antwort.
b) Erstelle zu einer proportionalen Zuordnung eine Wertetabelle mit fünf Werten.

4 Ergänze im Heft jeweils drei Punkte, so dass eine proportionale Zuordnung entsteht.

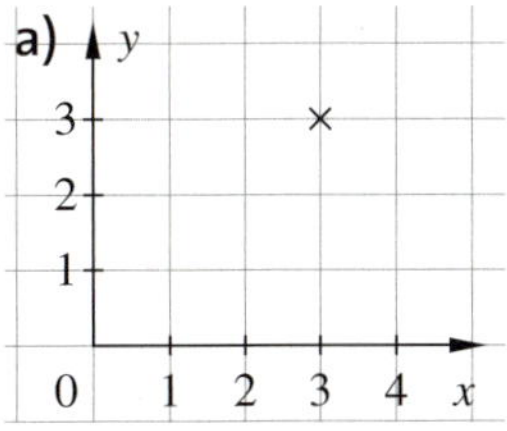

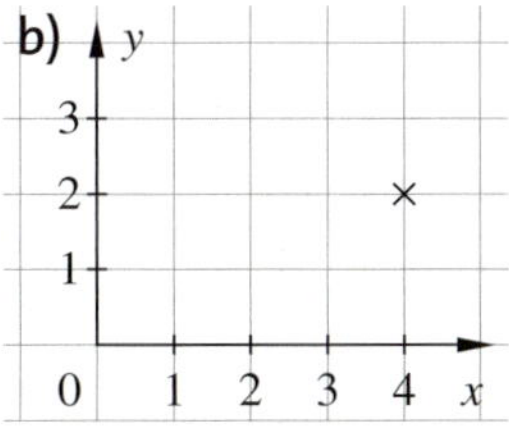

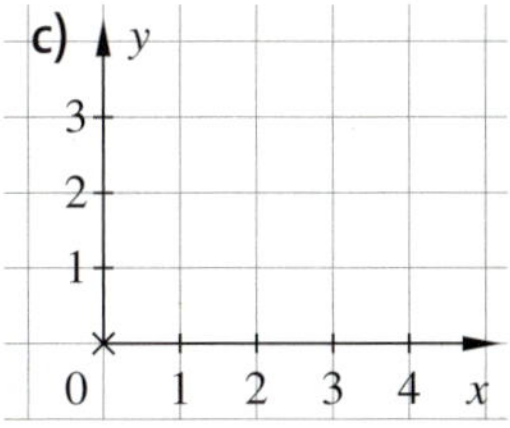

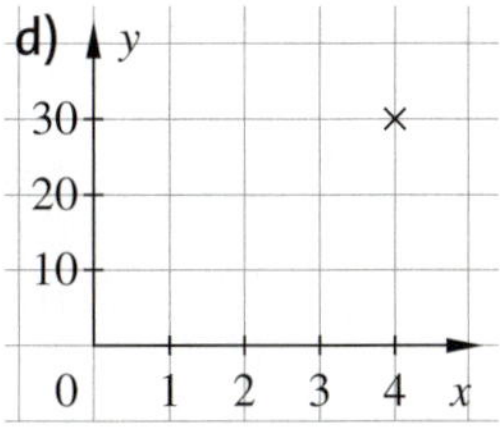

5 Eine Firma produziert 120 Bälle in 3 h.
a) Erstelle eine Wertetabelle für die Anzahl der Bälle nach 1 h; 2 h; 3 h; 5 h; 10 h.
b) Trage die Werte aus der Wertetabelle in ein Koordinatensystem ein.
c) Beschreibe, wie du aus der Grafik ablesen kannst, wie viele Bälle nach 4 Stunden produziert werden.
d) Lies aus der Grafik ab, wie viele Bälle nach 1,5 Stunden; (7,5 h; 8 h) produziert werden.

5 Kai zahlt bei Telefonaten mit seinem Handy für jede Minute 19 Cent.
a) Trage die Kosten für 5; 10; …; 40 Minuten in eine Wertetabelle und ein Koordinatensystem ein. Ist die Zuordnung proportional?
b) Lies aus der Grafik ab, wie viel 24 min ungefähr kosten. Überprüfe dies rechnerisch.
c) Ist die Zuordnung *Anzahl der Minuten* → *Kosten* proportional, wenn Kai eine Grundgebühr von 4,95 € zahlt? Begründe.

HINWEIS
087-1
Hier gibt es eine interaktive Übung zum Erkennen von proportionalen Zuordnungen

Antiproportionale Zuordnungen

Entdecken

1 In die 8 a gehen 23 Schülerinnen und Schüler.
Ihr Klassenraum soll gestrichen werden.
Die Klassenlehrerin meint, dass sie ungefähr 12 Stunden benötigt, wenn sie den Raum alleine streicht.

a) Übertrage die Wertetabelle in dein Heft und vervollständige sie. Finde weitere Wertepaare.

Anzahl der Personen	1	2	3	4	6
Zeit in Stunden	12				

b) Unter welchen Voraussetzungen hat deine Tabelle aus a) nur Gültigkeit?

ZUM WEITERDENKEN
Jana behauptet: 720 Personen brauchen nur eine Minute um den Raum zu streichen. Was meinst du dazu?

2 Arbeitet zu zweit.
Welche Aussagen sind richtig? Begründet und gebt jeweils ein Beispiel an.

a) Je mehr Jugendliche sich an der Arbeit beteiligen, desto weniger Zeit benötigen sie.
b) Je länger die Arbeit dauert, desto mehr Jugendliche haben mitgeholfen.
c) Bei der doppelten Anzahl von Jugendlichen ist die benötigte Zeit halb so groß.
d) Beträgt die Anzahl der Jugendlichen ein Drittel, brauchen sie dreimal so lange.
e) Viermal so viele Jugendliche benötigen viermal so lange.

Verstehen

Für einen Arbeitsauftrag benötigen zwei Maschinen 30 Stunden.
Wie lange dauert es, wenn nur eine Maschine eingesetzt wird?

HINWEIS
Manchmal sagt man zu antiproportionalen Zuordnungen auch umgekehrt proportionale Zuordnungen.

Beispiel 1

Doppelt so viele Maschinen benötigen die halbe Zeit, halb so viele Maschinen die doppelte Zeit, usw.

Die Zuordnung *Anzahl der Maschinen → benötigte Zeit* ist **antiproportional**.

Entsprechend lassen sich weitere Wertepaare berechnen.

	: 2		· 2	· 3	· 5
Anzahl der Maschinen	1	2	4	12	60
Zeit (in h)	60	30	15	5	1
	· 2		: 2	: 3	: 5

Merke Eine Zuordnung heißt **antiproportional**, wenn gilt:

Zum *Doppelten* der einen Größe gehört die *Hälfte* der anderen Größe,
zum *Dreifachen* der einen Größe gehört ein *Drittel* der anderen Größe usw.

Zur *Hälfte* der einen Größe gehört das *Doppelte* der anderen Größe,
zum *Drittel* der einen Größe gehört das *Dreifache* der anderen Größe usw.

Üben und anwenden

1 Übertrage die Tabellen in dein Heft und ergänze zu einer antiproportionalen Zuordnung.

a)

Anzahl	1	2	4	8	16
Zeit (in h)	16				

b)

Anzahl	1	2	3	4	5
Gewinn (in €)	180				

c)

Anzahl	1	2	4	6	10
Preis (in €)		30			

1 Vervollständige die Tabelle im Heft, so dass die Zuordnung antiproportional ist.

a) *Anzahl der Personen → Kosten pro Person*

Anzahl	2	3		5	
Preis (in €)	480		240		48

b) *Breite → Anzahl*

Breite (in m)			2	2,5	
Anzahl	90	60	45		3

c) Gib jeweils für die Zuordnungen aus a) und b) Beispiele aus dem Alltag an.

2 Überprüfe, ob folgende Zuordnungen antiproportional sind.
Begründe deine Antwort.

a)

x	1	2	3	4	5
y	60	30	20	15	12

b)

x	1	2	3	4	5
y	60	50	40	30	20

c)

x	0	1	2	3	4
y	15	11	8	6	5

d)

x	1	2	3	4	5
y	180	90	60	45	36

2 Sind die Zuordnungen antiproportional?
Begründe deine Antwort.

a)

Anzahl	1	2	3	4	8
Gewinn (in €)	4,80	3,20	2,40	1,60	1,20

b)

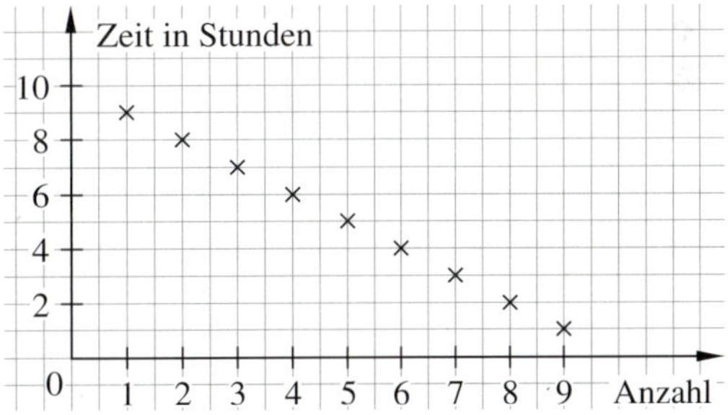

3 Arbeitet zu zweit.
Welche Zuordnungen können antiproportional sein?
Begründet und gebt gegebenenfalls notwendige Bedingungen an.

a) Je mehr Helfer bei der Ernte sind, desto schneller ist das Feld abgeerntet.
b) Je mehr Essensteilnehmer, um so kleiner die Portionen.
c) Je mehr Angler am Teich sitzen, um so weniger Fische fängt jeder.
d) *Futtermenge → Anzahl der Tiere, die davon ernährt werden können*
e) *Fluggeschwindigkeit → Flugzeit*

4 Aus dem Berufsleben

Um einen Erdaushub abzutransportieren, brauchen 2 Lkw 18 Stunden.
Vervollständige die Tabelle in deinem Heft und ergänze sie um drei weitere Wertepaare.

Anzahl der Lkw	2	4	6	3	9
Dauer des Auftrags (in h)	18				

4 Aus dem Berufsleben
Eine Fliesenleger legt eine quadratische Fläche (Seitenlänge $a = 6\,\text{m}$) mit Fliesen aus.
a) Wie viele quadratische Fliesen mit 20 cm Seitenlänge benötigt er?
b) Wie viele quadratische Fliesen mit 30 cm, 40 cm bzw. 60 cm würde er benötigen? Lege eine Wertetabelle an.
c) Zu welcher Größe ist die Anzahl der benötigten Platten antiproportional?

NACHGEDACHT
Finde weitere Beispiele für antiproportionale Zuordnungen.

Dreisatz bei antiproportionalen Zuordnungen

Entdecken

1 Ein Zoo erhält eine Bananenlieferung.
Sie reicht für die fünf Gorillas acht Tage.

a) Entdecke in diesem Beispiel eine antiproportionale Zuordnung.

b) Wie lange reicht die Lieferung für vier Gorillas? Überlege dir zunächst, wie lange die Lieferung für einen Gorilla reichen würde.

2 Ein Futtervorrat reicht für sechs Giraffen 30 Tage.
Wie lange reicht dieser Vorrat für 2; 5; 12 bzw. 15 Giraffen?

a) Überlege zunächst, bei welchen Anzahlen dies ohne Zwischenschritt berechnet werden kann. Dann rechne.

b) Wie gehst du bei den anderen Anzahlen vor?

3 Arbeitet zu zweit.
Wählt ein Beispiel für eine antiproportionale Zuordnung und beschreibt, wie ihr mit dem Dreisatz Wertepaare berechnen könnt.
Erinnert euch an das Rechnen mit dem Dreisatz bei proportionalen Zuordnungen.
Beschreibt Gemeinsamkeiten und Unterschiede.

Verstehen

Wird ein Lottogewinn auf vier Personen aufgeteilt, erhält jede Person 600 €.
Wie viel erhält jeder, wenn es fünf Gewinner gibt?

Die Zuordnung *Anzahl der Gewinner* → *Gewinn pro Person* ist antiproportional.
Ähnlich wie bei proportionalen Zuordnungen erfolgt die Lösung mit dem Dreisatzverfahren.

Beispiel 1

①	4 Personen erhalten je 600 €.
②	1 Person erhält 600 € · 4 = 2400 €.
③	5 Personen erhalten 2400 € : 5 = 480 €.

Antwort: Bei 5 Gewinnern erhält jede Person 480 €.

das Gesuchte steht *rechts*

	Personen	Gewinn (in €)	
:4	4	600	· 4
· 5	1	600 · 4 = 2400	: 5
	5	2400 : 5 = 480	

auf beiden Seiten *umgekehrt* rechnen

Merke So rechnet man mit dem **Dreisatzverfahren bei antiproportionalen Zuordnungen**:

① Die vorgegebenen Größen aufschreiben (z. B. 4 Personen erhalten je 600 €.)
② Schluss auf die Einheit (z. B. 1 Person erhält 2400 €.)
③ Schluss auf das Gesuchte (z. B. 5 Personen erhalten je 480 €.)

Üben und anwenden

1 Arbeitet zu zweit.

a) Findet eine Fragestellung zu den antiproportionalen Zuordnungen.

b) Löst die Aufgaben im Heft. Erklärt euch gegenseitig, wie ihr rechnet.

①

Anzahl Hunde	Anzahl Tage
5	14
1	
7	

②

Anzahl Helfer	Anzahl Stunden
3	10
1	
5	

③

Inhalt (in l)	Anzahl Flaschen
2	60
1	
1,5	

2 Vervollständige die Tabellen im Heft. Die Zuordnungen sind antiproportional.

a)

Anzahl der Zebras	Anzahl der Tage
20	21
10	
30	

b)

Anzahl der Schüler	Zeit in Stunden
15	18
10	

3 Eine Busfahrt kostet bei 30 teilnehmenden Schülern für jeden 5 €.
Wie viel muss jeder zahlen, wenn nur 25 Schüler mitfahren können?

4 Aus dem Berufsleben

Ein Gärtner pflanzt ein Blumenbeet an.
Das Blumenbeet besteht aus 45 Reihen mit je 22 Pflanzen.
Ein zweites Beet mit der gleichen Anzahl an Blumen soll nur aus 30 Reihen bestehen.

a) Finde eine geeignete Fragestellung.

b) Löse die Aufgabe, indem du nicht auf Eins, sondern auf einen möglichst großen gemeinsamen Teiler von 45 und 30 schließt.

5 Aus dem Berufsleben

Der Keller eines Wohnblocks steht unter Wasser. 5 Fahrzeuge der Feuerwehr benötigen für das Leerpumpen 2 Stunden.
Wie lange benötigen 4 Fahrzeuge dafür?

2 Berechne mit dem Dreisatz.
Denke auch an einen Antwortsatz.

a) Sechs Pumpen füllen das Schwimmbecken in einer Stunde.
Wie lange benötigen drei Pumpen?

b) Nach 8 Stunden Brenndauer ist eine Kerze noch 7,5 cm hoch. Wie hoch war die Kerze nach 2 Stunden Brenndauer?

c) 8 Personen teilen sich einen Gewinn. Jeder erhält 187,50 €. Wie viel erhält jeder, wenn sich 12 Personen den Gewinn teilen?

3 Eine Terrasse wurde mit 88 Platten, die $16\,dm^2$ groß sind, gefliest.
Wie viele $20\,dm^2$ große Platten hätte man dafür mindestens benötigt?

4 Aus dem Berufsleben

Ein Flughafen wird ausgebaut.
Setzt man sechs Walzen ein, können die Arbeiten in 30 Tagen abgeschlossen sein.

a) Wie viele Tage würden die Arbeiten beim Einsatz von 5 Walzen dauern?

b) Wie viele Walzen müssen eingesetzt werden, damit die Arbeiten nach spätestens 2 Wochen fertig sind?

c) Nach 20 Tagen fällt eine der 6 Walzen aus. Die Arbeit wird mit den restlichen Walzen beendet. Wie lange dauern die Arbeiten?

5 Aus dem Berufsleben

Vier Pfleger benötigen zwei Stunden um vier Patienten zu versorgen.
Wie lange brauchen acht Pfleger um 10 Patienten zu versorgen?

HINWEIS
zu Aufgabe 2 (lila und türkis): Man muss nicht immer auf die Eins schließen. Man kann auf jede Zahl schließen, mit der sich vorteilhaft weiterrechnen lässt.

Eigenschaften von antiproportionalen Zuordnungen

Entdecken

1 Obsthändler Zitora hat 10 Kisten mit jeweils 18 Äpfeln. Welche Aussagen sind richtig?
a) Passen doppelt so viele Äpfel in eine Kiste, werden nur halb so viele Kisten benötigt.
b) Die Zuordnung *Stück pro Kiste* → *Anzahl der Kisten* ist antiproportional.
c) Insgesamt befinden sich in den Kisten 180 Äpfel.
d) Bei 12 Äpfeln pro Kiste werden 16 Kisten benötigt.

2 Herr Zitora möchte 1200 Zitronen und 360 Orangen getrennt in Kisten verpacken. Seine Aushilfe hat für verschiedene Kistengrößen berechnet, wie viele Zitronen bzw. Orangen hineinpassen und wie viele Kisten jeweils benötigt würden.
Dabei sind die Wertepaare für Zitronen und Orangen durcheinander geraten.

Anzahl Zitronen/Orangen pro Kiste	60	60	30	30	10	120	20	12
Anzahl der Kisten	20	6	12	40	36	10	60	30

a) Bestimme, welche Wertepaare zu den Zitronen und welche zu den Orangen gehören. Fertige dazu zwei neue Tabellen an.
b) Bilde jeweils das Produkt der Wertepaare. Was stellst du fest? Was gibt das Produkt an?
c) Trage die Wertepaare in ein Koordinatensytem ein und verbinde jeweils die zu einer Obstsorte gehörenden Punkte durch einen Kurve. Beschreibe jeweils den Verlauf des Graphen.

Verstehen

Bei einem Schulfest wurde ein Gewinn von 600 € erzielt.
Dieser Gewinn soll gleichmäßig an mehrere Projekte gespendet werden.
Wie viel Geld erhält jedes Projekt?

Beispiel 1

Die Zuordnung *Projektanzahl* → *Geld pro Projekt* ist antiproportional.

Projekt-anzahl	Geld pro Projekt (in €)	Projektanzahl · Geld (in €)
1	600	1 · 600 = 600
2	300	2 · 300 = 600
3	200	3 · 200 = 600
4	150	4 · 150 = 600
5	120	5 · 120 = 600
6	100	6 · 100 = 600

Die Zuordnung ist **produktgleich**:
Das Produkt aus der Projektanzahl und dem Geld pro Projekt ist immer gleich.

Die Werte aus der Tabelle lassen sich in einem **Koordinatensystem** darstellen.

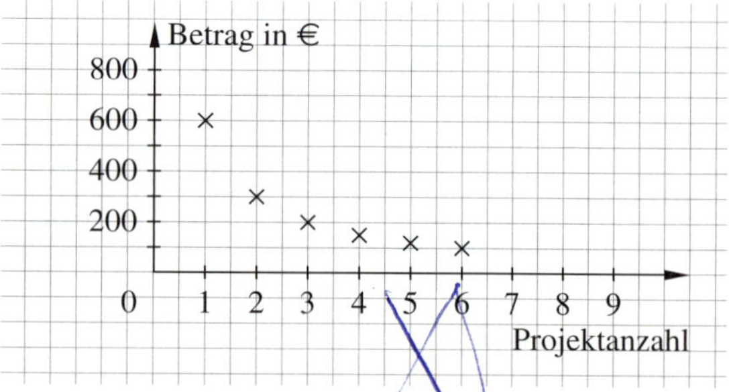

Die Punkte liegen auf einer fallenden Kurve.

Merke Bei der grafischen Darstellung einer **antiproportionalen Zuordnung** liegen alle Punkte auf einer fallenden **Kurve**.

Bei einer antiproportionalen Zuordnung ergeben einander zugeordnete Werte immer dasselbe Produkt. Hier sind zusammengehörige Werte **produktgleich**.

Üben und anwenden

1 Prüfe, ob die Wertepaare produktgleich sind. Ist die Zuordnung antiproportional?

x	1	2	3	4	5	6
y	30	15	10	6	5	5
$x \cdot y$						

2 Ergänze die Tabelle im Heft so, dass die Größen produktgleich sind.
Füge jeweils drei weitere Wertepaare hinzu.

a)

Anzahl	1	3		10	
Anzahl	60		12		2

b)

Länge (m)		1,5	2	2,5	
Breite (m)	3	2			0,5

1 Sind die Zuordnungen antiproportional?

a)

Anzahl	2	4	5	8	25
Zeit (h)	50	25	20	10	4

b)

Zeit (h)	1,5	2,5	3,75	4,5	5,5
Anzahl	15	9	6	5	4

2 Verändere eine der vier Geschwindigkeiten so, dass alle Wertepaare zu einer antiproportionalen Zuordnung gehören.

Ⓐ $48\,\frac{\text{km}}{\text{h}} \rightarrow 1{,}5\,\text{h}$

Ⓑ $28{,}8\,\frac{\text{km}}{\text{h}} \rightarrow 2{,}5\,\text{h}$

Ⓒ $40\,\frac{\text{km}}{\text{h}} \rightarrow 2\,\text{h}$

Ⓓ $32\,\frac{\text{km}}{\text{h}} \rightarrow 2\frac{1}{4}\,\text{h}$

3 Der Inhalt einer Kekspackung wird gerecht auf 5 Freunde verteilt. Jeder erhält 9 Kekse. Wie viele Kekse würde jeder erhalten, wenn 2 Jungen keine Kekse möchten?

a) Löse mit dem Dreisatzverfahren.

b) Berechne, wie viele Kekse die Packung enthält, und löse damit die Aufgabe.

c) Katrin sagt: „Das ist doch im Prinzip die gleiche Rechnung.“ Was meinst du dazu?

4 Prüfe, ob die beiden Graphen zu einer antiproportionalen Zuordnung gehören.

Beispiel blauer Graph:

x	1,5	2	…	…
y	20	15	…	…
$x \cdot y$	30	…	…	…

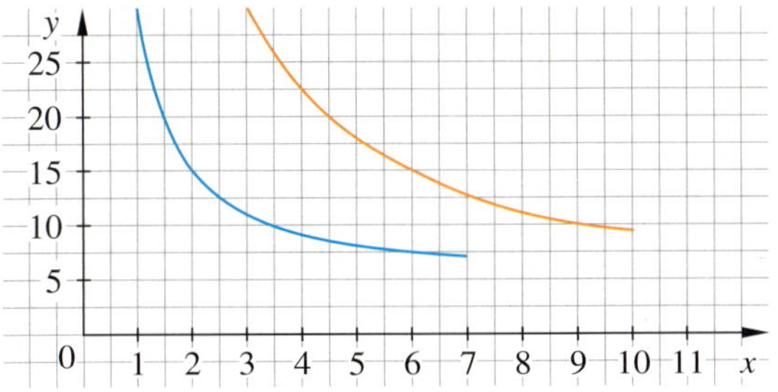

4 Erstelle eine Wertetabelle und überprüfe, ob die Zuordnung *Benzinverbrauch → Fahrstrecke* antiproportional ist.

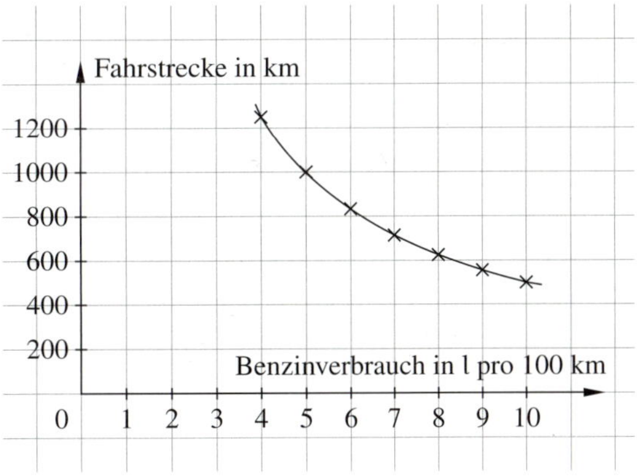

5 Ein Futtervorrat reicht für ein Pferd 240 Tage.

a) Wie viele Tage reicht dieser Vorrat für 2; 3; 4; 6; 8; 10; 12; 15; 18 Pferde? Lege eine Wertetabelle an.

b) Trage die Werte in ein Koordinatensystem ein und verbinde die Punkte.

c) Lies aus der grafischen Darstellung ab, wie lange der Vorrat für 5 bzw. 16 Pferde reicht. Kontrolliere durch eine Rechnung.

5 Bei einer Expedition beträgt der Wasservorrat nach 8 Tagen 20 Liter, nach 10 Tagen 16 Liter und nach 15 Tagen noch 6 Liter.

a) Ist die Zuordnung *Zeit → Wasservorrat* antiproportional? Begründe.

b) Stelle die Zuordnung *Zeit → Wasservorrat* im Koordinatensystem dar.

c) Wie groß war der Wasservorrat vermutlich am Anfang der Expedition? Wie lange kann die Expedition maximal dauern?

Methode Zuordnungen untersuchen und unterscheiden

Bei vielen Aufgaben ist für die Lösung entscheidend, welche Zuordnung zwischen den gegebenen Werten besteht.
Überlege zunächst, ob die Zuordnung proportional, antiproportional oder keines von beiden ist.

1 Aufgabe lesen

Die Reinigung von zwei Druckern dauert 30 Minuten.
Wie lange dauert die Reinigung von fünf Druckern?

Für einen Druckauftrag benötigen zwei Drucker 30 Minuten.
Wie lange benötigen fünf Drucker?

2 Proportional oder antiproportional?

Prüfe, ob zum Doppelten des einen Werts das Doppelte oder die Hälfte des anderen Werts gehört oder keines von beiden.
Entsprechend kannst du beispielsweise auch das Dreifache oder die Hälfte des einen Werts verwenden.

Bei der doppelten Anzahl von Druckern dauert die Reinigung doppelt so lange.

Die Zuordnung ist
PROPORTIONAL.

Beim Einsatz von doppelt so vielen Druckern dauert der Auftrag halb so lange.

Die Zuordnung ist
ANTIPROPORTIONAL.

3 Rechnung

Bist du sicher, dass die Zuordnung proportional bzw. antiproportional ist, erfolgt die Lösung mit dem Dreisatzverfahren.

Proportionale Zuordnung:
Dividiert man einen Wert durch eine Zahl (*multipliziert* man mit einer Zahl), muss man den anderen Wert durch die gleiche Zahl dividieren (mit der gleichen Zahl *multiplizieren*).

	Drucker	Zeit (in min)	
	2	30	
:2	1	$\frac{30}{2} = 15$	:2
·5	5	$15 \cdot 5 = 75$	·5

auf beiden Seiten *gleich* rechnen

Antwort: Die Reinigung von fünf Druckern dauert 75 Minuten.

Antiproportionale Zuordnung:
Dividiert man einen Wert durch eine Zahl, muss man den anderen Wert mit der gleichen Zahl *multiplizieren* und umgekehrt.

	Drucker	Zeit (in min)	
	2	30	
:2	1	$30 \cdot 2 = 60$	·2
·5	5	$60 : 5 = 12$	:5

auf beiden Seiten *umgekehrt* rechnen

Antwort: Fünf Drucker benötigen für den Druckauftrag 12 Minuten.

Üben und anwenden

1 Arbeitet zu zweit.
Löst die folgenden Aufgaben, falls dies möglich ist.
Prüft vorher jeweils genau, ob die Zuordnung proportional, antiproportional oder keines von beiden ist.

① Zum Abtransport von Kies benötigen 6 Lkw 6 Stunden. Wie lange brauchen 4 Lkw?

② 100 g Salami kosten 1,25 €. Wie viel kosten 240 g?

③ Florian springt mit 15 m Anlauf 3 m weit. Wie weit springt er mit 70 m Anlauf?

④ Aus 1,5 kg Johannisbeeren gewinnt man 1 Liter Saft. Wie viel Johannisbeersaft ergeben 8 kg Johannisbeeren?

⑤ Bei 50 Umdrehungen legt ein Vorderrad 78,5 m zurück. Wie viele Umdrehungen macht es bei 1 km?

⑥ Bei $12\,\frac{\text{km}}{\text{h}}$ dauert der Heimweg 30 min. Wie lange dauert er bei $20\,\frac{\text{km}}{\text{h}}$?

⑦ Ein Würfel mit 5 cm Kantenlänge hat ein Volumen von $125\,\text{cm}^3$. Welches Volumen hat ein Würfel mit 7 cm Kantenlänge?

⑧ Wein aus neun 50-Liter-Fässern wird in 0,75-l-Flaschen abgefüllt. Wie viele Flaschen können gefüllt werden?

⑨ Eine Wand ist mit fünf 80 cm breiten Tapeten tapeziert. Wie viele Tapeten von 1 m Breite werden für die gleiche Wand benötigt?

⑩ Ein halber Liter Cola hat einen Energiegehalt von 210 kcal (kcal = Kilokalorien). Wie viele Kilokalorien enthalten 200 ml?

⑪ 2 britische Pfund sind 3 Euro wert. Wie viel Euro sind 11 britische Pfund wert?

⑫ Ein Hund ist mit 2 Jahren 56 cm groß. Wie groß ist er mit 7 Jahren?

⑬ Ein Lexikon besteht aus 20 Bänden mit jeweils 1000 Seiten. Wie viele Bände sind für den gleichen Inhalt erforderlich, wenn jeder Band 800 Seiten hat?

⑭ Ein Lexikon mit 20 gleich dicken Bänden ist im Regal 1,30 m breit. Wie breit sind 14 dieser Bände?

⑮ Ein Quadrat mit 7 cm Seitenlänge hat eine 9,9 cm lange Diagonale. Wie lang ist die Diagonale im Quadrat mit 2 cm Seitenlänge?

2 Bildet Gruppen und denkt euch ähnliche Aufgaben aus.
Stellt sie jeweils einer anderen Gruppe vor und lasst sie lösen.
Überprüft gegenseitig eure Ergebnisse.

Lineare Zuordnungen

Entdecken

1 Familie Jensen möchte Urlaub am Mittelmeer machen.
Pro Übernachtung im Hotel muss sie 90 € zahlen. Hinzu kommen Hin- und Rückflug für insgesamt 670 €.

a) Wie teuer ist der Urlaub bei 2; 4; 6; …; 14 Übernachtungen?
Stelle eine Wertetabelle auf.

b) Welche der folgenden Terme sind zur Berechnung der Gesamtkosten geeignet?
x bezeichnet die Anzahl der Übernachtungen.

$670 + x \cdot 90$ $90 + 670 \cdot x$ $90 \cdot x + 670$ $760 \cdot x$

c) Trage die Werte der Tabelle in ein Koordinatensystem ein.
Beschreibe den Verlauf des Graphen.

d) Für wie viele Übernachtungen mit Flug reichen 1500 €?

2 Setze in die Gleichung mindestens fünf Zahlen für x ein und berechne jeweils y.
Trage die Wertepaare der Zuordnung $x \rightarrow y$ in eine Wertetabelle und ein Koordinatensystem ein. Bei welchen Zuordnungen stellt der Graph eine Gerade dar?

a) $y = 0{,}5x$ b) $y = -2x + 8$ c) $y = x + 2$ d) $y = x^2$

Verstehen

Bei einem Stromanbieter kostet der Stromverbrauch pro kWh (Kilowattstunde) 0,21 €.
Zusätzlich ist pro Jahr ein Grundpreis von 80 € zu zahlen.

Beispiel 1

Der Gesamtpreis pro Jahr lässt sich mit dem Term $0{,}21 \cdot x + 80$ berechnen (x: Verbrauch in kWh).

Gesamtpreis in €
bei 1000 kWh: $0{,}21 \cdot 1000 + 80 = 290$
bei 1500 kWh: $0{,}21 \cdot 1500 + 80 = 395$
bei 2000 kWh: $0{,}21 \cdot 2000 + 80 = 500$
bei 2500 kWh: $0{,}21 \cdot 2500 + 80 = 605$
bei 3000 kWh: $0{,}21 \cdot 3000 + 80 = 710$

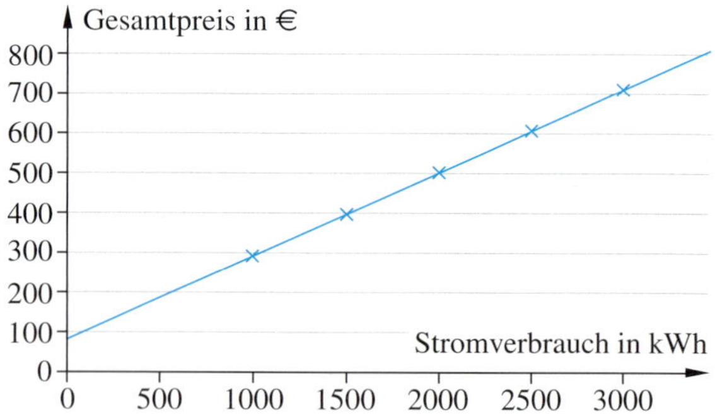

Die Zuordnung *Jahresstromverbrauch* → *Gesamtpreis* ist **linear**.
Die Wertepaare der Zuordnung liegen im Koordinatensystem auf einer Geraden.

Merke Eine Zuordnung, bei der der Graph eine Gerade ergibt, heißt **lineare Zuordnung**.
Die Gerade muss nicht durch den Nullpunkt (0|0) gehen.

Üben und anwenden

1 Zeichne ein Koordinatensystem.

a) Trage die Wertepaare der beiden Zuordnungen mit verschiedenen Farben in das Koordinatensystem ein.

①

x	1	2	3	4	5	6
y	4	5	6	7	8	9

②

x	0	1	2	3	4	5
y	1	3	5	7	9	11

b) Sind die Zuordnungen linear? Begründe.

c) Welcher Term in der Randspalte beschreibt die Zuordnung jeweils?

2 Berechne jeweils die Kosten für 1 km; 5 km; 10 km und 20 km.
Mit welchem Taxi würdest du fahren?

Taxi „Huber“	Taxi „Meier“
Grundgebühr: 4 €	Grundgebühr: 3,50 €
Preis pro Kilometer: 1,50 €	Preis pro Kilometer: 1,60 €

3 Gegeben ist die Gleichung $y = 3x - 2$.

a) Übertrage die Tabelle ins Heft.
Setze in die Gleichung die Zahlen für x ein und berechne y.

x	0	1	2	3	4
y	−2				

b) Übertrage die Werte in ein Koordinatensystem und verbinde die Punkte.

c) Ist die Zuordnung $x \to y$ linear? Begründe.

d) Ist die Zuordnung proportional? Begründe.

4 In der Grafik sind die Kosten für einen Leihwagen dargestellt.

a) Beschreibe das Diagramm.

b) Lies ab, welche Gesamtkosten für 50; 100; … 300 km anfallen und übertrage sie in eine Tabelle.

c) Wie viele Kilometer ist ein Mieter gefahren, der 35 € (45 €; 85 €) bezahlen muss?

d) Wie hoch ist die Grundgebühr und wie hoch ist der Preis für einen Kilometer?

e) Stelle einen Term auf, mit dem die Gesamtkosten berechnet werden können.

1 Zeichne ein Koordinatensystem.

a) Trage die Wertepaare der beiden Zuordnungen mit verschiedenen Farben in das Koordinatensystem ein.

①

x	1	2	3	4	5	6
y	10	8	6	4	2	0

②

x	1	2	3	4	5	6
y	12	6	4	3	2,4	2

b) Sind die Zuordnungen linear? Begründe.

c) Welcher Term in der Randspalte beschreibt die Zuordnung jeweils?

HINWEIS
zu Aufgabe 1c) (lila und türkis):
Ⓐ $\frac{12}{x}$
Ⓑ $x + 3$
Ⓒ $-2x + 12$
Ⓓ $2x + 1$

2 Berechne jeweils die Gesamtpreise für eine Bestellung von 12; 24 und 36 Fotos.
Vergleiche die alten und die neuen Preise.

Fotoabzüge (Größe)	Preis (alt)	Preis (neu)
10 x 15 cm	0,30 €	0,15 €
13 x 18 cm	0,40 €	0,25 €
20 x 30 cm	2,00 €	1,29 €
Versandkosten	0 €	2,95 €

3 Erstelle zu den folgenden Gleichungen Wertetabellen. Setze für x 0; 1; 2; 3 und 4 ein.
Zeichne zu jeder Zuordnung $x \to y$ einen Graphen.

a) $y = x$

b) $y = 2x + 1$

c) $y = -2x + 1$

d) $y = \frac{1}{4}x$

e) Welche der Zuordnungen $x \to y$ sind linear? Welche proportional?

NACHGEDACHT
*Ist jede proportionale Zuordnung auch eine lineare Zuordnung?
Nenne Gemeinsamkeiten und Unterschiede von proportionalen und linearen Zuordnungen.*

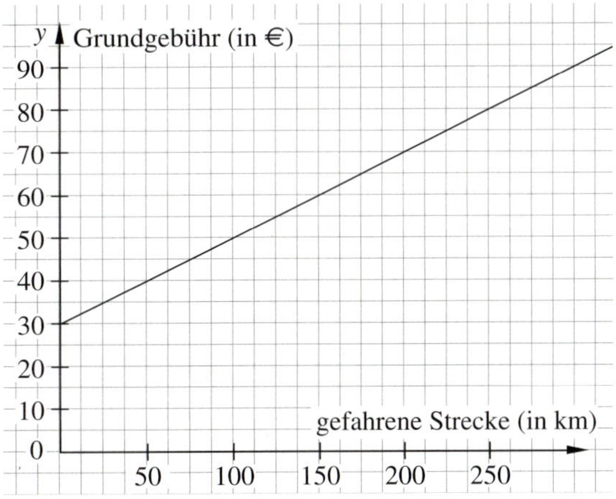

Klar so weit?

→ Seite 84

Proportionale Zuordnungen

1 Prüfe, ob folgende Zuordnungen proportional sind. Begründe jeweils.

a) Ein T-Shirt kostet 7 €.
5 T-Shirts bekommt man für 30 €.

b) 4 Schachteln Pralinen wiegen 500 g.
8 Schachteln Pralinen sind 1 kg schwer.

2 Fünf Eiskugeln kosten 4 €.

a) Wie viel kostet eine Eiskugel?

b) Wie viel kosten drei Eiskugeln?

c) Wie viele Eiskugeln gibt es für 5,60 €?

1 Prüfe, ob folgende Zuordnungen proportional sind. Begründe jeweils.

a) Zwei Eier kosten 34 Cent.
Zehn Eier werden für 1,70 € verkauft.

b) Ein Skater fährt in einer Stunde 36 km. In den ersten 20 min hat er 15 km geschafft.

2 1 kg Fleisch kostet 14,60 €. Frau Müller kauft 1250 g, Herr Maier kauft 400 g. Matthias möchte maximal 3 € ausgeben. Finde passende Fragen und beantworte sie.

→ Seite 86

Eigenschaften von proportionalen Zuordnungen

3 Ergänze die Tabelle im Heft.
Ist die Zuordnung proportional?

Anzahl	2	4	9	12
Preis (in €)	10	20	45	55
Preis : Anzahl				

4 Eine einfache Busfahrkarte kostet 2,50 €.

a) Ergänze die Tabelle im Heft.

Anzahl	1	2	3	4
Preis (in €)				

b) Stelle die Zuordnung *Anzahl der Fahrkarten → Preis* in einem Koordinatensystem dar. Ist die Zuordnung proportional?

c) Eine Tageskarte kostet 6,50 €.
Ab wie vielen Fahrten lohnt sich die Tageskarte?

3 Prüfe, ob die zusammengehörenden Werte quotientengleich sind.
Ist die Zuordnung proportional?

Anzahl	5	8	20	3	11	17
Preis (in €)	30	48	120	18	66	102

4 Sonderangebote für T-Shirts:

Anzahl	1	2	3	4	5
weiß (in €)	9	18	27	36	45
bedruckt (in €)	12	24	30	42	48

a) Stelle die Zuordnung *Anzahl → Preis* für beide Sorten in einem Koordinatensystem dar. Ist die Zuordnung jeweils proportional?

b) Berechne für jede Anzahl den Preis pro T-Shirt bei beiden Angeboten.
Lohnt sich der Kauf einer größeren Menge?

→ Seite 88

Antiproportionale Zuordnungen

5 Ist die Zuordnung antiproportional?
Begründe.

Anzahl Helfer	1	2	4	6
Arbeitszeit (in h)	6	3	1,5	1

6 Ergänze die Tabelle im Heft so, dass eine antiproportionale Zuordnung vorliegt.

x	1	2	4	8	10
y	80				

5 Ist die Zuordnung antiproportional?
Begründe und berichtige gegebenenfalls.

x	1	2	3	4	5
y	24	12	8	6	4

6 Ergänze die Tabelle im Heft so, dass eine antiproportionale Zuordnung vorliegt.

x	1	2	3	4	5
y	1200				

Dreisatz bei antiproportionalen Zuordnungen

→ Seite 90

7 Vervollständige die Tabelle in deinem Heft. Die Zuordnung ist antiproportional.

x	*y*
5	8
1	
4	

8 Zwei Pumpen leeren ein Schwimmbecken in drei Stunden.
Wie lange brauchen 6 Pumpen (3 Pumpen), um das Becken zu leeren?

9 Die Gewinnsumme einer Tippgemeinschaft beim Lotto beträgt 18 144 €.
Ergänze die Tabelle in deinem Heft.

Anzahl der Mitglieder	4	7	9	15
Gewinn pro Mitglied (in €)				

7 Sonjas MP3-Player speichert 120 Songs, die durchschnittlich 3 Minuten lang sind.
Wie viele Songs von 4 min (5 min) Länge passen auf den MP3-Player?

8 Ein Lexikon besteht aus 20 Bänden mit jeweils 1000 Seiten.
Wie viele Bände sind für den gleichen Inhalt erforderlich, wenn jeder Band 800 Seiten hat?

Eigenschaften von antiproportionalen Zuordnungen

→ Seite 92

10 Eine Packung Heu reicht für einen Hasen 60 Tage.

a) Ergänze die Tabelle im Heft.

Anzahl Hasen	1	2	3	4	5	6
Anzahl Tage						

b) Prüfe, ob die Zuordnung produktgleich ist. Ergänze dafür in der Tabelle die Zeile *Anzahl Hasen · Anzahl Tage*.
c) Ist die Zuordnung antiproportional?
d) Trage die Werte in ein Koordinatensystem ein und verbinde die Punkte.

10 Eine 960 m lange Gasleitung wird gebaut. Wie viele Rohre werden benötigt, wenn ein Rohr 4 m; 6 m; 8 m; 10 m bzw. 12 m lang ist?

a) Erstelle eine Wertetabelle.
b) Handelt es sich hierbei um eine antiproportionale Zuordnung? Begründe.
c) Trage die Werte in ein Koordinatensystem ein und verbinde die Punkte.

Lineare Zuordnungen

→ Seite 96

11 Trage die Wertepaare in ein Koordinatensystem ein.

x	0	1	2	3	4
y	2	3	4	5	6

Ist die Zuordnung $x \rightarrow y$ linear? Begründe.

11 Trage die Wertepaare in ein Koordinatensystem ein.

x	1	2	3	4	5
y	−2	2	6	10	14

Ist die Zuordnung $x \rightarrow y$ linear? Begründe.

12 Für den Transport sollen Bücher in eine Kiste gepackt werden.
Die Kiste wiegt 600 g, jedes Buch wiegt 400 g.

a) Stelle für die Zuordnung *Anzahl der Bücher* → *Gesamtgewicht* eine Wertetabelle auf.
b) Trage die Werte der Tabelle in ein Koordinatensystem ein.
c) Ist die Zuordnung linear? Begründe.
d) Stelle einen Term auf, mit dem man das Gesamtgewicht berechnen kann.

Vermischte Übungen

1 Ordne die folgenden Eigenschaften und Beispiele und erstelle daraus ein Lernplakat zum Thema „Proportionale und antiproportionale Zuordnungen“.
Präsentiere dein Lernplakat vor der Klasse.

- Punkte auf einer Kurve
- Dem Doppelten der Ausgangsgröße wird das Doppelte der zugeordneten Größe zugeordnet.
- 20 Pflücker benötigen zusammen 8 Stunden, um ein Erdbeerfeld abzuernten.
- Dem Doppelten der Ausgangsgröße wird die Hälfte der zugeordneten Größe zugeordnet.
- quotientengleich
- Strahl durch Ursprung
- je mehr, desto weniger
- produktgleich
- 500 g Erdbeeren kosten 1,95 €.
- je mehr, desto mehr

x	1	2	5
y	10	5	2

x	1	2	5
y	2	4	10

2 Arbeitet zu zweit.
Gebt Beispiele aus dem Alltag an und entscheidet jeweils, um welche Art von Zuordnung es sich handelt. Begründet eure Entscheidung.

a) Je mehr …, desto teurer …
b) Je größer …, desto kleiner …
c) Verdoppelt sich …, so verdoppelt sich …
d) Viertelt sich …, so vervierfacht sich …

3 Prüfe, ob die Wertepaare quotientengleich sind. Sind die Zuordnungen proportional?

a)

Gewicht (in kg)	2	5	10	15	30
Preis (in €)	14	35	70	110	220

b)

Menge (in ml)	200	300	700	2100	4600
Höhe (in mm)	5	7,5	17,5	52,5	115

3 Berechne die fehlenden Angaben im Heft. Die Zuordnungen sind proportional.

a)

Zeit (in h)	1		4		9
Weg (in km)		9	18	27	

b)

Menge (in l)	1	11	20	33	88
Höhe (in cm)				9,90	

Hinweis
Überlege immer vor dem Rechnen, welche Art von Zuordnung vorliegt.
Eine interaktive Übung hierzu findest du unter 100-1.

4 Berechne.

a) Fünf Flaschen Saft kosten 3,50 €.
Wie viel kostet eine Flasche Saft?
b) 2 kg Äpfel kosten 1,60 €.
Wie viel kostet 3 kg Äpfel?
c) 250 g Tomaten kosten 1,50 €.
Wie viel kosten 100 g?

4 Prüfe, ob die Zuordnungen proportional sind. Korrigiere die Werte falls nötig, so dass eine proportionale Zuordnung vorliegt.

a) 25 Stiefmütterchen kosten 14,75 €. 6 Stiefmütterchen werden für 5,90 € verkauft.
b) Fünf Schultaschen wiegen 18,5 kg.
24 Schultaschen wiegen 64,8 kg.

5 Vervollständige die Tabelle in deinem Heft. Die Zuordnung ist antiproportional.

Anzahl der Arbeiter	Zeit (in h)
2	8
1	
4	

5 Vervollständige die Tabellen im Heft, so dass die Zuordnungen antiproportional sind.

a)

x	1,25	2,5	5	10	50
y			20		

b)

x	$\frac{1}{4}$	$\frac{3}{4}$	$1\frac{1}{2}$	3	6
y					3

6 Eine Buchlieferung besteht aus 26 Kisten mit jeweils 24 Büchern.
Wie viele Kisten werden für die Lieferung benötigt, wenn in jede Kiste 48 Bücher gepackt werden können?

6 Wähle Zeiten, die ein Auto für eine 300 km lange Strecke benötigen könnte und berechne die dazugehörigen Geschwindigkeiten.
Untersuche, ob die Zuordnung *Zeit* → *Geschwindigkeit* antiproportional ist.

7 In einem Fußballstadion werden pro Stunde $500\,m^2$ Rasen verlegt.

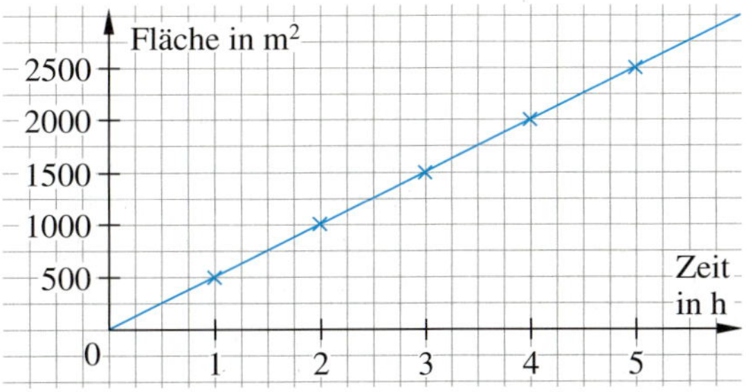

a) Ergänze die Wertetabelle im Heft.

Zeit (in h)	1	2	3	4	5
Fläche (in m^2)					

b) Ist die Zuordnung proportional? Begründe.
c) Wie viel Zeit wird für ein Spielfeld mit $7000\,m^2$ Fläche benötigt?

7 Butter wird aus Milch hergestellt. Hier ist dargestellt, wie viel Milch für die Herstellung von Butter benötigt wird.

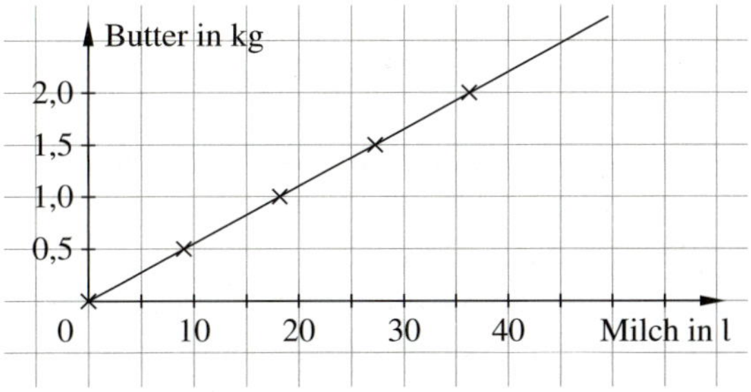

a) Erstelle eine Wertetabelle mit fünf Wertepaaren.
b) Ist die Zuordnung proportional? Begründe.
c) Wie viel Milch braucht man für die Herstellung von 4 kg Butter?

8 Prüfe, welche der folgenden Zuordnungen proportional und welche antiproportional sind. Begründe deine Antwort.

a)

Anzahl	4	5	11	12	17
Zeit (in h)	22	27,5	60	65,5	92

b)

Anzahl	2	4	5	8	16
Zeit (in h)	10	5	4	2,5	1,25

c)

Zeit (in h)	6	12	18	24	30
Höhe (in m)	3	4,5	6	7,5	9

8 Jeweils ein Wertepaar ist falsch. Berichtige so, dass die Zuordnungen proportional oder antiproportional sind.

a)

Länge (in m)	2	4	8	10
Breite (in m)	6	3	1,5	1

b)

Anzahl	4	5	8	20
Zeit (in h)	1,5	1,2	0,5	0,3

c)

Zeit (in min)	30	60	180	240
Geld (in €)	12	24	48	96

9 Übertrage die Tabelle in dein Heft.

eingesetzte Zahl x	2			
Wert des Terms $4x$	8			

a) Setze in $4x$ verschiedene positive Zahlen für x ein und berechne den Wert des Terms.
b) Stelle die Zuordnung in einem Koordinatensystem dar.
c) Ist die Zuordnung $x \rightarrow 4x$ proportional?

10 Überprüfe wie in Aufgabe 9, ob die Zuordnungen proportional sind.

a) $x \rightarrow 2x$ b) $x \rightarrow 12 : x$
c) $x \rightarrow \frac{1}{2} \cdot x$ d) $x \rightarrow 2x - 2$
e) Welche der Zuordnungen sind linear? Begründe jeweils.

10 Überprüfe wie in Aufgabe 9, ob die Zuordnungen proportional sind.

a) $x \rightarrow 3x - 5$ b) $x \rightarrow \frac{1}{4}x$
c) $x \rightarrow 24 : x$ d) $x \rightarrow \frac{1}{2}x + 2$
e) Welche der Zuordnungen sind linear? Begründe jeweils.

11 Maja sagt: „Ein Wertepaar reicht aus, um eine proportionale Zuordnung zeichnen zu können. Ich zeichne durch den zugehörigen Punkt im Koordinatensystem eine Gerade, die vom Nullpunkt ausgeht, und erhalte alle Wertepaare.“
Dirk erwidert: „Dazu brauche ich doch keine Zeichnung. Ich kann alle Wertepaare mit dem Dreisatzverfahren berechnen.“
Was meinst du dazu?

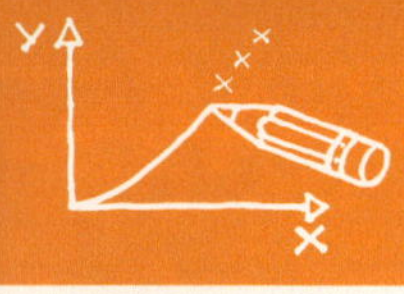

12 Ein Stapel mit 30 Zwei-Euro-Münzen ist 6,6 cm hoch.

a) Wie hoch ist ein Stapel mit 15 Zwei-Euro-Münzen?
b) Vergleicht eure Lösungswege und bewertet sie.
c) Beschreibe, bei welchen Aufgaben man ohne Dreisatzverfahren zur Lösung gelangt.
d) Berechne die Turmhöhe für weitere Werte. Erstelle eine Wertetabelle.

12 Aus dem Berufsleben
Ein Maler tapeziert eine Wohnung.
Er verwendet zwei verschiedene Tapeten.

a) Drei Rollen von Tapete A kosten 40,80 €. Es werden sechs Rollen benötigt.
b) Tapete B kostet 6 € pro Rolle mehr als Tapete A.
Es werden sieben Rollen benötigt.
c) Insgesamt werden 65 m^2 tapeziert.
Als Arbeitslohn nimmt der Maler 15 € pro m^2. Schreibe eine Rechnung.

13 Aus dem Berufsleben
Ein Bauunternehmer plant für den Ausbau einer Straße die Arbeitszeit:
18 Arbeiter brauchen 30 Tage.
Zu Beginn des Ausbaus werden 3 Arbeiter krank.

13 Frau Hansen möchte in ihrem Haus eine Wand mit Holz verkleiden.
Dazu benötigt sie insgesamt 28 Bretter mit einer Breite von 15 cm.
Im Baumarkt gibt es allerdings nur 21 cm breite Bretter.

Produkte	Packungsgröße	Preis (in €)
Duschgel	250 ml 2 × 250 ml	1,25 2,65
Schokolade	100 g 4 × 100 g	0,75 3,48
DVD-Rohlinge	25 Stück 50 Stück	16,99 34,99

14 Mogelpackungen
Die Tabelle zeigt die Preise für verschiedene Packungsgrößen einiger Produkte.

a) Vergleiche die Preise. Beschreibe, was dir auffällt.
b) Verändere die Preise für die Großpackungen, so dass die Zuordnung *Packungsgröße* → *Preis* proportional ist.
c) Berechne für jedes Produkt die Mehrkosten für die Großpackung.

15 Arbeitet zu zweit.
Auf dem Foto siehst du Reinigungspersonal am Mount Rushmore National Memorial bei der Arbeit.

a) Schätzt, wie lang die Nase in Wirklichkeit ist. Beschreibt euren Lösungsweg.
b) Wie groß wäre der gesamte Kopf in diesem Maßstab? Vergleicht eure Ergebnisse untereinander.
c) Überprüft eure Ergebnisse, indem ihr die tatsächlichen Größen recherchiert.

16 Aus dem Berufsleben
In einer Schulaula werden für eine Theatervorstellung 180 Stühle aufgestellt.
Der Hausmeister überlegt, wie viele Reihen er stellen soll.
Er entscheidet sich für 15 Reihen.

a) Wie viele Stühle muss er dann pro Reihe aufstellen?
b) Wie ändert sich die Zahl der Reihen, wenn in einer Reihe 9; 15; 18 Stühle stehen?
c) Welche Art von Zuordnung liegt vor? Begründe.

16 Aus dem Berufsleben
Zwischen zwei Bäumen sollen in gleichmäßigem Abstand weitere Bäume gepflanzt werden. Werden drei Bäume gepflanzt, beträgt der Abstand zwischen benachbarten Bäumen jeweils 25 m.

a) In welchem Abstand stehen die Bäume, wenn nur zwei Bäume neu gepflanzt werden?
b) Wie groß ist der Abstand der beiden bereits vorhandenen Bäume?
c) Fertige eine Skizze im Maßstab 1:1000 an.

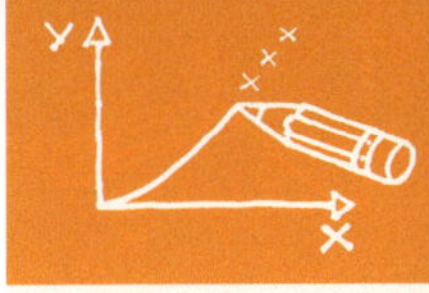

17 Die Erde hat am Äquator einen Umfang von rund 40 000 km. Durch die Erddrehung legt jeder Punkt des Äquators diese Strecke in 24 Stunden zurück. Welche Strecke legt ein Punkt des Äquators in einer Minute zurück?

17 Ein Autohersteller wirbt für ein Modell: *„Mehr als 1000 km mit einer Tankfüllung!“* Herr Bob verbraucht bei 640 km Fahrt mit dem Modell 35,2 l Benzin. Der Tank fasst 58 l. Stimmt der Werbespruch?

18 Eine Wüstenexpedition legt in einer Oase eine Pause ein.
Für jedes der 10 Fahrzeuge sind nur noch 40 Liter Benzin vorhanden.
Dies reicht für 300 km, die nächste Versorgungsstelle ist aber 400 km entfernt.

a) Wie viele Fahrzeuge müssen in der Oase zurückgelassen werden, damit die restlichen Fahrzeuge die Versorgungsstelle erreichen können.
b) Wie viel Benzin benötigt ein Fahrzeug für die Fahrt zur Versorgungsstelle?
c) Zu welcher Größe ist die Anzahl der Fahrzeuge antiproportional, zu welcher Größe ist sie proportional?

19 Ein Wasserhahn ist undicht. Er tropft gleichmäßig.
Jens will messen, wie viel Wasser sich ansammelt und stellt einen Messbecher darunter.
Nach 1 Stunde misst er ein Volumen von 40 cm^3, nach 4 Stunden sind es 160 cm^3.
a) Wie viel cm^3 Wasser erhält er nach 1,5 h; 2,5 h; 6 h; 10 h; 80 min?
b) Führt das Experiment mit einer Sanduhr durch.
c) Überlege, welche Wasserverschwendung es bedeutet, wenn der Hahn nicht repariert wird.

20 Autoverleih CAR bietet Kleintransporter für Umzüge an.

Autoverleih CAR
Tagestarif A:
75 € und 0,20 € je km
Tagestarif B:
100 € und 0,10 € je km

a) Welcher Tarif ist günstiger, wenn für einen Umzug 200 km zurückgelegt werden müssen?
b) Erstelle je eine Wertetabelle. Stelle die beiden Zuordnungen in einem Koordinatensystem dar (100 km ≙ 2 cm; 20 € ≙ 1 cm).
c) Sind die beiden Zuordnungen linear? Begründe.
d) Erkläre die Darstellung. Welche Bedeutung hat der Schnittpunkt der beiden Geraden?

Aus dem Berufsleben – Zahntechniker/-in

1 Aus einer Packung Hartgips (900 g) können 6 Gebisse hergestellt werden, die anschließend zur Modellierung des Zahnersatzes dienen.
Wie viele Gramm Hartgips braucht ein Zahntechniker für 15 Gebisse?

2 Zahntechniker Wilhelm Klein soll 4 Zahnkronen, 3 Brücken und 2 Implantate fertigen.
Diese Zeit braucht er für den entsprechenden Zahnersatz:

Zahnersatz	Arbeitszeit (in h)
Krone	4,5
Brücke	7,5
Implanta	9

Alles soll in 6 Tagen fertig sein. Schafft Herr Klein den Auftrag?
Wann ist Herr Klein fertig, wenn ihm zwei Kollegen helfen?
Tipp: Beachte die regulären Arbeitszeiten.

3,5 Jahre Ausbildungszeit

Häufige Tätigkeiten:
– Zahnersatz fertigen und reparieren
– Zahnspangen fertigen
– Arbeit im zahntechnischen Labor

Weitere Informationen: 103-1

Checkliste
↻ 104-1

Teste dich!

(4 Punkte)

1 Nenne jeweils ein Beispiel für eine …

a) … proportionale Zuordnung.

b) … antiproportionale Zuordnung.

(5 Punkte)

2 Einlaufzeit und Wasserstand in einem Becken sind proportional zueinander.
Vervollständige die Tabelle im Heft.

Zeit (in h)	1	2	3	4	5	6
Wasserstand (in cm)				26		

(8 Punkte)

3 Entscheide, ob die Zuordnung proportional, antiproportional oder keines von beiden ist.

a)

Anzahl	5	10	35	60
Zeit (in h)	2	4	12	20

b)

Anzahl	2	3	6	8
Anzahl	48	32	16	12

c) *Breite eines Tapetenstreifens* → *Anzahl der Streifen für eine 4 m breite Wand*

d) *Länge einer Fahrstrecke* → *benötigte Fahrzeit bei gleicher Geschwindigkeit*

(4 Punkte)

4 Welche der grafischen Darstellungen ist proportional? Begründe deine Antwort.

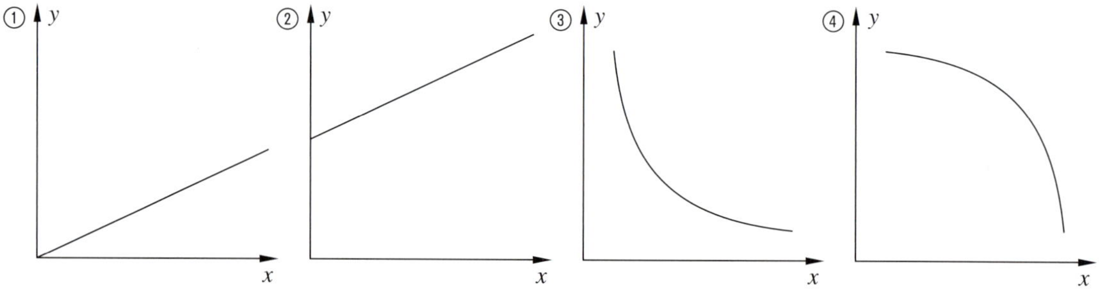

(10 Punkte)

5 Stelle jeweils eine Wertetabelle mit fünf Wertepaaren auf.
Die Zuordnungen sind proportional.
Stelle eine der Zuordnungen in einem Koordinatensystem dar.

a) 4 Brötchen kosten 64 Cent.

b) 100 g Schinken kosten 1,95 €.

c) 3 Schachteln Kekse wiegen 720 g.

d) 5 l Farbe reichen für 30 m^2 Fläche.

(4 Punkte)

6 Überlege zuerst, ob es sich um eine proportionale oder antiproportionale Zuordnung handelt.
Übertrage die Tabellen dann in dein Heft und vervollständige sie.

a)

Anzahl der Lottogewinner	Gewinn pro Person (in €)
3	1800
1	
4	

b)

Benzin (in Liter)	Preis (in €)
30	38,97
1	
19	

(9 Punkte)

7 Ein Hafervorrat reicht für 12 Rennpferde 30 Tage.

a) Um welche Art von Zuordnung handelt es sich? Begründe.

b) Wie lange reicht der Vorrat für 2; 4; 6; 8 bzw. 10 Pferde?
Erstelle eine Wertetabelle.

c) Stelle die Zuordnung *Anzahl Rennpferde* → *Anzahl Tage* in einem Koordinatensystem dar.

8 Sofie hat bei einem Gewinnspiel 2,5 kg Gummibärchen gewonnen.
Sie teilt ihren Gewinn gleichmäßig mit ihren Freundinnen.

a) Wie viel Gummibärchen bekommt jede?
Ergänze die Tabelle im Heft.

Anzahl der Personen	1	2	4	5	8	10	25
Gummibärchen (in g)	2500						

b) Ist diese Zuordnung proportional oder antiproportional? Begründe.

9 Aus dem Berufsleben *(12 Punkte)*

Ein Bodenleger legt zwei Zimmer der Familie Stein mit Teppichfliesen aus.
Zusammen sind die Zimmer 48 m² groß.
Auf 4 m² passen genau 6 Teppichfliesen.

a) Wie viele Teppichfliesen werden benötigt?
b) Eine Teppichfliesen kostet 3,25 €.
Wie viel kosten die Teppichfliesen für beide Zimmer zusammen?
c) Pro Quadratmeter erhält der Bodenleger 4,10 € Arbeitslohn.
Wie viel muss Familie Stein insgesamt zahlen?

10 Familie Bohm und Familie Berger sind mit ihren Autos jeweils 720 km in den Urlaub gefahren. *(5 Punkte)*
Familie Bohm hat 54 l Benzin verbraucht, Familie Berger sogar 63 l.
Berechne für beide Autos den Benzinverbrauch auf 100 km.

11 Birgül und Aylin machen eine Radtour. *(4 Punkte)*
Wenn sie 12 Tage unterwegs sind, können sie täglich 20 € ausgeben.
Sie wollen aber 16 Tage fahren und müssen mit dem gleichen Geldbetrag auskommen.

12 Erstelle zu den folgenden Gleichungen Wertetabellen mit mindestens fünf Wertepaaren. *(15 Punkte)*
Zeichne zu jeder Zuordnung $x \rightarrow y$ einen Graphen.

a) $y = 2x$
b) $y = 0{,}5x$
c) $y = x + 1$
d) $y = 2x - 4$
e) Welche der Zuordnungen $x \rightarrow y$ sind linear, welche proportional?

13 Für einen Internetzugang verlangt ein Anbieter eine Grundgebühr von 5 € pro Monat und eine Minutengebühr von 1 Cent. *(12 Punkte)*

a) Wie hoch sind die Gesamtkosten bei einer monatlichen Surfzeit von 5 Stunden (7 h; 12 h; 20 h)?
b) Stelle die Zuordnung *Surfzeit* → *Gesamtkosten* in einem Koordinatensystem dar.
Welche Art von Zuordnung liegt vor?
c) Stelle einen Term auf, mit dem sich die monatlichen Kosten berechnen lassen.

Gold: 94–100 Punkte, Silber: 77–93 Punkte, Bronze: 60–76 Punkte

Zusammenfassung

→ Seite 84

Proportionale Zuordnungen

Eine Zuordnung ist **proportional**, wenn gilt:
- Zum Doppelten usw. des einen Werts gehört das Doppelte usw. des anderen Werts.
- Zur Hälfte usw. des einen Werts gehört die Hälfte usw. des anderen Werts.

Dreisatzverfahren:
① Die vorgegebenen Werte aufschreiben
② Schluss auf die Einheit
③ Schluss auf das Gesuchte

	Anzahl der CDs	Preis (in €)	
:5	5	64,95	:5
·6	1	12,99	·6
	6	77,94	

auf beiden Seiten *gleich* rechnen

→ Seite 86

Eigenschaften von proportionalen Zuordnungen

Proportionale Zuordnungen sind **quotientengleich**: 1 : 2 = 2 : 4 = 3 : 6 = 0,5

Alle Punkte liegen auf einer **Geraden**, die durch den Nullpunkt (0|0) geht.

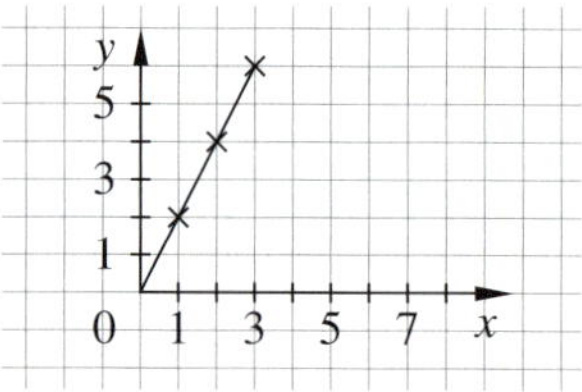

x	1	2	3
y	2	4	6

→ Seite 88

Antiproportionale Zuordnungen

Für antiproportionale Zuordnungen gilt:
- Zum Doppelten usw. des einen Werts gehört die Hälfte usw. des anderen Werts.
- Zur Hälfte usw. des einen Werts gehört das Doppelte usw. des anderen Werts.

→ Seite 90

Dreisatz bei antiproportionalen Zuordnungen

Dreisatzverfahren:
① Die vorgegebenen Werte aufschreiben
② Schluss auf die Einheit
③ Schluss auf das Gesuchte

	Anzahl der Arbeiter	Zeit (in h)	
:3	3	16	·3
·4	1	48	:4
	4	12	

auf beiden Seiten *umgekehrt* rechnen

→ Seite 92

Eigenschaften von antiproportionalen Zuordnungen

Antiproportionale Zuordnungen sind **produktgleich**: $1 \cdot 6 = 2 \cdot 3 = 4 \cdot 1{,}5 = 6$

Alle Punkte liegen auf einer fallenden **Kurve**.

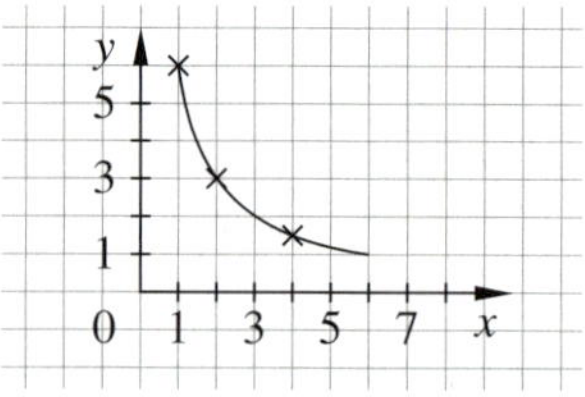

x	1	2	4
y	6	3	1,5

→ Seite 96

Lineare Zuordnungen

Alle Punkte einer **linearen Zuordnung** liegen auf einer Geraden.
Die Gerade muss nicht durch den Nullpunkt (0|0) gehen.

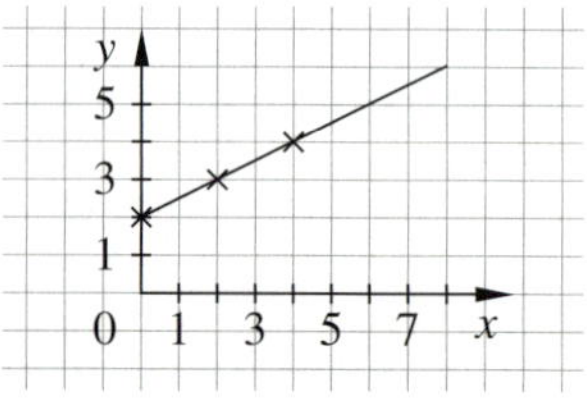

x	0	2	4
y	2	3	4

Dreiecke und Vierecke berechnen

Kräftiger Wind lässt das Segelschiff übers Wasser gleiten.
Wie schnell es ist, hängt auch von den Segeln und ihrer Größe ab.
An Wettfahrten nehmen nur Boote teil, deren Segelflächen gleich groß sind.

Noch fit?

HINWEIS
108-1
Hier findest du eine interaktive Übung zum Erkennen von Vierecksarten.

Einstieg

1 Rechtecke erkennen

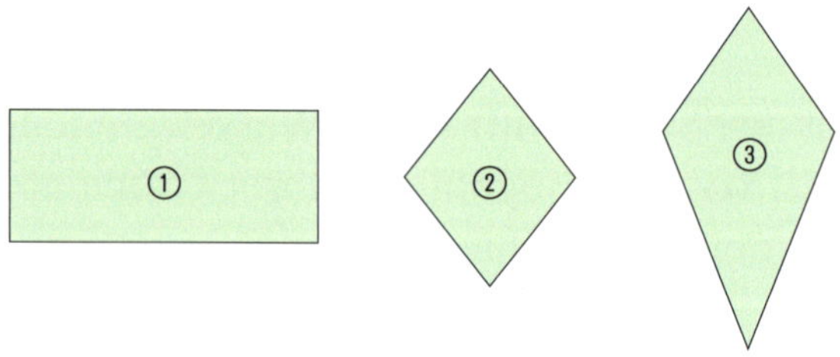

a) Zeige im Bild Beispiele für rechte Winkel (Beispiele für spitze Winkel; Beispiele für Seiten, die gleich lang sind).
b) Nenne die Figuren, die Rechtecke sind.

2 Dreiecke erkennen

Nenne jeweils einen passenden Namen für die Dreiecke (gleichseitig, gleichschenklig, spitzwinklig, rechtwinklig, stumpfwinklig).

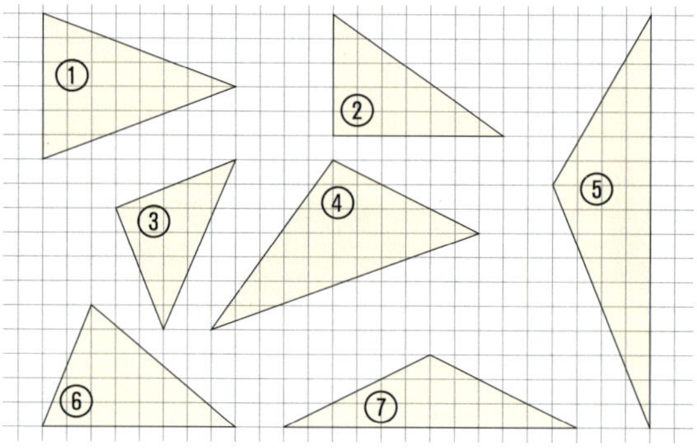

ERINNERE DICH
So werden Dreiecke bezeichnet:

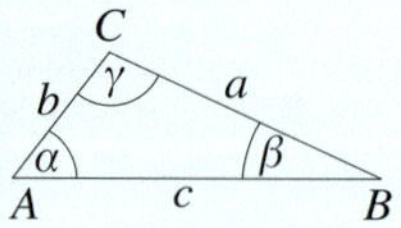

3 Dreiecke zeichnen

Zeichne mit Geodreieck und Zirkel …
a) ein rechtwinkliges Dreieck,
b) ein spitzwinkliges Dreieck,
c) ein gleichseitiges Dreieck.
d) Beschrifte die Dreiecke.

4 Figuren im Koordinatensystem

Zeichne jeweils ein Koordinatensystem ins Heft und markiere die Punkte.
Verbinde anschließend die Punkte der Reihe nach (A mit B, B mit C …).
Benenne die Figuren, die dadurch entstehen.
a) $A(0|2)$; $B(1|6)$; $C(0|6)$
b) $A(0|0)$; $B(6|0)$; $C(8|4)$; $D(2|4)$
c) $A(3|1)$; $B(5|3)$; $C(3|5)$; $D(1|3)$
d) $A(1|2)$; $B(7|2)$; $C(6|5)$; $D(4|5)$

Aufstieg

1 Vierecke erkennen

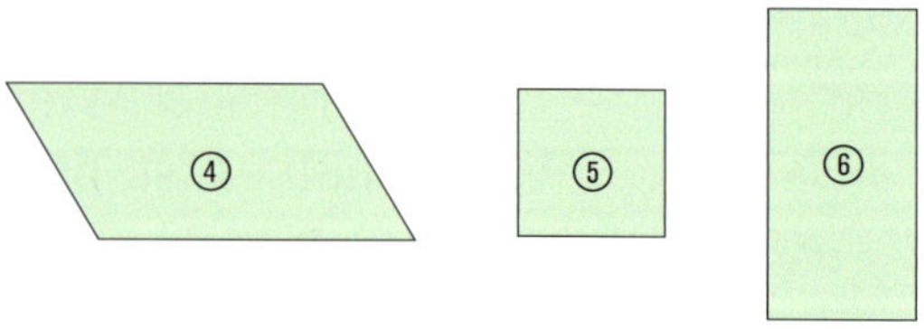

a) Zeige im Bild Beispiele für Winkel, die gleich groß sind (Beispiele für Seiten, die gleich lang sind).
b) Benenne die Vierecke.

2 Dreiecke erkennen

Nenne jeweils alle passende Namen für die Dreiecke (gleichseitig, gleichschenklig, spitzwinklig, rechtwinklig, stumpfwinklig).

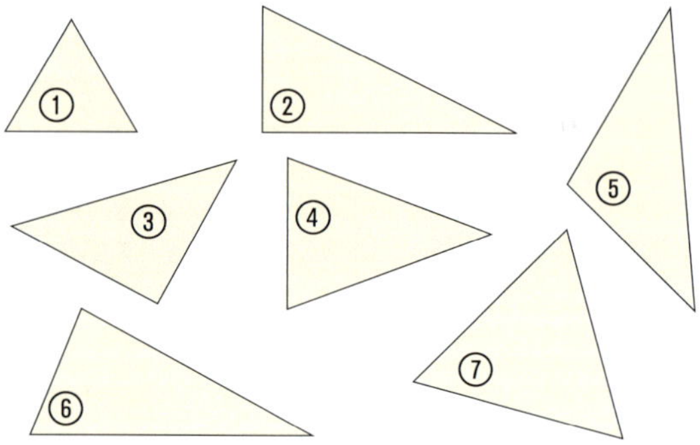

3 Dreiecke konstruieren

Konstruiere jeweils das Dreieck ABC.
Beginne mit einer Planfigur.
a) $\alpha = 90°$; $b = 4\,\text{cm}$; $c = 6\,\text{cm}$
b) $\alpha = 30°$; $\beta = 40°$; $c = 5\,\text{cm}$
c) $a = 4{,}5\,\text{cm}$; $b = 3\,\text{cm}$; $\gamma = 40°$

4 Figuren im Koordinatensystem

Zeichne jeweils die Punkte in ein Koordinatensystem.
Verbinde anschließend die Punkte der Reihe nach (A mit B, B mit C …).
Benenne die Figuren, die dadurch entstehen.
a) $A(-5|-4)$; $B(-3|0)$; $C(-5|2)$; $D(-7|0)$
b) $A(-3|1)$; $B(-1|3)$; $C(-5|7)$; $D(-7|5)$
c) $E(-3|-3)$; $F(-3|0)$; $G(3|0{,}5)$; $H(-4|0{,}5)$
d) $R(4|-3)$; $S(7|-3)$; $T(4|1)$

5 Eigenschaften von Figuren
Vervollständige im Heft.
a) In einem Rechteck sind alle Winkel …
b) Zwei Geraden sind parallel zueinander, wenn …
c) Zwei Geraden stehen senkrecht aufeinander, wenn …
d) In einem Quadrat sind alle Seiten …

+5 Eigenschaften von Figuren
Vervollständige im Heft.
a) In einem Parallelogramm sind einander gegenüberliegende Winkel …
b) Die Verbindungsstrecke der Punkte A und C in einem Rechteck $ABCD$ nennt man …
c) Zwei Dreiecke sind zueinander kongruent (deckungsgleich), wenn sie …

6 Flächeninhalte messen

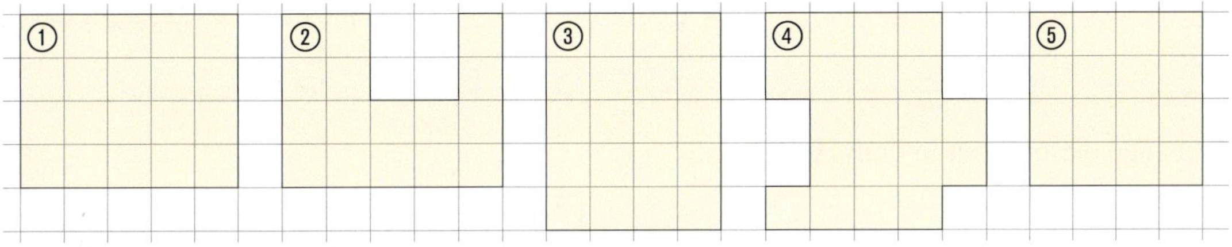

a) Zeichne die Figuren auf Karopapier.
b) Gib zwei Figuren an, die den gleichen Flächeninhalt haben.
Zeichne eine weitere Figur mit diesem Flächeninhalt.
c) Ordne die Figuren nach ihren Flächeninhalten. Beginne mit dem kleinsten.

7 Umfang und Flächeninhalt ermitteln

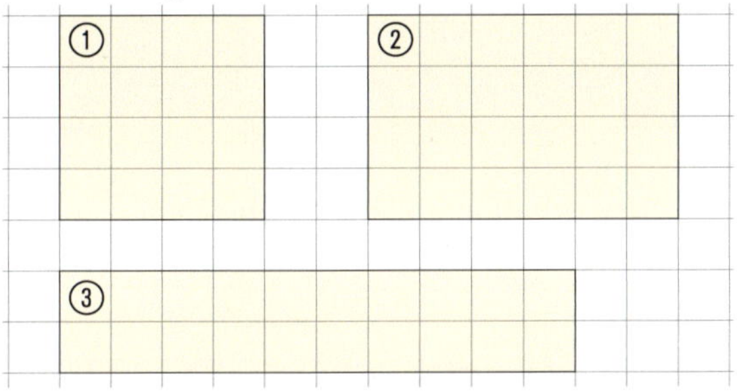

a) Ermittle die Umfänge der Vierecke.
b) Ermittle die Flächeninhalte der Vierecke.

7 Umfang und Flächeninhalt ermitteln
Zeichne ein Quadrat mit $a = 3\,\text{cm}$ sowie ein Rechteck mit $a = 2\,\text{cm}$ und $b = 4\,\text{cm}$ ins Heft.
a) Ermittle den Umfang …
- für das Quadrat,
- für das Rechteck.

b) Ermittle den Flächeninhalt …
- für das Quadrat,
- für das Rechteck.

c) Gib die jeweiligen Formeln für die Berechnungen aus a) und b) an und erläutere sie.

8 Umfang und Flächeninhalt berechnen
Berechne jeweils Umfang und Flächeninhalt der Vierecke.
a) Rechteck: Länge $a = 8\,\text{cm}$; Breite $b = 3\,\text{cm}$
b) Quadrat: $a = 4\,\text{cm}$
c) Rechteck: $a = 2\,\text{cm}$; $b = 6\,\text{cm}$
d) Rechteck: $a = 45\,\text{mm}$; $b = 80\,\text{mm}$

8 Umfang und Flächeninhalt berechnen
Berechne jeweils Umfang und Flächeninhalt der Vierecke.
a) Rechteck: Länge = 45 cm; Breite = 80 cm
b) Quadrat: $a = 7{,}5\,\text{cm}$
c) Rechteck: $a = 1{,}1\,\text{dm}$; $b = 5{,}5\,\text{cm}$
d) Rechteck: $a = 9\,\text{cm}$; $b = 3 \cdot a$

9 Vierecke zeichnen
a) Zeichne ein Quadrat mit dem Umfang $u = 20\,\text{cm}$.
b) Zeichne ein Quadrat mit dem Flächeninhalt $25\,\text{cm}^2$.

9 Vierecke zeichnen
a) Zeichne ein Rechteck mit dem Umfang 20 cm (mit dem Flächeninhalt $24\,\text{cm}^2$).
b) Prüfe jeweils, ob es mehrere Lösungen gibt. Begründe deine Aussagen.

NACHGEDACHT
Multipliziere (dividiere) 0,056 mit 10; 100; 1000; …
Beschreibe, wie sich jeweils das Ergebnis ändert.

ERINNERE DICH
Bezeichnungen:

Quadrat:

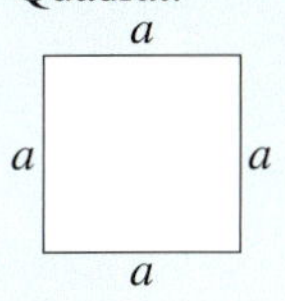

Rechteck:

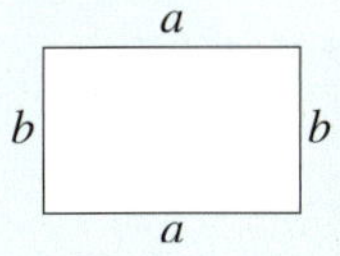

Abkürzungen:
Flächeninhalt ***A***
Umfang ***u***

Umfänge berechnen

Entdecken

ZUM WEITERARBEITEN
Arbeitet zu zweit. Formt mit dem Zollstock weitere Vierecke. Skizziert diese in euer Heft. Benennt die Vierecksformen und ermittelt den Umfang der Vierecke.

1 Forme die Figuren mit einem Zollstock und bennene sie.
Ermittle dann jeweils den Umfang und erläutere deine Lösung.

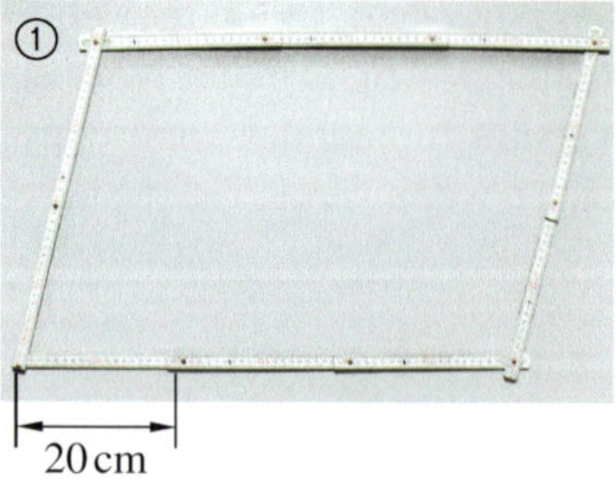

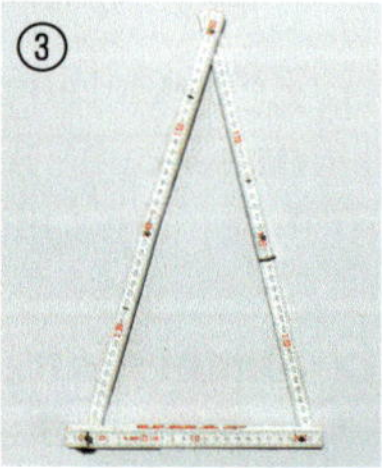

2 Übertrage die Figuren in dein Heft.

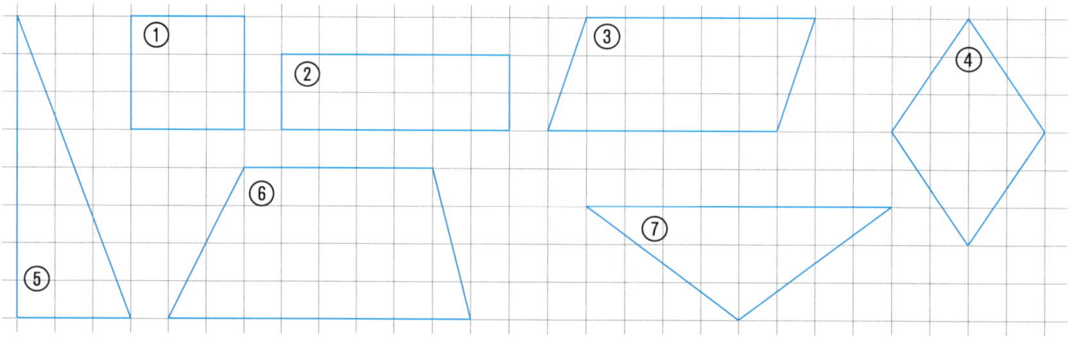

a) Miss die Seitenlängen und schreibe sie an die Seiten.
b) Ermittle die Umfänge der Figuren.
c) Beschrifte die Seiten mit a, b, c … Gleich lange Seiten erhalten gleiche Buchstaben. Finde dann Formeln zur Umfangsberechnung für die Figuren. Begründe die Formeln.

Verstehen

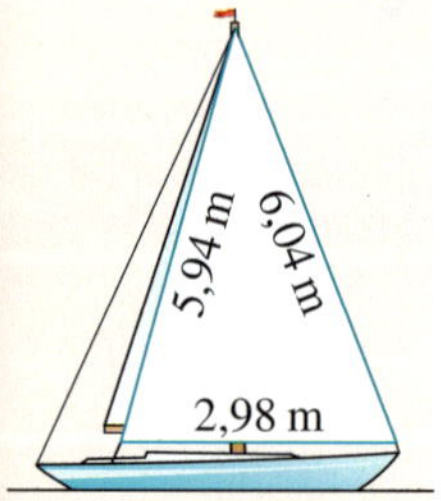

Zur besseren Haltbarkeit wird das Hauptsegel eines Segelbootes mit einem Saum versehen. Tim und Tine rechnen aus, wie viel Meter Saum es sind.

Sie ermitteln die Längen aller Dreiecksseiten und addieren diese:
6,04 m + 5,94 m + 2,98 m = 14,96 m

Der Saum ist 14,96 m lang.

Merke Um den **Umfang** u einer geometrischen Figur zu berechnen, addiert man alle Seitenlängen.

Beispiel 1

Formeln zur Umfangsberechnung:

Quadrat	$u = 4 \cdot a$	Rechteck	$u = 2 \cdot a + 2 \cdot b$ oder $u = 2 \cdot (a + b)$
Dreieck	$u = a + b + c$	Parallelogramm	$u = 2 \cdot a + 2 \cdot b$ oder $u = 2 \cdot (a + b)$
Trapez	$u = a + b + c + d$	Drachenvierecke	$u = 2 \cdot a + 2 \cdot b$ oder $u = 2 \cdot (a + b)$

Üben und anwenden

1 Schätze die Umfänge der folgenden Dreiecke.
Berechne dann die Umfänge und vergleiche deine Schätzungen mit den Ergebnissen.

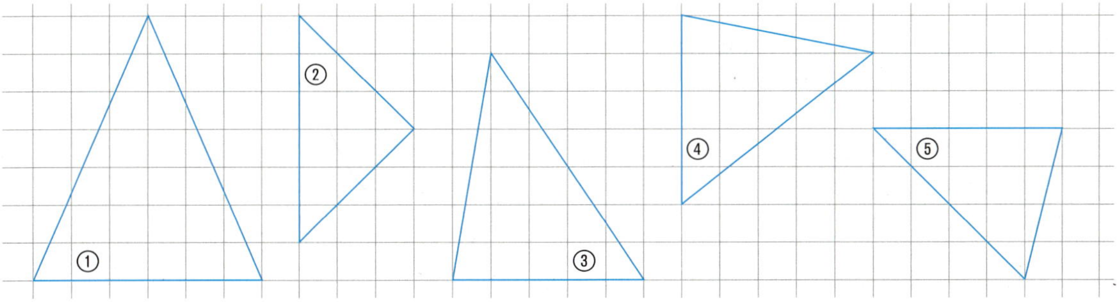

2 Berechne jeweils den Umfang des Dreiecks ABC.
a) $a = 4\,cm$; $b = 5\,cm$; $c = 3\,cm$
b) $a = 3\,mm$; $b = 7\,mm$; $c = 8\,mm$
c) $a = 4\,cm$; $b = 2\,cm$; $c = 5\,cm$
d) $a = 2{,}8\,cm$; $b = 3{,}1\,cm$; $c = 3{,}9\,cm$

2 Berechne jeweils den Umfang des Dreiecks ABC.
a) $a = 34\,mm$; $b = 4{,}5\,cm$; $c = 6\,cm$
b) gleichschenkliges Dreieck mit $a = b = 3\,cm$; $c = 2\,cm$
c) gleichseitiges Dreieck mit $a = 6\,dm$

HINWEIS
Wenn Seitenlängen in unterschiedlichen Einheiten gegeben sind, musst du sie zuerst in die gleiche Einheit umrechnen.

3 Berechne jeweils die fehlende Seitenlänge des Dreiecks ABC.
Beispiel zu **a)** $u = a + b + c$
$13\,cm = a + 5\,cm + 3\,cm$
$13\,cm = \ldots$
a) $u = 13\,cm$; $b = 5\,cm$; $c = 3\,cm$
b) $u = 28\,cm$; $a = 10\,cm$; $b = 7\,cm$

3 Berechne jeweils die fehlende Seitenlänge des Dreiecks ABC.
a) gleichseitiges Dreieck mit $u = 24\,cm$
b) gleichschenkliges Dreieck mit der Basis c; $u = 39\,cm$; $a = 19\,cm$
c) rechtwinkliges Dreieck mit $u = 24\,m$; $a = 6\,m$; $b = 8\,m$

4 Berechne für die Tische jeweils, wie lang die Tischkanten zusammen sind.

a)
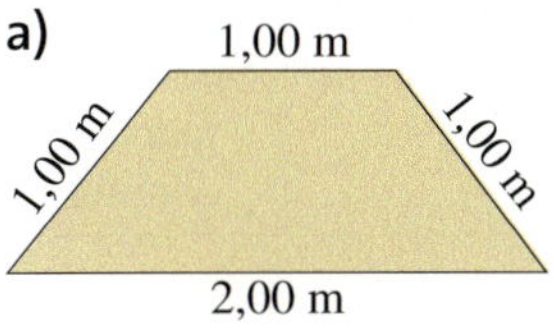

b)
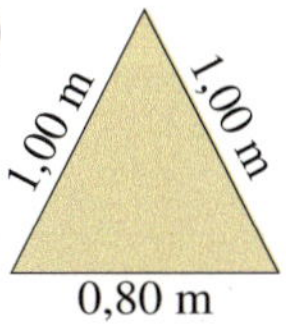

4 Drei Kinder bilden aus einem 20 m langen Seil ein Dreieck. Lea und Jens stehen 5 m auseinander, Lea und Celina 6,5 m.
a) Fertige eine Skizze an.
b) Wie weit sind Jens und Celina höchstens voneinander entfernt?
c) Zeichne im Maßstab 1 : 100.

5 Zu welcher Vierecksart gehören die folgenden Figuren?
Wie viele Seiten musst du jeweils mindestens messen, um ihren Umfang zu bestimmen?
Bestimme die Umfänge der Figuren.

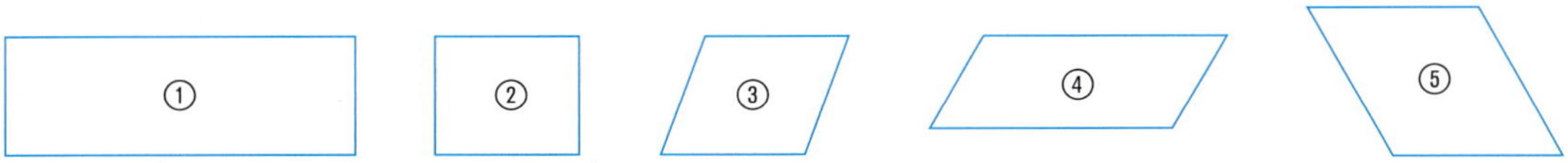

6 Berechne die Umfänge der Vierecke $ABCD$.
a) Parallelogramm: $a = 8\,cm$; $b = 6\,cm$
b) Trapez: $a = 74\,mm$; $b = 43\,mm$; $c = 36\,mm$; $d = 35\,mm$

5 Berechne die Umfänge der Vierecke $ABCD$.
a) Parallelogramm: $a = 3{,}6\,cm$; $b = 64\,mm$
b) Trapez: $a = 74\,m$; $b = d = 38\,m$; $c = 36\,m$
c) Raute: $a = 5{,}8\,m$

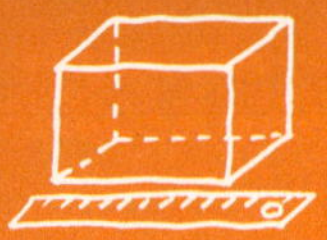

Flächeninhalte in verschiedenen Maßeinheiten

Entdecken

ZUM WEITERARBEITEN
zu Aufgabe 1: Legt einen Schultisch auch mit anderen Objekten aus, zum Beispiel mit Karteikarten, Mathematikbüchern …

1 Arbeitet zu zweit oder in Gruppen und probiert aus:
Wie viele Blätter Papier (DIN A4) benötigt ihr, um euern Schultisch vollständig auszulegen? Die Blätter sollen nicht übereinander liegen.

2 Ein Flur ist zwei Meter breit und drei Meter lang. Der Boden soll mit quadratischen Bodenplatten ausgelegt werden.
Es gibt Platten in zwei Größen (siehe Tabelle).

Seitenlänge der Bodenplatte	Flächeninhalt der Bodenplatte
1 m	1 m^2 (1 Quadratmeter)
1 dm	1 dm^2 (1 Quadratdezimeter)

a) Ermittle für beide Größen, wie viele Bodenplatten benötigt werden. Erläutere deine Lösung.
b) Stell dir vor, der Flur soll ein Bodenmosaik aus Steinchen mit der Seitenlänge 1 cm erhalten. Wie viele Mosaiksteinchen werden etwa benötigt?
c) Was fällt dir auf?

Verstehen

Flächeninhalte werden durch Vergleichen mit **Einheitsflächen** gemessen.
Als Einheitsflächen eignen sich besonders die folgenden Quadrate:

	Einheitsquadrat mit der Seitenlänge …						
	1 km	100 m	10 m	1 m	1 dm	1 cm	1 mm
Flächeninhalt:	**1 km^2** (1 Quadratkilometer)	**1 ha** (1 Hektar)	**1 a** (1 Ar)	**1 m^2** (1 Quadratmeter)	**1 dm^2** (1 Quadratdezimeter)	**1 cm^2** (1 Quadratzentimeter)	**1 mm^2** (1 Quadratmillimeter)
Beispiel:	 Insel Helgoland 2 km^2	 Fußballfeld 0,7 ha	 Ringermatte 1,2 a	 Tafelseite 1 m^2	 Schokolade 1 dm^2	 Würfelseite 1 cm^2	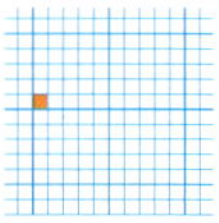 Millimeterpapier 1 mm^2

Merke Wandelt man Flächen in eine benachbarte Flächeneinheit um, so ist die **Umwandlungszahl 100.**
Beim Umrechnen von Flächen in die kleinere Einheit (z. B. cm^2 in mm^2) wird multipliziert.
Beim Umrechnen in die größere Einheit (z. B. cm^2 in dm^2) wird dividiert.

km^2 ⇄ **ha** ⇄ **a** ⇄ **m^2** ⇄ **dm^2** ⇄ **cm^2** ⇄ **mm^2**
(nach rechts jeweils · 100, nach links jeweils : 100)

ERINNERE DICH
Maßeinheit
9 cm^2
Maßzahl

Beispiel 1
$45\,cm^2 = (45 \cdot 100)\,mm^2$
$= 4\,500\,mm^2$

Beispiel 2
$358\,dm^2 = (358 : 100)\,m^2$
$= 3{,}58\,m^2$

Beispiel 3
$1{,}5\,km^2 = (1{,}5 \cdot 100)\,ha$
$= 150\,ha$

Üben und anwenden

1 Welche Flächeneinheiten passen zu den folgenden Objekten? Begründe.

a) Postkarte b) DIN-A4-Blatt
c) Poster d) Briefmarke
e) Toastbrotscheibe f) Handy-Display

2 Ordne den richtigen Flächeninhalt zu.

a) Briefmarke ① $72\,dm^2$
b) Schülertisch ② $170\,cm^2$
c) CD-Hülle ③ $480\,mm^2$
d) Mathematikbuch ④ $6\,m^2$
e) Plakat ⑤ $5\,dm^2$

3 Finde Beispiele für Gegenstände in deiner Umgebung, die zwischen $1\,m^2$ und $5\,m^2$ groß sind.

4 Rechne jeweils in die nächstkleinere Einheit um.

a) $5\,m^2$ b) $9\,cm^2$ c) $50\,dm^2$
d) $18\,m^2$ e) $25\,cm^2$ f) $60\,dm^2$
g) $130\,m^2$ h) $190\,cm^2$ i) $106\,dm^2$

5 Rechne jeweils in die nächstgrößere Einheit um.

a) $3\,000\,dm^2$ b) $5\,500\,dm^2$
c) $400\,m^2$ d) $3\,500\,m^2$
e) $987\,cm^2$ f) $5\,995\,cm^2$
g) $4\,004\,mm^2$ h) $9\,090\,mm^2$
i) 600 ha j) 5 900 a

6 Rechne jeweils in die Einheit um, die in Klammern angegeben ist.

a) $200\,cm^2$ (dm^2) b) $90\,cm^2$ (mm^2)
c) $1\,m^2$ (cm^2) d) $7\,000\,dm^2$ (mm^2)
e) Ordne die Flächeninhalte der Größe nach.

1 Welche Flächeneinheiten passen zu den folgenden Objekten? Begründe.

a) Tragfläche Flugzeug b) 2-€-Münze
c) Dach der Schule d) Zeitung
e) Spitze einer Nadel f) Nordsee

2 Kai liebt große Zahlen. Überprüfe, ob seine Liste stimmt. Berichtige, wenn nötig.

- Toastbrotscheibe: $1\,200\,000\,mm^2$
- mein Zimmer: mindestens $154\,000\,cm^2$
- Nordrhein-Westfalen: 34 Mrd. m^2
- unser Schulhof: $25\,000\,000\,mm^2$

3 Finde Beispiele für Gegenstände, die zwischen 1 a und $1\,km^2$ groß sind. Schreibe sie als Liste auf (Gegenstand, Größe).

4 Rechne jeweils in die nächstkleinere Einheit und in die nächstgrößere Einheit um.

a) $15\,m^2$ b) $3\,dm^2$ c) $4\,m^2$
d) $70\,cm^2$ e) $98\,dm^2$ f) $600\,cm^2$
g) $400\,m^2$ h) $105\,dm^2$ i) $1\,100\,cm^2$

5 Setze <, = oder > im Heft richtig ein. Rechne die Größen zuerst in die gleiche Flächeneinheit um.

a) 1 ha ☐ $1\,000\,m^2$ b) 1 ha ☐ $10\,000\,m^2$
c) 3 a ☐ $300\,m^2$ d) 7 ha ☐ $700\,m^2$
e) $1\,km^2$ ☐ 1 000 a f) $1\,km^2$ ☐ 10 000 a
g) $30\,m^2$ ☐ 3 a h) $1\,m^2$ ☐ $1\,000\,cm^2$

6 Rechne jeweils in die in Klammern angegebene Einheit um.

a) $2\,450\,cm^2$ (dm^2) b) $5{,}8\,cm^2$ (mm^2)
c) $5{,}8\,km^2$ (cm^2) d) $61\,200\,m^2$ (ha)
e) Ordne die Flächeninhalte der Größe nach.

HINWEIS
113-1
Hier findest du eine interaktive Übung zum Schätzen von Größen.

Lerncheck

1 Vereinfache die Terme.

a) $3x + 7y + 8x - 26 + 2x$ b) $4b - 0{,}5b + 12a + 1{,}8b$ c) $40x + 52y - 18x - 15x$

2 Löse die Gleichungen.

a) $3x + 2 = 20$ b) $2x - 15 = 6 - x$ c) $8a + 6 = 12 + 6a + 18$

3 Stelle eine Gleichung auf und ermittle die gesuchte Zahl. Die gesuchte Zahl wird mit 5 multipliziert. Vom Produkt wird 10 subtrahiert. Das Ergebnis ist 30.

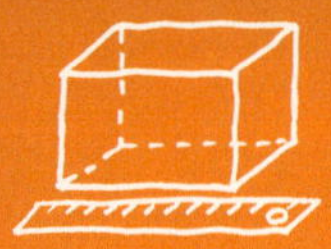

Flächeninhalte von Dreiecken

Entdecken

1 Der Flächeninhalt des blauen Dreiecks soll bestimmt werden.

a) Beschreibe, wie im Bild rechts das blaue Dreieck zu einem Rechteck ergänzt wird.

b) Miriam sagt: „Der Flächeninhalt des Rechtecks ist doppelt so groß wie der Flächeninhalt des Dreiecks." Was meinst du dazu?

c) Berechne den Flächeninhalt des Dreiecks.

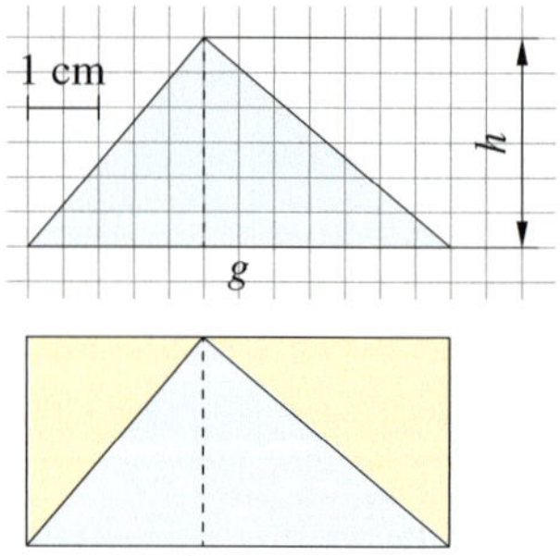

2 Übertrage jedes Dreieck in dein Heft.
Vervollständige das Dreieck zu einem Rechteck.
Gib dann jeweils den Flächeninhalt des Dreiecks an.

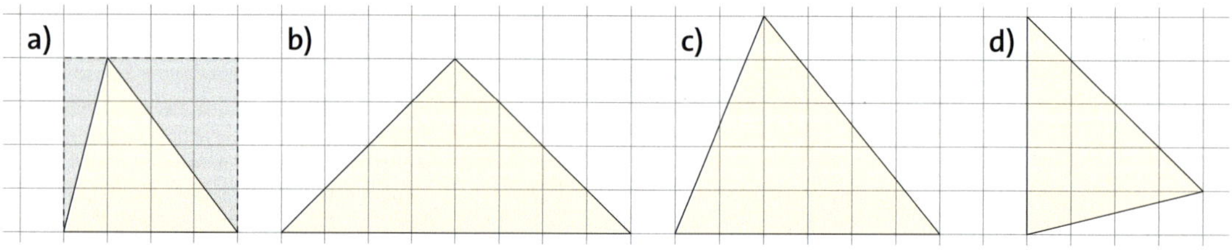

Verstehen

Die Segel haben die Form eines Dreiecks mit der Grundseite $g = 3\,\text{m}$ und der Höhe $h = 5{,}8\,\text{m}$.

Merke Für den **Flächeninhalt eines Dreiecks** gilt:

Flächeninhalt = $\frac{\textbf{Grundseite} \cdot \textbf{Höhe}}{\textbf{2}}$ Kurzform: $A = \frac{g \cdot h}{2}$

Jede Dreiecksseite kann man als Grundseite wählen.
Zum Beispiel hat die Grundseite a die zugehörige Höhe h_a.

$A = \frac{a \cdot h_a}{2} = \frac{b \cdot h_b}{2} = \frac{c \cdot h_c}{2}$

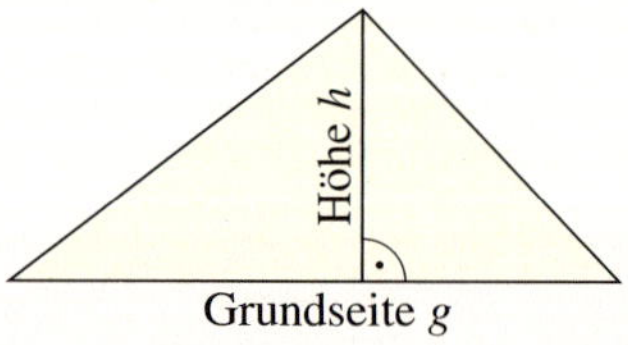

Hinweis
*Die **Höhe** h eines Dreiecks ist senkrecht zur zugehörigen Seite und verläuft zum gegenüberliegenden Eckpunkt.*

Beispiel 1

gegeben: $g = 3\,\text{m}$
$h = 5{,}8\,\text{m}$
gesucht: $A = ?$

Formel: $A = \frac{g \cdot h}{2}$
Rechnung: $A = \frac{3 \cdot 5{,}8}{2}\,\text{m}^2$
$A = 8{,}7\,\text{m}^2$
Anwort: Das Segel hat eine Fläche von $8{,}7\,\text{m}^2$.

Beispiel 2

Formel umstellen nach h:

$A = \frac{g \cdot h}{2}$ | $\cdot 2$
$2 \cdot A = g \cdot h$ | $: g$
$\frac{2 \cdot A}{g} = h$ | Seitentausch
$h = \frac{2 \cdot A}{g}$

Beispiel 3

Formel umstellen nach g:

$A = \frac{g \cdot h}{2}$ | $\cdot 2$
$2 \cdot A = g \cdot h$ | $: h$
$\frac{2 \cdot A}{h} = g$ | Seitentausch
$g = \frac{2 \cdot A}{h}$

Üben und anwenden

1 Ermittle die Flächeninhalte der Dreiecke.

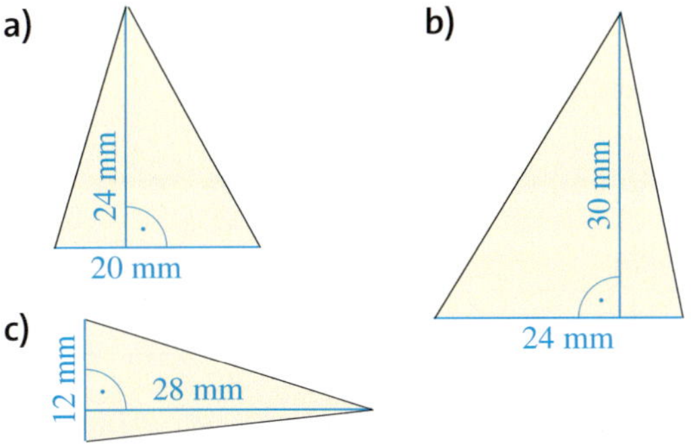

2 Berechne jeweils den Flächeninhalt des Dreiecks.

a) $g = 12\,\text{cm}$; $h = 3\,\text{cm}$
b) $g = 25\,\text{cm}$; $h = 8\,\text{cm}$
c) $g = 25\,\text{m}$; $h = 40\,\text{m}$

3 Flächeninhalte vergleichen

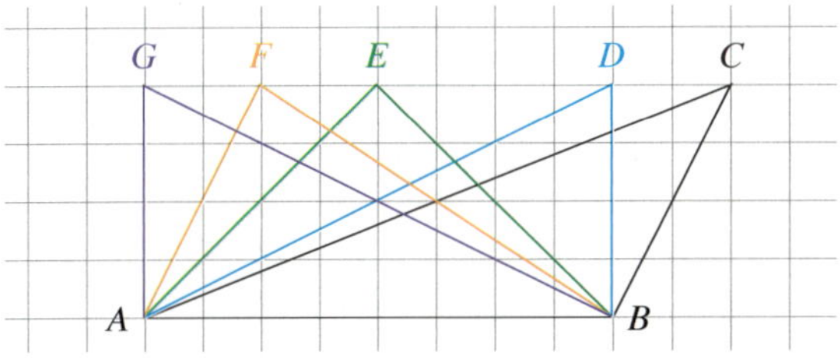

a) Vergleiche die Flächeninhalte der abgebildeten Dreiecke *ABC*, *ABD*, *ABE* …
b) Begründe das Ergebnis aus a).

4 Zeichne jeweils ein passendes Dreieck *ABC* und berechne seinen Flächeninhalt.

a) $c = 2\,\text{cm}$; $h_c = 5\,\text{cm}$
b) $a = 6\,\text{cm}$; $h_a = 4\,\text{cm}$
c) $b = 7\,\text{cm}$; $h_b = 20\,\text{mm}$
d) $a = 8{,}4\,\text{cm}$; $h_a = 3\,\text{cm}$

5 Aus dem Berufsleben
Ein Gebäudereiniger soll die Häusergiebel von außen putzen. Beide Häuser sind je 6,80 m breit und haben eine Giebelhöhe von 5,15 m. Wie viel m^2 müssen geputzt werden?

1 Übertrage die Dreiecke in dein Heft und beschrifte sie.

a) Zeichne alle Höhen ein.
b) Berechne die Flächeninhalte der Dreiecke.

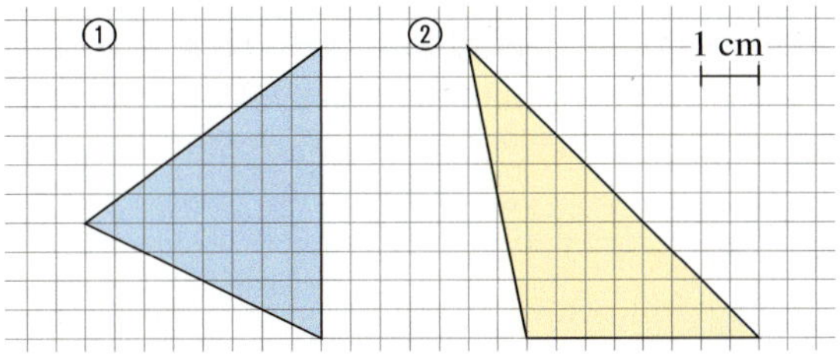

2 Berechne jeweils den Flächeninhalt des Dreiecks.

a) $g = 26{,}0\,\text{m}$; $h = 7{,}5\,\text{m}$
b) $g = 18{,}2\,\text{cm}$; $h = 10{,}4\,\text{cm}$
c) $g = 5{,}2\,\text{cm}$; $h = 31\,\text{mm}$

3 Verschiedene Rechenwege

a) Miss im Dreieck alle Seitenlängen und Höhen.
b) Berechne die Terme $\frac{a \cdot h_a}{2}$, $\frac{b \cdot h_b}{2}$ und $\frac{c \cdot h_c}{2}$. Was stellst du fest?

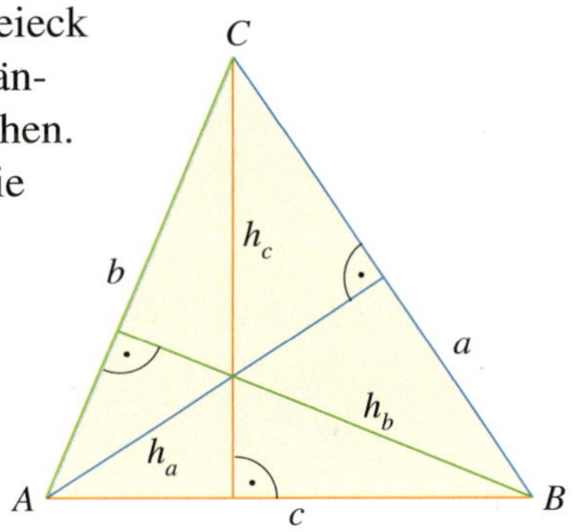

4 Berechne die fehlenden Größen der Dreiecke.

a) $c = 4\,\text{cm}$; $h_c = 7\,\text{cm}$; gesucht: A
b) $c = 3{,}5\,\text{cm}$; $A = 7\,\text{cm}^2$; gesucht: h_c
c) $a = 4{,}6\,\text{cm}$; $h_a = 3{,}6\,\text{cm}$; gesucht: A
d) $h_b = 66\,\text{mm}$; $A = 3\,300\,\text{mm}^2$; gesucht: b

5 Der Hearst Tower in New York
Rechts siehst du ein Bild des Hearst Towers. Der Turm ist 182 Meter hoch.
Die Dreiecksformen in der Fassade haben die Maße:
Grundseite = 11,5 m; Höhe = 16,5 m.

a) Welche geometrischen Formen erkennst du noch am Gebäude? Beschreibe sie.
b) Schätze die Größe der Außenfläche des Gebäudes möglichst genau ab.

HINWEIS
Bei stumpfwinkligen Dreiecken liegt die Höhe außerhalb des Dreiecks. Trotzdem gilt auch hier die Flächenformel.

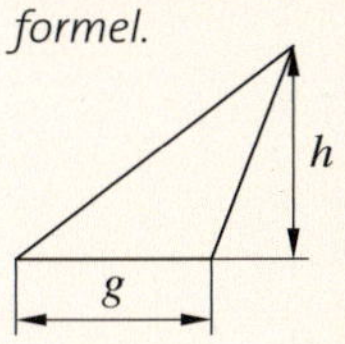

Flächeninhalte von Parallelogrammen

Entdecken

1 Der Flächeninhalt des Parallelogramms mit den Seitenlängen $a = 3\,\text{cm}$ und $b = 2{,}1\,\text{cm}$ soll berechnet werden.

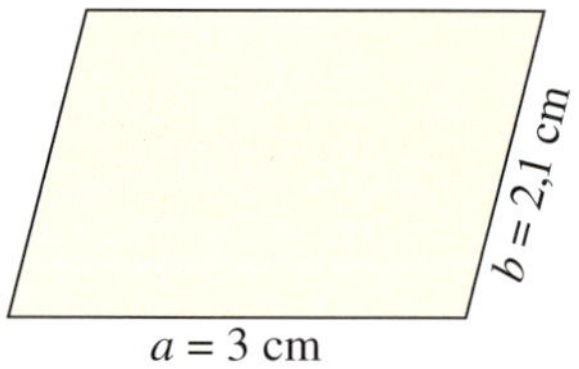

a) Beschreibe die Bilderfolge ① bis ④ möglichst genau und gib den Flächeninhalt des Parallelogramms an.

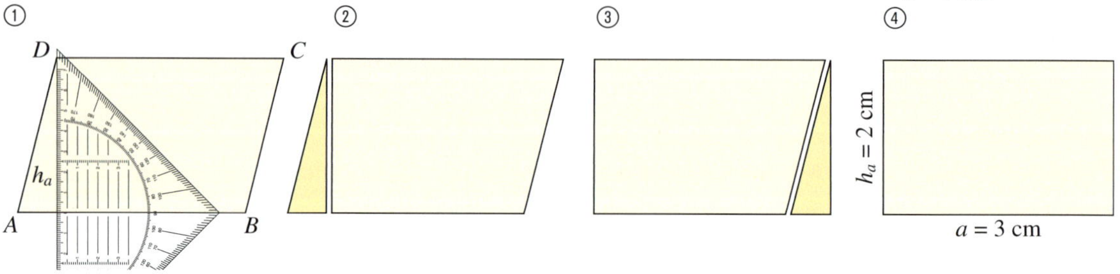

b) h_a ist die Höhe auf der Seite a. Erkläre, wie die Höhe h_a konstruiert werden kann.

c) Jule sagt: „Die Höhe h_a ist wichtiger als die Seite b.“ Erkläre, was Jule damit meint.

2 Übertrage die Parallelogramme auf Karopapier. Wandle sie jeweils in ein flächengleiches Rechteck um und gib den Flächeninhalt an. Vergleicht eure Lösungswege.

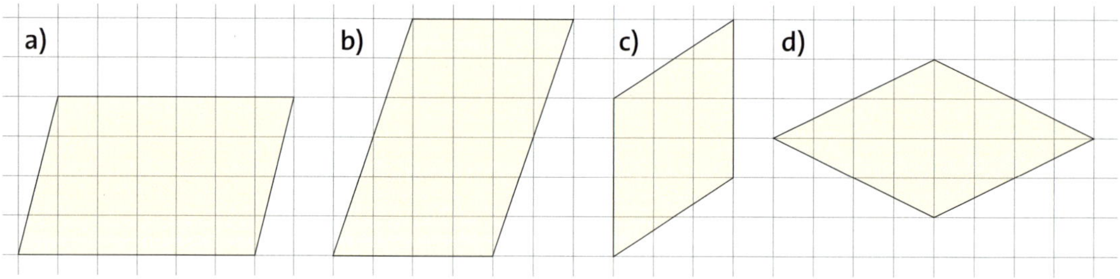

Verstehen

An einem Treppengeländer soll eine Glasscheibe angebracht werden. Der Glaser schneidet hierfür ein Parallelogramm zurecht.

Merke Für den **Flächeninhalt eines Parallelogramms** gilt:

Flächeninhalt = Grundseite · Höhe Kurzform: $\boldsymbol{A = g \cdot h}$

Ist a die Grundseite, gilt: $A = a \cdot h_a$

Ist b die Grundseite, gilt: $A = b \cdot h_b$

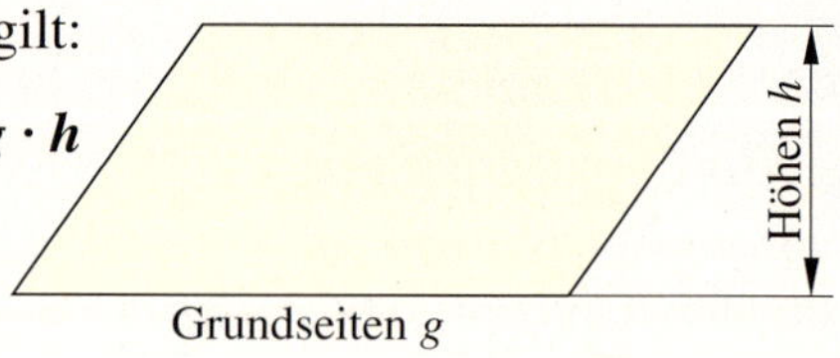

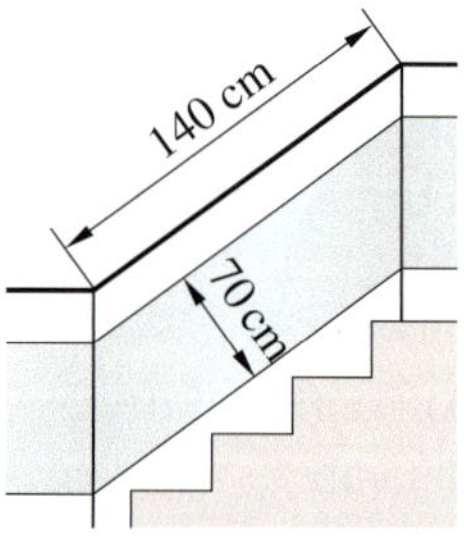

Beispiel 1

gegeben: $g = 140\,\text{cm}$
$h = 70\,\text{cm}$

gesucht: $A = ?$

Formel: $A = g \cdot h$

Rechnung: $A = 140\,\text{cm} \cdot 70\,\text{cm}$
$A = 9\,800\,\text{cm}^2$

Ergebnis: Die Scheibe hat einen Flächeninhalt von $9\,800\,\text{cm}^2$.

Üben und anwenden

1 Berechne die Flächeninhalte der Parallelogramme. Beachte die Einheiten.
a) $g = 3\,\text{cm};\ h = 12\,\text{cm}$
b) $g = 10\,\text{cm};\ h = 4\,\text{cm}$
c) $g = 50\,\text{mm};\ h = 6\,\text{cm}$

1 Berechne die Flächeninhalte der Parallelogramme.
a) $g = 8{,}2\,\text{cm};\ h = 4\,\text{cm}$
b) $g = 64\,\text{cm};\ h = 34\,\text{mm}$
c) $g = 3{,}1\,\text{m};\ h = 24\,\text{dm}$

2 Berechne die Flächeninhalte der abgebildeten Parallelogramme.

2 Zeichne die Parallelogramme. Berechne dann ihre Flächeninhalte und Umfänge.

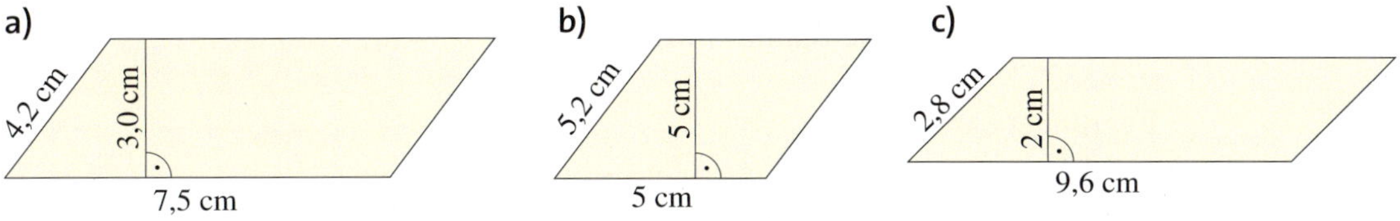

3 Vergleiche die Flächeninhalte der abgebildeten Parallelogramme.

3 Vergleiche die Flächeninhalte (die Umfänge) der abgebildeten Parallelogramme.

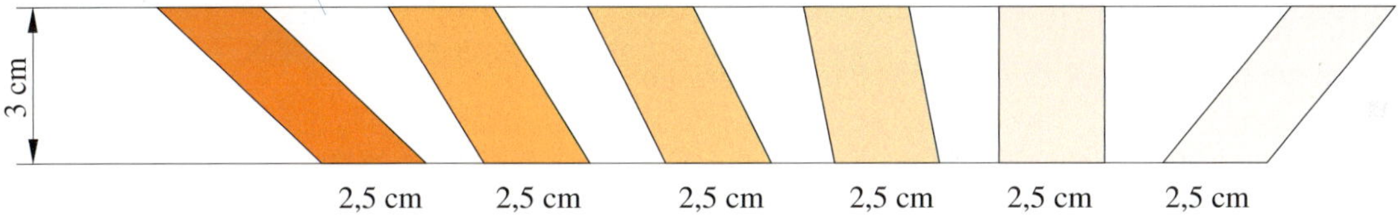

NACHGEDACHT
zu Aufgabe 3 (lila und türkis): Zeige mit dem Geodreieck die Höhen in den Dreiecken. Worauf musst du achten?

4 Ein Parallelogramm hat den angegebenen Flächeninhalt. Gib jeweils zwei Möglichkeiten für die Maße von g und h an.
a) $A = 45\,\text{cm}^2$ b) $A = 66\,\text{m}^2$ c) $A = 1\,400\,\text{m}^2$

4 Berechne die gesuchten Größen der Parallelogramme $ABCD$.
a) $a = 4\,\text{m};\ h_a = 2{,}5\,\text{m};\ b = 2\,\text{m}\ (A, u, h_b)$
b) $a = 9\,\text{cm};\ A = 27{,}5\,\text{cm}^2;\ b = 3{,}6\,\text{cm}\ (u, h_a)$

5 Zeichne zwei gleiche Dreiecke und schneide sie aus. Lege die Dreiecke so zusammen, dass ein Parallelogramm entsteht. Bestimme den Flächeninhalt des Parallelogramms.

5 Ermittle den Umfang und den Flächeninhalt des Parallelogramms $ABCD$ mit den Maßen $a = 4{,}2\,\text{cm};\ b = 3{,}1\,\text{cm};\ \alpha = 55°$. Zeichne dazu erst das Parallelogramm.

6 Parkbuchten

a) Beschreibe: Welche Formen haben die einzelnen Parkbuchten im Bild?
b) Schätze die Maße einer Parkbucht (Seitenlängen, Fläche).

6 Aus dem Berufsleben
Drei Parkbuchten in der Altstadt sollen Kopfsteinpflaster erhalten.
Mit einer Tonne der entsprechenden Steine können etwa $5\,\text{m}^2$ gepflastert werden.

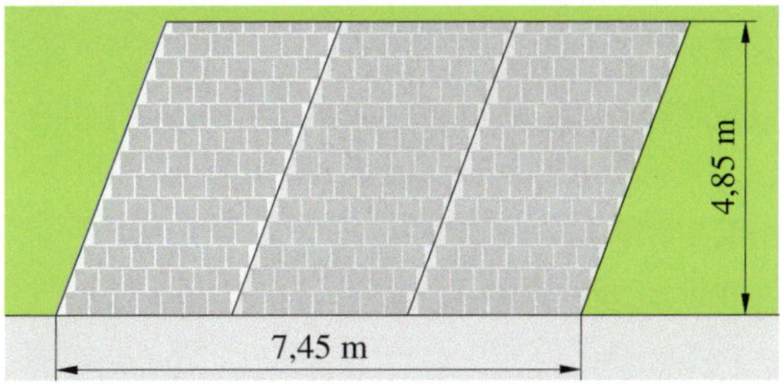

Wie hoch sind die Materialkosten für das Kopfsteinpflaster, wenn eine Tonne 119 € kostet?

Flächeninhalte von Trapezen

Entdecken

1 In Besprechungsräumen werden oft Trapeztische genutzt. Deren Tischfläche ist ein gleichschenkliges Trapez. Arbeitet zu zweit.

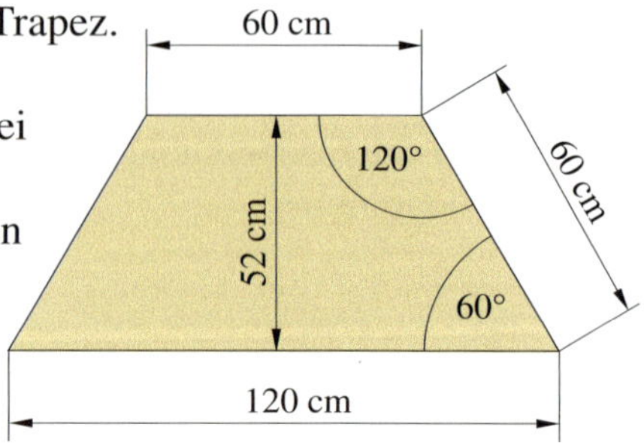

a) Skizziert mögliche Anordnungen von zwei solchen Tischen auf Karopapier.

b) Kann man aus zwei solchen Trapeztischen einen Tisch in Parallelogrammform stellen?
Begründet eure Aussage.

c) Findet mithilfe der Lösung aus b) einen Weg, den Flächeninhalt eines Trapeztisches zu ermitteln. Erläutert eure Idee.

2 Zeichne das blaue Trapez zweimal auf Karopapier. Schneide die beiden Trapeze aus.

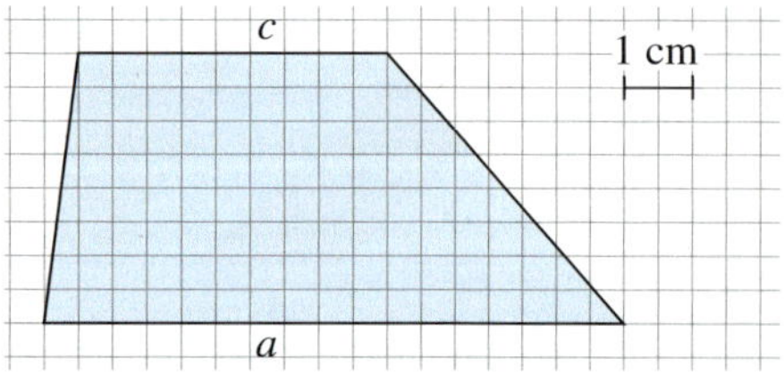

a) Lege die beiden Trapeze zu einem Parallelogramm zusammen.

b) Wie groß ist der Flächeninhalt des entstandenen Parallelogramms?

c) Bestimme den Flächeninhalt des blauen Trapezes.

3 Begründe die Formel $A = \frac{a+c}{2} \cdot h$ für den Flächeninhalt des Trapezes.

Verstehen

Sonja schneidet aus einem 6 cm breiten Streifen ein Trapez aus.
Sie möchte den Flächeninhalt des Trapezes bestimmen.
Dazu misst sie die Länge der beiden parallelen Seiten des Trapezes.

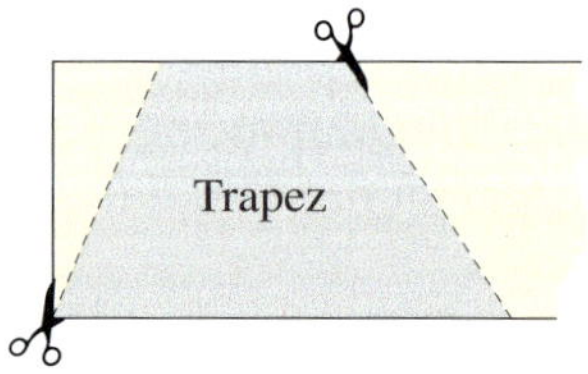

Merke Für den **Flächeninhalt eines Trapezes** mit den parallelen Seiten a und c gilt:

$$\boldsymbol{A = \frac{a+c}{2} \cdot h}$$

Die Formel gilt auch, wenn die Seite c länger als die Seite a ist.

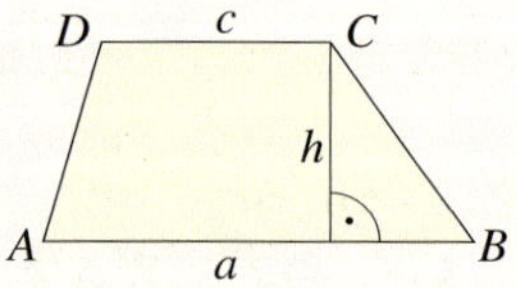

Beispiel 1

gegeben: $a = 8\,\text{cm}$
$c = 2\,\text{cm}$
$h = 6\,\text{cm}$
gesucht: $A = ?$

Formel: $A = \frac{a+c}{2} \cdot h$

Rechnung: $A = \frac{8+2}{2} \cdot 6\,\text{cm}^2$
$A = 5 \cdot 6\,\text{cm}^2$
$A = 30\,\text{cm}^2$

Antwort: Das Trapez hat einen Flächeninhalt von $30\,\text{cm}^2$.

Üben und anwenden

1 Übertrage das Trapez in dein Heft und zeichne die Höhe ein.
Bestimme den Flächeninhalt.

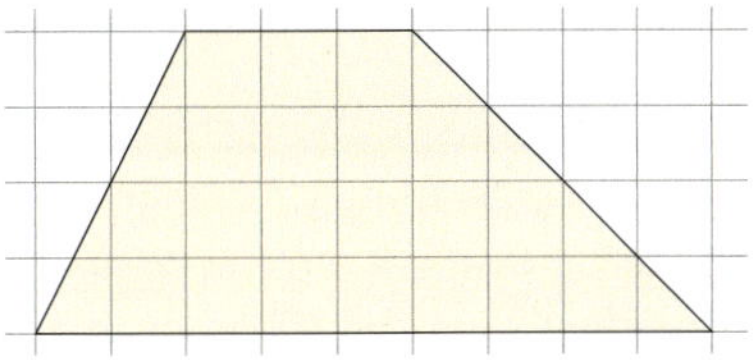

1 Ermittle den Flächeninhalt der gelb markierten Figur.
Beschreibe deinen Lösungsweg.

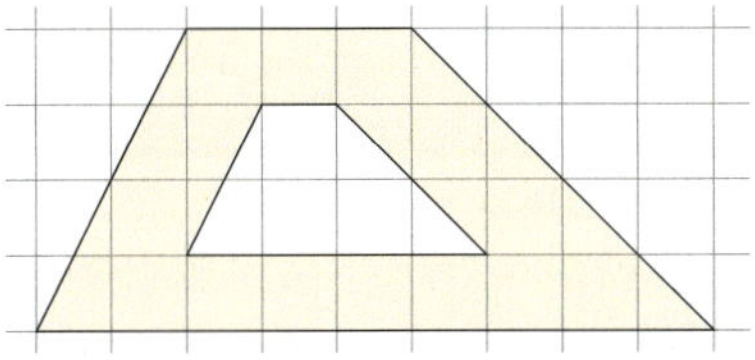

2 Berechne die Flächeninhalte der abgebildeten Trapeze.
Was fällt dir auf?

2 Vergleiche die Flächeninhalte (die Umfänge) der abgebildeten Trapeze.
Miss benötigte Größen.

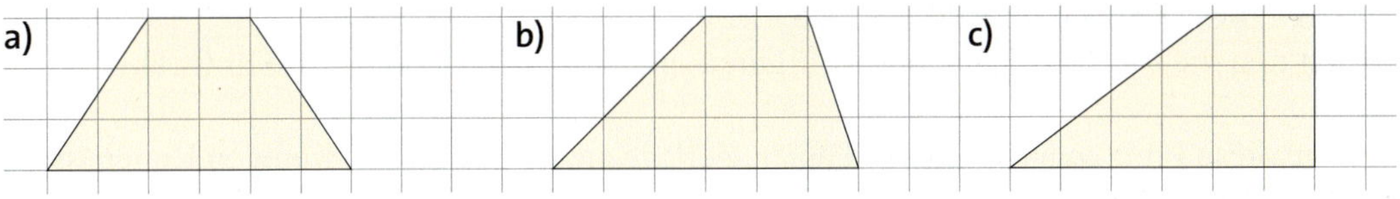

3 Berechne die Flächeninhalte der Trapeze $ABCD$ (es gilt jeweils $a \| c$).

a) $a = 5\,\text{cm}$; $c = 4\,\text{cm}$; $h = 3\,\text{cm}$
b) $a = 74\,\text{mm}$; $c = 26\,\text{mm}$; $h = 45\,\text{mm}$
c) $a = 30\,\text{mm}$; $c = 5\,\text{cm}$; $h = 33\,\text{mm}$

3 Berechne die Flächeninhalte der Trapeze $ABCD$ (es gilt jeweils $a \| c$).

a) $a = 38\,\text{mm}$; $c = 24\,\text{mm}$; $h = 20\,\text{mm}$
b) $a = 50\,\text{mm}$; $c = 3\,\text{cm}$; $h = 33\,\text{mm}$
c) $a = 3{,}5\,\text{cm}$; $c = 5{,}6\,\text{cm}$; $h = 48\,\text{mm}$

Hinweis
zu Aufgabe 3 (lila und türkis): $a \| c$ bedeutet: die Seite a ist parallel zu der Seite c.

4 Berechne die Flächeninhalte der folgenden Trapeze.
Achte auf die Einheiten.

a)
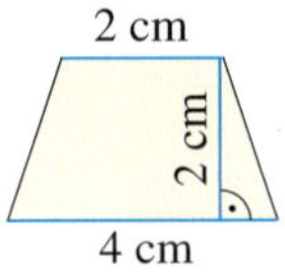

b)
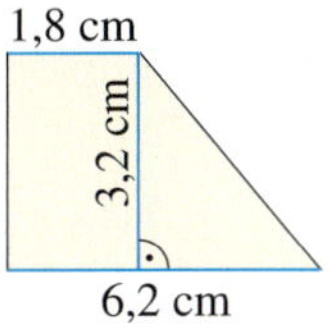

c)
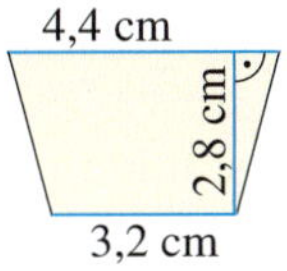

d)
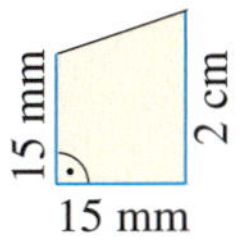

5 Ein Trapez hat eine Fläche von $20\,\text{cm}^2$.
Das Trapez ist 4 cm hoch.

a) Finde durch gezieltes Probieren passende Größen für a und c.
b) Gibt es mehr als eine Lösung? Begründe.

5 Berechne jeweils die gesuchte Größe.

a) $c = 9\,\text{dm}$; $a = 15\,\text{dm}$; $A = 66\,\text{dm}^2$ ($h = ?$)
b) $a = 3{,}9\,\text{km}$; $c = 6{,}1\,\text{km}$; $A = 36\,\text{km}^2$ ($h = ?$)
c) $a = 14\,\text{mm}$; $h = 4\,\text{mm}$; $A = 48\,\text{mm}^2$ ($c = ?$)
d) $c = 8\,\text{m}$; $a = 20\,\text{m}$; $A = 35\,\text{m}^2$ ($h = ?$)

6 Aus dem Berufsleben
Berechne die Tischflächen für die Anordnungen aus Trapeztischen. Maße einer Tischplatte $a = 120\,\text{cm}$; $c = 60\,\text{cm}$; $h = 52\,\text{cm}$.

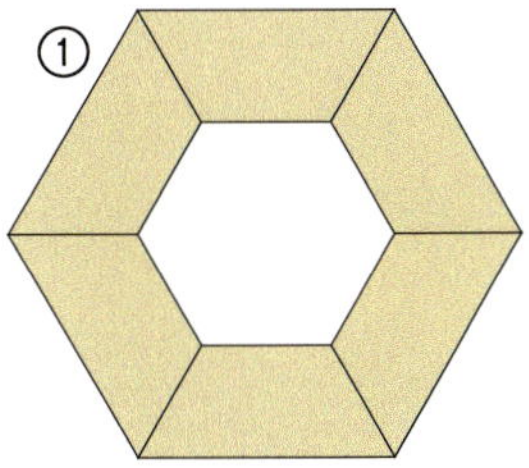

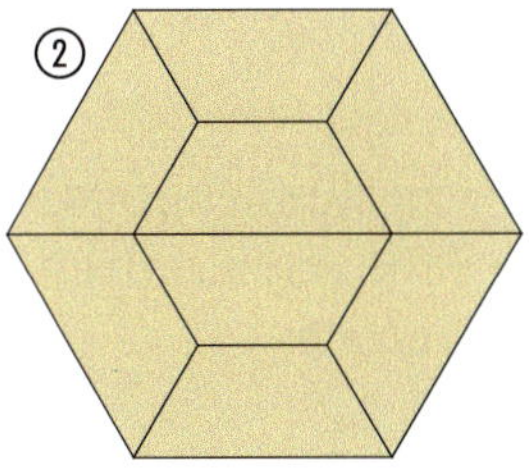

6 Aus dem Berufsleben
Ein Walmdach soll neu gedeckt werden.
Um einen Kostenvoranschlag zu erstellen, muss der Dachdecker die Dachfläche berechnen.
Wie groß ist die Dachfläche?

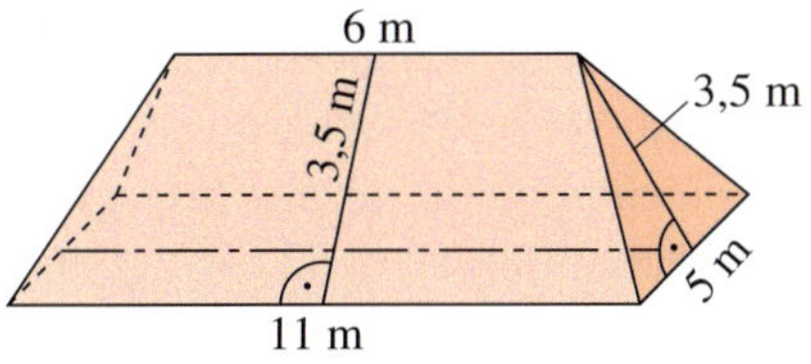

Flächeninhalte von zusammengesetzten Figuren

Entdecken

1 Das abgebildete Fünfeck kann man auf verschiedene Arten in Dreiecks- und Vierecksformen zerlegen.
Arbeitet zu zweit.

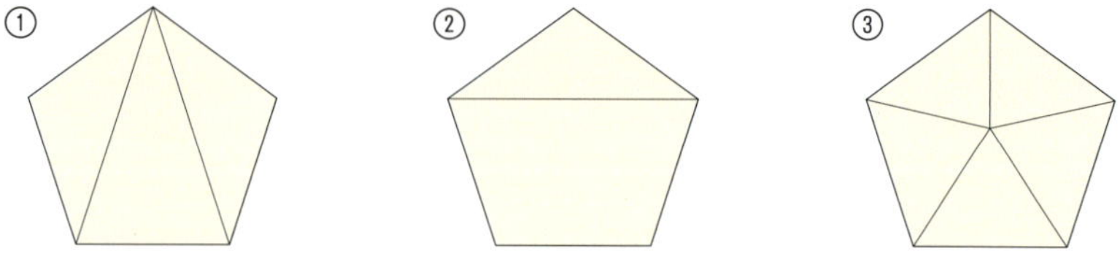

a) Beschreibt, welche Teilfiguren bei den Zerlegungen entstanden sind.
b) Der Flächeninhalt des Fünfecks soll ermittelt werden.
Diskutiert, welche der Zerlegungen am besten dafür geeignet ist. Begründet eure Meinung.
c) Gebt an, welche Größen benötigt werden, um die Flächeninhalte der Teilfiguren zu berechnen. Messt diese Größen im Bild.
d) Ermittelt nun die Flächeninhalte der Teilfiguren und den Flächeninhalt des Fünfecks.

2 Übertrage diese Figuren auf kariertes Papier. Zerlege sie mit möglichst wenigen Linien in bekannte Teilfiguren. Berechne dann die Flächeninhalte der Teilfiguren und der Gesamtfiguren.

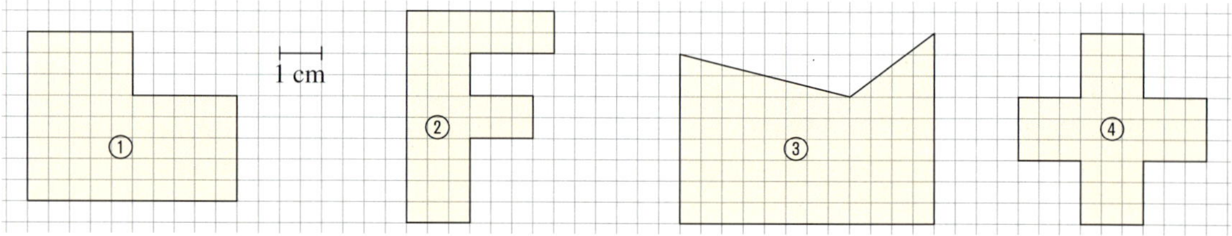

Verstehen

Die Giebelwand eines Hauses soll renoviert werden. Jens und Lars berechnen deren Fläche.

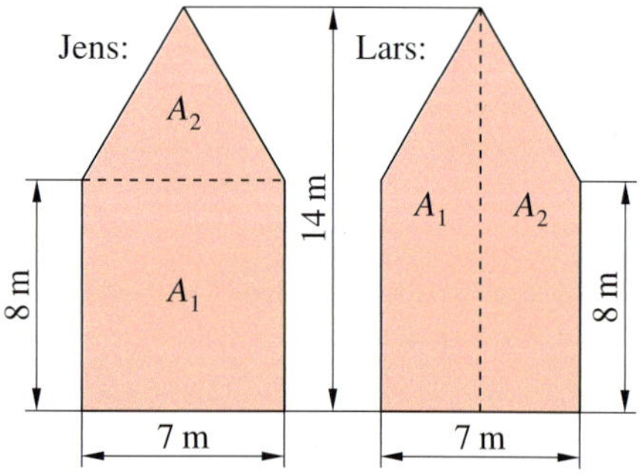

Beispiel 1

Jens zerlegt in ein Rechteck und ein Dreieck:
$A_1 = 8 \cdot 7\,m^2 = 56\,m^2$
$A_2 = \frac{7 \cdot 6}{2}\,m^2 = 21\,m^2$
$A = A_1 + A_2 = 56\,m^2 + 21\,m^2 = 77\,m^2$

Lars zerlegt in zwei deckungsgleiche Trapeze:
$A_1 = \frac{8 + 14}{2} \cdot 3{,}5\,m^2 = 38{,}5\,m^2$
$A_2 = A_1 = 38{,}5\,m^2$
$A = A_1 + A_2 = 38{,}5\,m^2 + 38{,}5\,m^2 = 77\,m^2$

Antwort: Die Giebelfläche ist $77\,m^2$ groß.

Merke So ermittelt man den **Flächeninhalt einer zusammengesetzten Figur**:
① Die zusammengesetzte Figur wird in bekannte Teilfiguren zerlegt.
② Die Flächeninhalte dieser Teilfiguren werden berechnet.
③ Die Flächeninhalte der Teilfiguren werden addiert.

Üben und anwenden

1 Übertrage die Figur auf Karopapier und zerlege sie in zwei Dreiecke.
Berechne dann den Flächeninhalt der Figur. Miss benötigte Größen im Bild.

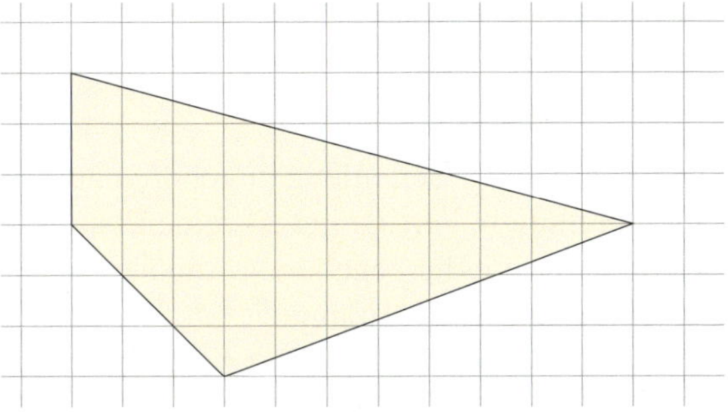

1 Übertrage die Figur auf Karopapier und zerlege sie in Teilfiguren, die du berechnen kannst. Berechne dann den Flächeninhalt der Figur. Miss benötigte Größen im Bild.

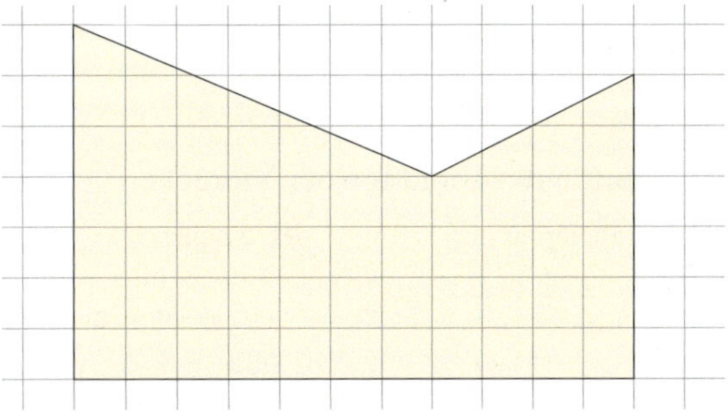

2 Zusammengesetzte Figuren
Berechne die Flächeninhalte der Figuren. (Hinweis: Zerlege dafür die Figuren in bekannte Teilfiguren, die du berechnen kannst. Dabei kann dir eine Skizze helfen.)

2 Zusammengesetzte Figuren
a) Berechne die Flächeninhalte der Figuren.
b) Prüfe, ob du mit den gegebenen Größen auch die Umfänge der Figuren ermitteln kannst. Begründe deine Aussage.

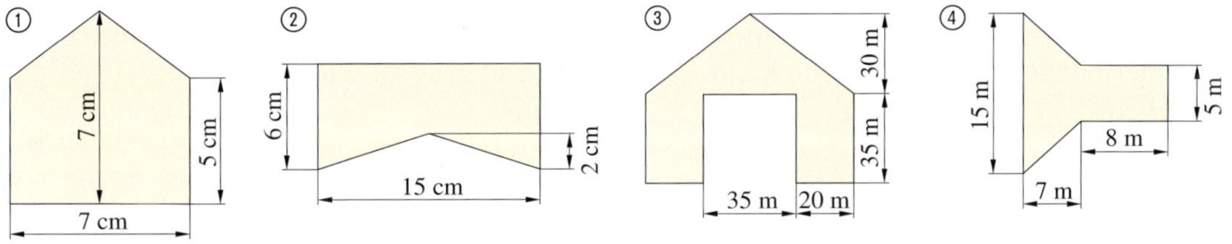

NACHGEDACHT
Natascha sagt: „Ich löse Aufgabe 2 ② anders: Zuerst berechne ich die Fläche des Rechtecks und subtrahiere davon die Fläche des Dreiecks.“ Was meint sie damit?

3 Übertrage die Figuren in dein Heft. Zeichne passende Zerlegungen ein und ermittle die Flächeninhalte.

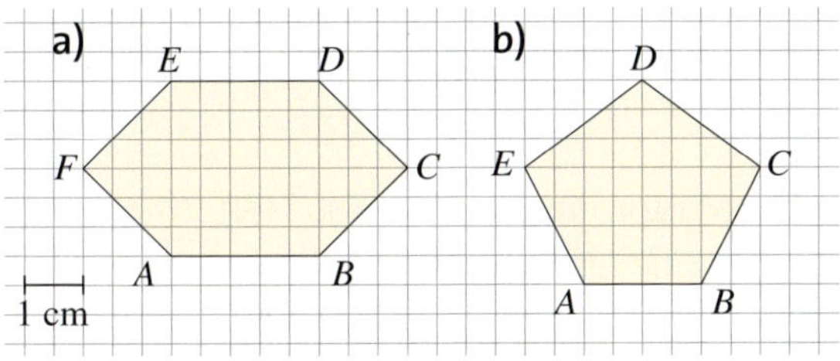

3 Zeichne Vielecke mit den angegebenen Eckpunkten in ein Koordinatensystem (1 LE = 1 cm). Zeichne passende Zerlegungen ein und ermittle die Flächeninhalte.
a) $A(1|2)$; $B(8|1)$; $C(8|4)$; $D(5|6)$
b) $A(1|1)$; $B(9|2)$; $C(7|6)$; $D(3|5)$
c) $A(-5|1)$; $B(-2|-1)$; $C(3|-1)$; $D(3|4)$; $E(-2|1)$
d) $A(0|-4)$; $B(4|-3)$; $C(8|0)$; $D(8|3)$; $E(4|3)$; $F(4|0)$

4 Skizziere die Figuren in deinem Heft. Zeichne passende Zerlegungen ein und ermittle die Flächeninhalte. (Maße in mm)

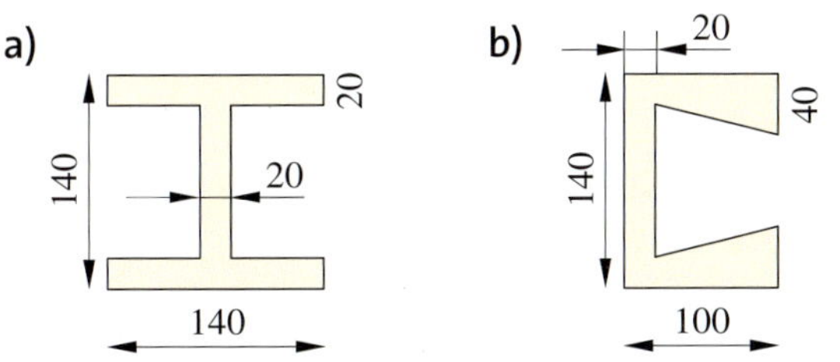

4 Betrachte die Abbildungen.

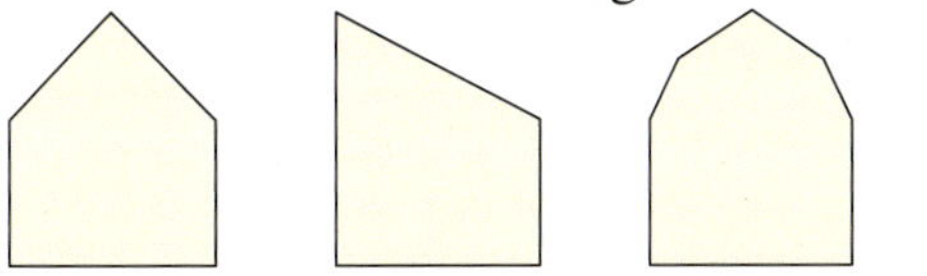

Satteldach Pultdach Mansarddach

a) Vergleiche die Hauswände.
Aus welchen Teilfiguren bestehen sie?
b) Welche Hauswand ist am größten? Begründe.

Klar so weit?

→ Seite 110

Umfänge berechnen

1 Berechne jeweils den Umfang des Dreiecks *ABC*.

a) $a = 12\,\text{cm}$; $b = 8\,\text{cm}$; $c = 18\,\text{cm}$

b) $a = 64\,\text{mm}$; $b = 5\,\text{cm}$; $c = 10\,\text{cm}$

2 Ermittle die Umfänge der Vierecke.

a) Parallelogramm:

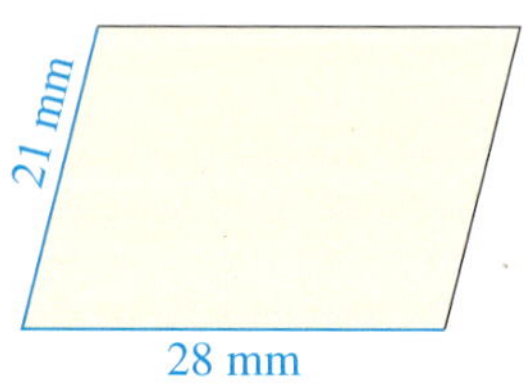

b) Trapez:

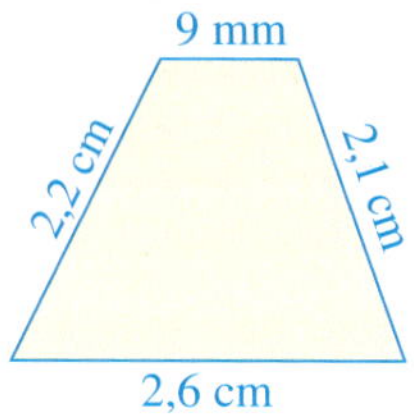

1 Berechne jeweils die gesuchte Größe des Dreiecks *ABC*.

a) $a = 500\,\text{m}$; $b = 1{,}5\,\text{km}$; $c = 1\,100\,\text{m}$; $u = ?$

b) $a = 2\,\text{cm}$; $b = 48\,\text{mm}$; $u = 11{,}8\,\text{cm}$; $c = ?$

2 Die folgenden Seitenlängen gehören zu Parallelogrammen. Fertige jeweils eine Planfigur an und markiere die gegebenen Angaben. Berechne dann die Umfänge.

a) $a = 7\,\text{cm}$; $b = 4\,\text{cm}$

b) $b = 6{,}6\,\text{cm}$; $c = 3{,}8\,\text{cm}$

c) $a = 3{,}9\,\text{cm}$; $d = 26\,\text{mm}$

d) $a = b = 6\,\text{cm}$

→ Seite 112

Flächeninhalte in verschiedenen Maßeinheiten

3 Nenne Flächeneinheiten, mit denen man die Größe der Dinge sinnvoll angeben kann.

a) 5-€-Schein
b) Tür
c) 1-ct-Münze
d) Basketballfeld

4 Rechne jeweils in die Einheit um, die in Klammern angegeben ist.

a) $38\,\text{cm}^2$ (in mm^2)
b) $800\,\text{dm}^2$ (in m^2)
c) $8{,}4\,\text{km}^2$ (in ha)
d) $2\,750\,\text{mm}^2$ (in cm^2)
e) $0{,}25\,\text{m}^2$ (in cm^2)
f) $575\,\text{ha}$ (in m^2)

3 Nenne je eine Fläche in deiner Umgebung, die etwa so groß ist wie …

a) $3\,\text{mm}^2$
b) $1\,\text{cm}^2$
c) $2\,\text{m}^2$
d) $50\,\text{m}^2$

4 Ordne die angegebenen Flächeninhalte nach ihrer Größe.

a) $100\,\text{cm}^2$; $1\,\text{cm}^2$; $10\,\text{dm}^2$; $10\,\text{m}^2$; $0{,}1\,\text{m}^2$

b) $5\,\text{m}^2$; $600\,\text{dm}^2$; $10\,000\,\text{cm}^2$; $5{,}8\,\text{m}^2$

c) $220\,000\,\text{m}^2$; $200\,\text{km}^2$; $20\,000\,\text{m}^2$; $22\,\text{km}^2$

→ Seite 114

Flächeninhalte von Dreiecken

5 Ermittle die Flächeninhalte der Dreiecke. In der Zeichnung sind Grundseiten und zugehörige Höhen blau markiert.

a)

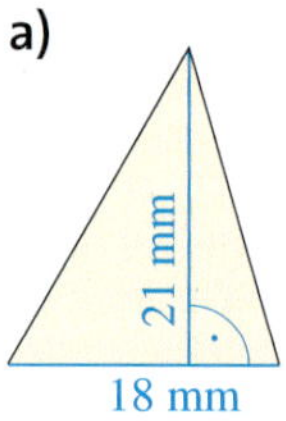

b)

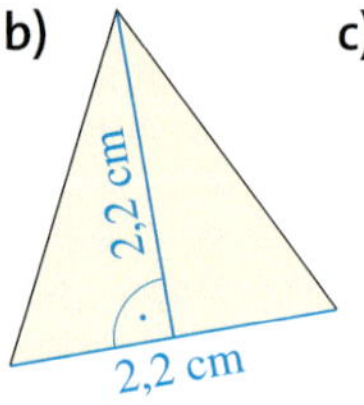

c)

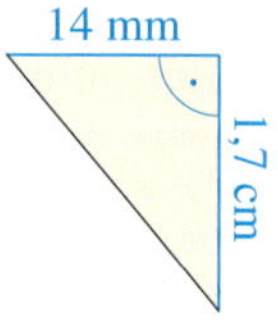

6 Berechne jeweils den Flächeninhalt des Dreiecks *ABC*.

a) $c = 4\,\text{cm}$; $h_c = 3\,\text{cm}$

b) $b = 92\,\text{mm}$; $h_b = 4{,}5\,\text{cm}$

5 Übertrage die Dreiecke ins Heft. Markiere jeweils eine Grundseite und die dazugehörige Höhe. Ermittle damit die Flächeninhalte.

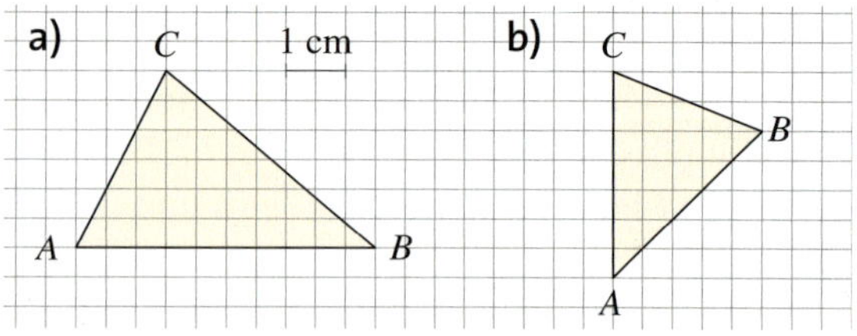

6 Berechne die gesuchten Größen der Dreiecke *ABC*.

a) $a = 6{,}2\,\text{cm}$; $h_a = 3\,\text{cm}$ $A = ?$

b) $b = 54\,\text{mm}$; $A = 216\,\text{mm}^2$; $h_b = ?$

Flächeninhalte von Parallelogrammen

→ Seite 116

7 Übertrage die Parallelogramme in dein Heft.
Bestimme ihren Flächeninhalt.

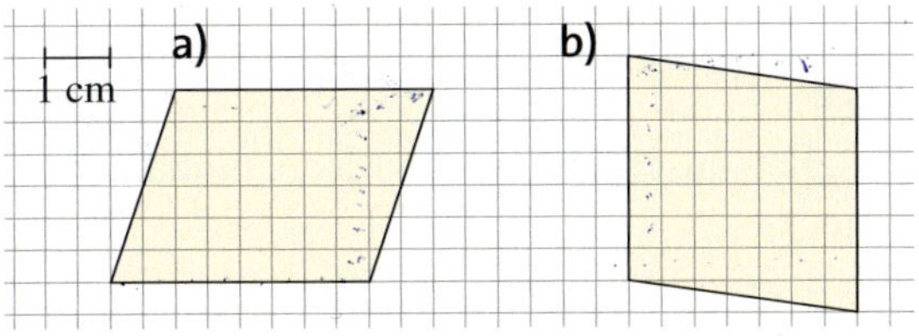

7 Ermittle die Flächeninhalte der Parallelogramme $ABCD$ (1 Längeneinheit ≙ 1 cm).

a)

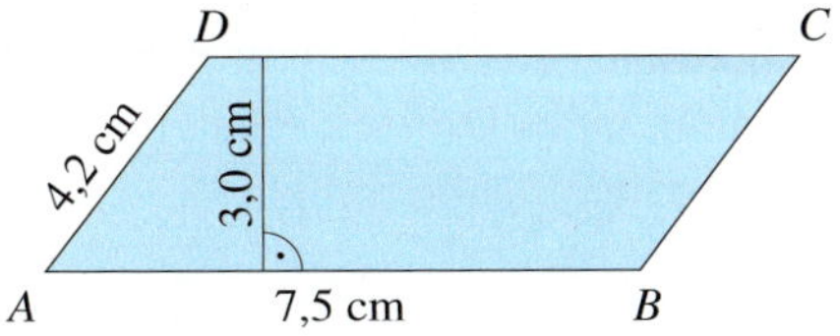

b) $A(3|0)$; $B(15|0)$; $C(12|5)$; $D(0|5)$

8 Berechne die Flächeninhalte der Vierecke.

a) Parallelogramm mit $a = 7\,\text{cm}$; $h_a = 5\,\text{cm}$

b) Parallelogramm mit $a = 5\,\text{cm}$; $h_a = 1{,}6\,\text{cm}$

c) Parallelogramm mit $b = 40\,\text{mm}$; $h_b = 3{,}5\,\text{cm}$

8 Ergänze die fehlenden Angaben im Heft.

	g	h_g	A
a)	4,3 cm	20 mm	
b)	9 cm		27 cm²
c)		72 mm	2376 mm²

Flächeninhalte von Trapezen

→ Seite 118

9 Zeichne die Trapeze ab.
Erweitere sie zu doppelt so großen Rechtecken oder Parallelogrammen.
Bestimme die Flächeninhalte der Trapeze.

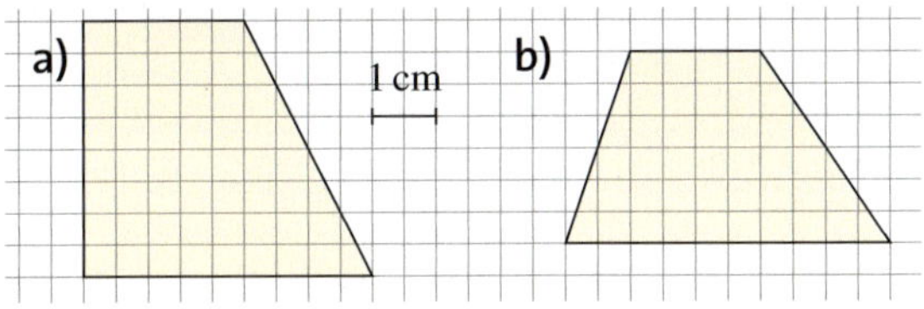

9 Welche der folgenden Trapeze haben …

a) den gleichen Flächeninhalt?

b) den gleichen Umfang?

Begründe, zum Beispiel durch Rechnungen.

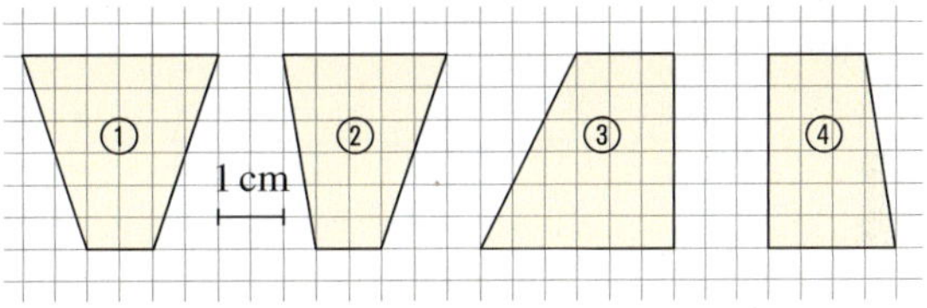

10 Berechne die Flächeninhalte der Trapeze $ABCD$ (mit $a \| c$).

a) $a = 6\,\text{cm}$; $c = 3\,\text{cm}$; $h = 5\,\text{cm}$

b) $a = 4{,}2\,\text{cm}$; $c = 8\,\text{cm}$; $h = 5{,}5\,\text{cm}$

c) $a = 63\,\text{mm}$; $c = 4{,}4\,\text{cm}$; $h = 2{,}5\,\text{cm}$

10 Berechne die gesuchten Größen der Trapeze $ABCD$ (mit $a \| c$).

a) $a = 5\,\text{cm}$; $c = 3{,}2\,\text{cm}$; $h = 37\,\text{mm}$; $A = ?$

b) $a = 4{,}9\,\text{cm}$; $c = 3{,}1\,\text{cm}$;
$A = 11{,}52\,\text{cm}^2$; $h = ?$

Flächeninhalte von zusammengesetzten Figuren

→ Seite 120

11 Rechts siehst du die Bodenfläche eines Swimmingpools.

a) Übertrage die Zeichnung in dein Heft.
Ermittle weitere Maße und trage sie in deine Zeichnung ein.

b) Berechne die Größe der Bodenfläche.

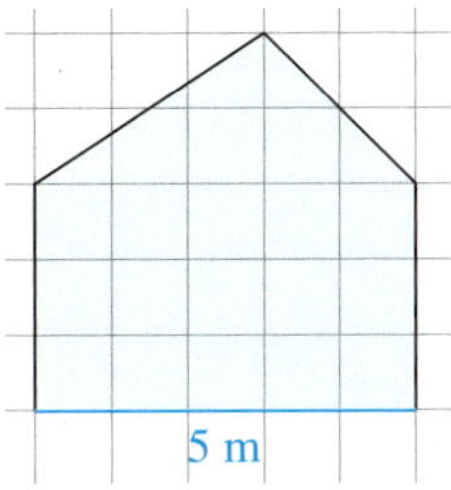

11 Links siehst du die Bodenfläche eines Swimmingpools.

a) Der Boden des Beckens soll neu gefliest werden. Die Fliesen sind 25 cm × 25 cm groß. Berechne, wie viele Fliesen benötigt werden.

b) Zeichne das Becken im Maßstab 1 : 100.

Vermischte Übungen

1 Schreibe in cm^2.
a) $55\,dm^2$ **b)** $212{,}7\,dm^2$ **c)** $13\,m^2$
d) $557\,mm^2$ **e)** $0{,}29\,dm^2$ **f)** $5{,}7\,m^2$

2 Übertrage die Dreiecke in dein Heft. Zeichne in jedes Dreieck eine Höhe ein. Berechne den Flächeninhalt.

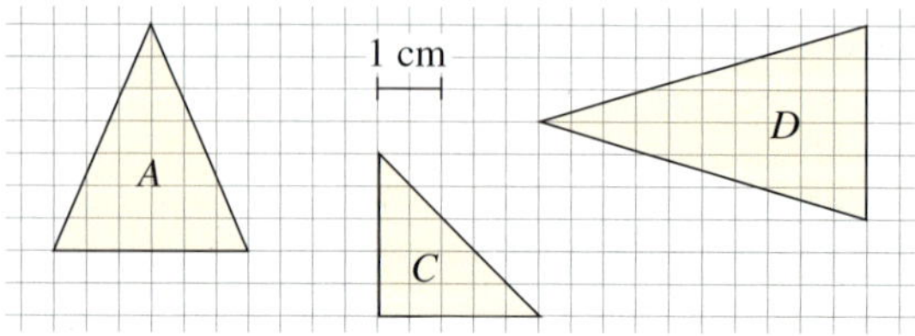

1 Addiere. Achte auf die Einheiten.
a) $0{,}8\,m^2 + 12\,dm^2$ **b)** $4500\,cm^2 + 1{,}5\,m^2$
c) $3\,km^2 + 4000\,a$ **d)** $8\,ha + 15\,000\,m^2$

2 Zeichne zuerst eine Planfigur. Konstruiere dann die Dreiecke und zeichne die Höhen ein.
Berechne anschließend die Flächeninhalte der Dreiecke.
a) $a = 5\,cm$; $b = 7\,cm$; $c = 4\,cm$
b) $c = 6\,cm$; $\alpha = 50°$; $\beta = 80°$
c) $a = 6{,}4\,cm$; $\beta = 45°$; $\gamma = 90°$
d) $b = 5{,}3\,cm$; $c = 7{,}6\,cm$; $\alpha = 67°$

WEITERDENKEN
zu Aufgabe 3: Verändere jeweils die Größen des Parallelogramms so, dass der Umfang (der Flächeninhalt) verdoppelt wird.

3 Berechne die Flächeninhalte und die Umfänge der abgebildeten Parallelogramme.

a)

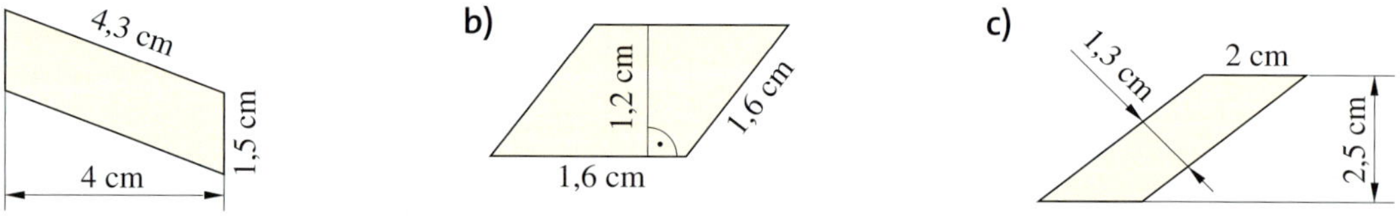

4 Übertrage die Trapeze in dein Heft und berechne jeweils den Flächeninhalt.

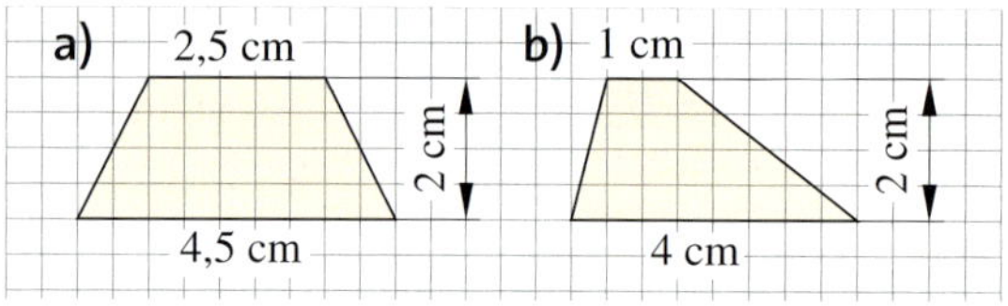

4 Übertrage die Tabelle in dein Heft und ergänze die fehlenden Größen der Trapeze.

	a	*c*	*h*	*A*
a)	2,5 cm	4,7 cm	3 cm	
b)	0,8 m	45 cm	50 cm	
c)	9,8 m	2,6 m		$55{,}8\,m^2$

5 Aus dem Berufsleben
In einer Tischlerei wurde ein Brett zersägt.

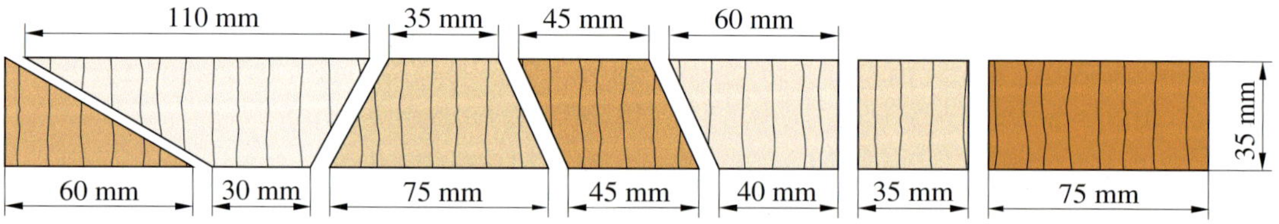

a) Berechne die Flächeninhalte der einzelnen Brettabschnitte.
b) Überprüfe dein Ergebnis durch eine möglichst einfache Rechnung.

6 Betrachte die Bildfolge rechts.
a) Für welche Sonderform von Dreiecken gilt die Formel $A_{Dreieck} = \frac{a \cdot b}{2}$?

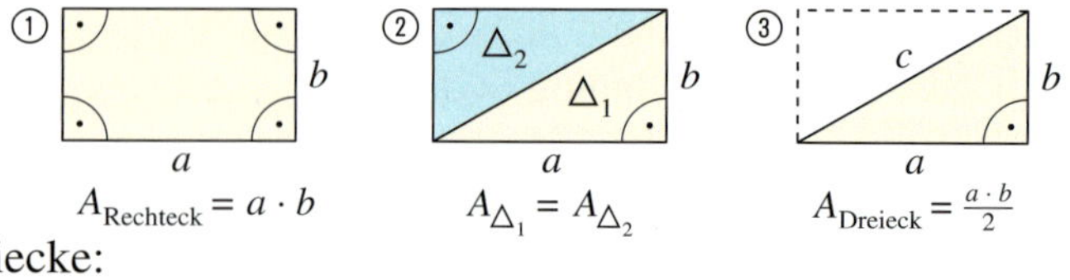

b) Berechne die Flächeninhalte der Dreiecke:
① $a = 6\,cm$; $b = 8\,cm$; $c = 10\,cm$; $\gamma = 90°$ ② $a = 5\,cm$; $b = 13\,cm$; $c = 12\,cm$; $\beta = 90°$
③ $a = 25\,cm$; $b = 7\,cm$; $c = 24\,cm$; $\alpha = 90°$ ④ $a = 3\,cm$; $b = 4\,cm$; $c = 5\,cm$; $\gamma = 90°$

7 Aus dem Berufsleben
Ein rechteckiges Sportgelände ist 180 Meter lang und 105 Meter breit.
Ein Gärtner pflanzt rundherum Bäume. Benachbarte Bäume sollen jeweils 15 Meter voneinander entfernt sein.
a) Wie viele Bäume braucht man für eine 180 Meter lange Seite?
b) Wie viele Bäume braucht man für das gesamte Gelände?

8 Rechts siehst du das Verkehrsschild „Vorfahrt gewähren“ und seine Maße.
a) Wie groß (in cm^2) ist das Verkehrsschild?
b) Tina sagt: „Das Verkehrsschild hat nicht genau die Form eines Dreiecks. Deshalb ist das Ergebnis aus a) nur ein Schätzwert.“ Was meinst du dazu?

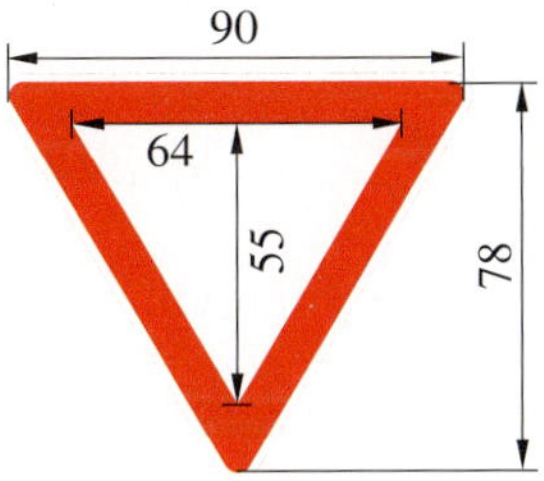

9 Gib eine mögliche Seitenlänge und die Höhe für ein 1 m^2 großes Dreieck an.

10 Zeichne die Dreiecke in ein Koordinatensystem (1 Längeneinheit ≙ 1 cm) und berechne ihre Flächeninhalte. Entscheide jeweils, welche Seite du als Grundseite wählst.
a) $A(5|3)$; $B(11|3)$; $C(6|8)$
b) $D(6|5)$; $E(10|5)$; $F(8|9)$
c) $G(5|0)$; $H(6|6)$; $I(1|6)$

11 Die große Fensterfront des Docklands in Hamburg hat die Form eines Parallelogramms. Bestimme den Flächeninhalt des Parallelogramms.

große Fensterfront:	
Grundseite: 92 m	Höhe: 25 m
Neigungswinkel: 24°	Etagen: 6

7 Welche Fläche ist größer?
Vergleiche den Querschnitt des Bahndamms mit dem Boden eures Klassenraums.

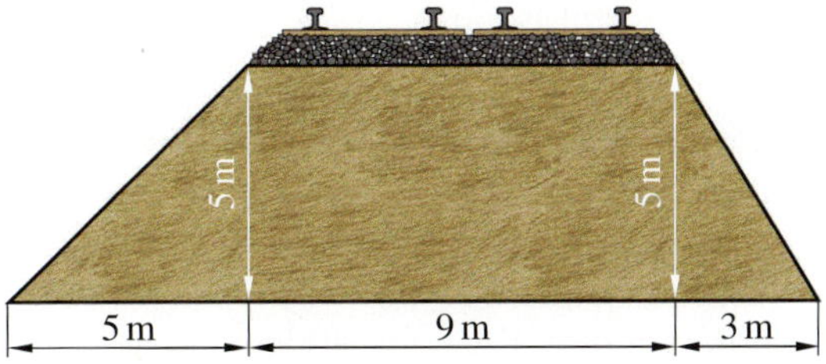

8 Links siehst du das Verkehrsschild „Vorfahrt gewähren“ und seine Maße.
a) Welche Fläche ist beim Verkehrsschild größer: die rote oder die weiße? Schätze erst, rechne dann.
b) Gib den Anteil der roten Fläche am Verkehrsschild in Prozent an.

9 Gib mögliche Maße für ein 1 m^2 großes Trapez an.

10 Ein Fünfeck *ABCDE* hat in einem Koordinatensystem (1 Längeneinheit ≙ 1 cm) die Eckpunkte $A(0|2)$; $B(4|0)$; $C(6|2)$; $D(5|6)$ und $E(1|5)$.
a) Zeichne das Fünfeck.
b) Zerlege das Fünfeck geeignet in Dreiecke und berechne seinen Flächeninhalt.

11 Aus dem Berufsleben
Ein Makler bietet die Grundstücke A bis F zum Verkauf an.

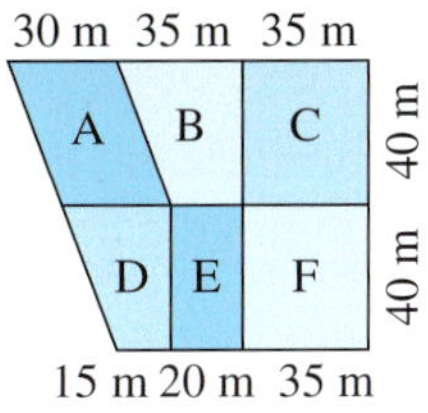

a) Bestimme den Flächeninhalt jedes Grundstücks.
b) Der Grundstückspreis liegt bei 130 € pro m^2.
Familie Meier kann maximal 150 000 € für ein Grundstück bezahlen.
Welche Grundstücke könnte die Familie kaufen?
c) Grundstück E soll vollständig eingezäunt werden. Bestimme die Länge des Zauns.

NACHGEDACHT
Nimm sechs Streichhölzer weg, so dass insgesamt drei Dreiecke übrig bleiben.

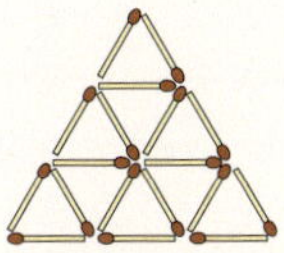

Findest du mehrere Lösungen?

Checkliste ↻ 126-1

Teste dich!

(4 Punkte) **1** Ordne die angegebenen Flächeninhalte den jeweiligen Gegenständen passend zu. (Zwei Flächeninhalte bleiben übrig.)

a) Computerbildschirm
b) Blatt Papier DIN A4
c) 5-€-Schein
d) Stadt Köln

① $74\,cm^2$ ② $2\,km^2$ ③ $11\,dm^2$ ④ $405\,km^2$ ⑤ $15\,mm^2$ ⑥ $624\,cm^2$

(4 Punkte) **2** Wandle in die angegebenen Einheiten um.
a) $5\,cm^2$ (in mm^2) **b)** $400\,m^2$ (in a) **c)** $7{,}6\,dm^2$ (in cm^2) **d)** $670\,m^2$ (in km^2)

(8 Punkte) **3** Ordne die angegebenen Flächeninhalte der Größe nach. Beginne mit dem größten Flächeninhalt.
a) $38\,cm^2$; $400\,mm^2$; $0{,}2\,m^2$; $38\,000\,mm^2$ **b)** 90 ha; $1\,km^2$; $48\,000\,m^2$; $4{,}8\,km^2$; $9\,000\,m^2$

(6 Punkte) **4** Berechne die Umfänge der abgebildeten Figuren.

a) Dreieck

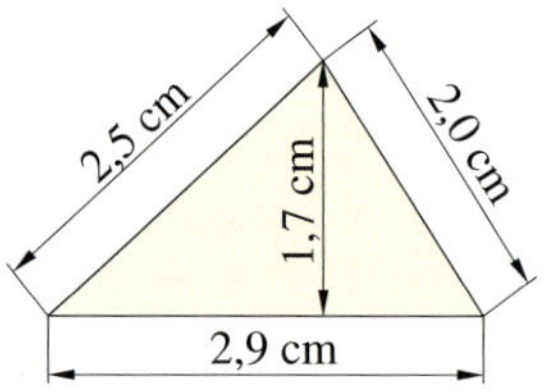

b) Parallelogramm

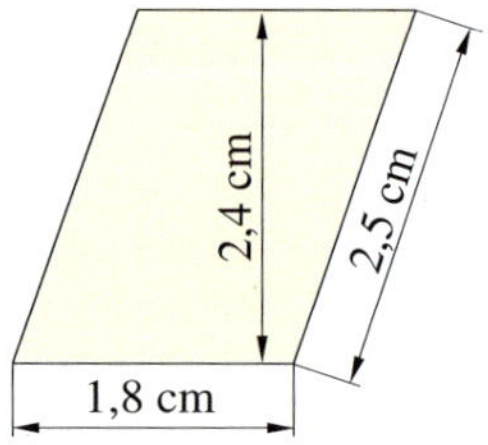

c) Trapez

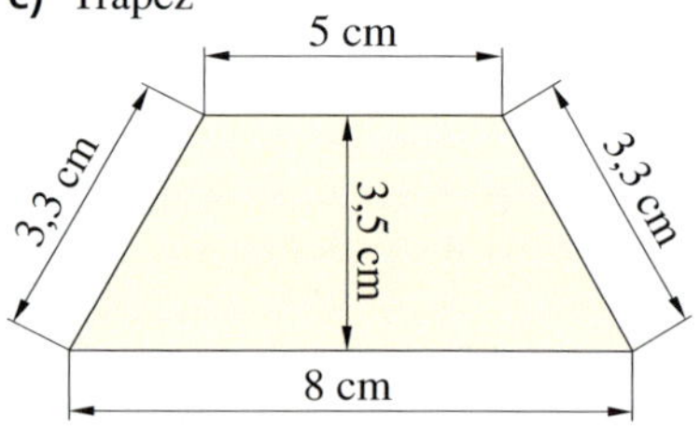

(8 Punkte) **5** Zeichne die folgenden Figuren in dein Heft. Beschrifte alle Eckpunkte und Seiten. Zeichne jeweils die Höhe ein.

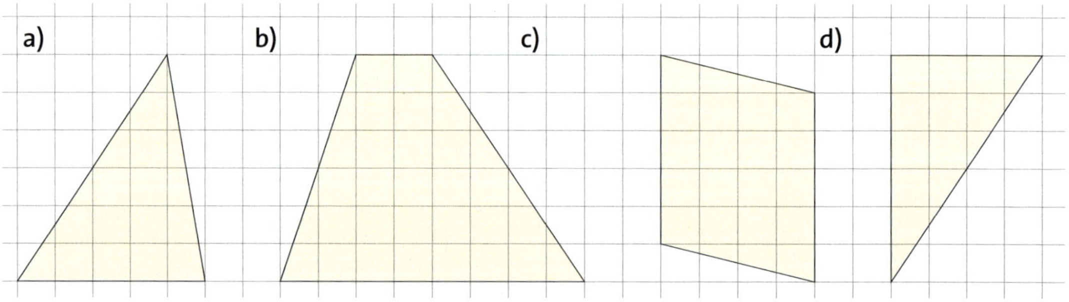

(12 Punkte) **6** Ermittle die Flächeninhalte der Figuren aus Aufgabe 5. Entnimm die benötigten Maße den Zeichnungen.

(6 Punkte) **7** Berechne die Flächeninhalte der Figuren aus Aufgabe 4.

(10 Punkte) **8** Berechne die gesuchten Größen.
a) Dreieck ABC mit $c = 8$ cm und $h_c = 5$ cm; gesucht: A
b) Dreieck ABC mit $c = 10$ cm und $A = 30\,cm^2$; gesucht: h_c
c) Parallelogramm $ABCD$ mit $a = 40$ cm und $u = 110$ cm; gesucht: b
d) Parallelogramm $ABCD$ mit $b = 8{,}3$ cm und $h_b = 4{,}8$ cm; gesucht: A
e) Trapez $ABCD$ ($a \parallel c$) mit $a = 85$ mm; $c = 4{,}3$ cm und $h = 5{,}1$ cm; gesucht: A

9 Zeichne Figuren mit den angegebenen Eigenschaften. *(9 Punkte)*
Gib jeweils auch an, ob mehrere Lösungen möglich sind. Begründe.
a) Dreieck mit dem Umfang 9 cm
b) Dreieck mit dem Flächeninhalt $10\,\text{cm}^2$
c) Parallelogramm mit der Seitenlänge $a = 4\,\text{cm}$ und dem Flächeninhalt $12\,\text{cm}^2$

10 Zusammengesetzte Figuren *(12 Punkte)*
a) Übertrage die Figuren auf Karopapier.
Markiere jeweils eine passende Zerlegung, um den Flächeninhalt zu ermitteln.
b) Ermittle die Flächeninhalte der Figuren.
Entnimm die benötigten Maße den Zeichnungen.

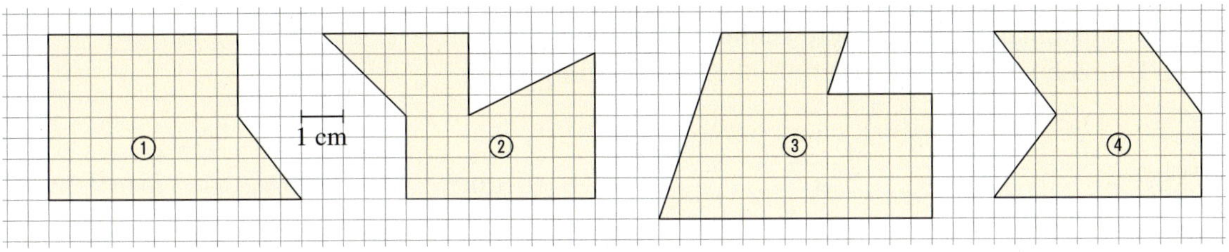

11 Finde einen Weg, den Flächeninhalt des abgebildeten Vierecks zu ermitteln. Erläutere deine Lösungsschritte. *(5 Punkte)*

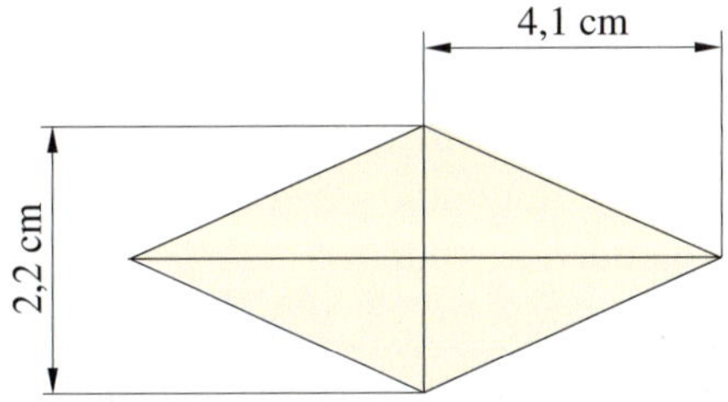

12 Rasen mähen *(8 Punkte)*
a) Auf dem abgebildeten Grundstück soll eine Rasenfläche angelegt werden (grün markiert). Berechne die Größe der Rasenfläche.
b) Fabian benötigt für das Mähen der gesamten Rasenfläche 90 Minuten. Wie lange braucht Fabian im Durchschnitt pro Quadratmeter?

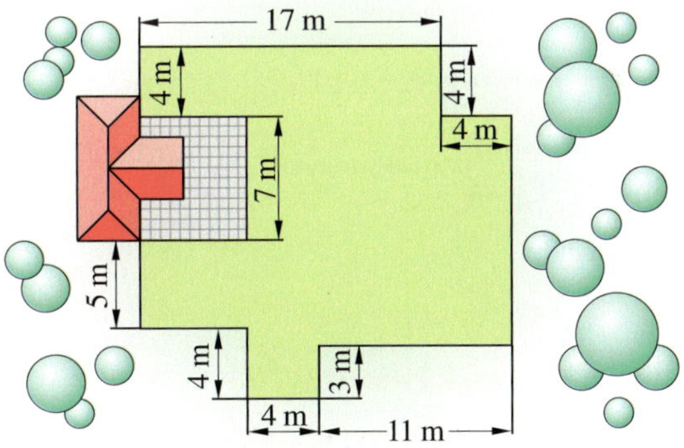

13 Von einem rechteckigen Grundstück muss wegen einer Baumaßnahme ein dreieckiges Teilstück abgegeben werden (im Bild grau markiert). Der Besitzer erhält für jeden Quadratmeter dieses Teilstücks eine Entschädigung von 153 Euro. *(8 Punkte)*
a) Berechne die neue Grundstücksfläche nach Abgabe des Teilstücks.
b) Wie hoch ist die Entschädigung, die der Besitzer für das abgegebene Teilstück erhält?

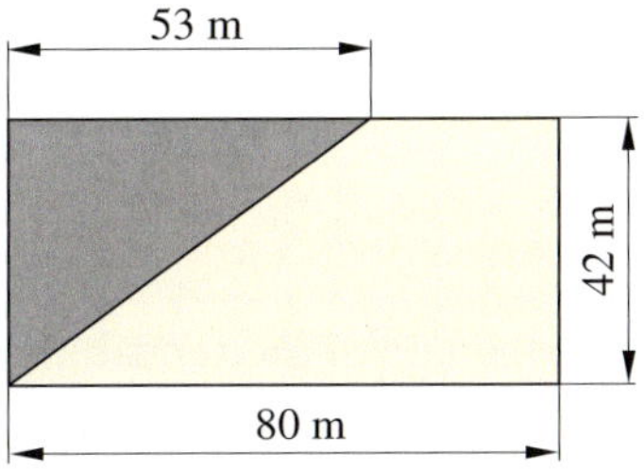

Gold: 94–100 Punkte, Silber: 77–93 Punkte, Bronze: 60–76 Punkte

Zusammenfassung

→ Seite 110

Umfänge berechnen

Umfang *u* einer Figur = Summe der Seitenlängen

Dreieck $u = a + b + c$
Parallelogramm $u = 2 \cdot a + 2 \cdot b$ oder
$u = 2 \cdot (a + b)$
Trapez $u = a + b + c + d$

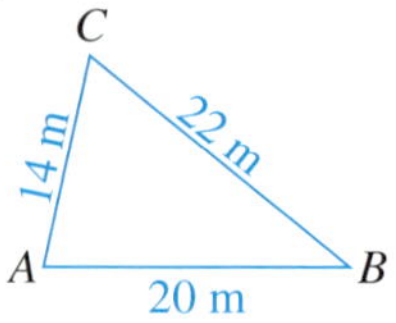

$u = a + b + c$
$u = 22\,\text{m} + 14\,\text{m} + 20\,\text{m}$
$u = 56\,\text{m}$

→ Seite 112

Flächeninhalte in verschiedenen Maßeinheiten

Wandelt man Flächenmaße in eine benachbarte Flächeneinheit um, so ist die **Umwandlungszahl 100**.
Beim Umrechnen in eine größere Einheit wird dividiert.
Beim Umrechnen in eine kleinere Einheit wird multipliziert.

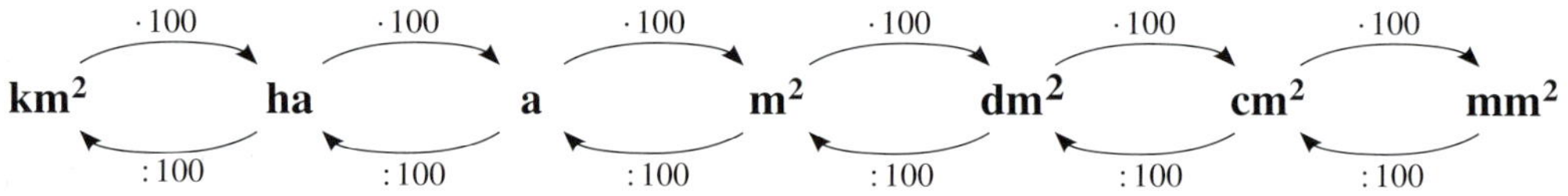

→ Seite 114

Flächeninhalte von Dreiecken

Die Höhe eines Dreiecks ist senkrecht zur zugehörigen Seite und verläuft zum gegenüberliegenden Eckpunkt.

Flächeninhalt$_{\textbf{Dreieck}}$ = $\frac{\textbf{Grundseite · Höhe}}{\textbf{2}}$
kurz: $A = \frac{g \cdot h}{2}$

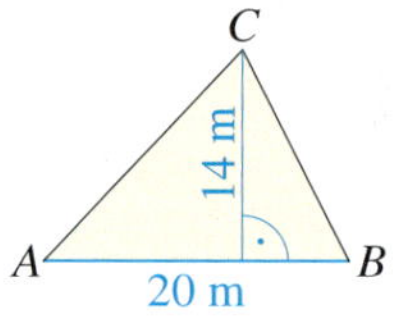

$A = \frac{g \cdot h}{2}$
$A = \frac{20 \cdot 14}{2}\,\text{m}^2$
$A = 140\,\text{m}^2$

→ Seite 116

Flächeninhalte von Parallelogrammen

Flächeninhalt$_{\textbf{Parallelogramm}}$ = Grundseite · Höhe
kurz: $A = g \cdot h$

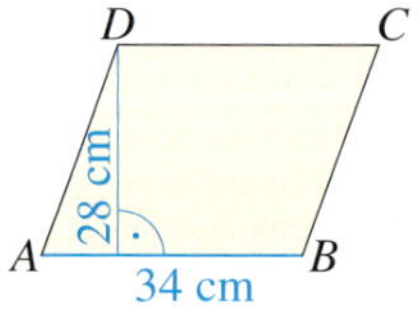

$A = g \cdot h$
$A = 34 \cdot 28\,\text{cm}^2$
$A = 952\,\text{cm}^2$

→ Seite 118

Flächeninhalte von Trapezen

$A = \frac{a + c}{2} \cdot h$

Beachte: *a* und *c* sind dabei die zueinander parallelen Seiten des Trapezes.

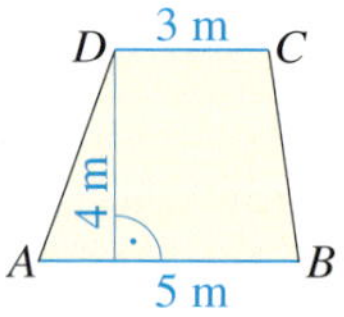

$A = \frac{a + c}{2} \cdot h$
$A = \frac{3 + 5}{2} \cdot 4\,\text{m}^2$
$A = 4 \cdot 4\,\text{m}^2$
$A = 16\,\text{m}^2$

→ Seite 120

Flächeninhalte von zusammengesetzten Figuren

So ermittelt man den **Flächeninhalt einer zusammengesetzten Figur**:
① Die zusammengesetzte Figur wird in bekannte Teilfiguren zerlegt.
② Die Flächeninhalte dieser Teilfiguren werden berechnet.
③ Die Flächeninhalte der Teilfiguren werden addiert.

Prozent- und Zinsrechnung

In Frankfurt am Main sind die wichtigsten Finanzunternehmen angesiedelt. Jede große Bank hat ein Bürohaus. Diese Hochhäuser prägen das Stadtbild. Auch die europäische Zentralbank hat ihren Sitz in Frankfurt.

Noch fit?

Einstieg

1 Brüche mit natürlichen Zahlen multiplizieren

Multipliziere jeweils mit 2; 5 und 7.
Erkläre, wie du rechnest.

$\frac{1}{3}$ $\frac{2}{5}$ $\frac{6}{11}$ $\frac{3}{14}$

2 Brüche in Dezimalzahlen umwandeln

Schreibe als Dezimalzahl.

Beispiel $\frac{3}{4} = \frac{75}{100} = 0{,}75$
oder $\frac{3}{4} = 3 : 4 = 0{,}75$

a) $\frac{7}{10}$ b) $\frac{7}{8}$ c) $\frac{4}{5}$ d) $\frac{19}{50}$

3 Dezimalzahlen mit natürlichen Zahlen multiplizieren

Übertrage und ergänze die Tabelle im Heft.

·	0,5	1,2	2,1	3,5
2				
4				
5				

4 Dezimalzahlen multiplizieren

Bestimme die fehlenden Lösungen durch Verschieben des Kommas.

$1{,}693 \cdot 2{,}5 = 4{,}2325$
$1{,}693 \cdot 25 =$ ▢
$16{,}93 \cdot 25 =$ ▢
$169{,}3 \cdot 25 =$ ▢
$1693 \cdot 25 =$ ▢

5 Dezimalzahlen durch natürliche Zahlen dividieren

Berechne.

a) $3{,}6 : 4$ b) $5{,}6 : 8$
c) $0{,}3 : 2$ d) $0{,}6 : 15$

ERINNERE DICH
$1\% = \frac{1}{100} = 0{,}01$

6 Dezimalzahlen in Prozentzahlen umwandeln

Die folgenden Dezimalzahlen beschreiben Anteile. Schreibe in Prozent.

Beispiel $0{,}85 = \frac{85}{100} = 85\,\%$

a) 0,43 b) 0,29 c) 0,92 d) 0,5

Aufstieg

1 Brüche mit natürlichen Zahlen multiplizieren

Multipliziere jeweils mit 3; 6 und 13.
Erkläre, wie du rechnest.

$\frac{5}{6}$ $\frac{7}{12}$ $\frac{13}{20}$ $\frac{31}{35}$

2 Brüche in Dezimalzahlen umwandeln

Schreibe die Größen als Dezimalzahl.

a) $\frac{1}{4}$ m b) $\frac{9}{10}$ cm c) $2\frac{3}{5}$ km
d) $3\frac{3}{4}$ kg e) $7\frac{5}{8}$ g f) $1\frac{7}{40}$ t
g) $4\frac{4}{25}\,m^3$ h) $13\frac{1}{80}\,dm^3$ i) $4\frac{7}{16}\,mm^3$

3 Dezimalzahlen mit natürlichen Zahlen multiplizieren

Übertrage und ergänze die Tabelle im Heft.

·	1,5	0,7	2,4	3,8
3				
9				
12				

4 Dezimalzahlen multiplizieren

Berechne nur die erste Aufgabe.
Bestimme die anderen Lösungen durch Verschieben des Kommas.

a) $3{,}94 \cdot 6{,}2$
$39{,}4 \cdot 6{,}2$
$3{,}94 \cdot 0{,}62$
$0{,}394 \cdot 6{,}2$

b) $87{,}46 \cdot 0{,}26$
$874{,}6 \cdot 2{,}6$
$8{,}746 \cdot 0{,}026$
$0{,}8746 \cdot 2{,}6$

+5 Dezimalzahlen durch Dezimalzahlen dividieren

Berechne.

a) $62{,}92 : 2{,}6$ b) $7 : 2{,}8$
c) $14{,}4 : 1{,}6$ d) $0{,}96 : 0{,}024$

6 Dezimalzahlen in Prozentzahlen umwandeln

Die folgenden Dezimalzahlen beschreiben Anteile. Schreibe in Prozent.

a) 0,05 b) 0,2 c) 0,77
d) 0,09 e) 0,40 f) 0,57

7 Prozentangaben in Brüche und Dezimalzahlen umwandeln

Schreibe die Prozentangabe als Dezimalzahl und als vollständig gekürzten Bruch.

Beispiel $40\,\% = 0{,}4$; $40\,\% = \frac{40}{100} = \frac{2}{5}$

a) 50 % b) 60 % c) 10 % d) 15 %

8 Prozentuale Anteile bestimmen

Welcher prozentuale Anteil ist farbig dargestellt?

a)
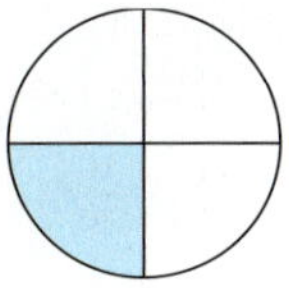

b)
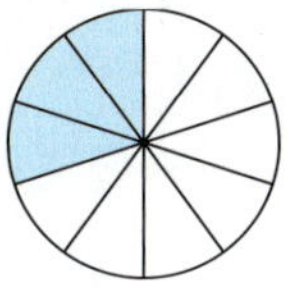

9 Prozentwerte berechnen

Berechne.

a) 1 % von 750 € b) 10 % von 360 €
c) 5 % von 120 € d) 50 % von 3 €
e) 20 % von 25 € f) 15 % von 90 €

10 Prozentsätze berechnen

Berechne den Prozentsatz.
Beachte das Beispiel in der Randspalte.

a) 8 € von 200 € b) 40 € von 400 €
c) 3 kg von 25 kg d) 400 t von 8000 t

11 Sachaufgaben lösen

Berechne den gesuchten Wert.
Kartoffeln enthalten 20 % Stärke.
Wie viel Kilogramm Stärke enthalten 50 kg Kartoffeln?

12 Porportionale Zuordnungen

Ergänze die Tabellen im Heft.
Die Zuordnungen sind proportional.

a)

	Anzahl	Preis (in €)	
	8	24 €	
:8	1		:8
·5	5		·5

b)

	Tage	Futter (in kg)	
	2	3	
	1		
	7		

7 Prozentangaben in Brüche und Dezimalzahlen umwandeln

Schreibe die Prozentangabe als Dezimalzahl und als vollständig gekürzten Bruch.

a) 38 % b) 5 % c) 2 %
d) 28 % e) 55 % f) 2,5 %

8 Prozentuale Anteile bestimmen

Welcher prozentuale Anteil ist farbig dargestellt?

a)
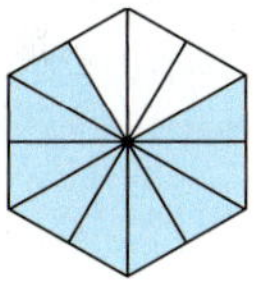

b)

9 Prozentwerte berechnen

Berechne.

a) 12 % von 4 kg b) 10 % von 48 km
c) 6 % von 60 cm^2 d) 30 % von 72 t
e) 20 % von 90 min f) 12 % von 12 m

10 Prozentsätze berechnen

Berechne den Prozentsatz.
Beachte das Beispiel in der Randspalte.

a) 4 kg von 80 kg b) 56 g von 70 g
c) 60 s von 300 s d) 12 m von 300 m

11 Sachaufgaben lösen

Herr Steinle verkauft sein Auto für 5700 €.
Der Neuwert des Autos betrug 15 000 €.
Wie viel Prozent des Neuwerts entspricht der Verkaufspreis?

12 Proportionale Zuordnungen

Berechne mit dem Dreisatz.
Runde sinnvoll.

a) 5 kg Hundefutter kosten 5,95 €.
Wie viel kosten 2,5 kg Hundefutter?
b) 100 g Schinken kosten 1,98 €.
Wie viel kosten 205 g Schinken?
c) 3 Schachteln Kekse wiegen 720 g.
Wie viel wiegen 5 Schachteln Kekse?
d) 5 l Farbe reichen für 30 m^2 Fläche.
Für welche Fläche reichen 1,5 l Farbe?
e) 6 Rollen Tapete kosten 87,54 €.
Wie viel kosten 5 Rollen der Tapete?

HINWEIS
Beispiel zu 10 (lila und türkis):
4 € von 25 €
Rechnung entweder:
$\frac{4}{25} = \frac{16}{100} = 16\,\%$
oder:
$4 : 25 = 0{,}16 = 16\,\%$

ERINNERE DICH
*Bei einer **proportionalen Zuordnung** gilt:*
Zum Doppelten der einen Größe gehört das Doppelte der anderen Größe usw.
Zur Hälfte der einen Größe gehört die Hälfte der anderen Größe usw.

Prozentsätze mit dem Dreisatz berechnen

Entdecken

1 Marcia meint:
„Der Grundwert steht häufig hinter dem Wort *von*, da er das Ganze beschreibt.
Vor dem Wort *von* steht der Prozentwert oder der Prozentsatz.“
Boris behauptet: „Prozentwert und Prozentsatz sind häufig durch das Wort *sind* verbunden, da sie einander entsprechen.“
Was meinst du zu diesen Aussagen?

2 In der Klasse 8 a möchten 27 der 30 Schülerinnen und Schüler im nächsten Sommer eine Klassenfahrt unternehmen.

a) Stelle den Anteil als Bruch dar und führe die Division aus.
Wie hoch ist der Prozentsatz?

b) Berechne den Prozentsatz mit dem Dreisatz.
Erläutere deine Vorgehensweise.

Verstehen

An 6 von 8 Tagen schien die Sonne. Wie viel Prozent sind das?

Merke In der Prozentrechnung unterscheidet man zwischen:
Grundwert *G* (Gesamtmenge, Bezugsgröße, entspricht 100 %)
Prozentwert *W* (Anteil an der Gesamtmenge)
Prozentsatz *p* % (Anteil des Prozentwertes vom Grundwert in Prozent)

Prozentwert und Prozentsatz sind **proportional** zueinander.
Deswegen kann man den Prozentsatz mit dem Dreisatz berechnen.

Beispiel 1

gegeben: **Grundwert *G*** = 8 Tage; **Prozentwert *W*** = 6 Tage
gesucht: **Prozentsatz *p* %**

ERINNERE DICH
Das Gesuchte steht beim Dreisatz immer in der rechten Spalte.

Berechnung mithilfe des Dreisatzes:

①	8 Tage sind 100 Prozent.
②	1 Tag sind $\frac{100}{8} = 12{,}5$ Prozent.
③	6 Tage sind $\frac{100}{8} \cdot 6 = 75$ Prozent.

	Tage	Anteil (in %)	
:8	8	100	:8
·6	1	$\frac{100}{8} = 12{,}5$	·6
	6	$12{,}5 \cdot 6 = 75$	

Antwort: 6 Tage von 8 Tagen sind 75 %.

Merke Der **Prozentsatz** kann mit dem Dreisatz berechnet werden:
① In der ersten Zeile stehen der Grundwert und 100 % (z. B. 8 Tage sind 100 %).
② Schluss auf die Eins (z. B. 1 Tag sind 12,5 %).
③ Schluss auf den Prozentwert ergibt den gesuchten Prozentsatz (z. B. 6 Tage sind 75 %).

Üben und anwenden

1 Benenne aus der Abbildung den Grundwert, den Prozentsatz und den Prozentwert.

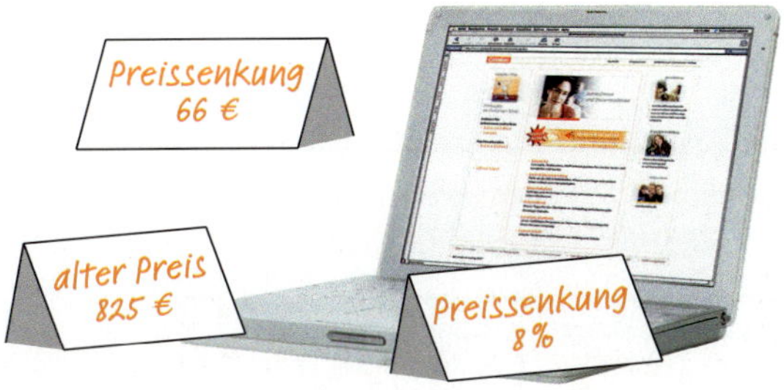

2 Vervollständige die Tabellen im Heft.

a)

Anzahl	Anteil (in %)
200	100
1	

(: ■ / : ■)

b)

Preis (in €)	Anteil (in %)
25	100
1	
13	

(: ■ / · ■)

3 Berechne den Prozentsatz mit dem Dreisatz.

a) 16 Fahrräder von 40 Fahrrädern

b) 37 Bälle von 500 Bällen

4 Berechne den Prozentsatz.

a) 21 km von 25 km

b) 9 g von 20 g

c) 8 € von 80 €

d) 24 min von 160 min

e) 131 kg von 400 kg

f) 25 m von 800 m

1 Welche der drei Grundbegriffe der Prozentrechnung sind bekannt, welcher ist gesucht?

a) Susi bekommt eine 5-prozentige Erhöhung ihres Taschengeldes, das sind 2 €.

b) Frank bekommt 35 € Taschengeld, er soll 4 % mehr bekommen.

c) 5 Schüler der 8. Klassenstufe haben noch keinen Praktikumsplatz, das sind 8,3 %.

d) Peters Schulweg ist 7,5 km lang, davon hat er schon 500 Meter zurückgelegt.

2 Hier wurde falsch gerechnet. Finde die Fehler und korrigiere sie im Heft.

a) 7 kg von 50 kg

Gewicht in kg	Anteil in %
50	100
1	$100 \cdot 50$
7	$\frac{100 \cdot 50}{7} \approx$ ■

b) 2 € von 25 €

Anteil in %	Preis in Euro
100	25
1	$\frac{25}{100}$
2	$\frac{25 \cdot 2}{100} =$ ■

3 Berechne die Prozentsätze bei der Klassensprecherwahl. Runde sinnvoll.

Ramona: 𝍸 𝍸 Bastian: 𝍸 || Isa: 𝍸 |

4 Berechne den Prozentsatz.
Beachte den Hinweis in der Randspalte.

a) 1 g von 1 kg

b) 9 min von 1 h

c) 48 Cent von 8 €

d) 24 s von 5 min

e) 65 cm² von 2 m²

HINWEIS
Grundwert und Prozentwert gehören immer zur gleichen Größe (z. B. Zeit, Geld, Anzahl, Länge usw.). Ungleiche Einheiten (z. B. min, s) müssen vor dem Rechnen in gleiche Einheiten umgerechnet werden.

5 Im Rahmen des Schulprogramms wurde von den Lehrern eine Tabelle über das Arbeitsverhalten der Schülerinnen und Schüler erstellt.
Untersucht wurde der Bereich „Arbeitsmaterialien dabei haben …".
Das Ergebnis eines Tages war:

Jahrgang	5	6	7	8	9	10A	10B
Schülerzahl	88	105	60	158	123	69	74
Schüler ohne Arbeitsmaterialien	15	17	10	15	13	14	11
Prozentsatz							

a) Übertrage die Tabelle in dein Heft und werte sie aus.
Wer ist „Spitzenreiter"?

b) Malte addiert die Prozentsätze und sagt: „105,1 % der Schüler haben keine Arbeitsmaterialien dabei." Was meinst du dazu?

c) Wie sieht es in deiner Klasse aus?

Prozentwerte mit dem Dreisatz berechnen

Entdecken

1 Von den rund 50 000 Zuschauern eines Fußballspiels waren 80 % Schalke-Fans.

a) Welche Größen sind gegeben?

b) Berechne den Prozentwert. Erläutere deine Vorgehensweise.

c) Welcher Prozentsatz entspricht den 50 000 Zuschauern?

d) 10 % der Besucher fanden das Spiel langweilig. Wie viele waren dies?

e) Zeige an diesem Beispiel, dass Prozentwert und Prozentsatz proportional zueinander sind.

2 Gestern war Bürgermeisterwahl in Neustadt. 8000 Personen sind wählen gegangen.

Bürgermeisterwahl in Neustadt	
Jana Berwig	40 %
Peter Petersen	5 %
Florian Segelke	20 %
Dr. Katrin Wagner	35 %

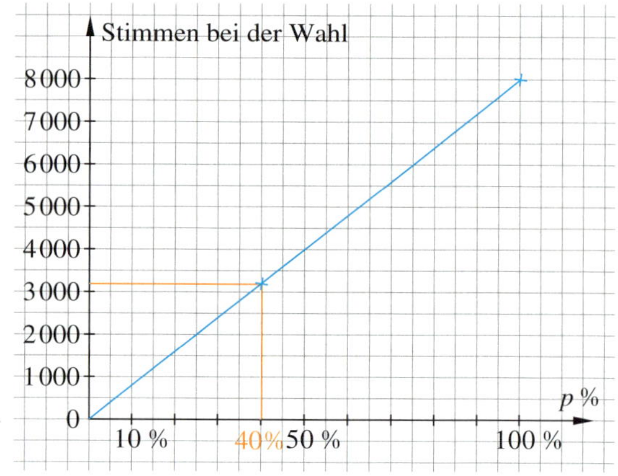

a) Claire versucht ihre Frage zeichnerisch zu lösen. Erkläre, was sie gemacht hat.

b) Übertrage die Zeichnung in dein Heft. Markiere die Werte aller Kandidaten und lies sie ab.

Verstehen

Von 60 Schülern kommen 45 % mit dem Fahrrad zur Schule. Wie viele Schüler sind das?

Beispiel 1

gegeben: **Grundwert *G*** = 60 Schüler; **Prozentsatz *p*%** = 45 %
gesucht: **Prozentwert *W***

Berechnung mithilfe des Dreisatzes:

①	100 % sind 60 Schüler.
②	1 % sind $\frac{60}{100} = 0{,}6$ Schüler.
③	45 % sind $\frac{60}{100} \cdot 45 = 27$ Schüler.

	Anteil (in %)	Anzahl Schüler	
	100	60	
: 100	1	$\frac{60}{100} = 0{,}6$	: 100
· 45	45	$0{,}6 \cdot 45 = 27$	· 45

Merke Der **Prozentwert** kann mit dem Dreisatz berechnet werden:
① In der ersten Zeile stehen 100 % und der Grundwert (z. B. 100 % sind 60 Schüler).
② Schluss auf 1 % (z. B. 1 % sind 0,6 Schüler).
③ Schluss auf den Prozentsatz ergibt den gesuchten Prozentwert (z. B. 45 % sind 27 Schüler).

Üben und anwenden

1 Berechne möglichst im Kopf.
a) 1 % von 600; 6000; 60 000; 60; 6
b) 3 % von 700; 7000; 70 000; 70; 7
c) 10 % von 900; 3300; 90; 330; 9; 33

2 Berechne mit dem Dreisatz.
a) 10 % von 200 €
b) 25 % von 60 t
c) 40 % von 40 m^2
d) 2 % von 71 cm
e) 95 % von 50 min

3 Von den 3000 Besuchern eines Pop-Konzerts waren 75 % weiblich.
a) Larissa meint: „25 % der Besucher waren männlich.“ Wie kommt sie darauf?
b) Berechne die Prozentwerte und überprüfe die Aussage von Larissa.

4 **Aus dem Berufsleben**
Erwerbstätige in verschiedenen Berufsgruppen in Deutschland:

Berufe	Beschäftigte	davon Frauen
Elektroberufe	828 000	5,4 %
Textilverarbeitung	93 000	89,1 %
Köche/Köchinnen	605 000	64,1 %
Verkaufspersonal	1 746 000	82,5 %
Groß- und Einzelhandelskaufleute	1 614 000	45,5 %
Büroberufe, Kaufmännische Angestellte	4 105 000	73,1 %

Berechne die Anzahl der Frauen und Männer. Übertrage die Tabelle in dein Heft. Füge zwei Spalten mit deinen errechneten Zahlen hinzu.

5 **Aus dem Berufsleben**
Im Schlussverkauf sollen alle Preise unter 200 € um 15 % und alle Preise über 200 € um 20 % gesenkt werden.
Berechne die neuen Preise.

530 €   285 €   199 €   178 €   90 €

1 Berechne den Prozentwert.
a) 7 % von 1245 €
b) 23 % von 4096 m
c) 19 % von 93 €
d) 30 % von 512 kg
e) 98 % von 98 €
f) 15,7 % von 6 m^2

2 Berechne und runde sinnvoll.
a) 3 % von 666 Ausbildungsplätzen
b) 15 % von 299,99 €
c) 65 % von 1,76 m
d) 85,5 % von 799 €
e) 55 % von 42,195 km

3 In Düsseldorf konnten von den 3780 Ausbildungsplatz-Suchenden 85 % einen Vertrag erhalten.
Formuliere eine Frage und beantworte sie.

4 Umfrage in der 8. Jahrgangsstufe: „Hast du einen Praktikumsplatz gefunden?“
a) Übertrage die Tabelle in dein Heft und ergänze die fehlenden Werte.

Betrieb	Schüler	Zusage	Zusage in %
Kfz	15		53,3 %
Handel	21		38,1 %
Bau	15		93,3 %
Friseur	18		66,7 %
Büro	11		9,1 %

b) Maike will wissen, wie viel Prozent der Schüler schon eine feste Zusage haben. Sie addiert alle Prozentsätze in der rechten Spalte.
Was meinst du dazu?
c) Zeige, dass der Prozentsatz aller Schüler, die eine Zusage haben, rund 53,8 % beträgt.

5 **Aus dem Berufsleben**
Ein Elektrofachgeschäft bezieht von einem Händler einen Laptop für einen Einkaufspreis von 400 €. Für den Verkauf rechnet er folgende Kosten dazu:
– 35 % Geschäftskosten
– Gewinn von 20 % des Selbstkostenpreises (Einkaufspreis + Geschäftskosten)
– Mehrwertsteuer von 19 %

HINWEIS
135-1
Hier findet ihr Spielkarten, mit denen ihr das Berechnen von Prozentwerten üben könnt.

Grundwerte mit dem Dreisatz berechnen

Entdecken

1 Arbeitet zu zweit oder in Gruppen.
Auf einer Insel gibt es 12 km² Waldfläche.
Dies macht 40 % der gesamten Insel aus.
Die Schüler der Klasse 8 c sollen die Gesamtfläche der Insel in km² berechnen. Beurteilt ihre Aussagen.

① „Gesucht ist auf jeden Fall der Grundwert."
② „40-mal 12 ist 480. Die Insel ist 480 km² groß."
③ „Sie ist mindestens doppelt so groß wie 12 km²."
④ „40 % sind zwei Fünftel. Ich teile 12 km² durch 2, dann habe ich ein Fünftel – mal 5 ergibt das Ganze."
⑤ „Ich rechne mit dem Dreisatz: 100 % sind 12 km², 1 % sind 0,12 km², 40 % sind 4,8 km²."
⑥ „Beim Dreisatz müssen 40 % und 12 km² in der ersten Zeile stehen, da der Grundwert gesucht ist."

2 Übertrage die Vierecke in dein Heft und ergänze sie jeweils auf 100 %.
Gibt es immer verschiedene Möglichkeiten?

a)
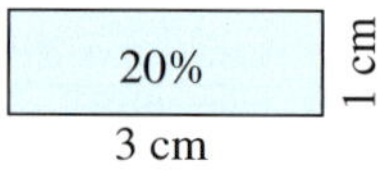

b)
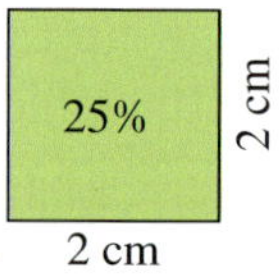

c)
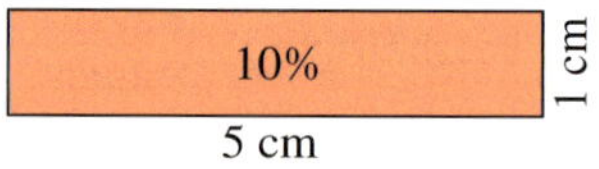

d)
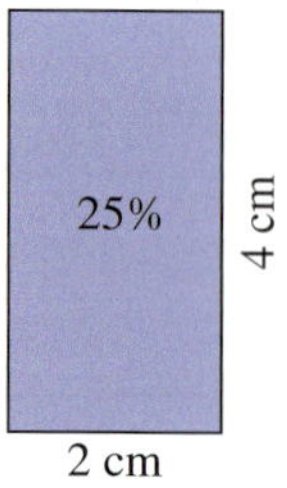

Verstehen

Polizisten haben Fahrräder auf Verkehrssicherheit geprüft.
16 Fahrräder hatten Mängel. Das waren 20 % aller geprüften Fahrräder.
Wie viele Fahrräder wurden insgesamt geprüft?

Beispiel 1

gegeben: **Prozentsatz *p*%** = 20 % **Prozentwert *W*** = 16 Fahrräder
gesucht: **Grundwert *G***

Berechnung mithilfe des Dreisatzes:

①	20 % sind 16 Fahrräder.
②	1 % sind $\frac{16}{20}$ = 0,8 Fahrräder.
③	100 % sind $\frac{16}{20} \cdot 100$ = 80 Fahrräder.

	Anteil (in %)	Anzahl Fahrräder	
: 20	20	16	: 20
· 100	1	$\frac{16}{20} = 0{,}8$	· 100
	100	$0{,}8 \cdot 100 = 80$	

Merke Der **Grundwert** kann mit dem Dreisatz berechnet werden:
① In der ersten Zeile stehen der Prozentsatz und der Prozentwert (z. B. 20 % sind 16 Fahrräder).
② Schluss auf 1 % (z. B. 1 % sind 0,8 Fahrräder).
③ Schluss auf 100 % ergibt den gesuchten Grundwert (z. B. 100 % sind 80 Fahrräder).

Üben und anwenden

1 Berechne den fehlenden Wert im Heft.

	Prozentsatz	Prozentwert	Grundwert
a)	10%	100	
b)	8%	48	
c)	90%	135	
d)	34%	68	

2 Ordne den passenden Grundwert zu.

a) 10% sind 50
b) 1% sind 3
c) 80% sind 4
d) 25% sind 20
e) 75% sind 2250

5 300 500 80 3000

3 An einer Losbude:

a) Wie viele Lose gibt es insgesamt?
b) Wie viele Nieten sind vorhanden?

4 Martin hat schon 135 € für seinen Roller angespart. Das sind 15%.
Berechne anschließend den Grundwert.
Bestimme den Prozentwert (W) und den Prozentsatz (p%).

5 Ein Obsthändler hat von den Erdbeeren 2 kg nicht verkaufen können.
Das sind 10%. Wie viel Kilogramm Erdbeeren hat er insgesamt angeboten?

1 Bestimme den Grundwert.

a) 3% sind 12 €
b) 50% sind 36 kg
c) 40% sind 80 m
d) 65% sind 455 €
e) 80% sind 728 km
f) 5% sind 45 €
g) 20% sind 120 kg
h) 25% sind 3 m
i) 12% sind 72 €
j) 18% sind 54 kg

2 Beurteile, ob die Angaben den gleichen Grundwert haben.

a) 5% sind 30 g, 10% sind 60 g
b) 10% sind 3 m, 50% sind 30 m
c) 2% sind 3 kg, 200% sind 300 kg
d) 70% sind 35 €, 10% sind 5 €

3 Arbeitet zu zweit.

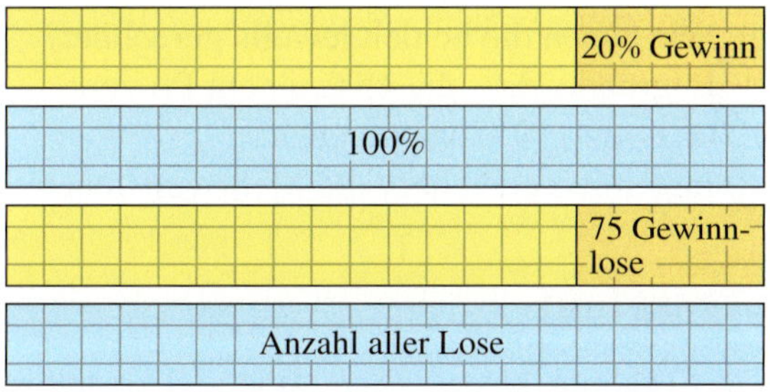

a) Stellt euch Fragen zum Diagramm und beantwortet sie gegenseitig.
b) Schreibt zu dem Diagramm eine passende Geschichte.

4 An einem Wochenende führte die Polizei eine Verkehrskontrolle durch. Von den kontrollierten Fahrern mussten 5 ihre Führerscheine wegen Alkohol am Steuer abgeben, das waren 4% der kontrollierten Personen.

5 Tina fährt seit 3 Stunden Zug. Sie ist froh, dass sie schon 60% ihrer Fahrzeit hinter sich hat. Wie lange muss sie insgesamt fahren? Wie viel Fahrzeit hat sie noch vor sich?

6 Ergänze die Streifen im Heft zu 100%.

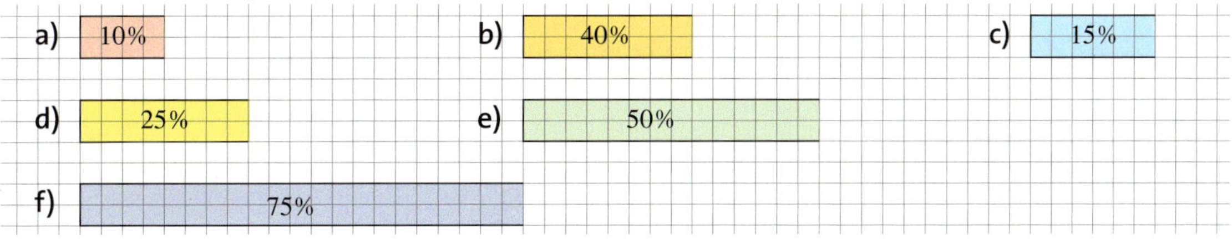

Vermehrter und verminderter Grundwert

Entdecken

1 Nadine bekommt im Monat 40 € Taschengeld.
Nach ihrem Geburtstag wird das Taschengeld um 30 % erhöht.

a) Berechne die Erhöhung in Euro und den neuen Taschengeldbetrag.
b) Pascal behauptet: „Das neue Taschengeld entspricht 130 %.“
Was meinst du dazu?
c) Wie kannst du das neue Taschengeld direkt berechnen, ohne vorher die Erhöhung in Euro zu ermitteln?

HINWEIS
Für Lebensmittel, Blumen und Bücher werden nur 7 % Mehrwertsteuer erhoben.

2 Kaja und Klaus wollen das nebenstehende Angebot nutzen und den MP3-Player kaufen. Klaus errechnet einen Preis von 36,45 € nach der Erstattung.
Kaja behauptet, es sind 37,82 € zu zahlen.

a) Wer hat recht? Kaja oder Klaus?
b) Wie haben die beiden jeweils gerechnet?
c) Begründe, dass die 45 € einem Prozentsatz von 119 % entsprechen.
d) Informiert euch über die Mehrwertsteuer.

Verstehen

Ein Notebook kostet 600 €. Wie viel kostet es nach einer Preissenkung um 5 %?

HINWEIS
Erhöht sich der Grundwert, spricht man von einer Zunahme. Verringert sich der Grundwert, spricht man von einer Abnahme.

Beispiel 1

Der neue Preis entspricht 100 % – 5 % = 95 %.
Ansatz: 100 % sind 600 €.
95 % sind □ €.
Antwort: Der neue Preis beträgt 570 €.

	Anteil (in %)	Preis (in €)	
	100	600	
: 100	1	$\frac{600}{100} = 6$	: 100
· 95	95	$6 \cdot 95 = 570$	· 95

Beispiel 2

Nach einer Preiserhöhung um 8 % kostet ein Handy 216 €. Wie viel kostete es vorher?

Der neue Preis entspricht 100 % + 8 % = 108 %.
Ansatz: 108 % sind 216 €.
100 % sind □ €.
Antwort: Der alte Preis betrug 200 €.

	Anteil (in %)	Preis (in €)	
	108	216	
: 108	1	$\frac{216}{108} = 2$	: 108
· 100	100	$2 \cdot 100 = 200$	· 100

Merke Bei prozentualen Veränderungen ist der alte Zustand (Preis, Einwohnerzahl …) der Grundwert mit 100 %.

Erhöht sich der Grundwert um p %, entspricht der neue Wert 100 % + p %.
Man nennt ihn den **vermehrten Grundwert**.

Verringert sich der Grundwert um p %, entspricht der neue Wert 100 % – p %.
Man nennt ihn den **verminderten Grundwert**.

Üben und anwenden

1 Ein Fahrrad kostet im Laden 500 €. Kira und Lorenzo bekommen 15 % Rabatt. Sie berechnen auf unterschiedliche Weise den neuen Preis.

a) Erkläre jeweils, wie sie vorgegangen sind. Wo sind die Unterschiede?

b) Wie würdest du vorgehen? Begründe.

Kira:

	bekannt: Anteil (in %)	gesucht: Betrag (in €)	
: 100	100	500	: 100
	1	5	
· 15	15	75	· 15

500 € − 75 € = 425 €

Lorenzo:

	bekannt: Anteil (in %)	gesucht: Betrag (in €)	
: 100	100	500	: 100
	1	5	
· 85	85	425	· 85

2 Gib den vermehrten oder den verminderten Grundwert in Prozent an.

Beispiel Zunahme um 9 %
100 % + 9 % = 109 %
vermehrter Grundwert

a) Zunahme um: 12 %; 16 %; 16,7 %; 9,3 %

b) Abnahme um: 16 %; 7 %; 0,4 %; 18,1 %

3 Übertrage die Tabelle und fülle sie aus.

	Grundwert *G*	Zunahme/ Abnahme	Prozentsatz *p%*	Prozentwert *W*
a)	100 €	+5 %		
b)	50 €	+25 %		
c)	240 €	−10 %		
d)	350 €		80 %	

4 Herr Wagner erhält eine Lohnerhöhung von 4 %. Er verdiente bisher 1350 €. Wie viel Lohn erhält er nun?

5 Aus dem Berufsleben
Ein Geschäft wirbt mit „Alles 30 % billiger". Prüfe, ob richtig reduziert wurde.

6 Berechne den alten Preis.
Rechne wie in Beispiel 2 auf Seite 138.

a) neuer Preis: 84 €; Preiserhöhung um 5 %

b) neuer Preis: 132 €; Preiserhöhung um 10 %

c) neuer Preis: 240 €; Preiserhöhung um 4 %

2 Was ist hier dargestellt?

Grundwert 100 %	Erhöhung
vermehrter Grundwert 140 %	

a) Wie groß ist die Erhöhung?

b) Skizziere ein Schaubild für einen um 20 % verminderten Grundwert.

3 Übertrage die Tabelle und fülle sie aus.

	Grundwert *G*	Zunahme/ Abnahme	Prozentsatz *p%*	Prozentwert *W*
a)	346 €	−7,5 %		
b)	1290 €		74,2 %	
c)	895 €	+5,6 %		
d)	760 €	+3,9 %		

4 Nach einer Preiserhöhung von 3,5 % kostet ein Gefrierschrank 807,30 €. Wie teuer war der Gefrierschrank zuvor?

HINWEIS
Überlege immer zuerst, ob der alte oder der neue Preis gegeben ist.

5 Aus dem Berufsleben
Nach einer Preiserhöhung von 15 % kostet ein DVD-Player nun 109,25 €.
Einige Ansätze der Schüler:

Tim: 15 % sind 109,25 €
Bob: 85 % sind 109,25 €
Maya: 15 % von 109,25 €
Steffi: 115 % sind 109,25 €
Evelyn: 85 % von 109,25 €

a) Welcher Ansatz ist richtig?

b) Formuliere passende Textaufgaben zu den falschen Ansätzen.

6 Im Schlussverkauf werden viele Preise herabgesetzt. Berechne den alten Preis.

a) neuer Preis: 150,50 €; Rabatt: 30 %

b) neuer Preis: 323,00 €; Rabatt: 15 %

c) neuer Preis: 627,00 €; Rabatt: 12 %

Methode Darstellung von Prozentsätzen

Für die Veranschaulichung von Prozentsätzen eignen sich besonders **Streifendiagramme** und **Kreisdiagramme**.
Auch mit dem Computer lassen sich verschiedene Arten von Diagrammen erstellen.

Beispiel

Notenverteilung einer Klassenarbeit

Note	1	2	3	4	5	6	**Summe**
Anzahl	2	4	8	7	3	1	25
Anteil	8 %	16 %	32 %	28 %	12 %	4 %	100 %

1. Streifendiagramm

Die Anteile der einzelnen Noten werden durch die entsprechenden Bruchteile der gesamten Streifenlänge dargestellt.

- Die Gesamtlänge des Streifens entspricht 100 %.
  Sie sollte für die Berechnung der einzelnen Abschnitte günstig gewählt werden (z. B. 10 cm).
- Die Höhe des Streifens ist beliebig.

Die Streifenlänge von 10 cm entspricht 100 %. Dann ist 1 % auf dem Streifen 0,1 cm lang.

HINWEIS
Die Felder im Streifendiagramm sollten beschriftet oder mit einer Legende versehen sein.

Um die Länge der Felder zu berechnen, werden die Prozentzahlen mit 0,1 cm multipliziert:
Note 1 entspricht 8 %: $8 \cdot 0{,}1\,\text{cm} = 0{,}8\,\text{cm}$ Note 2 entspricht 16 %: $16 \cdot 0{,}1\,\text{cm} = 1{,}6\,\text{cm}$ usw.

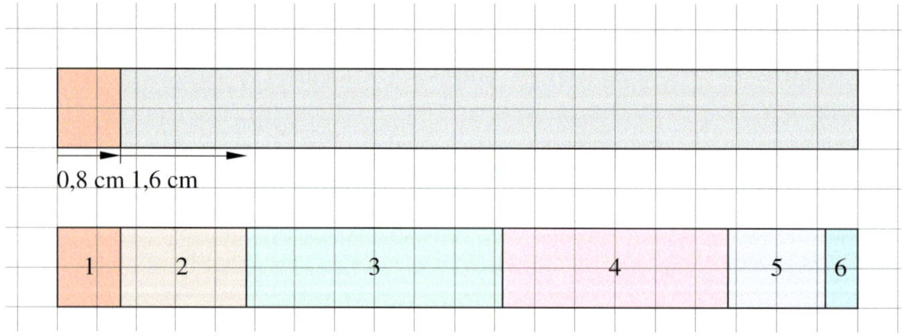

2. Kreisdiagramm

Die Anteile der einzelnen Noten werden durch die entsprechenden Kreisteile dargestellt.

- Der Kreis hat einen Vollwinkel von 360°.
  360° entsprechen 100 %, also gilt:
  1 % entspricht einem Winkel von 3,6°.
- Der Radius des Kreises ist beliebig.

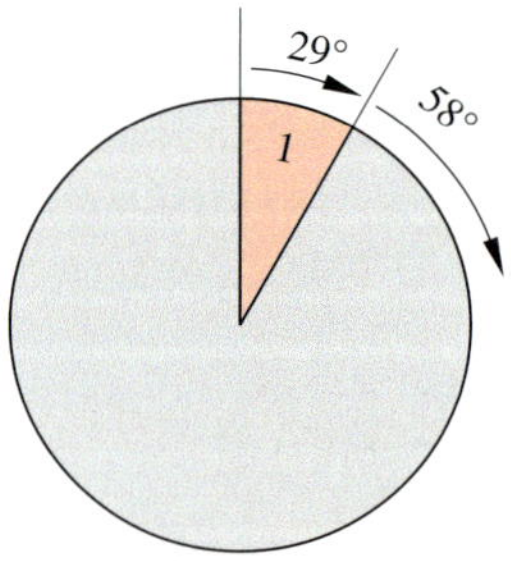

Zu jedem Prozentsatz gehört ein Winkel.

Um die Winkelgrößen der Kreisteile zu berechnen, werden die Prozentzahlen mit 3,6° multipliziert:
Note 1 entspricht 8 %: $8 \cdot 3{,}6° \approx 29°$
Note 2 entspricht 16 %: $16 \cdot 3{,}6° \approx 58°$
Note 3 entspricht 32 %: $32 \cdot 3{,}6° \approx 115°$
usw.

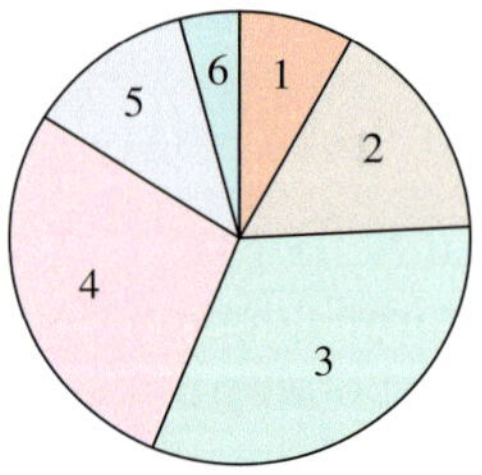

Notenverteilung der Klassenarbeit

3. Diagramme mit dem Computer erstellen

Berechnung der prozentualen Anteile mit einer **Formel**:

① Trage in die Zelle **C2** die Formel „**=B2/25**“ ein.

② Klicke die Zelle **C2** an und bewege den Mauszeiger auf den Punkt rechts unten in der Zelle. Ziehe das schwarze Kreuz bei gedrückter linker Maustaste nach unten, um die Formel zu kopieren.

③ Trage in die Zelle **D2** die Formel „**=C2*100**“ ein. Gehe wie in ② vor.

C2 | fx | =B2/25

	A	B	C	D	E
1		Anzahl	Anteil	Anteil (in %)	
2	Note 1	2	0,08	8	
3	Note 2	4	0,16	16	
4	Note 3	8	0,32	32	
5	Note 4	7	0,28	28	
6	Note 5	3	0,12	12	
7	Note 6	1	0,04	4	
8	Summe	25	1	100	
9					
10					

NACHGEDACHT
*Markiere die Zellen **C2** bis **C7** und wähle unter Start das Prozentzeichen an. Beschreibe, was passiert. Wie kommt die Darstellung zustande?*

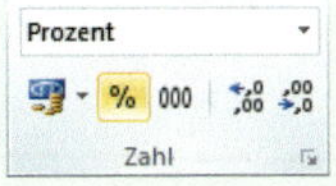

Darstellung der prozentualen Anteile in einem Diagramm:

④ Markiere die Zellen **C2** bis **C7**.

⑤ Markiere zusätzlich bei gedrückter Steuerungstaste („Strg“) die Zellen **A2** bis **A7**.
Da diese Zellen Text enthalten, verwendet das Programm sie zur Beschriftung des Diagramms.

⑥ Wähle unter „Einfügen“ eine Diagrammart aus, z. B. Kreis.

⑦ Unter dem Reiter Diagrammtools findest du Werkzeuge zum Bearbeiten des Diagramms.

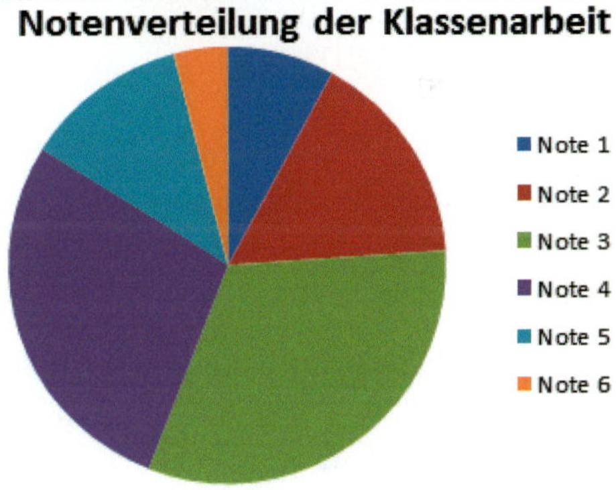

Üben und anwenden

1 Es kann schwierig sein, mit dem Rauchen aufzuhören. Dazu wurden Raucher nach ihrer Meinung gefragt.

a) Erläutere die Ergebnisse der Befragung, die in der Tabelle dargestellt sind.

b) Stelle die Ergebnisse jeweils in einem Streifendiagramm dar.

	gar nicht schwierig	eher nicht schwierig	eher schwierig	sehr schwierig
allgemein	22 %	33 %	25 %	20 %
13–16-Jährige	39 %	41 %	11 %	9 %
17–19-Jährige	13 %	28 %	33 %	26 %

2 Denkt euch selbst ein Thema aus und führt eine Befragung in eurer Klasse durch.
Stellt die Ergebnisse in einem Diagramm dar.

3 Für eine Wahlprognose zur Bundestagswahl wurden 1000 Personen befragt.

Partei	Anzahl Stimmen
CDU/CSU	385
SPD	272
FDP	65
Grüne	134
Sonstige	144

a) Stelle die prozentualen Anteile in einem Streifen- oder Kreisdiagramm dar.

b) Wie viele Sitze hätten die einzelnen Parteien, wenn 620 Sitze zu verteilen sind?

c) Informiere dich über die Bundestagswahl und aktuelle Sitzverteilungen.
Wie groß ist die Abweichung der einzelnen Parteien zur Umfrage?
Präsentiere deine Ergebnisse.

HINWEIS
141-1
Hier findest du informative Links zu Wahlen.

Grundbegriffe der Zinsrechnung

Entdecken

1 Im Geldverkehr kommen die Begriffe Kapital, Zinsen und Zinssatz vor.
Informiere dich über die Bedeutung dieser Begriffe.

2 Stellt man einer Sparkasse oder Bank Geld zur Verfügung, wird das Kapital **Guthaben** genannt. Für diese Spareinlagen erhält man **Sparzinsen**.
Leiht man sich Geld, wird das Kapital häufig als **Kredit** oder **Darlehen** bezeichnet. Als Leihgebühr zahlt man **Kreditzinsen**.
Sammelt Informationen über verschiedene Sparmöglichkeiten, derzeitige Zinssätze für Spareinlagen und Kredite.

3 Karin behauptet: „Wenn ich mein Kapital von 3000 € ein Jahr lang mit 1,5 % Zinsen auf dem Sparbuch lasse, habe ich am Ende des Jahres 45 € mehr auf dem Sparbuch."
Welche Berechnung aus der Prozentrechnung hat sie durchgeführt? Überprüfe ihr Ergebnis.

Verstehen

HINWEIS
Zinssätze beziehen sich in der Regel auf ein Jahr. Die Zinsen die man nach einem Jahr erhält nennt man auch ***Jahreszinsen****.*

Leonie hat vor einem Jahr 420 € zum Zinssatz von 2 % auf ihrem Sparkonto angelegt.
Die Zinsen betragen 8,40 €.
Das bedeutet: Nach einem Jahr überweist die Bank ihr die 8,40 € Zinsen auf ihr Konto.

Bei der Zinsrechnung rechnet man auf die gleiche Weise wie bei der Prozentrechnung.
Die Begriffe Grundwert, Prozentwert und Prozentsatz bekommen einen neuen Namen.

	2 % von	420 €	sind 8,40 €
Begriffe der Prozentrechnung	Prozentsatz $p\,\%$	Grundwert G	Prozentwert W
Begriffe der Zinsrechnung	Zinssatz $p\,\%$	Kapital K (Guthaben, Kredit)	Zinsen Z

HINWEIS
Die Zinsen sind ein Geldwert. Der Zinssatz ist der zugehörige Prozentsatz.

Merke Die Zinsrechnung ist eine Anwendung der Prozentrechnung auf den Geldverkehr. Die drei Grundbegriffe erhalten spezielle Bezeichnungen.

Grundwert G → **Kapital** $\boldsymbol{K}$ Prozentwert W → **Zinsen** $\boldsymbol{Z}$ Prozentsatz $p\,\%$ → **Zinssatz** $\boldsymbol{p\,\%}$

Das Kapital, die Zinsen und den Zinssatz kann man mit dem Dreisatz berechnen.

Beispiel 1

gegeben: **Kapital** $\boldsymbol{K}$ = 420 €
Zinssatz $\boldsymbol{p\,\%}$ = 2 %
gesucht: **Zinsen** $\boldsymbol{Z}$

	%	€	
	100	420	
: 100	1	4,20	: 100
· 2	2	8,40	· 2

Die Zinsen betragen 8,40 €.

Beispiel 2

gegeben: **Kapital** $\boldsymbol{K}$ = 5000 €
Zinsen $\boldsymbol{Z}$ = 180 €
gesucht: **Zinssatz** $\boldsymbol{p\,\%}$

	€	%	
	5000	100	
: 5000	1	0,02	: 5000
· 180	180	3,6	· 180

Der Zinssatz beträgt 3,6 %.

Beispiel 3

gegeben: **Zinssatz** $\boldsymbol{p\,\%}$ = 2 %
Zinsen $\boldsymbol{Z}$ = 99 €
gesucht: **Kapital** $\boldsymbol{K}$

	%	€	
	2	99	
: 2	1	49,50	: 2
· 100	100	4950	· 100

Das Kapital beträgt 4950 €.

Üben und anwenden

1 Ordne jeweils die Begriffe Zinssatz, Zinsen und Kapital richtig zu.
a) 50 € von 2000 € sind 2,5 %.
b) 2 % von 600 € sind 12 €.
c) 110 % von 45 € sind 49,50 €.

2 Berechne die gesuchten Werte mit dem Dreisatz.
a) Kapital: 800 €; Zinssatz: 4,5 %; Zinsen: ▒
b) Kapital: 1200 €; Zinssatz: 2 %; Zinsen: ▒
c) Kapital: 100 €; Zinsen: 1,20 €; Zinssatz: ▒
d) Kapital: 1000 €; Zinsen: 15 €; Zinssatz: ▒
e) Zinssatz: 4 %; Zinsen: 40 €; Kapital: ▒

3 Für einen Kredit von 1250 € muss Max nach einem Jahr 50 € Zinsen zahlen. Berechne den Zinssatz.

4 Leas Sparbuch bietet einen Zinssatz von 1 %. Sie hat 240 € Guthaben auf ihrem Sparbuch. Wie viel Zinsen erhält Lea nach einem Jahr?

5 Wer war bei welcher Bank?

Frau Nolte:
Kapital $K = 2000$ €
Zinsen $Z = 28$ €

Herr Witt:
Kapital $K = 1000$ €
Zinsen $Z = 12$ €

Herr Stör:
Kapital $K = 4000$ €
Zinsen $Z = 56$ €

Frau Butt:
Kapital $K = 500$ €
Zinsen $Z = 6$ €

Bank A:
Zinssatz $p\,\% = 1{,}4\,\%$

Bank B:
Zinssatz $p\,\% = 1{,}2\,\%$

1 Berechne den fehlenden Wert.
Schreibe einen Antwortsatz.
a) Kapital 500 €; Zinssatz 2 %
b) Kapital 800 €; Zinsen 8 €
c) Zinssatz 2 %; Zinsen 2 €

2 Vervollständige die Tabelle im Heft.

	Kapital K	Zinssatz $p\,\%$	Zinsen Z
a)	40 000 €	3,7 %	
b)		2 %	45 €
c)	5000 €		150 €
d)	4850 €	1,25 %	
e)		3 %	12,60 €

3 Frau Huy nimmt einen Kredit über 25 000 € auf. Nach einem Jahr muss sie 2875 € Zinsen zahlen.

4 Tim bekommt für 160 € Guthaben 2,56 € Zinsen.
Berechne den Zinssatz, den Tim von der Bank bekommt. Wie viel Euro hat er insgesamt?

5 Drei Geldinstitute bieten ihre Dienste an.

Stelle eine Tabelle auf, so dass man alle Beträge vergleichen kann. Welches Angebot ist nach einem Jahr am günstigsten?

HINWEIS
143-1
Unter dem Webcode befindet sich eine interaktive Übung zu Kapital, Zinsen und Zinssatz.

6 Lydia, Sascha, Hasan und Lilo haben ihr Geld bei unterschiedlichen Geldinstituten angelegt. Sie wollen vergleichen.
Lege eine Tabelle an und berechne die fehlenden Werte.

7 Für ihre Klassenfahrt im 9. Schuljahr nach Berlin haben die Klassen 8 a und 8 b Geld auf verschiedenen Konten festgelegt.
Jede Klasse benötigt 3750 € für die Fahrt.
Klasse 8 a hat 3620 € zu einem Zinssatz von 3,7 % angelegt.
Klasse 8 b erwartet 144 € Zinsen bei einem Zinssatz von 4 %.
Wie sieht der Kontostand jeder Klasse nach Eingang der Zinsen aus?

8 Frau Ludwig will sich ein neues Auto kaufen. Sie möchte dafür einen Kredit in Höhe von 5000 € aufnehmen.

Bank Ⓐ bietet einen Kredit zu einem Zinssatz von 9,8 % an.
Bank Ⓑ bietet einen Kredit für 475 € Zinsen im Jahr an. Hinzu kommt eine Bearbeitungsgebühr von 25 €.

a) Vergleiche die beiden Angebote.
b) Welches Angebot sollte Frau Ludwig annehmen?

7 Stefano hat 600 € auf seinem Sparkonto. Der jährliche Zinssatz beträgt 3 %.

a) Wie viel Zinsen erhält er nach einem Jahr?
b) Wie lautet der neue Kontostand nach Eingang der Zinsen?
c) Warum sind die Zinsen im zweiten Jahr größer als im ersten Jahr? Berechne sie.
d) Wie ändern sich die Zinsen nach einem (nach zwei) Jahren, wenn Stefano 1200 € auf dem Sparkonto hat.

8 Roland wird im nächsten Jahr 16 Jahre alt. Er wünscht sich diesen Motorroller.

Für ein Jahr hat er 1200 € zu einem Zinssatz von 4,8 % fest angelegt.
Für die restliche Finanzierung will er ein Jahr monatlich 20 € zusätzlich sparen.

a) Kann er von dem gesparten Geld den Motorroller kaufen?
b) Was hat Roland bei seiner Kalkulation nicht berücksichtigt?
c) Wie könnte Roland sparen, damit er nach einem Jahr das benötigte Geld hat?

Lerncheck

1 Schreibe als Dezimalzahl.

a) $\frac{3}{10}$ b) $\frac{17}{1000}$ c) $3\frac{51}{100}$ d) $4\frac{5}{100}$

2 Schreibe als Bruch.

a) 0,07 b) 0,19 c) 8,1 d) 9,03

3 Gib in der nächstgrößeren Einheit an.

a) 173 Cent b) 120 min c) 300 g d) 270 s
e) 5 ml f) 35 m g) 542 cm^2 h) 4 dm^2

4 Ein rechteckiges Grundstück hat eine Länge von 32 m und eine Breite von 24 m. Das Haus 14 m × 12 m groß. Wie viel Quadratmeter bleiben für den Garten?

Thema Ratenkauf

Viele Kunden nutzen sogenannte **Ratenkäufe**.
Der Kaufpreis wird in monatlichen Raten zusammen mit Zinsen und Gebühren gezahlt.
Die erste Rate wird 30 Tage nach Erhalt der Ware fällig, die weiteren Raten jeweils einen Monat später.

1 Oft sind Produkte so ausgezeichnet, dass die monatliche Finanzierungsrate und der Barpreis angegeben sind.
Ein Sportgeschäft bietet für Fußballtische folgenden Ratenkäufe an:

Fußballtisch (Laufzeit 12 Monate)		
	Barpreis	**Rate pro Monat**
Modell Ⓐ	225 €	20,25 €
Modell Ⓑ	499 €	44,91 €
Modell Ⓒ	749 €	67,41 €

a) Berechne für die Ratenkaufangebote der Fußballtische die Gesamtpreise nach 12 Monaten Ratenzahlung.
b) Wie hoch ist der Aufschlag, der jeweils gegenüber einer Barzahlung anfällt? Gib den Aufschlag in Euro und in Prozent an.

ZUM WEITERARBEITEN
Oftmals wird bei einem Ratenkauf vorausgesetzt, dass kein negativer SCHUFA-Eintrag vorliegt. Recherchiere, was das bedeutet.

2 Ein Kaufhaus bietet Ratenkäufe mit bis zu 36 Monatsraten. Je nach Laufzeit fordert das Kaufhaus einen Aufschlag auf den Kaufpreis von 0,71 % bis 0,61 % pro Monat.

Anzahl der Monatsraten	6	12	24	36
Aufschlag auf den Kaufpreis	0,71 %	0,64 %	0,62 %	0,61 %

Beispiel
Ein Fernseher kostet 399 €. Frau Ramin vereinbart einen Ratenkauf über 24 Monate. Zusätzlich zum Kaufpreis muss sie einen Aufschlag von 0,62 % pro Monat zahlen.

Aufschlag	399 € · 0,0062 · 24 = 59,37 €
Ratenkaufpreis	458,37 €
Monatsrate	458,37 € : 24 = 19,10 €

a) Berechne den Gesamtpreis und die monatliche Rate für den Fernseher, wenn sich Frau Ramin für eine Laufzeit von 36 Monaten entscheidet.
b) Malin kauft ein Smartphone für 264 €. Da sie bar zahlt erhält sie 2 % Skonto. Sabrina zahlt das gleiche Smartphone in 6 Monatsraten ab. Wie viel Euro spart Malin gegenüber Sabrina?

HINWEIS
zu ***2 b)***
Skonto *ist ein Preisnachlass, den Firmen häufig bei Barzahlung gewähren.*

3 Matthias sagt: „Wieso Ratenkauf? Ich überziehe einfach ab und zu mein Konto, dafür ist der Dispokredit doch da!"
Was hältst du davon? Erkundige dich zunächst über Dispokredite.
Diskutiere anschließend darüber mit deinem Tischnachbarn.

4 Arbeitet in Gruppen. Schneidet aus Katalogen Angebote vergleichbarer Artikel mit verschiedenen Finanzierungsmodellen aus und fertigt ein Plakat an.
Vergleicht die Endpreise und hebt das eurer Meinung nach günstigste Angebot hervor.
Stellt euer Ergebnis der Klasse zur Diskussion vor.

Klar so weit?

→ Seite 132

Prozentsätze mit dem Dreisatz berechnen

1 Berechne den Prozentsatz.
a) 1 Los von 20 Losen
b) 86 Bäume von 200 Bäumen
c) 5 min von 25 min
d) 5 m von 10 m
e) 36 € von 400 €

2 In einer Schulklasse mit 25 Jugendlichen sind 7 an Grippe erkrankt.
Wie viel Prozent sind das?
Berechne mit dem Dreisatz.

1 Wie viel Prozent …
a) sind 50 ct (40 ct; 75 ct) von 1 €?
b) sind 750 m (0,1 km; 50 cm) von 1 km?
c) sind 15 min (0,4 h; 270 s) von 1 h?
d) sind 1 kg (75 kg; 200 g) von 625 kg?
Was war jeweils dein erster Lösungsschritt?

2 Ein Fahrrad wurde für 500 € (400 €) im Schaufenster angeboten. Im Ausverkauf wird es 50 € (60 €) billiger verkauft.
Wie viel Prozent beträgt der Preisnachlass?

→ Seite 134

Prozentwerte mit dem Dreisatz berechnen

3 Ein Sportgeschäft wirbt mit Sonderangeboten.
Wie viel Euro beträgt die Ermäßigung?

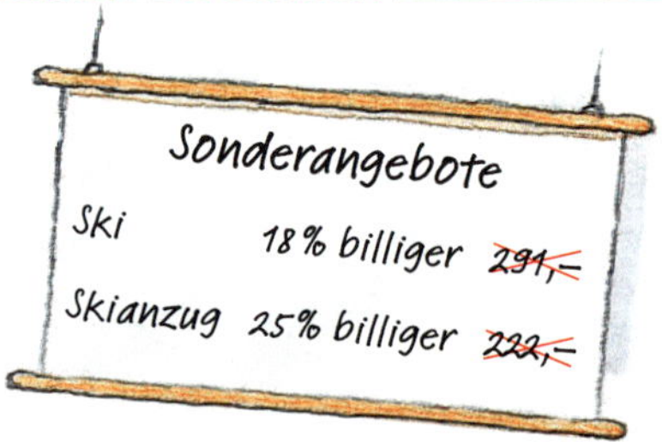

3 Ein Sportgeschäft wirbt mit Sonderangeboten.
Berechne die neuen Preise.

4 Berechne den Prozentwert.
a) 1 % von 300 m
b) 10 % von 150 cm
c) 4 % von 25 €
d) 12 % von 500 kg
e) 2 % von 1500 km
f) 0,5 % von 400 g

5 Der Sportverein „Kondor“ hat 600 Mitglieder.
20 % seiner Mitglieder spielen Fußball, 30 % spielen Basketball, 40 % sind Leichtathleten und 10 % aller Mitglieder sind Schwimmer.
Berechne die Anzahl der Mitglieder für jede Sportart.

4 Berechne den Prozentwert.
a) 78 % von 50 m
b) 125 % von 125 €
c) 33 % von 9 kg
d) 0,5 % von 875 m
e) 2,4 % von 240 ct
f) 4,5 % von 5 h

5 Eine Waschmaschine kostet in einem Elektrofachgeschäft 476 €.
a) 19 % des Preises macht die Mehrwertsteuer aus. Wie viel Mehrwertsteuer wird gezahlt?
b) Der Preis der Waschmaschine wird um 2,5 % erhöht.
Wie teuer ist die Waschmaschine nun?

→ Seite 136

Grundwerte mit dem Dreisatz berechnen

6 Berechne den Grundwert.
a) Prozentwert 21 km; Prozentsatz 50 %
b) 5 % sind 1 kg.
c) 10 % sind 5 g.
d) 75 % sind 15 min.
e) 60 % sind 36 m.

7 In einem Kaninchengehege befinden sich 5 Männchen. Das sind 20 % aller Kaninchen.
Wie viele Kaninchen sind in dem Gehege?

6 Bestimme den Grundwert.
a) 12 % sind 72 €.
b) 18 % sind 54 kg.
c) 24 % sind 54 m.
d) 36 % sind 252 g.
e) 72 % sind 162 ct.
f) 100 % sind 3 min.

7 Die Kalkschale eines Hühnereis wiegt 7,15 g, das sind 11 % des Gesamtgewichts.
Wie schwer ist das Ei?

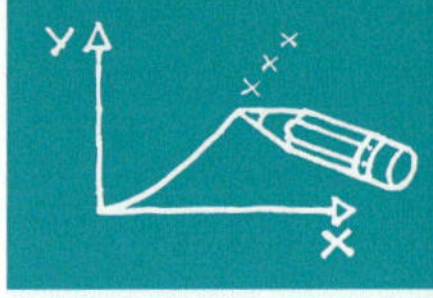

Vermehrter und verminderter Grundwert

→ Seite 138

8 Übertrage die Tabelle in dein Heft und fülle sie aus.

	Grundwert	Zunahme/ Abnahme	Prozentsatz	Prozentwert
a)	600 €	−10 %		
b)	2000 €	+3 %		
c)	80 €		120 %	
d)	250 €		80 %	

8 Übertrage die Tabelle in dein Heft und fülle sie aus.

	Grundwert	Zunahme/ Abnahme	Prozentsatz	Prozentwert
a)	780 €	−15 %		
b)	1095 €	+13 %		
c)	2135 €		105 %	
d)	8360 €		97 %	

9 In den Marmeladengläsern befanden sich zuvor 300 g Marmelade. Wie viel Marmelade befindet sich nun in den Gläsern?

9 Wie viel verdienen die Personen?

a) Herr Lahm ist Vater geworden und arbeitet nun in Teilzeit. Vorher hat er 2750 € verdient, jetzt bekommt er 40 % weniger.

b) Herr Bastürk verdient 3740 €, davon zahlt er 26 % Lohnsteuer. Wie hoch ist sein Lohn nach Abzug der Lohnsteuer?

Grundbegriffe der Zinsrechnung

→ Seite 142

10 Ordne Kapital, Zinsen und Zinssatz passend einander zu.

6,16 € | 88 € | 95 € | 10,45 € | 125 € | 48 €

7 % | 1,08 € | 11 % | 2,25 % | 6,25 € | 5 %

11 Vervollständige die Tabelle im Heft.

Kapital	Zinssatz	Zinsen
4500 €	2 %	
1000 €		12 €
800 €	1,2 %	

11 Vervollständige die Tabelle im Heft.

Kapital	Zinssatz	Zinsen
50 000 €	4,7 %	
4 800 €		600 €
	2 %	45,20 €

12 Jonas hat vor einem Jahr das Geld aus seinem Sparschwein zur Bank gebracht, wo es für 2 % verzinst wird. Nach einem Jahr erhält er 2,26 € Zinsen.

a) Berechne das Kapital, das Jonas vor einem Jahr bei der Bank eingezahlt hat.

b) Wie viel Euro hat er jetzt?

13 Berechne jeweils den Zinssatz.

a) Für ein Kapital von 1250 € erhält Max nach einem Jahr 25 € Zinsen.

b) Frau Griese nimmt einen Kredit über 25 000 € auf. Nach einem Jahr muss sie 2750 € Zinsen zahlen.

13 Nach einem heftigen Sturm muss Familie Berns das Dach reparieren lassen.
Sie nehmen einen Kredit über 6000 € auf und zahlen nach einem Jahr 6420 € zurück.
Zu welchem Zinssatz hatte Familie Berns den Kredit erhalten?

Vermischte Übungen

1 Überprüfe die Preissenkung.

2 Was ist jeweils gegeben, was gesucht? Berechne die gesuchten Werte.

a) Grundwert 200 kg; Prozentsatz 1,5 %
b) 7 m von 50 m
c) 35 € sind 5 %.
d) 60 % von 20 €
e) 240 cm sind 80 %.

3 Verfasse zu zwei Beispielen von Aufgabe 2 eigene kleine Rechengeschichten.

4 Übertrage die Tabelle in dein Heft und vervollständige sie.

	Grundwert	Prozentwert	Prozentsatz
a)	40 Äpfel		5 %
b)	200 €		1,2 %
c)	25 m	1,50 m	
d)	250 Kühe	12 Kühe	
e)		60 €	30 %
f)		75 €	5 %

5 Hier wurden Fehler gemacht. Schreibe in dein Heft die richtigen Aussagen.

A: Prozentsatz ist das Ganze.

B: Der Grundwert ist ein Teil vom Ganzen.

C: Der Prozentwert gibt Hundertstel an.

6 In der Klasse 8 a sind 6 Schüler von 24 Schülern an Grippe erkrankt.
In der 8 b fehlen wegen der Grippe rund 27 % der 30 Schüler.
In der 8 c sind 6 Schüler krank, das sind rund 35 % der gesamten Klasse.
Erstelle eine Tabelle und berechne die fehlenden Werte.

1 Ergänze die fehlenden Angaben.

2 Was ist jeweils gegeben, was gesucht? Berechne die gesuchten Werte.

a) 17 m von 25 m
b) 47 % von 50 g
c) 17 € von 200 €
d) 46 km sind 20 %.
e) 19 % von 40,65 €
f) 69 Liter sind 83,5 %

3 Verfasse zu zwei Beispielen von Aufgabe 2 eigene kleine Rechengeschichten.

4 Vervollständige die Tabelle im Heft. Runde sinnvoll.

	G	*W*	*p* %
a)	748,40 €		4,3 %
b)	8000,00 €	1131,60 €	
c)		847,4 km	19 %
d)	4378,69 t	1781,03 t	
e)	127 kg		13 %
f)		102,04 m	8 %

5 Welche Aussagen sind richtig?

a) Verdoppelt man den Prozentsatz und den Grundwert, so bleibt der Prozentwert erhalten.
b) Verdoppelt man den Prozentwert und behält den Grundwert bei, so verdoppelt sich der Prozentsatz.
c) Halbiert man den Prozentwert und Prozentsatz, so bleibt der Grundwert gleich.

6 Bei einer Warenlieferung von 3 t Äpfeln kommen 5 % verdorben an.

a) Wie viel kg sind dies?
b) Einen Tag später sind weitere 450 kg Äpfel verdorben. Wie viel Prozent der 3 t Äpfel sind dann noch in Ordnung?

7 Karl und Sükür haben eine Tüte Gummibärchen ausgezählt und wollen die Verteilung der Farben mit einer Tabellenkalkulation darstellen.

a) Helen meint: „Ihr habt einen Fehler beim Kopieren gemacht!" Vergleiche die Zellen **C2–C5** und erkläre den Fehler.

b) Wieso wäre mit der Zellenbezeichnung **B2** in der Formel dieser Fehler nicht aufgetreten?

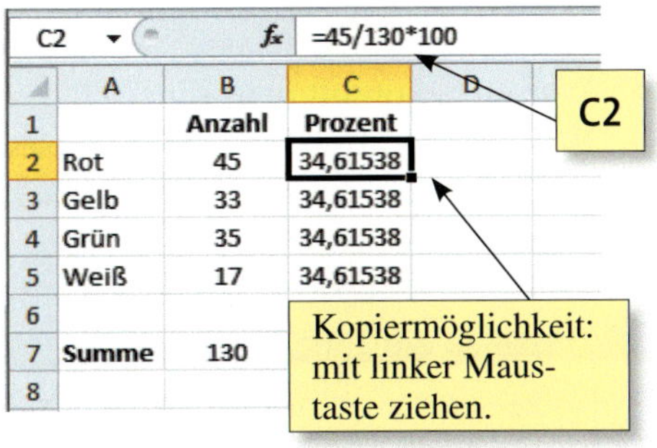

ZUM WEITERARBEITEN
zu Aufgabe 7: Fertige eine grafische Darstellung der Farbverteilung in deinem Heft oder am PC an.

8 Beim Einkauf in einem Elektrogroßhandel sind zusätzlich zum angegebenen Preis 19 % Mehrwertsteuer zu zahlen.

a) Berechne jeweils die Mehrwertsteuer.
① Staubsauger 140 €
② DVD-Player 59 €
③ Radio 20 €
④ Monitor 209 €

b) Gib jeweils den Verkaufspreis an.

8 Bei normaler körperlicher Anstrengung soll man täglich höchstens 75 g Fett zu sich nehmen. Hält Kevin diese Empfehlung ein? Heute hat er gegessen:

120 g Roggenbrot	(1 % Fett)
25 g Butter	(80 % Fett)
15 g Wurst	(41 % Fett)
60 g Ei	(10 % Fett)
100 g Rindfleisch	(19 % Fett)

9 Bestimme zuerst den Prozentsatz, berechne dann den gesuchten Wert.

a) alter Preis: 200 €; Zunahme um 5 %; neuer Preis?

b) alter Preis: 40 €; Abnahme um 30 %; neuer Preis?

c) alter Preis: 120 €; Zunahme um 20 %; neuer Preis?

9 Berechne die gesuchten Werte. Wie kommt man auf den Prozentsatz? Begründe.

a) Bruttopreis 25 €; Nettopreis?

b) Nettopreis 42 €; Bruttopreis?

c) alter Preis 40 €; Rabatt von 35 %; neuer Preis?

d) alter Preis 66 €; Skonto 3 %; neuer Preis?

HINWEIS
zu Aufgabe 9 (türkis): Der ***Nettopreis*** *entspricht 100 %. Der* ***Bruttopreis*** *enthält zusätzlich die Mehrwertsteuer (zurzeit 19 %).* ***Skonto*** *ist ein Preisnachlass z. B. bei Barzahlung.*

10 Familie Weber stehen monatlich 2500 € zur Verfügung.

a) Vervollständige die Tabelle im Heft.

b) Stelle die Prozentsätze in einem geeigneten Diagramm dar.

c) Erstelle eine Übersicht deiner monatlichen Ausgaben und Ersparnisse und stelle sie in einem Diagramm dar.

Miete/Heizung	31 %	775 €
Ernährung	29 %	
Kleidung/Hausrat	14 %	
Auto	7 %	
Sparen	9 %	
Versicherungen	3 %	
Sonstiges	7 %	

11 Sehr geringe Anteile gibt man häufig in **Promille** (‰) an.
Promille bedeutet Tausendstel. $1‰ = \frac{1}{1000} = 0{,}1\,\%$; $10‰ = 1\,\%$
Gerechnet wird wie in der Prozentrechnung. Der Grundwert entspricht 1000 ‰.

a) Die Eisenbahnstrecken von Hauptbahnen dürfen maximal 12,5 ‰ Steigung haben. Gib die maximale Steigung in % an.

b) Bei einer Haftpflichtversicherung betragen die Gebühren im Jahr 0,56 ‰ von 50 000 €.

12 Gib den Anteil in ‰ an.

a) 5 %
b) 10 %
c) 0,4 %
d) 0,01 %
e) 2 g von 1 kg
f) 5 € von 2000 €

12 Ein Mensch hat ungefähr 5 Liter Blut im Körper. Bei einer Verkehrskontrolle wurde bei einem Kraftfahrer 0,7 ‰ Alkoholgehalt im Blut festgestellt.

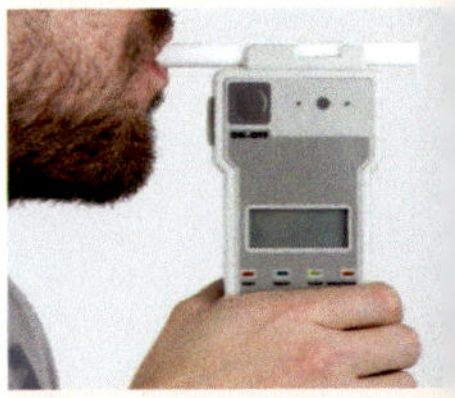

ZUM WEITERARBEITEN
Recherchiert aktuelle Guthaben- und Kreditzinssätze.

13 Diskutiert in der Klasse:
- Warum bekommt man Zinsen?
- Wann und warum muss man Zinsen zahlen?
- Warum sind Zinsen unterschiedlich hoch?
- Wie verdienen Banken ihr Geld?

14 Ergänze die Tabelle im Heft.

	Kapital K	Zinssatz $p\,\%$	Zinsen Z
a)	1500 €	6 %	
b)	400 €		3 €
c)		3 %	12,30 €

14 Ergänze die Tabelle im Heft.

	K	$p\,\%$	Z	$K + Z$
a)	2150 €	2,5 %		
b)		4 %	296,40 €	
c)	5000 €			5125 €

15 Claudia und Ingo vergleichen am Anfang des Jahres ihre Konten. Bei Claudia beträgt das Guthaben 540 € und der jährliche Zinssatz 2,3 %. Die 520 € auf Ingos Konto werden mit 4,2 % verzinst.

a) Ingo meint: „Mein Guthaben ist am Ende des Jahres höher als Claudias.“
Was spricht dafür, was dagegen?

b) Wie groß ist die Differenz der beiden Guthaben am Ende des Jahres?

15 Für ihren Führerschein haben Leon und Mathilda Geld auf verschiedenen Konten festgelegt.
Leon hat 875 € zu einem Zinssatz von 1,75 % angelegt. Mathilda erwartet 20,58 € Zinsen bei einem Zinssatz von 2,1 %.

a) Wie sieht der Kontostand jeweils nach einem Jahr aus?

b) Wie viel Geld müsste Leon anlegen, um die gleichen Zinsen wie Mathilda zu erhalten?

16 Agnes hat mit einer Tabellenkalkulation eine Berechnungshilfe für die Zinsrechnung erstellt.

a) Erkläre, wie die Tabellen aufgebaut sind.

b) Gib die Formeln für die blau unterlegten Zellen an.

Beispiel Formel in der Zelle **B5**: „**=B4*A5**“

SUMME ▾ × ✓ fx =B4*A5

	A	B	C	D	E	F	G	H
1	Berechnung der Zinsen			Berechnung des Zinssatzes			Berechnung des Kapitals	
2	%	€		€	%		%	€
3	100	250		50	100		3	240
4	1	2,5		1	2		1	80
5	3	=B4*A5		3	6		100	8000
6								

17 Berechne die fehlenden Werte mithilfe einer Tabellenkalkulation.
Die Tabellen aus Aufgabe 16 können dabei helfen.

a) Kapital: 1200 €
Zinsen: 14,40 €
Zinssatz: ▒

b) Kapital: 6540 €
Zinssatz: 1,25 %
Zinsen: ▒

c) Kapital: 798,90 €
Zinssatz: 0,85 %
Zinsen: ▒

d) Zinssatz: 7 %
Zinsen: 12,25 €
Kapital: ▒

17 Berechne mit einer Tabellenkalkulation die Zinsen bei einem Zinssatz von 2,6 % für folgende Guthaben.
Bestimme auch die Guthaben einschließlich der Zinsen nach einem Jahr.

1000 € | 340 € | 10,50 € | 193 €

2130 € | 72,12 € | 666 € | 1295 €

18 Ein Liter Milch wiegt durchschnittlich 1030 g und enthält:

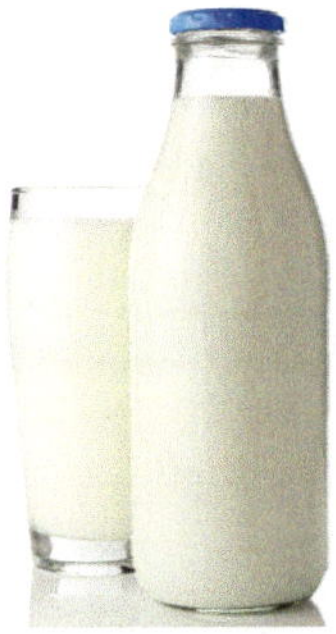

36 g Milchfett
38 g Milcheiweiß
7 g Mineralsalze
897 g Wasser

a) Gib die Prozentsätze der einzelnen Bestandteile an.
b) Recherchiere die Bestandteile weiterer Lebensmittel.
Präsentiert eure Ergebnisse, zum Beispiel auf einem Plakat.

18 Durch bewusste Ernährung konnten einige Schüler mit ärztlicher Unterstützung ihr Übergewicht abbauen.
Kathleen hat es geschafft, ihr Gewicht von 62 kg um 17 % zu senken. Paul wiegt jetzt nur noch 65 kg, er hat sein Gewicht um 15 % gesenkt. Lehrer Winter hat leider um 8 % zugenommen, er wiegt jetzt 85 kg.
a) Stelle das alte und neue Gewicht der Personen in einer Tabelle dar.
b) Informiert euch über die Themen Gesundheit, Gewicht und Ernährung.
Erstellt eine Linkliste von Internetseiten, die von Schülerinnen und Schülern verstanden werden.

19 Zum Regieren brauchen Parteien mehr als 50 % der Sitze im Parlament. Um die 50 % zu erreichen, schließen sich meistens zwei Parteien zusammen. Das nennt man eine Koalition.
a) Schätze, ohne genau zu messen:
Welche der Parteien könnten eine Koalition bilden, um mindestens 50 % der Sitze zu bekommen?
b) Gib die Anteile der Parteien an den Parlamentssitzen so genau wie möglich in Prozent an.
c) Recherchiere die aktuelle Sitzverteilung im Stadtrat deiner Stadt oder im Landtag. Erstelle ein passendes Diagramm.

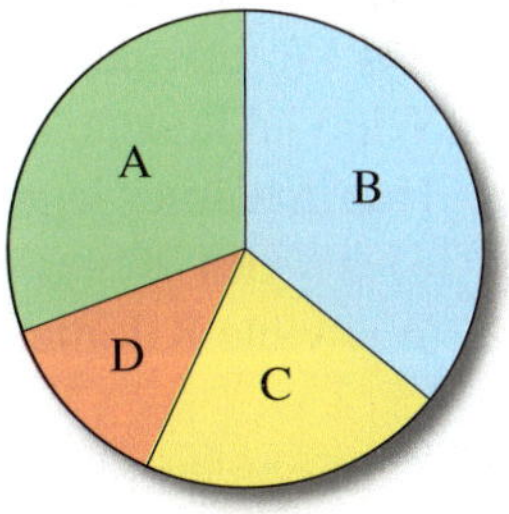

Aus dem Berufsleben – Fleischer/-in

1 Bei der Schlachtung eines Tieres unterscheidet man zwischen dem Gewicht des lebenden Tieres (Lebendgewicht) und dem Gewicht nach der Schlachtung (Schlachtgewicht).
Wie viel Prozent des jeweiligen Tieres kann nur zur Fleischverarbeitung genutzt werden?

	Rind	Kalb	Schaf	Schwein	Huhn
Lebendgewicht	655 kg	167 kg	50 kg	119 kg	1,5 kg
Schlachtgewicht	349 kg	100 kg	23 kg	96 kg	1,1 kg

2 Fleischermeister Schmidt verarbeitet ein Schwein (Schlachtgewicht 94 kg).
Er hat dafür 2,28 € pro Kilogramm bezahlt.
43 % des Schlachtgewichtes verkauft er als Fleisch (Lende, Nackensteaks, Schnitzel etc.) für durchschnittlich 6,68 € pro kg.
Der Rest wird zu Wurst verarbeitet und für durchschnittlich 8,57 € pro kg verkauft.
Die Produktionskosten (Verpackung, Gewürze, ...) betragen 116 €.

3 Jahre Ausbildungszeit

Häufige Tätigkeiten:
– Fleischstücke je nach Verwendungszweck schneiden
– Wurstwaren herstellen
– Fleischqualität beurteilen

Weitere Informationen: ↻151-1

Checkliste ↻ 152-1

Teste dich!

(9 Punkte)

1 Grundbegriffe der Prozentrechnung

a) Ordne jeweils die Begriffe „Grundwert“, „Prozentwert“ und „Prozentsatz“ zu.

① 12 % von 350 €　　② 12 € von 350 €　　③ 12 % sind 350 €

b) Berechne jeweils den gesuchten Wert.

(10 Punkte)

2 Bestimme jeweils den Prozentsatz.

a)

1 m	21 m	51 m	101 m	200 m
von 200 m				

b)

4 €				
20 €	40 €	80 €	125 €	800 €

(9 Punkte)

3 Bestimme jeweils die gesuchte Angabe.

a) Eine Fußballmannschaft verlor in der vergangenen Saison von 34 Spielen 12 Spiele. Berechne den Anteil der verlorenen Spiele in Prozent.

b) Ein Motorroller wurde für 1902 € verkauft. Das waren 60 % seines Neuwertes. Wie viel kostete der Motorroller neu?

c) Herr Sommer legte letzte Woche mit seinem Auto 183,8 km zurück. 41,5 % des Weges waren Dienstweg. Wie viele Kilometer legte er privat zurück?

(10 Punkte)

4 375 Schülerinnen und Schüler wurden befragt, welche von den drei gegebenen Aktivitäten sie am liebsten machen. Es sollte genau eine Aktivität ausgewählt werden.
Tamara hat für die Auswertung eine Tabelle erstellt.
Leider sind nicht mehr alle Einträge lesbar.
Berechne die fehlenden Werte im Heft.

Aktivität	Anzahl	Anteil
mit Freunden treffen	150	40 %
am PC spielen oder arbeiten		32 %
zu einem Verein gehen	50	≈ 13,3 %
Fragebogen nicht oder falsch ausgefüllt		
Summe		

5 Peer kauft ein Notebook, das 750 € kosten soll. *(8 Punkte)*
Er bekommt aber einen Rabatt von 4,5 %.
Stelle zwei sinnvolle Fragen und beantworte sie.

6 In einer Gruppe tragen 7 Personen eine Brille, das sind rund 16 %. *(6 Punkte)*
Aus wie vielen Personen besteht die Gruppe?

7 Ein Möbelhaus hat die Preise heruntergesetzt. *(16 Punkte)*

a) Berechne jeweils den neuen Preis.

b) Bei Barzahlung wird jeweils zusätzlich 3 % Preisnachlass (Skonto) gewährt.
Wie viel kosten die ermäßigten Möbel bei Barzahlung?

8 Der Preis einer Hose wurde um 20 % reduziert und beträgt jetzt 20 €. *(6 Punkte)*
Wie viel kostete die Hose vorher?

9 Übertrage und ergänze die Tabelle im Heft. *(14 Punkte)*

	a)	b)	c)	d)	e)	f)	g)
Kapital K	12 500 €	7500 €			5000 €	250 €	18 500 €
Zinsen Z			800 €	120 €	50 €	5 €	
Zinssatz p %	6 %	3,6 %	8 %	12 %			3,75 %

10 Herr Krüger nimmt einen Kredit von 4600 € auf. *(6 Punkte)*
Der Zinssatz beträgt 6,5 %.
Wie viel Zinsen muss Herr Krüger im Jahr zahlen?

11 Auf dem Sparkonto von Sonja befinden sich am Anfang des Jahres 316 €. *(6 Punkte)*
Ein Jahr später beträgt das Guthaben einschließlich Zinsen 325,48 €.
Sonja hat weder Geld eingezahlt noch abgehoben.
Wie hoch ist der Zinssatz?

Gold: 94–100 Punkte, Silber: 77–93 Punkte, Bronze: 60–76 Punkte

Zusammenfassung

→ Seite 132

Prozentsätze mit dem Dreisatz berechnen

In der Prozentrechnung unterscheidet man zwischen: **Grundwert G**, **Prozentwert W** und **Prozentsatz $p\,\%$**.

Berechnung mit dem *Dreisatz*:
① Erste Zeile: Grundwert und 100 %
② Schluss auf die Eins
③ Schluss auf den Prozentwert ergibt den gesuchten Prozentsatz.

An 6 von 8 Tagen schien die Sonne.
Das sind 75 %.
$G = 8$ Tage; $W = 6$ Tage; $p\,\% = 75\,\%$

	Tage	Anteil (in %)	
:8	8	100	:8
·6	1	$\frac{100}{8} = 12{,}5$	·6
	6	$12{,}5 \cdot 6 = 75$	

→ Seite 134

Prozentwerte mit dem Dreisatz berechnen

Berechnung mit dem Dreisatz:
① Erste Zeile: 100 % und Grundwert
② Schluss auf 1 %
③ Schluss auf den Prozentsatz ergibt den gesuchten Prozentwert.

$G = 60$ Schüler; $p\,\% = 45\,\%$; $W =$ ▢

	Anteil (in %)	Anzahl Schüler	
:100	100	60	:100
·45	1	$\frac{60}{100} = 0{,}6$	·45
	45	$0{,}6 \cdot 45 = 27$	

→ Seite 136

Grundwerte mit dem Dreisatz berechnen

Berechnung mit dem *Dreisatz*:
① Erste Zeile: Prozentsatz und Prozentwert
② Schluss auf 1 %
③ Schluss auf 100 % ergibt den gesuchten Grundwert.

$p\,\% = 20\,\%$; $W = 16$ Fahrräder; $G =$ ▢

	Anteil (in %)	Anzahl Fahrräder	
:20	20	16	:20
·100	1	$\frac{16}{20} = 0{,}8$	·100
	100	$0{,}8 \cdot 100 = 80$	

→ Seite 138

Vermehrter und verminderter Grundwert

Erhöht sich der Grundwert um $p\,\%$, entspricht der neue Wert $100\,\% + p\,\%$ (**vermehrter Grundwert**).

Verringert sich der Grundwert um $p\,\%$, entspricht der neue Wert $100\,\% - p\,\%$ (**verminderter Grundwert**).

Ein Notebook kostet 600 €. Wie viel kostet es nach einer Preisreduzierung um 5 %?

Der neue Preis entspricht $100\,\% - 5\,\% = 95\,\%$.
Ansatz: 100 % sind 600 €.
95 % sind ▢ €.
Antwort: Der neue Preis beträgt 570 €.

→ Seite 142

Grundbegriffe der Zinsrechnung

Die Zinsrechnung ist eine Anwendung der Prozentrechnung auf den Geldverkehr.

Grundwert G → **Kapital K**
Prozentwert W → **Zinsen Z**
Prozentsatz $p\,\%$ → **Zinssatz $p\,\%$**

$K = 420$ €; $p\,\% = 2\,\%$; $Z =$ ▢

	Anteil (in %)	Kapital (in €)	
:100	100	420	:100
·2	1	4,20	·2
	2	8,40	

Prismen

Das Dockland steht seit 2005 in Hamburg an der Elbe. Das Gebäude ist ein Prisma mit einem Parallelogramm als Grundfläche.

Noch fit?

HINWEIS
zu Aufgabe 1 (lila und türkis): Formeln für Dreiecke, Parallelogramme und Trapeze findest du auf Seite 128.

Einstieg

1 Flächeninhalte berechnen
Berechne die Flächeninhalte.
a) Dreieck ABC mit $a = 8\,\text{cm}$ und $h_a = 6\,\text{cm}$
b) Dreieck ABC mit $c = 10{,}5\,\text{cm}$ und $h_c = 4\,\text{cm}$
c) Parallelogramm $ABCD$ mit $a = 30\,\text{cm}$ und $h_a = 24\,\text{cm}$
d) Trapez $ABCD$ ($a \parallel c$) mit $a = 4{,}7\,\text{cm}$; $c = 22\,\text{mm}$ und $h = 3\,\text{cm}$

2 Einheiten umrechnen
Rechne in die in Klammern angegebene Einheit um.
a) 4 cm (mm) b) 2500 m (km)
c) $4\,\text{cm}^2$ (mm^2) d) $300\,\text{m}^2$ (dm^2)
e) 40 km (m) f) $0{,}5\,\text{cm}^2$ (mm^2)

Aufstieg

Anteil
1 Flächeninhalte berechnen
Berechne die gesuchten Größen.
a) Dreieck ABC mit $a = 4{,}5\,\text{cm}$ und $h_a = 3{,}8\,\text{cm}$; gesucht: A
b) Dreieck ABC mit $g = 9\,\text{mm}$ und $A = 45\,\text{mm}^2$; gesucht: h_g
c) Parallelogramm $ABCD$ mit $a = 3{,}8\,\text{cm}$ und $h_a = 110\,\text{mm}$; gesucht: A
d) Trapez $ABCD$ ($a \parallel c$) mit $a = 6{,}4\,\text{m}$; $c = 8{,}6\,\text{m}$ und $h = 93\,\text{dm}$; gesucht: A

2 Einheiten umrechnen
Rechne in die in Klammern angegebene Einheit um.
a) 4,3 cm (dm) b) 67 mm (cm)
c) $51\,\text{cm}^2$ (dm^2) d) $382\,\text{cm}^2$ (m^2)
e) 3,8 km (m) f) $49{,}5\,\text{cm}^2$ (dm^2)

3 Umfänge und Flächeninhalte verschiedener Figuren
Bestimme die Umfänge und Flächeninhalte der folgenden Figuren.
Miss die notwendigen Maße der Figuren in der Zeichnung nach.

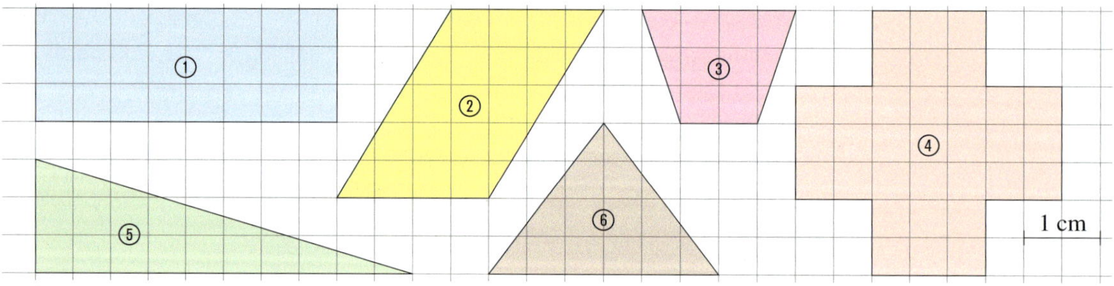

Einstieg

4 Würfel
a) Gib an, wie viele Ecken, Kanten und Flächen ein Würfel hat.
b) Ein Würfel hat die Kantenlänge $a = 3\,\text{cm}$. Zeichne ein Netz dieses Würfels.
c) Prüfe, ob es bei Aufgabe b) mehrere Lösungen gibt. Begründe.

5 Formen in der Umwelt
Beschreibe geometrische Formen…
– am Tempel von Monte Grisa in Italien (siehe rechts),
– am Gebäude auf Seite 155.

Aufstieg

4 Quader
a) Gib an, wie viele Ecken, Kanten und Flächen ein Quader hat.
b) Ein Quader hat die Maße $a = 3\,\text{cm}$; $b = 5\,\text{cm}$; $c = 3\,\text{cm}$. Wie viele Kanten sind jeweils gleich lang?
c) Zeichne ein Netz dieses Quaders.

6 Mathematische Körper

Für welche der folgenden Körper kennst du bereits mathematische Namen? Notiere sie.

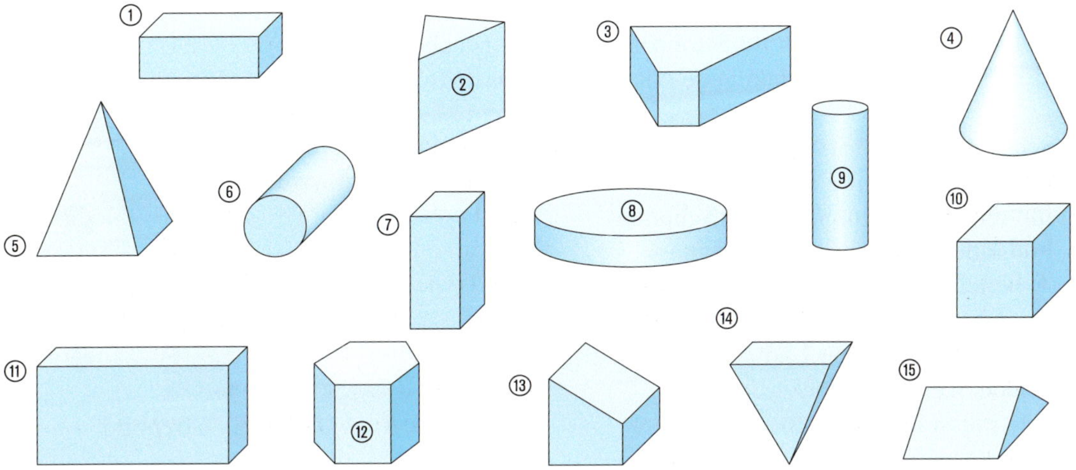

7 Volumen messen

Die folgenden Körper bestehen aus Zentimeterwürfeln (mit der Kantenlänge 1 cm).

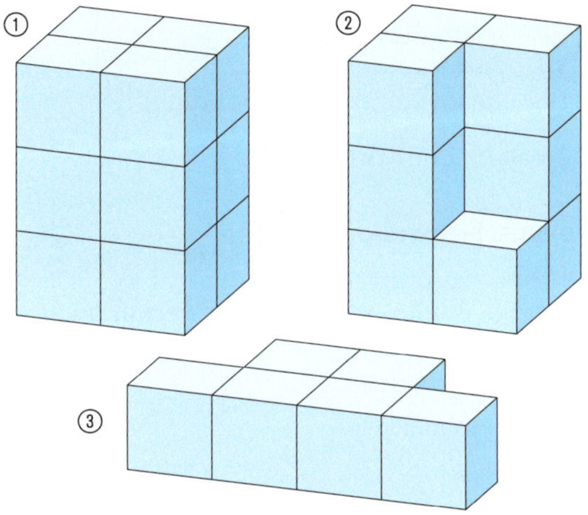

a) Aus wie vielen Würfeln bestehen die abgebildeten Körper jeweils?
b) Gib jeweils das Volumen in cm^3 an.

8 Volumen berechnen

Berechne jeweils das Volumen des Körpers.

a) Quader mit $a = 5\,cm$; $b = 3\,cm$; $c = 2\,cm$
b) Quader mit $a = 45\,m$; $b = 10\,m$; $c = 20\,m$
c) Würfel mit $a = 8\,cm$

9 Oberflächeninhalte berechnen

Berechne die Oberflächeninhalte der Körper aus Aufgabe 8.

7 Volumen messen

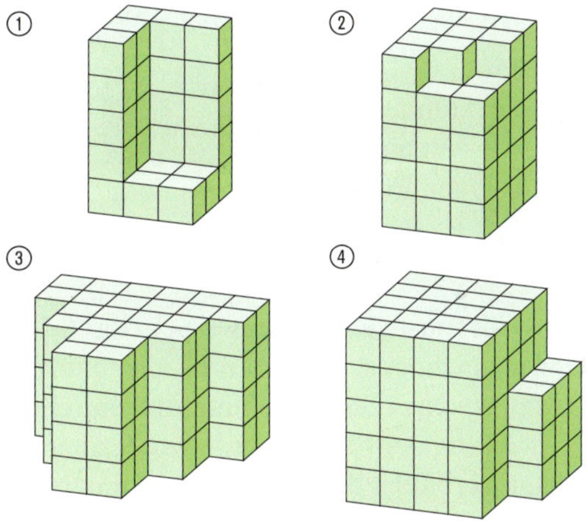

a) Aus wie vielen Würfeln bestehen die abgebildeten Körper?
b) Gib zu jedem Körper das Volumen an, wenn jeder Würfel ein Dezimeterwürfel (ein Meterwürfel) ist.

8 Volumen berechnen

Berechne jeweils das Volumen des Körpers.

a) Quader mit $a = 5\,cm$; $b = 3{,}5\,cm$; $c = 2\,cm$
b) Quader mit $a = 3{,}2\,m$; $b = 80\,dm$; $c = 4\,m$
c) Würfel mit $a = 4{,}7\,m$

9 Oberflächeninhalte berechnen

Berechne die Oberflächeninhalte der Körper aus Aufgabe 8.

ERINNERE DICH
Einheitswürfel und ihr Volumen:
- *Meterwürfel: $1\,m^3$*
- *Dezimeterwürfel: $1\,dm^3$*
- *Zentimeterwürfel: $1\,cm^3$*
- *Millimeterwürfel: $1\,mm^3$*

Würfel und Quader im Schrägbild skizzieren

Entdecken

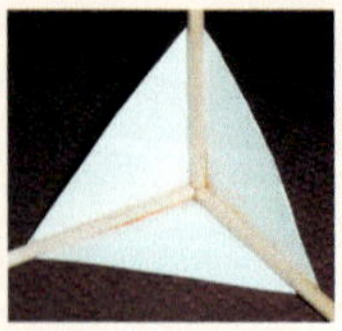

Klebeecke aus Papier

1 Baut ein Kantenmodell eines kleinen Würfels.
Tipp: Für die Kanten könnt ihr Strohhalme oder Holzstäbe verwenden.
An den Ecken könnt ihr Knetmasse oder selbst gebastelte Klebeecken aus Papier nutzen.

2 Schattenbilder

a) Beschreibe mithilfe der Bilder, wie man mit einem Kantenmodell ein Schattenbild eines Würfels erzeugen kann.

b) Arbeitet in Gruppen.
Erzeugt mit eurem Kantenmodell aus Aufgabe 1 und einer Lampe selbst solche Schattenbilder.
Wie müsst ihr Kantenmodell und Lampe zueinander halten, damit ein möglichst gutes Bild des Würfels entsteht?

Kantenmodell

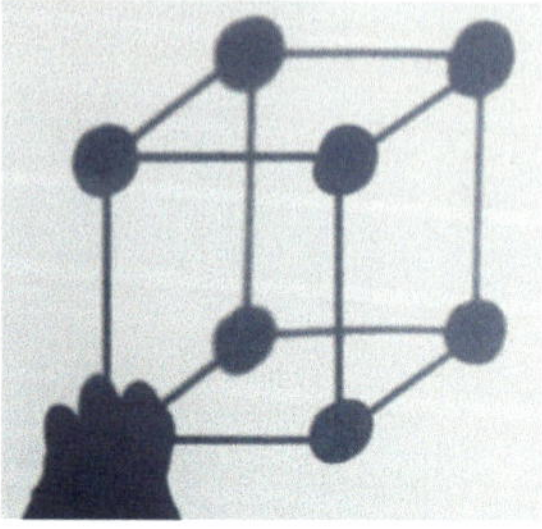

Schattenbild

Verstehen

Bevor ein Architekt ein Haus baut, zeichnet er zunächst einen Entwurf.

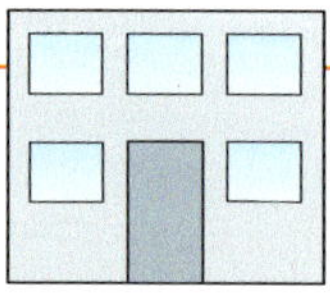

Vorderansicht

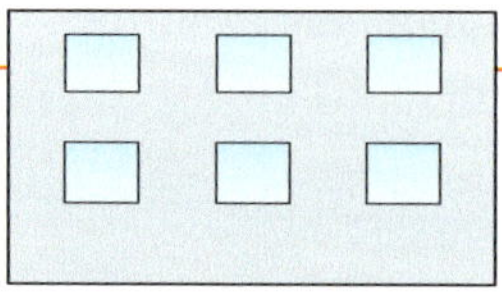

Seitenansicht

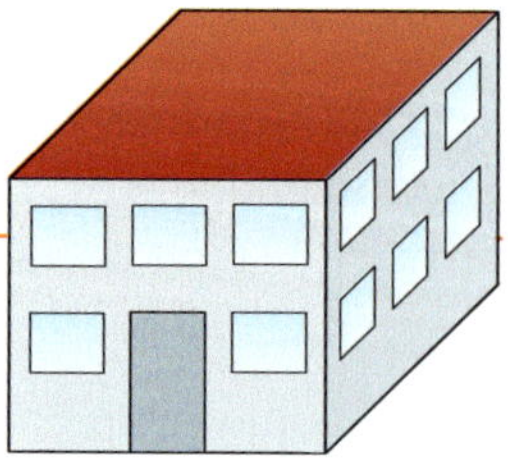

Schrägbild

Ein Schrägbild vermittelt eine räumliche Vorstellung von einem Körper.

Merke Beim **Zeichnen eines Schrägbildes** geht man schrittweise vor:
① Man zeichnet zuerst die Vorderseite in Originalgröße.
② Man zeichnet die nach hinten verlaufenden Kanten im Winkel von 45°, aber verkürzt auf die Hälfte der Länge. Verdeckte Kanten zeichnet man gestrichelt.
③ Man verbindet die hinteren Eckpunkte.
Die verdeckten Kanten werden wieder gestrichelt gezeichnet.

Beispiel 1

Schrägbild eines Quaders mit den Maßen $a = 25\,\text{mm}$; $b = 17\,\text{mm}$; $c = 20\,\text{mm}$

Hinweis
Beim Zeichnen auf Karopapier kann man bei ② die Kästchendiagonale nutzen.

①

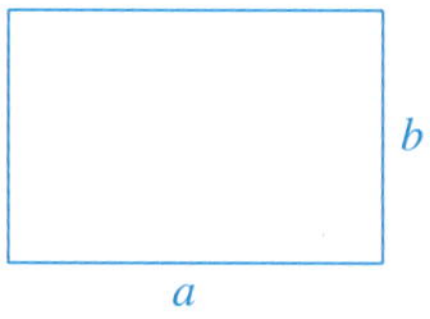

Die Vorderseite des Quaders mit $a = 25\,\text{mm}$ und $b = 17\,\text{mm}$ zeichnen.

②

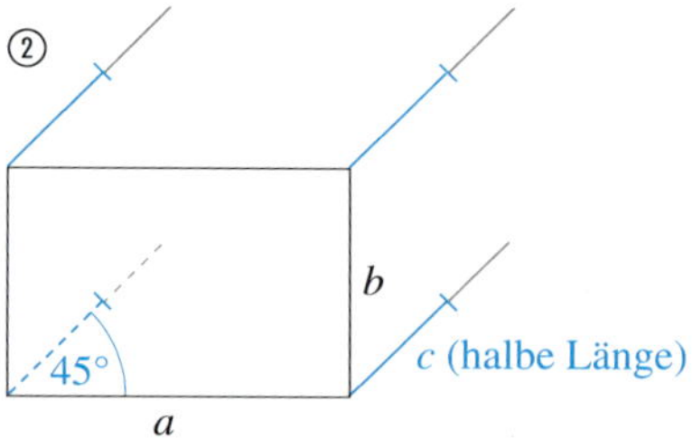

Die vier schräg nach hinten verlaufenden Kanten mit 45° antragen und die Länge halbieren. ($20\,\text{mm} : 2 = 10\,\text{mm}$)

③

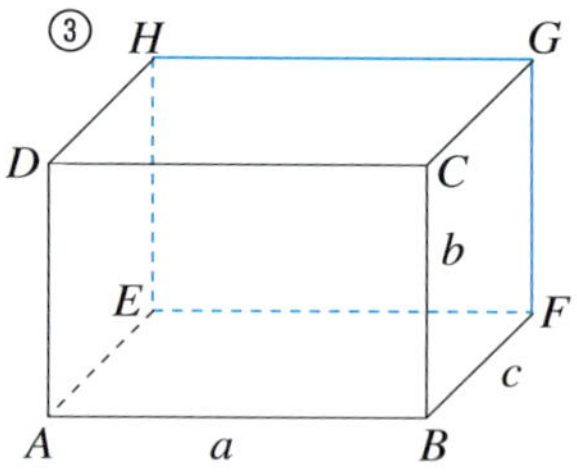

Die Eckpunkte verbinden (verdeckte Kanten gestrichelt).

Üben und anwenden

1 Zeichne die Figuren in dein Heft und ergänze sie zu Schrägbildern von Quadern.

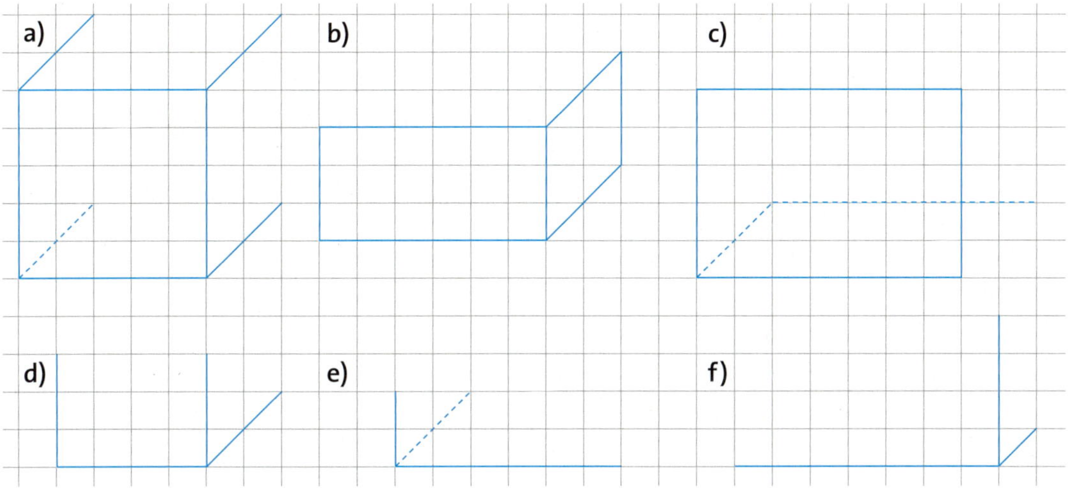

2 Zeichne auf Karopapier Schrägbilder der Würfel.

a) Kantenlänge 3 cm
b) Kantenlänge 6 cm
c) $a = 50\,\text{mm}$
d) $a = 4{,}5\,\text{cm}$

2 Zeichne auf unliniertem Papier Schrägbilder der Würfel.

a) Kantenlänge 3,8 cm
b) $a = 4{,}2\,\text{cm}$
c) $a = 62\,\text{mm}$
d) $a = 0{,}05\,\text{m}$

3 Zeichne auf Karopapier Schrägbilder der Quader.

a) 5 cm lang; 4 cm breit; 4 cm hoch
b) 6 cm lang; 2 cm breit; 3 cm hoch
c) $a = 4\,\text{cm}$; $b = 6\,\text{cm}$; $c = 3\,\text{cm}$

3 Zeichne auf unliniertem Papier Schrägbilder der Quader.

a) 4,6 cm lang; 3 cm breit; 3,4 cm hoch
b) $a = 44\,\text{mm}$; $b = 5\,\text{cm}$; $c = 28\,\text{mm}$
c) $a = 6{,}5\,\text{cm}$; $b = 29\,\text{mm}$; $c = 4\,\text{cm}$

4 Zeichne ein Schrägbild eines Würfels mit einer Kantenlänge von 5 cm.

4 Zeichne ein Schrägbild eines Quaders mit den Kantenlängen 4 cm; 3 cm; 70 mm.

5 Prüfe, ob diese Schrägbilder von Würfeln richtig gezeichnet wurden. Beschreibe die Fehler.

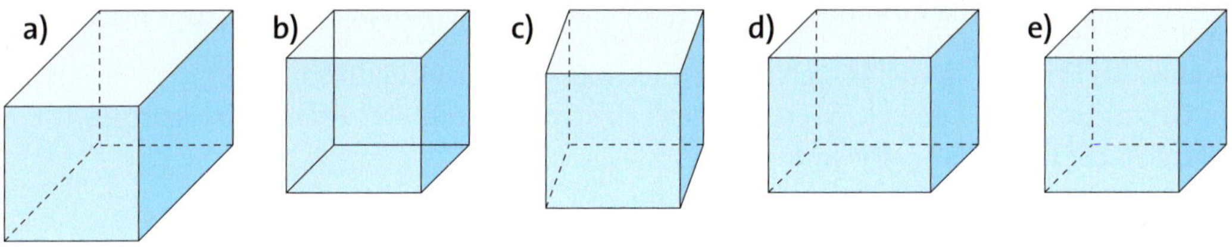

6 Ein Würfel mit der Kantenlänge 6 cm soll in kleinere Würfel zerlegt werden.

a) Zeichne ein Schrägbild des Würfels. Markiere darin, wie du schneiden kannst.
b) Wie viele kleinere Würfel erhältst du?
c) Vergleicht eure Ergebnisse.

6 Im Koordinatensystem

a) Zeichne in ein Koordinatensystem die Punkte: $A(2|1)$; $B(5|1)$; $F(7|3)$; $G(7|7)$.
b) Ergänze die Zeichnung zum Schrägbild eines Quaders *ABCDEFGH*. Gib die Koordinaten der Punkte *C*, *D*, *E*, *H* an.

Erinnere dich
Bezeichnungen der Eckpunkte an einem Quader:

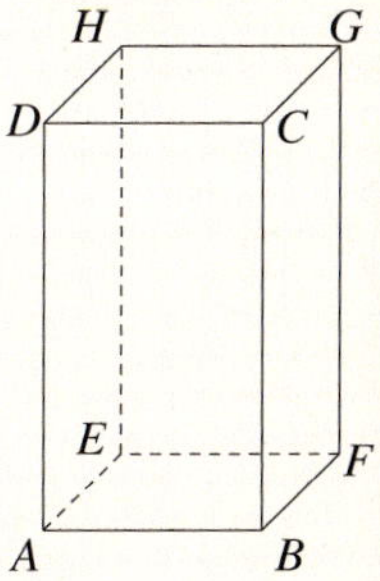

Prismen erkennen und beschreiben

Entdecken

ZUM WEITERARBEITEN
Überlegt, warum die Hersteller solche Formen als Verpackungen verwendet haben.

1 Arbeitet zu zweit.

a) Nennt Gemeinsamkeiten und Unterschiede in der Form der Verpackungen im Bild.

b) Saskia behauptet:
„Die Flächen der Verpackungen sind hauptsächlich Rechtecke.“
Stimmt das?

2 Welcher Körper passt nicht in die Reihe? Begründet eure Auswahl.

a)

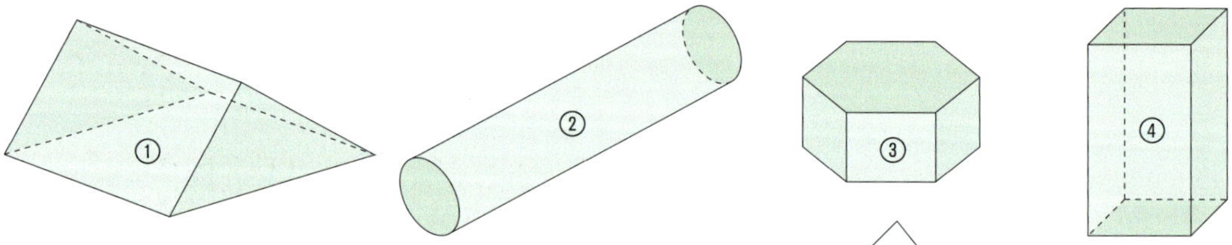

b)

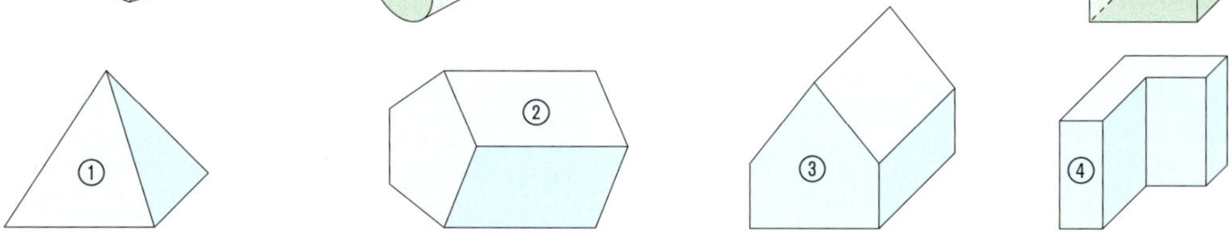

Verstehen

Einige Hersteller nutzen besondere Verpackungsformen, um aufzufallen, z. B. Prismen mit dreieckigen Grundflächen.

HINWEIS
*Manchmal werden Prismen auch **Säulen** genannt.*

Merke **Prismen** sind mathematische Körper mit diesen Eigenschaften:
- **Grundfläche** und **Deckfläche** sind Vielecke, die deckungsgleich und parallel zueinander sind.
- Die **Seitenflächen** sind Rechtecke. Sie stehen senkrecht auf der Grundfläche.
- Der Abstand zwischen Grundfläche und Deckfläche ist die **Körperhöhe h_K** des Prismas.

Der Name des Prismas ist abhängig von der Eckenanzahl der Grundfläche.
Ist die Grundfläche ein Dreieck, Viereck, Fünfeck ..., dann heißt das Prisma **dreiseitiges, vierseitiges, fünfseitiges … Prisma**.

Beispiel 1
dreiseitiges Prisma

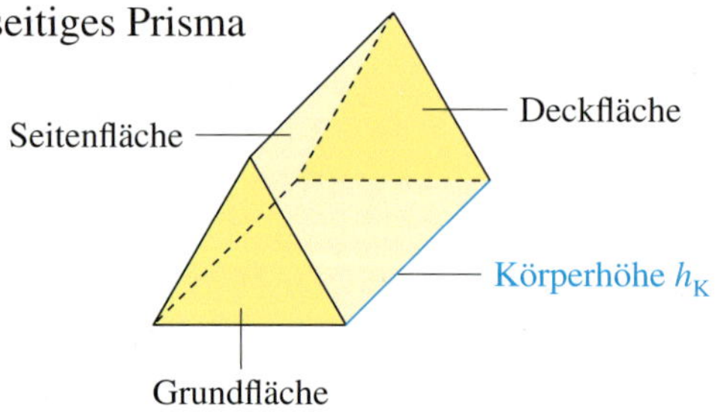

Beispiel 2
sechsseitiges Prisma

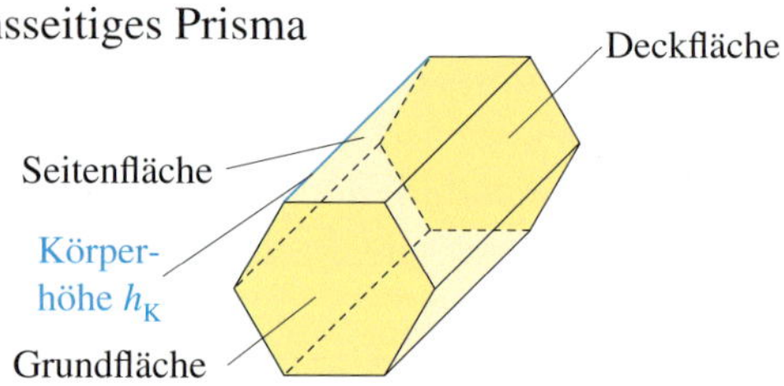

Üben und anwenden

1 Welche der abgebildeten Körper sind Prismen?
Stehen sie auf der Grundfläche oder liegen sie auf einer Seitenfläche? Begründe jeweils.

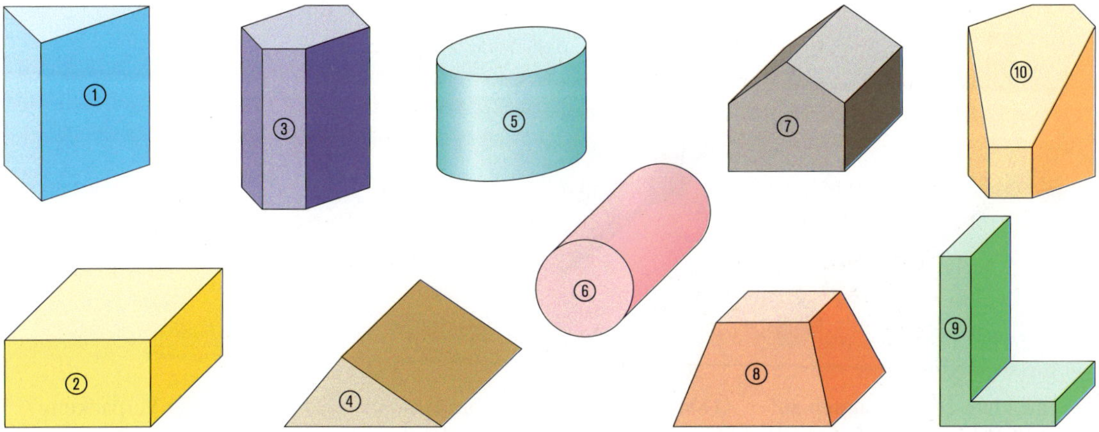

NACHGEDACHT
Ist ein Würfel (Quader) auch ein Prisma? Begründe deine Antwort.

2 Beschreibe die Prismenformen bei den Verpackungen auf Seite 160 oben.
Stehen die Verpackungen auf der Grundfläche oder liegen sie auf einer Seitenfläche? Begründe jeweils.

3 Hier siehst du verschiedene Prismen.

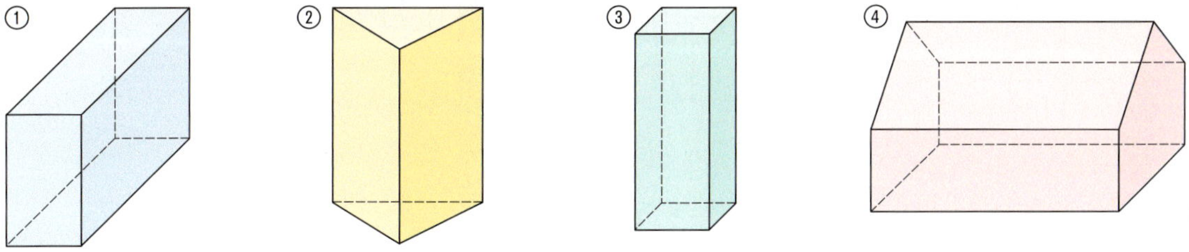

a) Wo kommen solche Körper in deiner Umwelt vor?
b) Welche gemeinsamen Eigenschaften haben diese Prismen?
c) Beschreibe jeweils die Form der Grundfläche, der Deckfläche und der Seitenflächen.

4 Arbeitet zu dritt.
Wählt ein Prisma aus Aufgabe 1 aus. Baut dazu ein Kantenmodell (z. B. aus Knete und Holzstäben).

5 Die Ecken dieses Prismas mit dreieckiger Grundfläche sind rot. Die Kanten sind grün gefärbt.

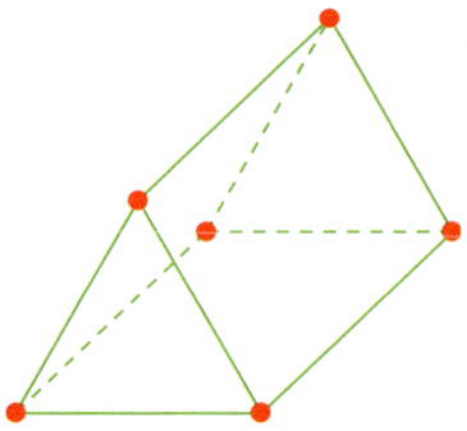

a) Wie viele Ecken, Kanten und Flächen hat dieses Prisma?
b) Wie viele Ecken, Kanten und Flächen hat ein Prisma mit sechseckiger Grundfläche? Nutze das Bild im Beispiel 2 auf Seite 160.

5 Ergänze die Tabelle zu Ecken, Kanten und Flächen bei Prismen im Heft. Finde Regelmäßigkeiten und beschreibe sie.

Grundfläche des Prismas	Anzahl am Prisma		
	Ecken	Kanten	Flächen
Dreieck	6		
Viereck		12	
Fünfeck			7
Sechseck			
Siebeneck			
Achteck			

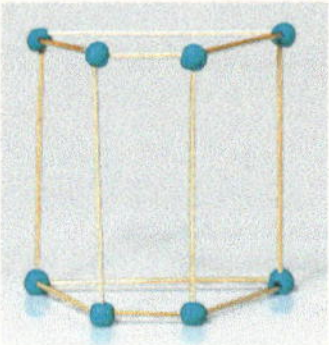

Netze von Prismen anfertigen

Entdecken

1 Wähle eine Verpackung mit Prismenform aus. Zeichne ein Netz der Verpackung.

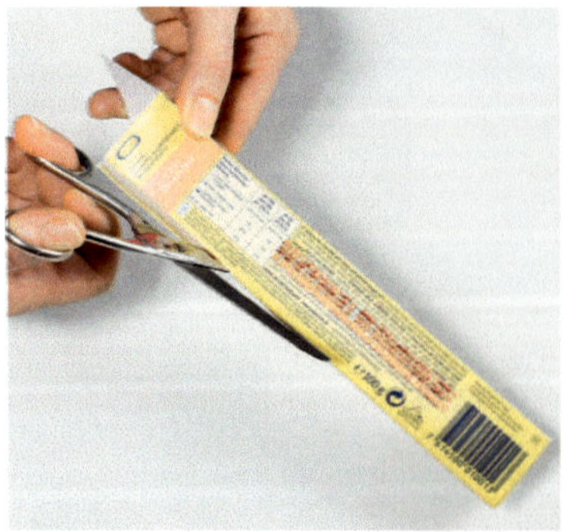

① Verpackung an den Kanten aufschneiden

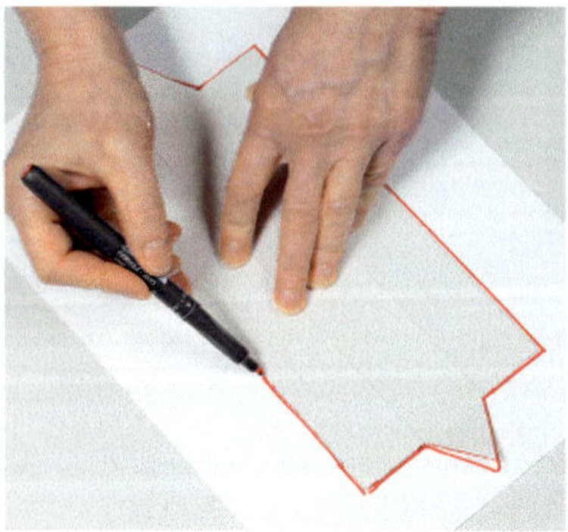

② Verpackung eben ausbreiten und nachzeichnen

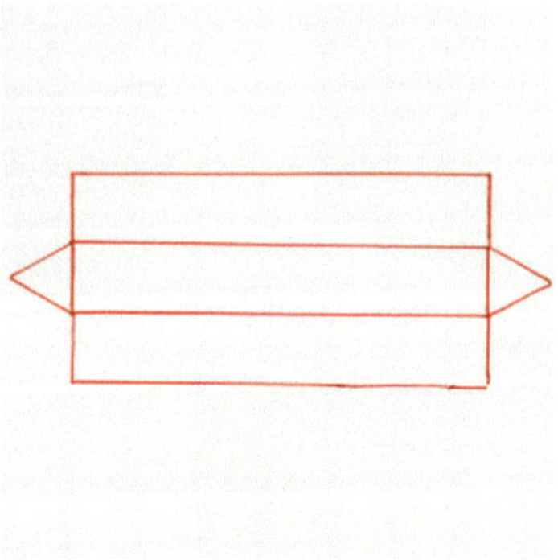

③ Faltkanten der Verpackung nachzeichnen

Hinweis
zu Aufgabe 2: Eine Vorlage mit den vergrößerten Figuren findet ihr unter ↻ 162-1.

2 Arbeitet zu zweit.
Anna sagt: „Diese Figuren sind unterschiedlich. Wenn ich aber die Figuren passend zusammenfalte, erhalte ich aber immer das gleiche Prisma.“ Prüft die Aussage.

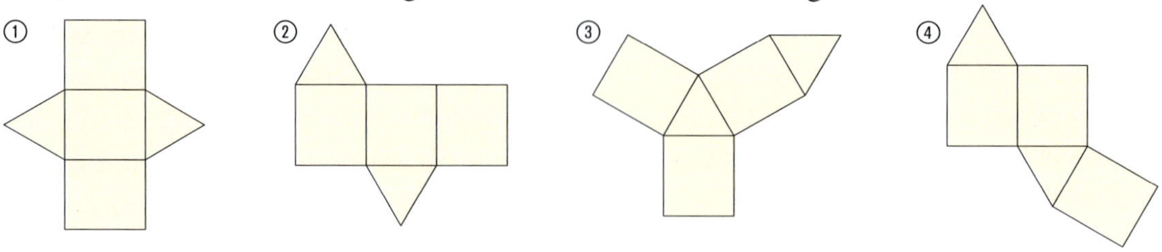

Verstehen

Schneidet man das Papiermodell eines Prismas an seinen Kanten passend auseinander, dann kann man es eben ausbreiten.

Hinweis
Zu jedem Prisma gibt es unterschiedliche Netze.

> **Merke** Ein **Netz** eines Prismas besteht aus den zusammenhängenden Flächen, die das Prisma bilden.
>
> Die Grund- und die Deckfläche sind gleich groß. Alle Seitenflächen bilden zusammen die **Mantelfläche**.

Beispiel 1
Netz eines dreiseitigen Prismas

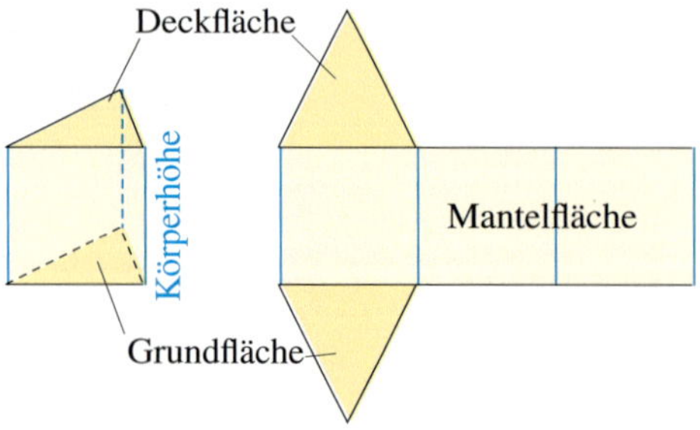

Beispiel 2
Netz eines sechsseitigen Prismas

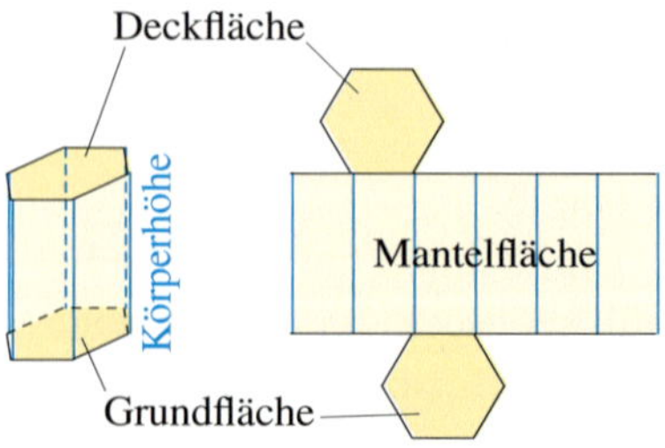

Üben und anwenden

1 Vom Netz zum Prisma

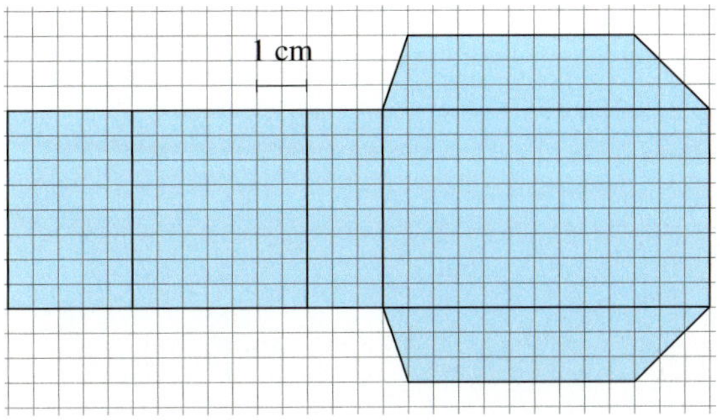

a) Zeichne das Netz auf Karopapier und schneide es aus.
b) Markiere die Grundfläche und die Deckfläche rot und die Mantelfläche grün.
c) Falte das Netz zu einem Prisma.

2 Prüfe, ob die Figuren Würfelnetze sind.

a) 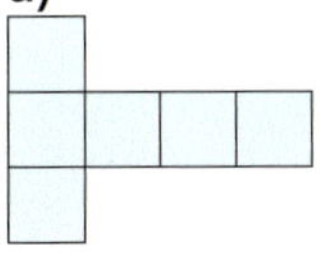
b) 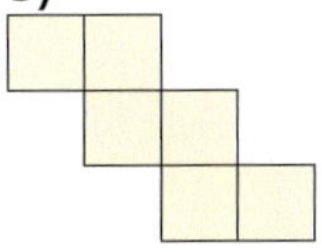
c) 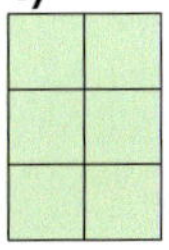

3 Zeichne ein Netz …
a) eines Würfels mit der Kantenlänge $a = 2\,\text{cm}$.
b) eines Quaders mit den Maßen $a = 4\,\text{cm}$; $b = 4\,\text{cm}$; $c = 2\,\text{cm}$.
c) eines Quaders mit den Maßen $a = 50\,\text{mm}$; $b = 40\,\text{mm}$; $c = 2\,\text{cm}$.

1 Vom Netz zum Prisma

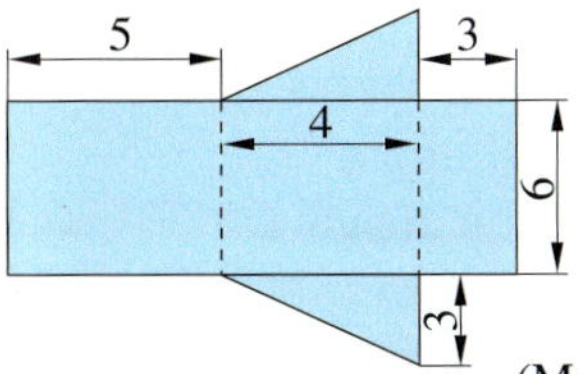

(Maße in cm)

a) Zeichne das Netz auf unliniertes Papier und schneide es aus.
b) Markiere die Mantelfläche grün und beschrifte sie.
c) Falte das Netz zu einem Prisma.
d) Zeichne ein weiteres Netz zu dem gleichen Prisma, das sich aber von dem abgebildeten Netz unterscheidet.

2 Prüfe, ob die Figuren Prismennetze sind.

a) 
b) 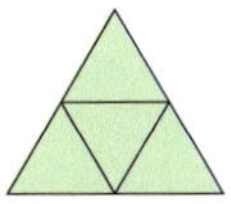
c) 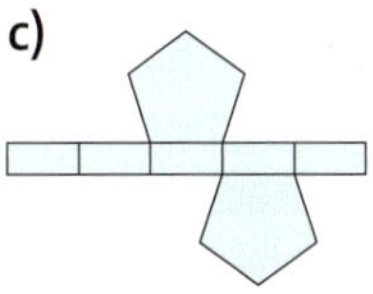

3 Zeichne je ein Netz zu den Prismen.

a) 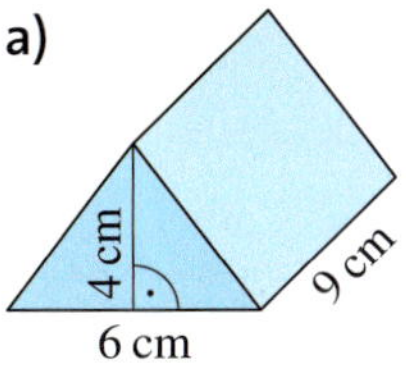

b) 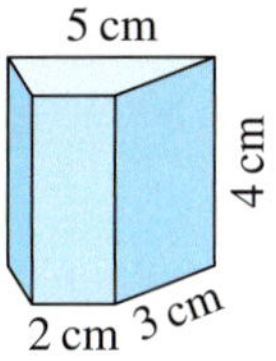

4 Ist es möglich, aus allen abgebildeten Netzen Prismen zu falten? Begründe. Wenn nicht: Kannst du die Figuren zu Prismennetzen ergänzen?

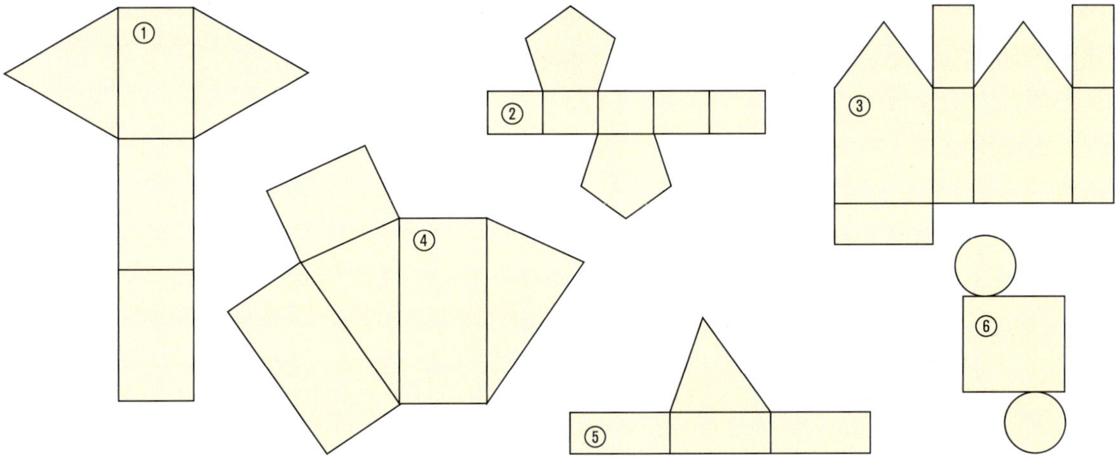

Hinweis
Die Netze aus Aufgabe 4 findest du hier zum Ausdrucken: 163-1.

Oberflächeninhalt von Prismen

Entdecken

1 Hier siehst du eine Verpackung, die an den Kanten aufgetrennt und eben ausgebreitet wurde.

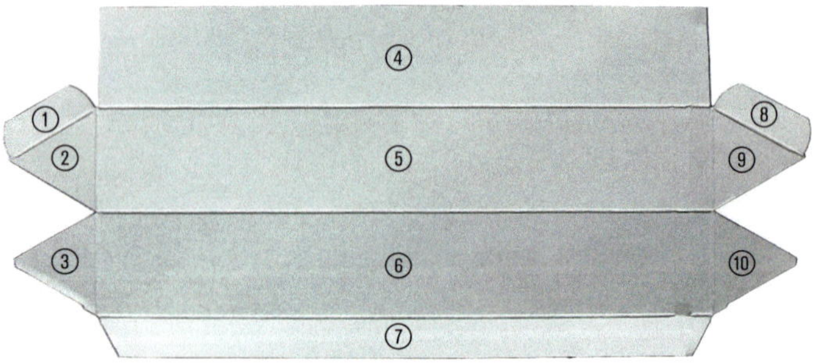

a) Beschreibe die Form der zusammengefalteten Verpackung.

b) Bei welchen fünf Flächen handelt es sich um Klebelaschen oder Stecklaschen?

c) Gib die Deckfläche und die Grundfläche sowie die Teile der Mantelfläche an.

d) Ermittle den Oberflächeninhalt der zusammengefalteten Verpackung (ohne Klebelaschen und Stecklaschen).
Miss dafür benötigte Größen im Bild.

Verstehen

Das Zelt hat die Form eines liegenden Dreiecksprismas. Seine Oberfläche besteht aus zwei Dreiecken und drei Rechtecken.
Aus diesen Flächen besteht ebenfalls das Netz des Prismas.

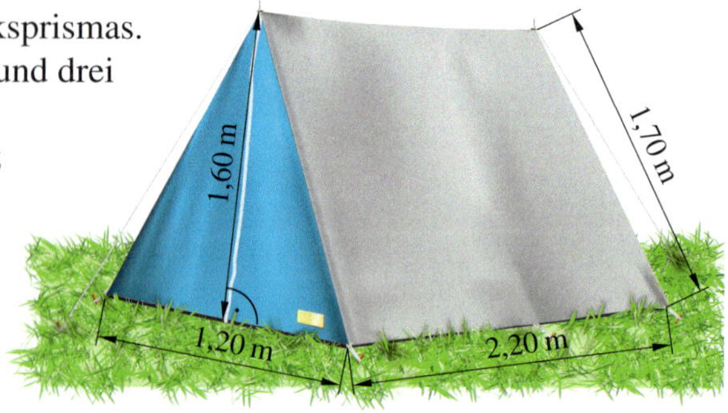

Beispiel 1

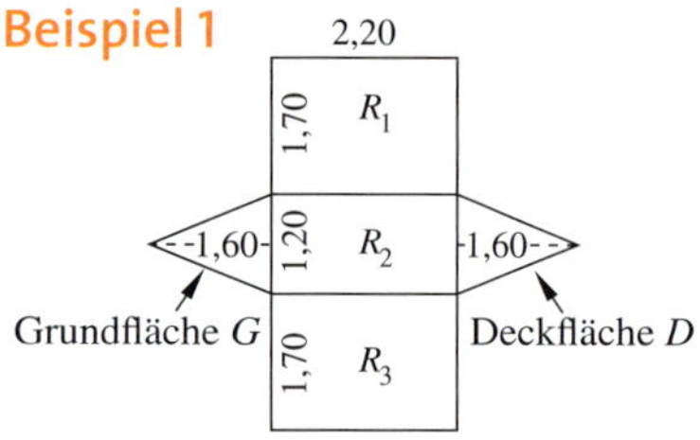

dreieckige Grundfläche: $G = \frac{1{,}20 \cdot 1{,}60}{2}\,\text{m}^2 = 0{,}96\,\text{m}^2$

Grundfläche und Deckfläche sind gleich groß ($G = D$).

Mantelfläche: Rechteck 1: $R_1 = 1{,}70 \cdot 2{,}20\,\text{m}^2 = 3{,}74\,\text{m}^2$
Rechteck 2: $R_2 = 1{,}20 \cdot 2{,}20\,\text{m}^2 = 2{,}64\,\text{m}^2$
Rechteck 3: $R_3 = 1{,}70 \cdot 2{,}20\,\text{m}^2 = 3{,}74\,\text{m}^2$

Alle Flächeninhalte zusammen ergeben den Oberflächeninhalt O des Prismas.

$O = 2 \cdot G + R_1 + R_2 + R_3$
$O = 2 \cdot 0{,}96\,\text{m}^2 + 3{,}74\,\text{m}^2 + 2{,}64\,\text{m}^2 + 3{,}74\,\text{m}^2$
$O = 12{,}04\,\text{m}^2$

Der Oberflächeninhalt des Zeltes beträgt $12{,}04\,\text{m}^2$.

HINWEIS
Alle Seitenflächen zusammen bilden die ***Mantelfläche M*** *des Prismas. Deswegen kann man den Oberflächeninhalt auch so berechnen:* $O = M + 2 \cdot G$

Merke Bei einem **Prisma** sind *Grundfläche* und *Deckfläche* deckungsgleich, die *Seitenflächen* sind Rechtecke.

Den **Oberflächeninhalt O** eines **Prismas** kann man berechnen, indem man den Flächeninhalt jeder *Begrenzungsfläche* berechnet und dann die Flächeninhalte addiert.

Üben und anwenden

1 Berechne die Oberflächeninhalte der Prismen.

a)
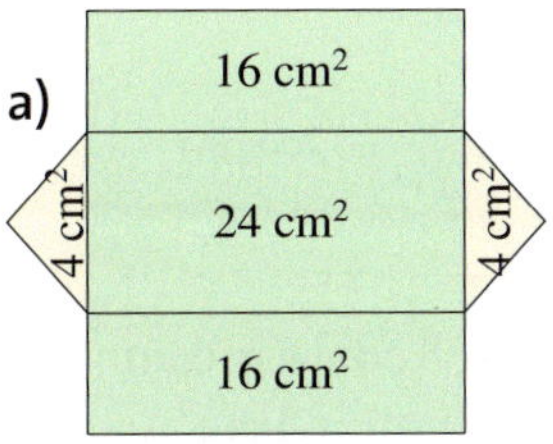

b)
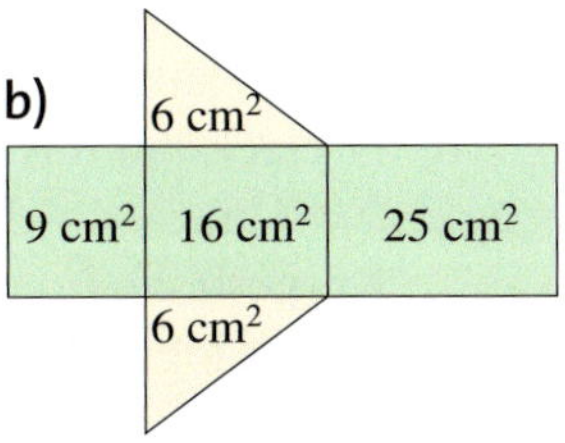

c)
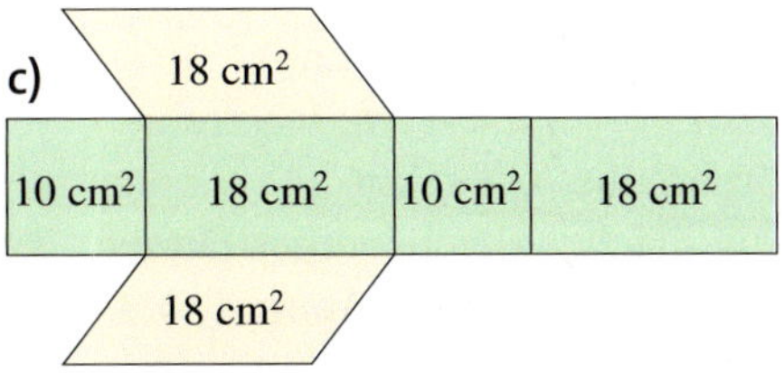

2 Dargestellt ist ein Netz eines Prismas.
a) Beschreibe die Form der Grundfläche.
b) Berechne den Oberflächeninhalt des Prismas.

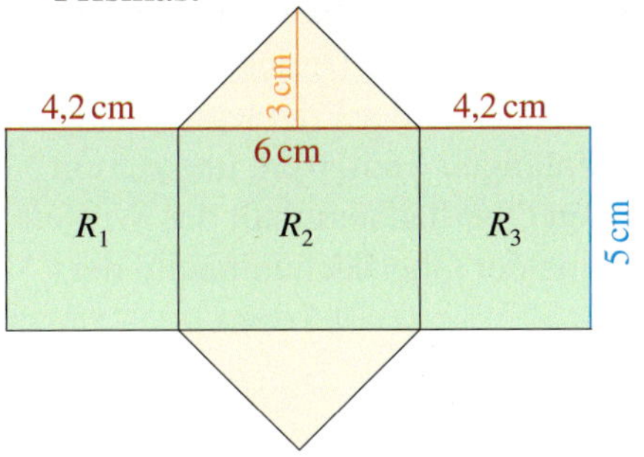

2 Dargestellt ist ein Netz eines Prismas. Berechne den Oberflächeninhalt des Prismas.

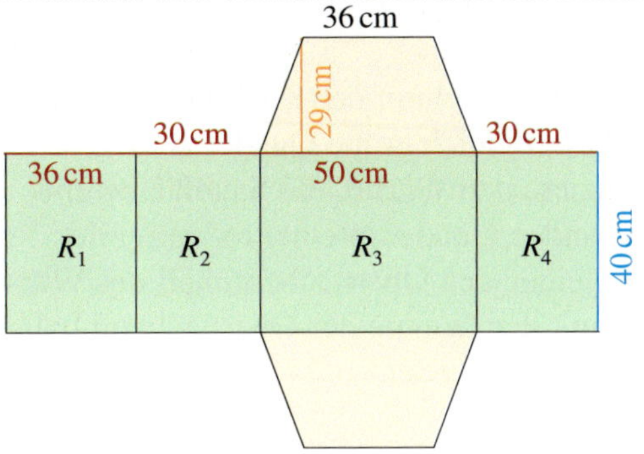

3 Oberflächeninhalte berechnen

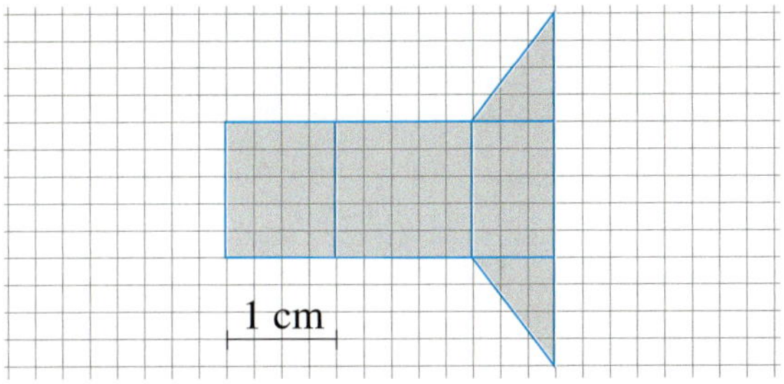

a) Zeichne das abgebildete Netz des Prismas auf Karopapier.
b) Markiere die Grundfläche und die Deckfläche gelb sowie die Mantelfläche grün.
c) Berechne den Oberflächeninhalt.

3 Ermittle den Oberflächeninhalt des abgebildeten Prismas. Entnimm die Maße dem Bild.

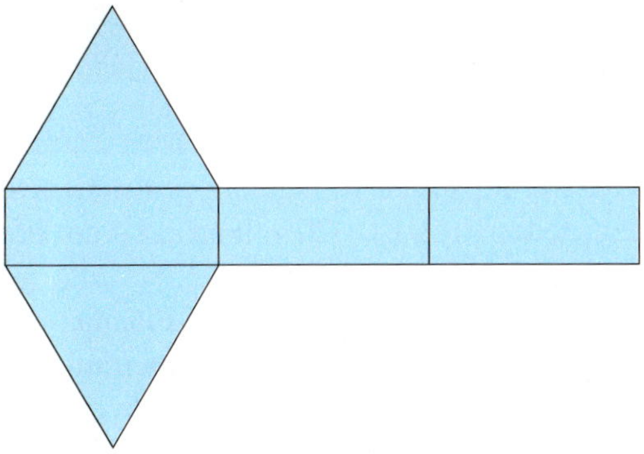

ZUM WEITERARBEITEN zu Aufgabe 3 (lila): Zeichne zu den abgebildeten Netzen weitere Netze, die beim Zusammenfalten dasselbe Prisma ergeben.

4 Berechne den Mantelflächeninhalt und den Oberflächeninhalt des Prismas.

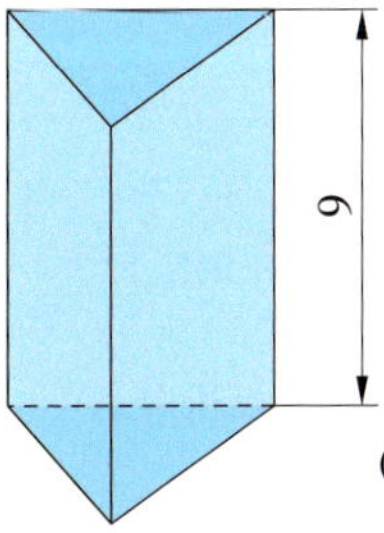

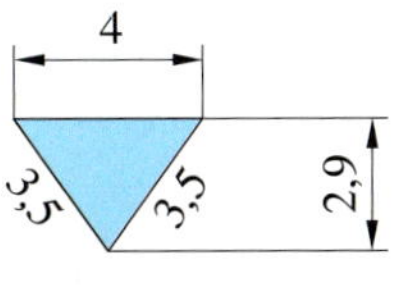

Grundfläche

(Angaben in cm)

4 Berechne den Mantelflächeninhalt und den Oberflächeninhalt des Prismas.

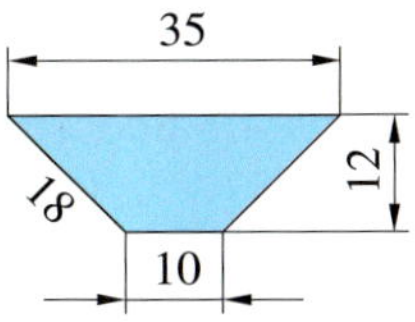

Grundfläche (Angabe in cm)

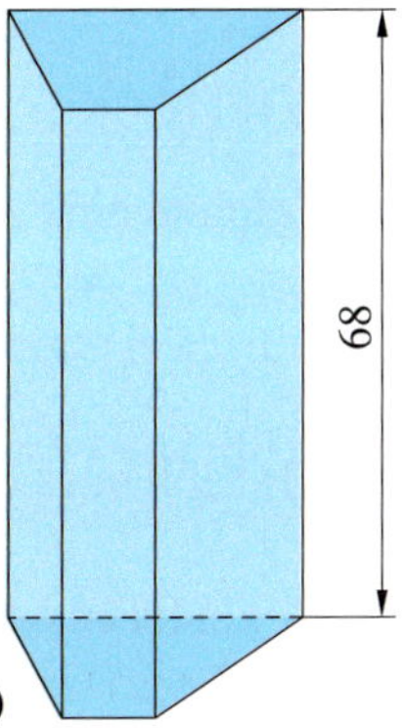

Hinweis
zu Aufgabe 5 (lila und türkis): Skizziere zuerst die Grundfläche. Trage die bekannten Maße ein. Rechne dann.

5 Berechne die Oberflächeninhalte der Prismen.
a) Grundfläche: Quadrat mit $a = 3\,\text{cm}$; Körperhöhe $h_K = 10\,\text{cm}$
b) Grundfläche: Rechteck mit $a = 4\,\text{cm}$; $b = 6\,\text{cm}$; Körperhöhe $h_K = 5\,\text{cm}$
c) Grundfläche: gleichseitiges Dreieck mit $c = 4\,\text{cm}$; $h_c = 3{,}5\,\text{cm}$; Körperhöhe $h_K = 8\,\text{cm}$
d) Grundfläche: Dreieck mit $a = 4\,\text{cm}$; $h_a = 4{,}8\,\text{cm}$; $b = 6\,\text{cm}$; $c = 9\,\text{cm}$ Körperhöhe $h_K = 4\,\text{cm}$

6 Ein Holzwürfel mit der Kantenlänge 6 cm wird in zwei gleich große Quader zersägt.
a) Skizziere den Würfel, die Sägefläche und die beiden Quader in einem Schrägbild.
b) Vergleiche den Oberflächeninhalt des Würfels mit der Summe der Oberflächeninhalte der beiden Quader.

7 Aus dem Berufsleben

Vier Bretter sollen vollständig gestrichen werden. Jedes Brett ist 1,20 m lang, 11,5 cm breit und 2,5 cm hoch.
a) Berechne die zu streichende Fläche.
b) Wie viele solcher Bretter können mit einer Dose Farbe gestrichen werden, wenn eine Dose für $5\,\text{m}^2$ reicht?

5 Berechne die Oberflächeninhalte der Prismen.
a) Grundfläche: gleichseitiges Dreieck mit $c = 8\,\text{cm}$; $h_c = 6{,}9\,\text{cm}$; Körperhöhe $h_K = 8\,\text{cm}$
b) Dreieck mit $a = 20\,\text{mm}$; $h_a = 24\,\text{mm}$; $b = 3\,\text{cm}$; $c = 4{,}5\,\text{cm}$ Körperhöhe $h_K = 10\,\text{cm}$
c) Parallelogramm mit $a = 8\,\text{cm}$; $b = 6\,\text{cm}$; $h_a = 59\,\text{mm}$; Körperhöhe $h_K = 4\,\text{cm}$
d) Trapez mit $a = 40\,\text{m}$; $h = 28\,\text{m}$; $b = d = 32\,\text{m}$; $c = 9\,\text{m}$ Körperhöhe $h_K = 3\,\text{m}$

6 Ein Holzwürfel mit der Kantenlänge 6 cm wird in zwei gleich große Dreiecksprismen zersägt (Grundflächen der Prismen: Dreiecke mit den Seitenlängen 6 cm, 6 cm und 8,5 cm). Vergleiche den Oberflächeninhalt des Würfels mit der Summe der Oberflächeninhalte der Prismen.

7 Aus dem Berufsleben

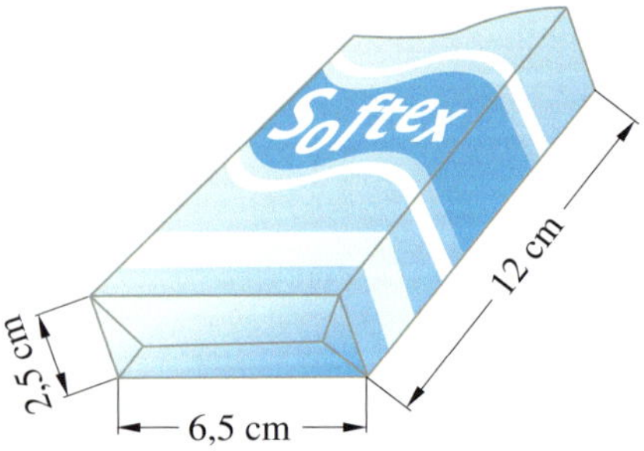

Wie viel Quadratzentimeter Klarsichtfolie benötigt man für die Umhüllung eines Päckchens Papiertaschentücher? Rechne mit 20 % Aufschlag für Verschnitt und Klebefalze.

Lerncheck

1 Zeichne eine Zahlengerade und trage folgende Zahlen ein: –3; 6; 11; 0; –1; 8; –4; 4.

2 Gib zwei Beispiele für antiproportionale Zuordnungen an.

3 Multipliziere die Differenz aus 4,3 und 1,3 mit 3 und vermindere das Ergebnis um 11.

4 Eine Hockey-Mannschaft erreichte in der letzten Saison 15 Siege, 6 Unentschieden und 9 Niederlagen. Zeichne dazu ein Säulendiagramm.

Thema Gestalte eigene Geschenkverpackungen

Beim Schenken kann eine ungewöhnliche Verpackung Freude bereiten. Geschenkverpackungen lassen sich mit einfachen Mitteln selbst herstellen.

1 Entwirf eine außergewöhnliche Verpackung für einen Gegenstand deiner Wahl.
Entwickle dazu einen Arbeitsplan:
① Überlege dir zuerst, welche Form deine Verpackung haben sollte.
② Fertige einen Entwurf an (Skizze, Netz, etc.).
③ Berechne die Größe des benötigten Materials.
④ Erstelle aus Pappe ein Modell deiner Verpackung.
⑤ Beschreibe deine Verpackung.
⑥ Notiere deine Aufzeichnungen in Form eines Lerntagebuchs, aus dem hervorgeht, wie du vorgegangen bist und welche Probleme sich ergeben haben und wie du sie gelöst hast.
⑦ Präsentiere deine Verpackung in der Klasse.

2 Dreiseitige Prismen kennst du wahrscheinlich von Schokoladenverpackungen.
Ein solches Prisma kannst du zum Beispiel für die Verpackung eines Stiftes verwenden.

a) Zeichne wie vorgegeben auf Tonpapier einen Bastelbogen für das dreiseitige Prisma und bastle die Schachtel.

b) Falls diese Verpackung im Handel verwendet werden würde, müsste sie mindestens zu 70 % gefüllt sein, damit keine Mogelpackung entsteht.
Bis zu welcher Höhe müsste ein solches Prisma dann gefüllt werden?

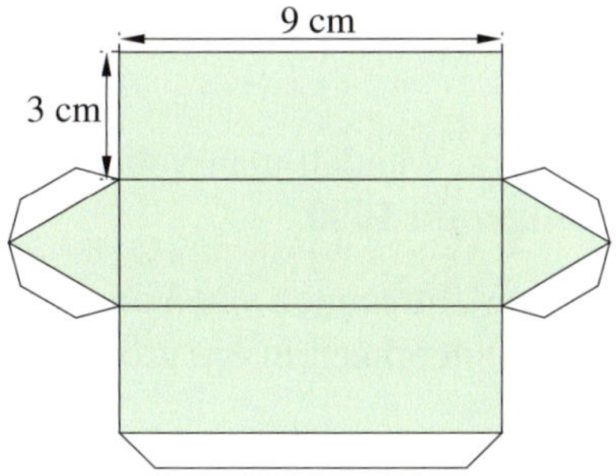

HINWEIS
Mogelpackungen nennt man eine Verpackung, die über die wirkliche Menge oder Beschaffenheit des Inhalts hinwegtäuscht.

3 Die rechts abgebildete Schachtel ist ein Prisma mit trapezförmiger Grundfläche.
Die parallelen Seiten des Trapezes sind 10 cm und 4 cm lang, die Höhe des Trapezes beträgt 4 cm.

a) Zeichne die Grundfläche.
Berechne Flächeninhalt und Umfang der Grundfläche.
Bestimme die Mantelfläche, wenn die Schachtelhöhe 6 cm beträgt.
Berechne den Oberflächeninhalt des Prismas.

b) Zeichne ein Netz des Prismas und ergänze es mit Klebelaschen an den notwendigen Stellen. Bastle die Schachtel.

Volumen in verschiedenen Maßeinheiten

Entdecken

1 Mit welcher Einheit würdest du das Volumen der folgenden Körper messen?

Stecknadelkopf | Bodensee | Klassenraum | Konservendose | Müllcontainer

2 Sind die folgenden Körper gleich groß?
Begründe deine Aussage.

3 Schätze, wie viel Wasser in ein Trinkglas (in eine Tasse) passt.
Miss dann genau nach, zum Beispiel mit einem Messbecher.

Verstehen

ERINNERE DICH
Maßeinheit
9 cm³
Maßzahl

Volumen (Rauminhalte) werden durch Vergleichen mit **Einheitswürfeln** gemessen.
Als Einheitswürfel eignen sich besonders die folgenden Würfel:

	Einheitswürfel mit der Kantenlänge …			
	1 m	1 dm	1 cm	1 mm
Volumen:	**1 m³** (1 Kubikmeter)	**1 dm³** (1 Kubikdezimeter)	**1 cm³** (1 Kubikzentimeter)	**1 mm³** (1 Kubikmillimeter)
Beispiel:	 Mülltonne 1 m³	 Milchkarton 1 dm³	 Zuckerwürfel 1 cm³	 Zuckerkorn 1 mm³
Hohlmaße:		1 dm³ = 1 Liter (l)	1 cm³ = 1 Milliliter (ml)	

HINWEIS
*Volumen von Flüssigkeiten werden häufig mit den **Hohlmaßen** „Liter" und „Milliliter" angegeben.*

Merke Wandelt man Volumen in eine benachbarte Volumeneinheit um, so ist die **Umwandlungszahl 1000.**

Beim Umrechnen von Volumen in die kleinere Einheit (z. B. cm³ in mm³) wird multipliziert.
Bei Umrechnen in die größere Einheit (z. B. cm³ in dm³) wird dividiert.

m³ —(· 1000)→ dm³ = l —(· 1000)→ cm³ = ml —(· 1000)→ mm³

m³ ←(: 1000)— dm³ = l ←(: 1000)— cm³ = ml ←(: 1000)— mm³

Beispiel 1
$8\,\text{cm}^3 = (8 \cdot 1000)\,\text{mm}^3 = 8\,000\,\text{mm}^3$

Beispiel 2
$6\,400\,\text{dm}^3 = (6\,400 : 1000)\,\text{m}^3 = 6{,}4\,\text{m}^3$

Beispiel 3
$8{,}3\,\text{m}^3 = (8{,}3 \cdot 1000)\,\text{dm}^3 = 8\,300\,\text{dm}^3 = 8\,300\,\text{l}$

Üben und anwenden

1 Arbeitet zu zweit.
Mit welcher Einheit würdet ihr die Volumen dieser Gegenstände angeben?

ein Eiswürfel | euer Klassenraum | ein Becher Milch | ein Schuhkarton
ein Schwimmbecken | ein Aquarium | ein Tropfen Wasser | ein Tankwagen

2 Schreibe eine Liste mit Gegenständen, deren Volumen man in cm^3 angibt.

3 Wandle in Kubikdezimeter (dm^3) um.
a) $5\,m^3$ b) $9000\,cm^3$ c) $12{,}8\,m^3$
d) $800\,cm^3$ e) $8273\,cm^3$ f) $0{,}7\,m^3$

4 Wandle in Kubikzentimeter (cm^3) um.
a) $30000\,mm^3$ b) $450\,mm^3$ c) $21\,dm^3$
d) $9{,}43\,dm^3$ e) $3{,}81\,dm^3$ f) $0{,}09\,dm^3$

5 Wandle in die angegebenen Einheiten um.
a) in ml: 4 l; 5,46 l; 0,75 l; 1,5 l; 6,25 l
b) in l: 3 500 ml; 90 000 ml; 450 ml

6 Finde Volumen, die gleich groß sind.

$3\,m^3$ | 5 l | 5000 ml | 0,02 l | $300\,mm^3$ | $300\,cm^3$ | $20\,cm^3$ | $0{,}3\,cm^3$ | $2\,m^3$ | $5000\,cm^3$ | $3000\,dm^3$ | 2000 l | 300 ml

7 Vergleiche jeweils die Volumen.
Setze im Heft ein: <, > oder =.
a) 0,5 l ▢ $750\,cm^3$ b) $3\,m^3$ ▢ $3000\,cm^3$
c) $2\,dm^3$ ▢ $2300\,cm^3$ d) $5\,m^3$ ▢ 6000 l
e) 3 ml ▢ $2000\,mm^3$ f) $0{,}5\,m^3$ ▢ $700\,dm^3$

8 Finde einen Gegenstand, dessen Volumen etwa $100\,cm^3$ beträgt.

2 Schreibe eine Liste mit Gegenständen, deren Volumen man in m^3 angibt.

3 Wandle in die angegebenen Einheiten um.
a) in cm^3: $12\,dm^3$; $400\,mm^3$; $3{,}8\,dm^3$; $4\,m^3$
b) in mm^3: $8{,}54\,cm^3$; $0{,}9\,cm^3$; $6\,dm^3$; $2{,}8\,dm^3$

4 Wandle in die angegebenen Einheiten um.
a) in cm^3: $47500\,dm^3$; 9500 l; $4\,mm^3$; $0{,}5\,dm^3$
b) in m^3: 3 Mrd. dm^3; 450 Mio. cm^3

5 Wandle in die angegebenen Einheiten um.
a) in ml: 45 l; 246,5 l; $70\,cm^3$; $4000\,mm^3$
b) in l: 3 500 ml; $80\,dm^3$; $6{,}2\,m^3$; $9560\,m^3$

6 Finde Volumen, die gleich groß sind.

$3{,}8\,m^3$ | 0,95 l | $38\,m^3$ | $0{,}38\,dm^3$ | $95000\,mm^3$ | $95\,cm^3$ | $380\,cm^3$ | $0{,}95\,dm^3$ | $950\,cm^3$ | $3800\,dm^3$ | 0,095 l | 38 000 l | 380 ml

7 Ordne die Volumen der Größe nach.
Beginne mit dem kleinsten.
a) 3,8 l; $0{,}38\,m^3$; $38000\,cm^3$; $0{,}03\,dm^3$
b) $495\,dm^3$; 100 000 ml; $9387\,cm^3$; $0{,}4\,m^3$
c) 0,8 Mrd. m^3; 8 Mio. m^3; 8 Mrd. m^3; $8000\,m^3$

8 Finde einen Gegenstand, dessen Volumen etwa $40\,m^3$ beträgt.

9 Aus dem Berufsleben
In einer Abfüllanlage für Limonade werden Flaschen abgefüllt und in Kästen gestellt.
Ein Kasten Limonade enthält zwölf Flaschen zu je 0,75 Liter.
a) Wie viele Gläser zu je 300 ml Inhalt kann man damit befüllen?
b) Wie viele Flaschen Limonade braucht man, um 200 Gläser zu füllen?

Hinweis
169-1
Hier findest du eine interaktive Übung zum Schätzen von Volumen.

Volumen von Prismen

Entdecken

1 Volumen von Quader und Würfel

a) Berechne das Volumen des rechts abgebildeten Quaders und des Würfels.

b) Wie groß ist jeweils die Grundfläche G und die Höhe h_K des Körpers?

c) Zeige, dass man das Volumen mit der Formel $V = G \cdot h_K$ berechnen kann.

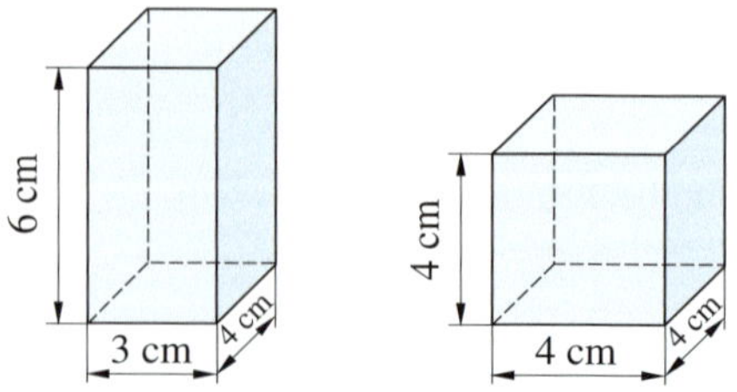

2 Arbeitet zu zweit.

a) Wie würdet ihr das Volumen des rechts abgebildeten Prismas bestimmen? Sammelt Vorschläge.

b) Viviane meint: „Das Volumen des Prismas ist halb so groß wie das Volumen eines gleich hohen Quaders mit 5 cm × 5 cm großer Grundfläche.“ Begründet, dass sie recht hat.

c) Berechnet das Volumen des Prismas.

d) Überprüft, ob sich das Volumen auch mit der Formel $V = G \cdot h_K$ berechnen lässt.

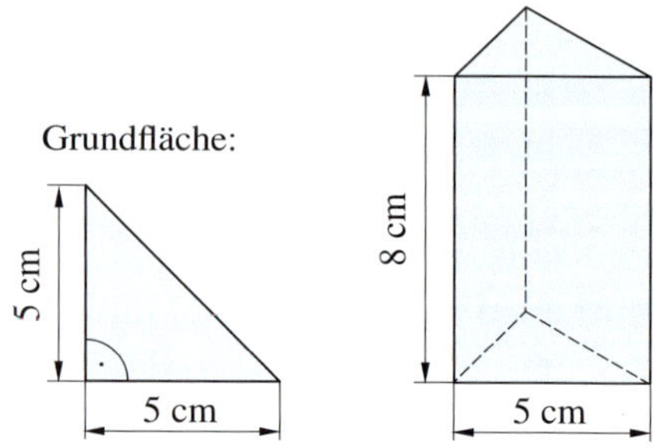

Verstehen

Herr Meyer ist Designer. Er hat für einen Süßwarenhersteller eine neue Verpackung entworfen: ein Prisma mit dreieckiger Grundfläche.

Welches Volumen hat die Verpackung?

Merke

Um das **Volumen eines Prismas** zu berechnen, multipliziert man den Flächeninhalt der Grundfläche G mit der Körperhöhe h_K. Formel: $\boldsymbol{V = G \cdot h_K}$

Wie die Grundfläche berechnet wird, hängt von ihrer Form ab (zum Beispiel Dreieck, Trapez …).

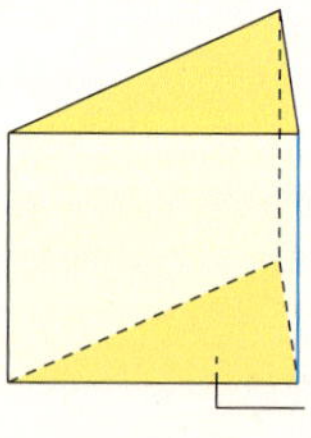

Hinweis: *Achte auf die unterschiedlichen Höhen:*
h_K: Höhe des Prismas
h_G: Höhe der Grundseite

Beispiel 1

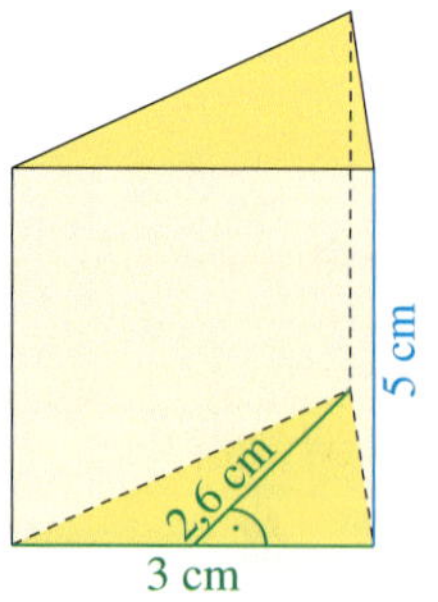

gegeben:
Grundfläche Dreieck mit $a = 3\,\text{cm}$ und $h_a = 2{,}6\,\text{cm}$;
Körperhöhe $h_K = 5\,\text{cm}$

gesucht:
$V = ?$

Rechnung:

① Grundfläche: $G = \frac{g \cdot h_G}{2}$

$G = \frac{3 \cdot 2{,}6}{2}\,\text{cm}^2$

$G = 3{,}9\,\text{cm}^2$

② Volumen: $V = G \cdot h_K$

$V = 3{,}9 \cdot 5\,\text{cm}^3$

$V = 19{,}5\,\text{cm}^3$

Anwort: Das Volumen beträgt $19{,}5\,\text{cm}^3$.

Üben und anwenden

1 Berechne die Volumen der Prismen.

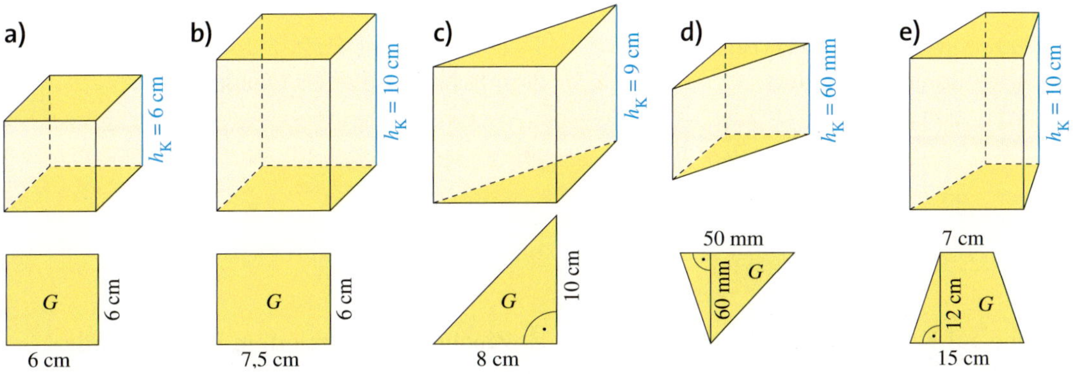

HINWEIS
zu Aufgabe 1: Unter dem Schrägbild ist jeweils die Grundfläche G abgebildet.

2 Im Bild siehst du Grundflächen von Prismen. Die Prismen sind jeweils 8 cm hoch. Berechne die Volumen der Prismen.

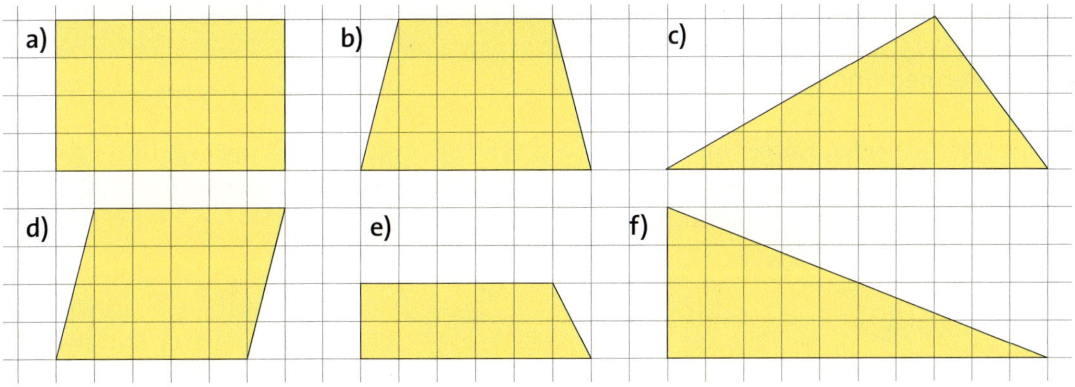

3 Berechne zu jedem Prisma das Volumen.

a) Grundfläche: Quadrat mit $a = 24$ cm; Höhe $h_K = 10$ cm

b) Grundfläche: Rechteck mit $a = 3$ cm; $b = 2$ cm; Höhe $h_K = 14$ cm

c) Grundfläche: Parallelogramm mit $a = 8$ cm; $h_a = 2{,}5$ cm; Höhe $h_K = 25$ cm

d) Grundfläche: Dreieck mit $g = 6{,}5$ m; $h_g = 5$ m; Höhe: $h_K = 9$ m

4 Gib die Höhe eines Prismas mit einem Volumen von 200 cm³ und der Grundfläche $G = 40\,\text{cm}^2$ an.
Prüfe, ob es mehr als eine Lösung gibt. Begründe deine Aussage.

5 Vervollständige im Heft und begründe: „Wenn man die Höhe eines Prismas verdoppelt, dann … sich das Volumen."

3 Berechne zu jedem Prisma das Volumen.

a) Grundfläche: Dreieck mit $b = 4{,}5$ cm; $h_b = 3{,}6$ cm; Höhe $h_K = 15$ cm

b) Grundfläche: rechtwinkliges Dreieck mit $\gamma = 90°$; $a = 4{,}2$ m; $b = 5{,}1$ m; Höhe: $h_K = 20$ m

c) Grundfläche: Trapez mit $a \parallel c$; $a = 78$ dm; $c = 25$ dm; $h_{Trapez} = 3$ m; Höhe $h_K = 1{,}2$ m

d) Grundfläche: Parallelogramm mit $a = 6{,}5$ cm; $h_a = 97$ mm; Höhe $h_K = 38$ cm

4 Berechne die gesuchten Größen.

	G	h_K	V
a)	56 cm²		952 cm³
b)	3,8 dm²		66,5 dm³
c)		12,8 m	853,76 m³

5 Vervollständige im Heft und begründe: „Wenn man die Grundfläche eines Prismas verdoppelt, dann … sich das Volumen."

Klar so weit?

→ Seite 158

Würfel und Quader im Schrägbild skizzieren

1 Übertrage ins Heft und vervollständige zum Schrägbild eines Quaders.

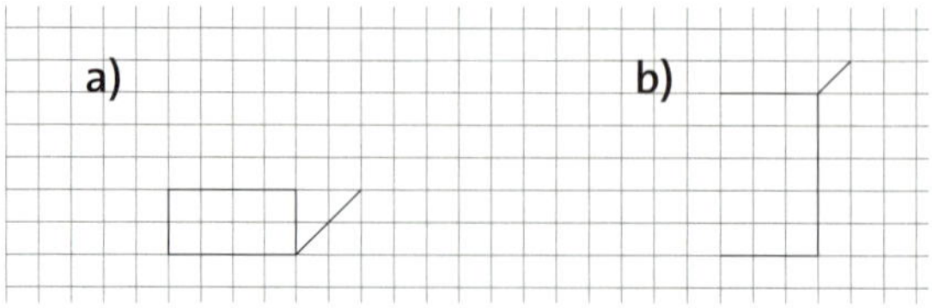

1 Übertrage ins Heft und vervollständige zum Schrägbild eines Quaders.

2 Zeichne auf Karopapier Schrägbilder der Körper.

a) Würfel mit $a = 4\,\text{cm}$

b) Quader mit $a = 6\,\text{cm}$; $b = 4\,\text{cm}$ und $c = 2\,\text{cm}$

2 Zeichne auf unliniertem Papier Schrägbilder der Körper.

a) Würfel mit $a = 46\,\text{mm}$

b) Quader mit $a = 3{,}6\,\text{cm}$; $b = 4{,}4\,\text{cm}$; $c = 5{,}2\,\text{cm}$

→ Seite 160

Prismen erkennen und beschreiben

3 Gib an, welche beiden Körper im Bild Prismen sind. Notiere jeweils, wie viele Ecken, Kanten und Flächen sie haben.

3 Gib an, welche der Körper im Bild Prismen sind. Notiere jeweils, wie viele Ecken, Kanten und Flächen sie haben.

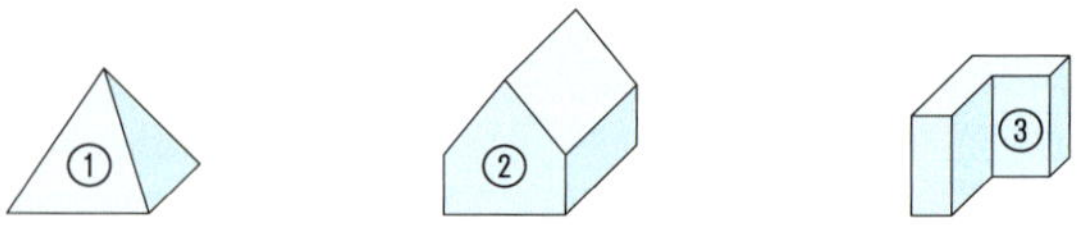

4 Haben der Schuttcontainer bzw. die Goldbarren die Form von Prismen? Begründe.

4 Welche der Häuser haben die Form von Prismen? Begründe.

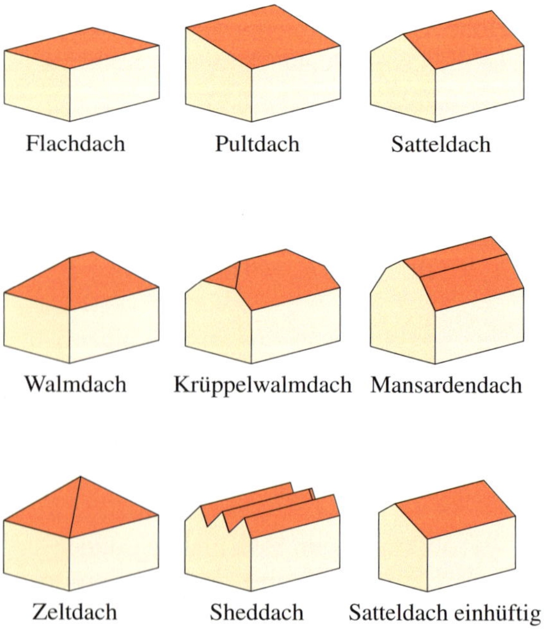

Netze von Prismen anfertigen

→ Seite 162

5 Karl zerschneidet zwei Verpackungen und erhält dadurch die folgenden Netze. Beschreibe jeweils die Form der Verpackung.

①
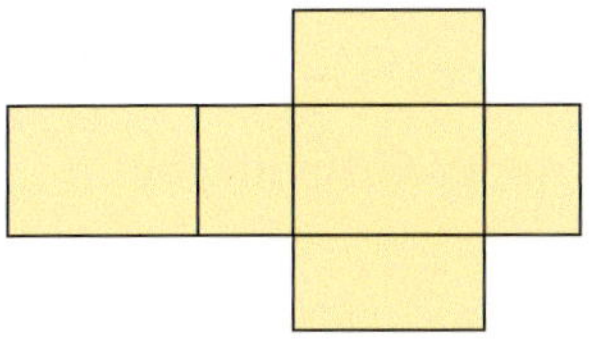

②
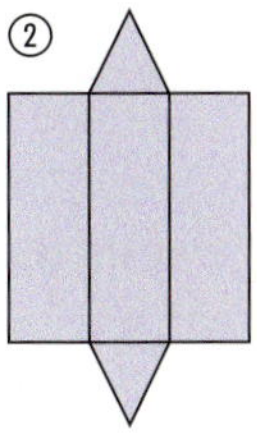

5 Jana zerschneidet zwei Verpackungen und erhält dadurch die folgenden Netze. Beschreibe jeweils die Form der Verpackung.

①
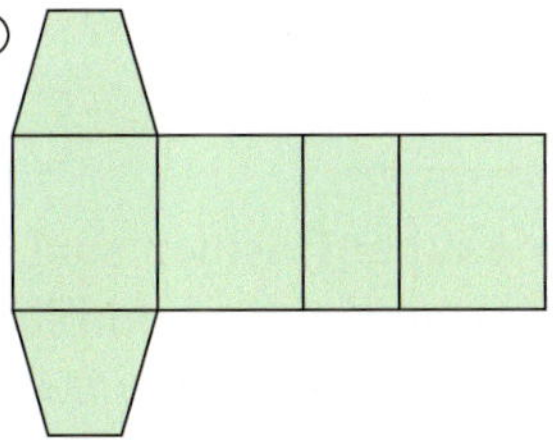

②
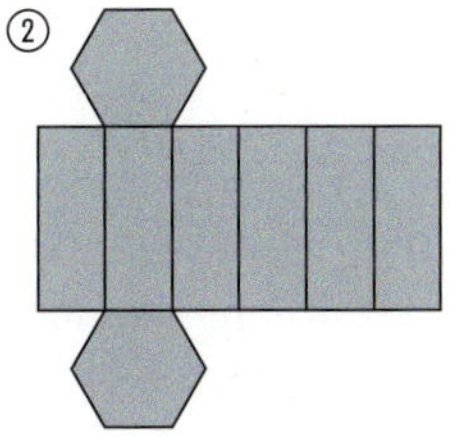

6 Zeichne die Netze der Körper.
a) Würfel mit der Kantenlänge $a = 2{,}5\,\text{cm}$
b) Quader mit $a = 2\,\text{cm}$; $b = 4\,\text{cm}$; $c = 3\,\text{cm}$

6 Zeichne ein Netz eines Prismas mit der Körperhöhe $h_K = 5\,\text{cm}$ und einem gleichseitigen Dreieck ($a = 3\,\text{cm}$) als Grundfläche.

Oberflächeninhalt von Prismen

→ Seite 164

7 Berechne den Oberflächeninhalt des Prismas.

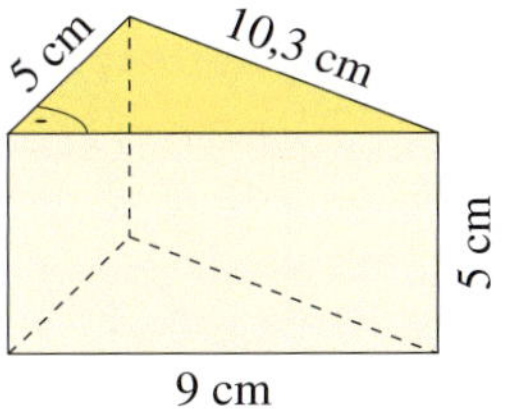

7 Berechne den Oberflächeninhalt des Prismas.

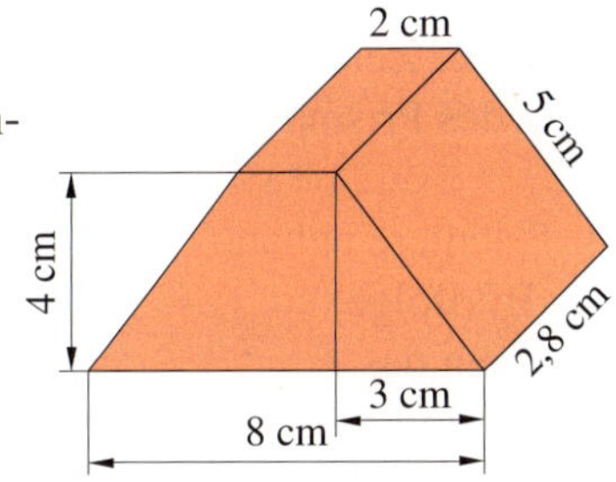

Volumen in verschiedenen Maßeinheiten

→ Seite 168

8 Erläutere an einem selbst gewählten Beispiel, wie man Volumenangaben von cm^3 in mm^3 (von dm^3 in m^3) umrechnet.

8 Erläutere an einem selbst gewählten Beispiel, wie man Volumenangaben von m^3 in l (von cm^3 in m^3) umrechnet.

9 Wandle in die angegebenen Einheiten um.
a) in cm^3: $47\,\text{dm}^3$; $9\,500\,\text{mm}^3$; 4 l; $0{,}5\,\text{dm}^3$
b) in dm^3: $84\,000\,\text{cm}^3$; $78\,\text{m}^3$; $920\,\text{cm}^3$

9 Wandle in die angegebenen Einheiten um.
a) in cm^3: 8,5 l; $0{,}95\,\text{dm}^3$; $14\,\text{m}^3$; $7\,250\,\text{mm}^3$
b) in m^3: 4 800 l; $8{,}2\,\text{dm}^3$; $295\,000\,\text{cm}^3$

Volumen von Prismen

→ Seite 170

10 Berechne zu jedem Prisma das Volumen.
a)
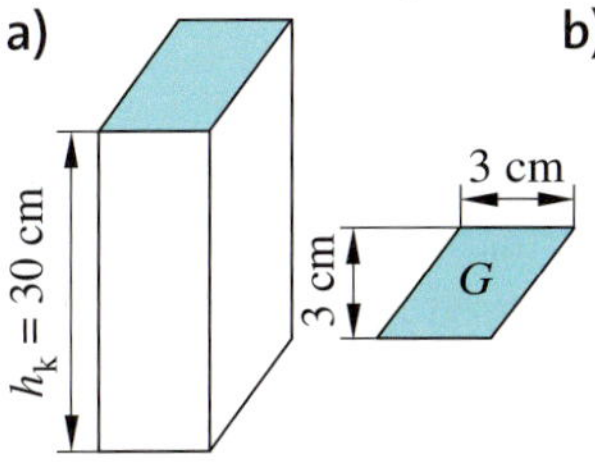

b) Grundfläche: Parallelogramm mit $a = 6\,\text{cm}$ und $h_a = 4\,\text{cm}$; Körperhöhe $h_K = 10\,\text{cm}$

10 Berechne zu jedem Prisma das Volumen.
a)
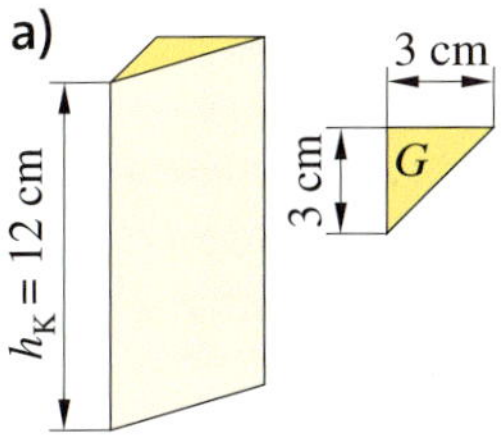

b) Grundfläche: Trapez mit $a \parallel c$; $a = 6{,}4\,\text{cm}$; $c = 4{,}2\,\text{cm}$; $h_{Trapez} = 30\,\text{mm}$; Körperhöhe $h_K = 72\,\text{mm}$

Vermischte Übungen

1 Prismen

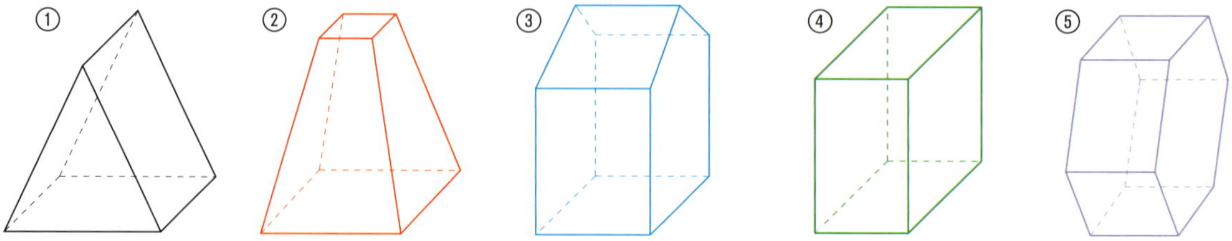

a) Gib an, welche der Körper Prismen sind. Beschreibe jeweils die Form der Grundfläche.
b) Gib an, wie viele Ecken, Kanten und Flächen die Körper jeweils haben.
c) Wähle zwei Prismen aus und skizziere dazu je ein Netz.

2 Dreiseitige Prismen
Ist die Grundfläche dieses Prismas ein gleichschenkliges (gleichseitiges, rechtwinkliges oder spitzwinkliges) Dreieck? Zeichne ein Netz des Prismas.

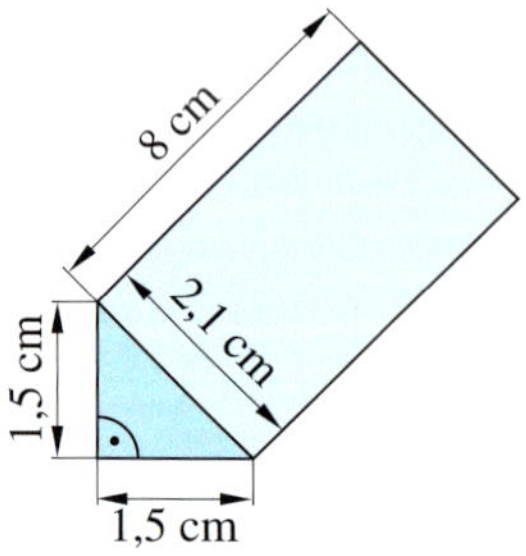

2 Dreiseitige Prismen
a) Gib an, welche Art Dreieck die Grundfläche dieses Prismas bildet.
b) Zeichne ein Netz des Prismas.

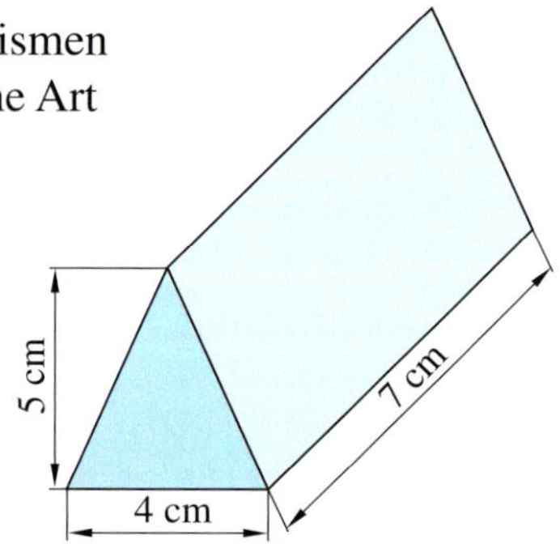

3 Erläutere anhand der Bildfolge, wie man das Schrägbild eines Quaders zeichnet.

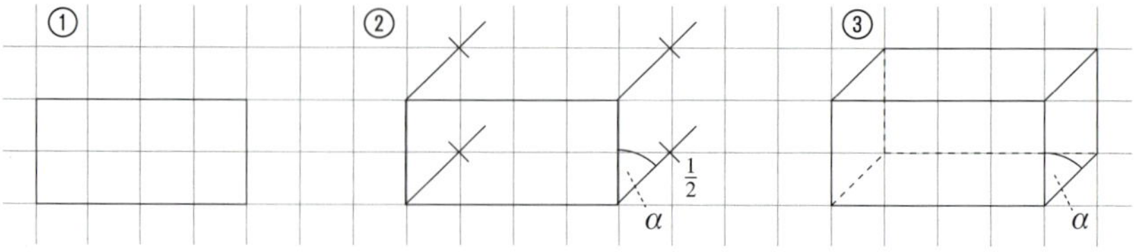

4 Hier siehst du ein Netz eines Körpers:

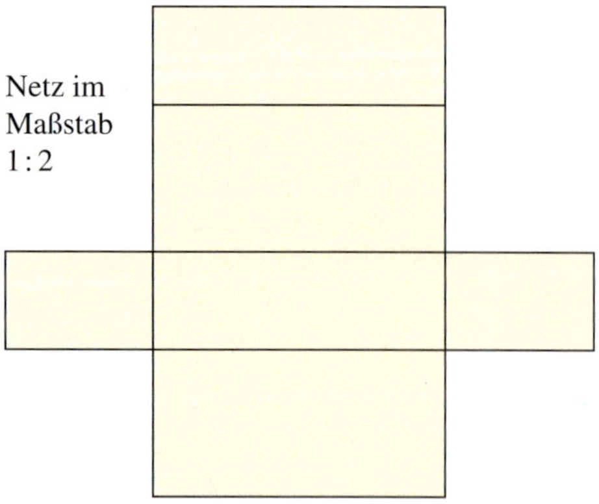

a) Beschreibe die Form des Körpers.
Gib die Zahl seiner Ecken und Kanten an.
b) Berechne den Oberflächeninhalt des Körpers. Entnimm die Maße dem Bild. Beachte den Maßstab.

4 Hier siehst du ein Netz eines Körpers:

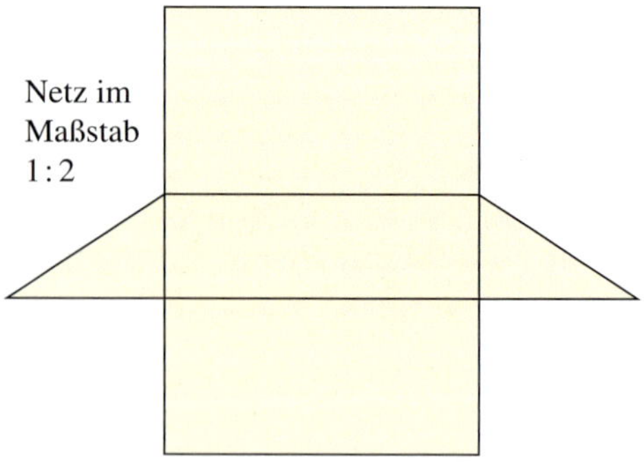

a) Beschreibe die Form des Körpers.
Gib die Zahl seiner Ecken und Kanten an.
b) Berechne den Oberflächeninhalt des Körpers. Entnimm die Maße dem Bild. Beachte den Maßstab.

5 Schreibe in der nächstkleineren Einheit.

Beispiel $14{,}3\,m^3 = 14\,300\,dm^3$

a) $3\,m^3$ b) $13\,dm^3$
c) $47{,}5\,cm^3$ d) $0{,}24\,m^3$
e) $3{,}008\,dm^3$ f) $25{,}07\,cm^3$
g) $600{,}9\,dm^3$ h) $0{,}008\,cm^3$

6 Berechne zu jedem Prisma das Volumen.

	G	h_K	V
a)	$70\,cm^2$	8 cm	
b)	$0{,}75\,dm^2$	1,2 dm	
c)	$7{,}4\,cm^2$	12 mm	
d)	$28{,}4\,dm^2$	0,07 m	

7 Das abgebildete Dreieck ist die Grundfläche eines Prismas.

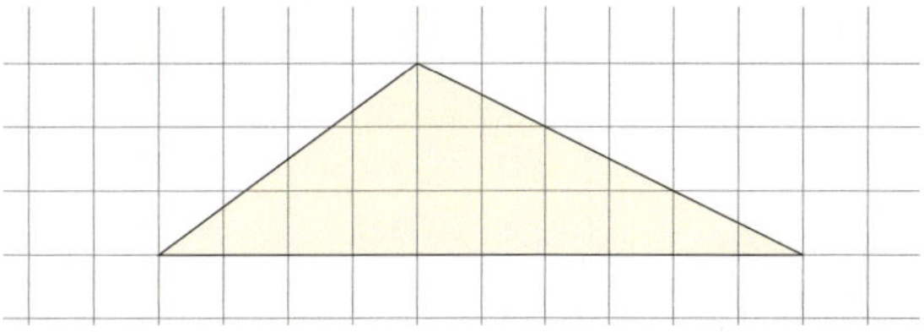

a) Zeichne das Dreieck in dein Heft.
b) Ergänze das Dreieck zum Netz eines dreiseitigen Prismas mit $h_K = 2\,cm$.
c) Berechne Oberflächeninhalt und Volumen des Prismas. Entnimm benötigte Maße deiner Zeichnung.

8 Sind die Aussagen wahr? Begründe.
a) Jeder Würfel hat genau sechs Seitenflächen.
b) Jedes Prisma hat 6 Eckpunkte und 9 Kanten.
c) In einem Prisma steht jede Seitenfläche senkrecht auf der Grundfläche.
d) Es gibt kein Prisma mit 6 Eckpunkten.

9 Ein Schwimmbecken ist 11 m lang, 5 m breit und 1,80 m tief. Das Becken ist bis zu 10 cm unter den Rand gefüllt.
Wie viel Liter enthält es?

5 Schreibe in der angegebenen Einheit.

a) $7\,cm^3$ (mm^3) b) $500\,cm^3$ (dm^3)
c) $23{,}8\,m^3$ (dm^3) d) $3{,}7\,dm^3$ (mm^3)
e) $7{,}56\,mm^3$ (cm^3) f) $47\,213\,cm^3$ (dm^3)
g) $917{,}23\,cm^3$ (mm^3) h) $0{,}78\,m^3$ (cm^3)
i) $400\,mm^3$ (dm^3) j) $0{,}004\,m^3$ (mm^3)

6 Berechne die gesuchten Größen.

	G	h_K	V
a)	$56\,cm^2$	17 cm	
b)	$3{,}8\,dm^2$		$66{,}5\,dm^3$
c)		12,8 m	$853{,}76\,m^3$
d)		0,081 km	$1\,000{,}35\,m^3$

7 Parallelogramme als Grundflächen

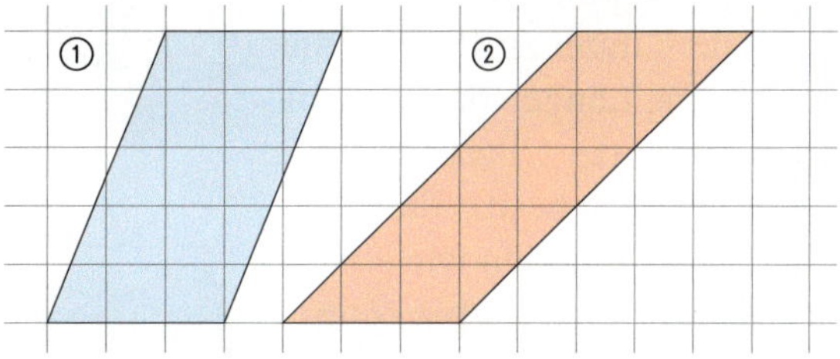

a) Zeige, dass die beiden Parallelogramme den gleichen Flächeninhalt besitzen.
b) Die Parallelogramme sind Grundflächen von 10 cm hohen Prismen. Haben die Prismen den gleichen Oberflächeninhalt (das gleiche Volumen)? Begründe jeweils.

8 Sind die Aussagen wahr? Begründe.
a) Jedes Prisma hat mindestens drei Rechtecke als Seitenflächen.
b) In einem Prisma sind Deck- und Seitenflächen parallel zueinander.
c) In einem Prisma sind die Grundfläche und die Deckfläche deckungsgleich.
d) Es gibt kein Prisma mit 10 Ecken.

9 Ein Tauchbecken ist 5,10 m breit und 8,40 m lang. Es können Tauchübungen bis zu einer Tiefe von 9 m durchgeführt werden. Wie viel Liter enthält es?

10 Berechne die Mantelflächen der Prismen mit den gegebenen Grundflächen und $h_K = 3\,cm$.

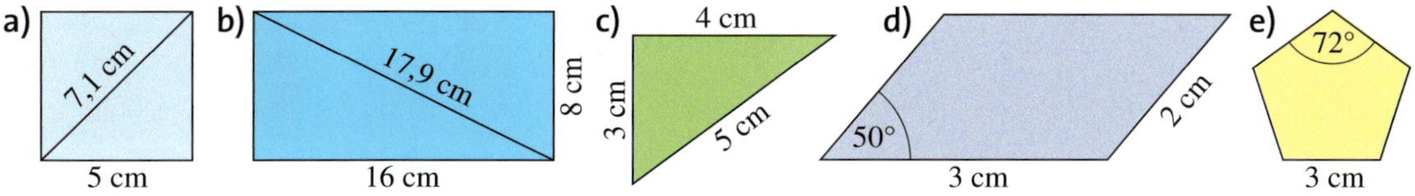

11 Berechne zu jedem Prisma den Oberflächeninhalt und das Volumen (Maße in cm).

a) 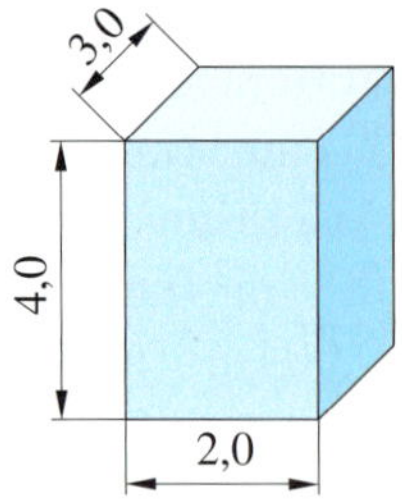

Angaben in cm

b) 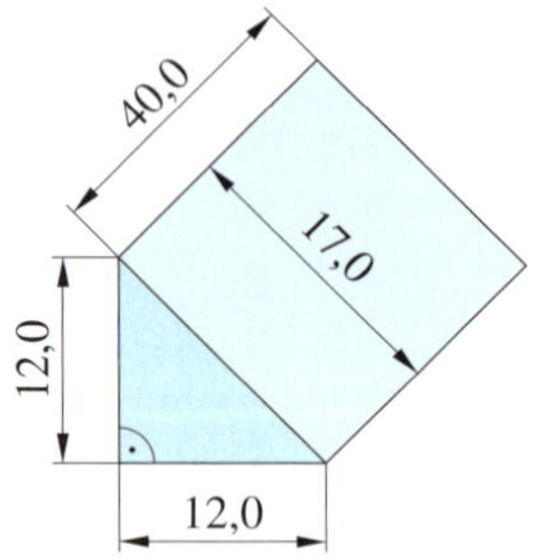

c) 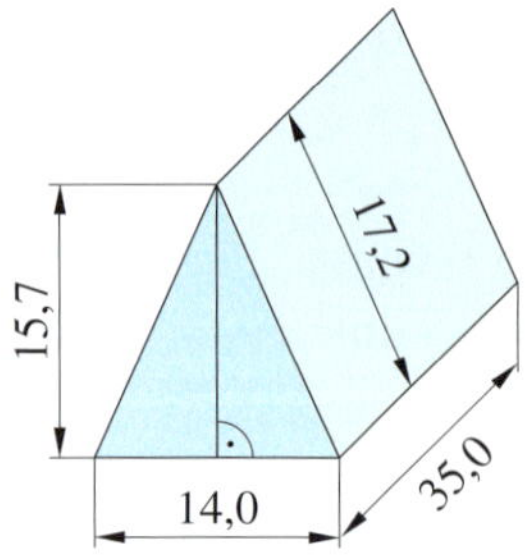

12 Nadja berechnet die Mantelfläche von Prismen anders.
Sie multipliziert den Umfang der Grundfläche mit der Höhe des Prismas: $M = u_G \cdot h_K$
Was meinst du dazu?

HINWEIS
zu Aufgabe 13 (lila)
– Quader 1: 110 mm x 75 mm x 430 mm
– Quader 2: 145 mm x 75 mm x 430 mm
– Quader 3: 127,5 mm x 75 mm x 430 mm

13 Die abgebildeten „Trapez-Plus-Verpackungen" sind besonders stabil zu stapeln. Sie haben eine Länge von 430 mm.

a) Welcher der Quader in der Randspalte besitzt das gleiche Volumen wie eine „Trapez-Plus-Verpackung"? Begründe.

b) Finde je fünf Beispiele für Gegenstände, …
   - die man mit der Verpackung verschicken kann,
   - die für die Verpackung zu groß sind.

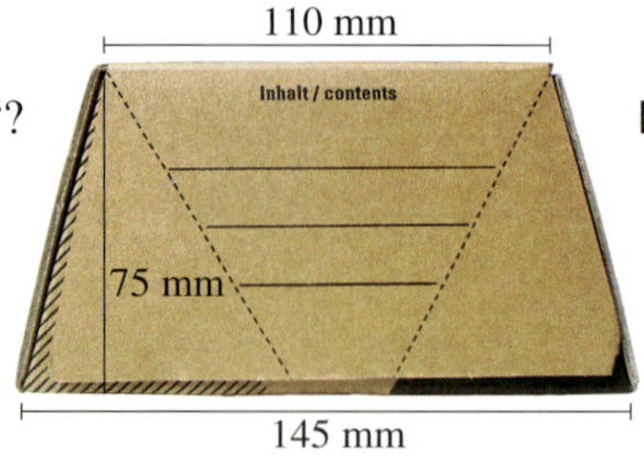

13 Die abgebildeten „Trapez-Plus-Verpackungen" sind besonders stabil zu stapeln.

a) Berechne das Volumen einer Verpackung, wenn diese eine Länge von 430 mm (860 mm; 645 mm) hat.

b) Die Grundfläche der Verpackung ist ein Trapez. Ermittle mithilfe einer Zeichnung (maßstäblich, wenn nötig) die Innenwinkel α, β, γ und δ des Trapezes.

c) Skizziere ein Netz der Verpackung.

14 Gib mögliche Maße für eine Verpackung an, die die Form eines Prismas und ein Volumen von einem Liter hat.

14 Gib Maße für eine Verpackung in Prismenform an, die ein Volumen von einem Liter hat. Ermittle ihren Oberflächeninhalt.

15 Der Bau eines Deiches

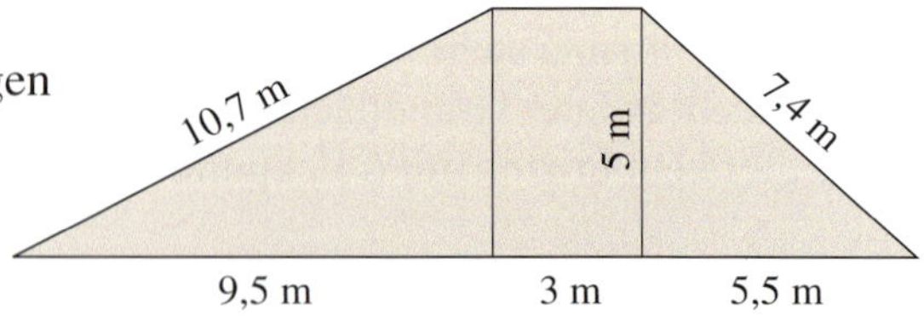

a) Wie viel m^3 Erde mussten für einen 5 km langen Deich aufgeschüttet werden?

b) Der Deich soll mit Gras bepflanzt werden. Empfohlen wird eine Menge Grassamen von 20 g bis 25 g pro m^2.
Wie viel kg Grassamen sind notwendig, um die Oberfläche des Deichs zu bepflanzen?
Schätze zunächst, wie viel Grassamen benötigt wird.

c) Der abgebildete Radlader hat den Deich aufgeschüttet. Schätze das Volumen der Schaufel und berechne, wie viele Schaufeln voll Erde für den Deichbau notwendig waren.

16 Berechne zu den zusammengesetzten Körpern das Volumen (Maße in cm).

a)

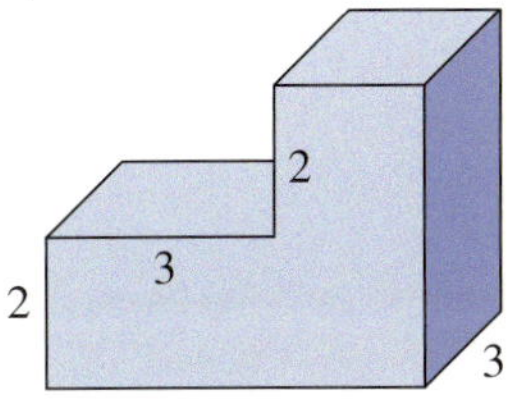

b)

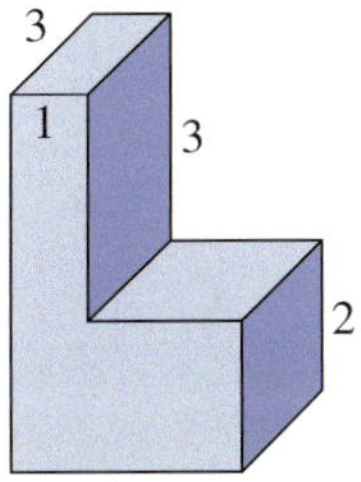

17 Dani möchte mithilfe einer Tabellenkalkulation Umfang und Flächeninhalt von Rechtecken berechnen.
Dafür erstellt er am PC eine Tabelle:

D3 | f_x =2*B3+2*C3

	A	B	C	D	E
1	Rechteck				
2		Seite a	Seite b	Umfang u	Flächeninhalt A
3		4,6	7,8	24,8	
4					

a) Erstelle selbst eine solche Tabelle.
b) Führe mit der Tabelle einige Berechnungen durch und überprüfe durch Nachrechnen, ob du die Formeln und Größen richtig eingegeben hast.
c) Erstelle eine solche Tabelle auch für das Volumen von Quadern.
d) Ändere die Tabelle aus a) so, dass sich aus dem Flächeninhalt A und der Seite a die Seite b und der Umfang u berechnen lässt.

16 Berechne zu den zusammengesetzten Körpern das Volumen (Maße in cm).

a)

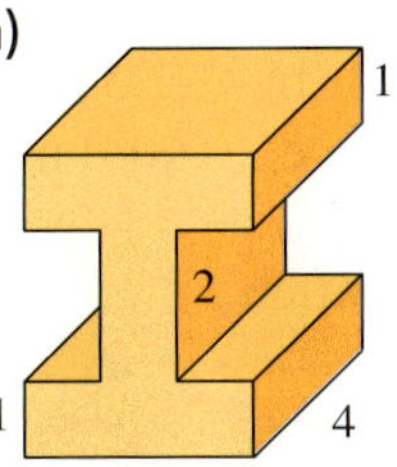

b)

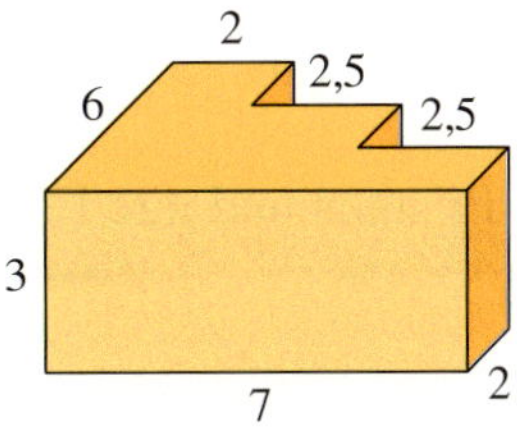

17 Farin will Volumen von Prismen mit einer Tabellenkalkulation berechnen.
Er überlegt:

① Die Grundfläche soll ein Dreieck sein.
② Ich muss die Größen g und h_g der Grundfläche eingeben.
③ Ich muss die Körperhöhe h_K eingeben.
④ Mit diesen Größen kann das Volumen berechnet werden.
⑤ In der Tabelle muss ich die Felder beschriften und formatieren.

a) Erstelle eine solche Tabelle. Nutze die Überlegungen von Farin.
b) Führe mit der Tabelle einige Berechnungen durch und überprüfe auf diese Weise, ob du die Formeln richtig eingegeben hast.
c) Erstelle eine solche Tabelle auch für den Fall, dass die Grundfläche ein Trapez ist.

Aus dem Berufsleben – Feinoptiker/-in

1 Für Ferngläser sollen Prismen hergestellt werden.
Man benötigt Dreiecksprismen mit einem rechtwinkligen Dreieck als Grund- und Deckfläche. Die Grundfläche G ist $0{,}75\,\text{cm}^2$ groß und die Köperhöhe h_K beträgt 1,65 cm.
Wie viel Glas muss verarbeitet werden, wenn in einem Fernglas vier dieser Prismen verbaut werden?

2 Die Feinoptikerin Kerstin Rußert soll zwei soeben gefertigte Werkstücke polieren.
Die Sechseckprismen haben eine Grund- und Deckfläche von jeweils $0{,}65\,\text{cm}^2$.
Eine Seitenlänge des regelmäßigen Sechsecks beträgt $a = 0{,}5\,\text{cm}$.
Das Werkstück ist insgesamt 2 cm hoch.
Wie lange muss Frau Rußert polieren, wenn sie 1 Minute pro $1\,\text{cm}^2$ braucht?

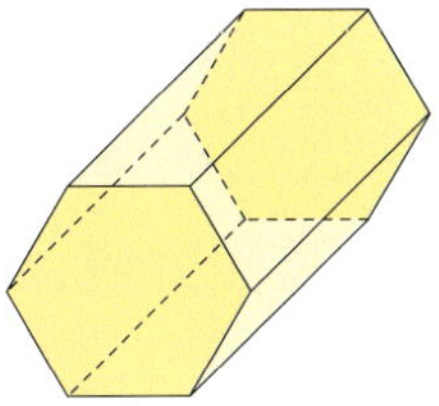

3,5 Jahre Ausbildungszeit

Häufige Tätigkeiten:
– Linsen oder Prismen für Fernrohre, Mikroskope, Fotoapparate etc. fertigen
– Glas, Kunststoff oder Metall verarbeiten

Weitere Informationen: 177-1

Checkliste
↻ 178-1

Teste dich!

(6 Punkte)

1 Schreibe ohne Komma.

a) $0{,}1\,\text{dm}^3$ b) $22{,}232\,\text{cm}^3$ c) $4{,}141002\,\text{m}^3$
d) $0{,}6211\,\text{dm}^3$ e) $0{,}0001\,\text{m}^3$ f) $4{,}74\,\text{dm}^3$

(14 Punkte)

2 Prismen und ihre Eigenschaften

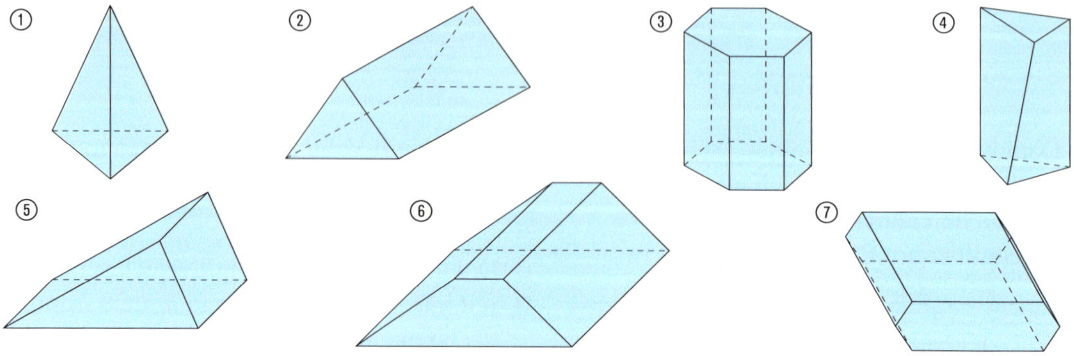

a) Entscheide, ob der jeweilige Körper ein Prisma ist.
Begründe jeweils.
b) Gib für die Körper ② und ⑥ an, wie viele Ecken, Kanten und Flächen sie haben.

(14 Punkte)

3 Prüfe, ob die folgenden Figuren zu Prismen zusammengefaltet werden können.

a)

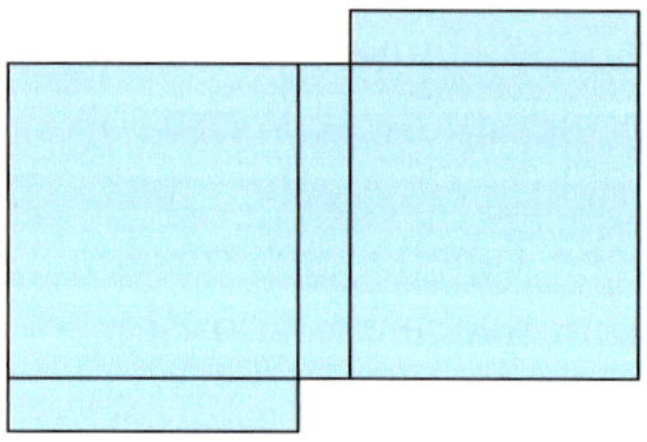

b)

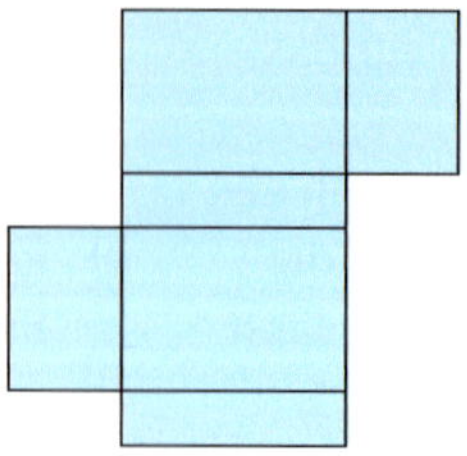

c)

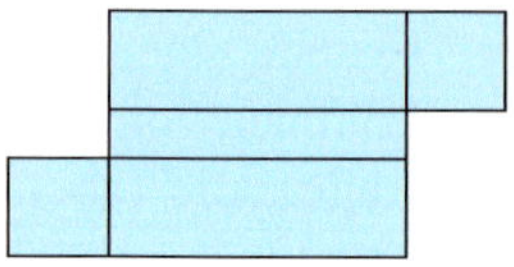

d)

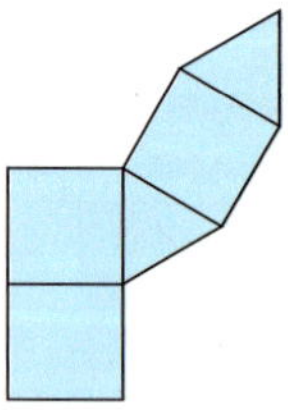

e)

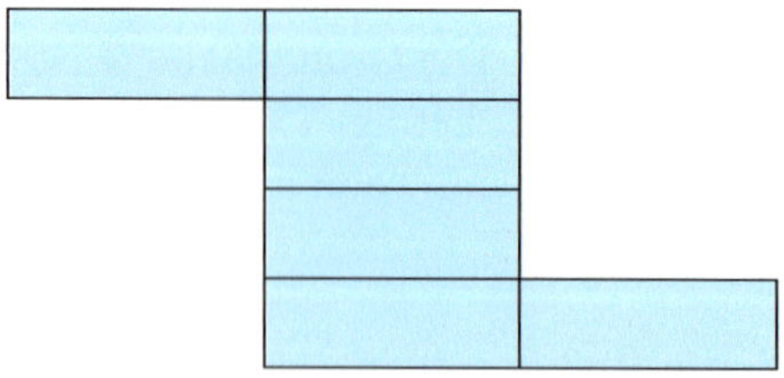

f)

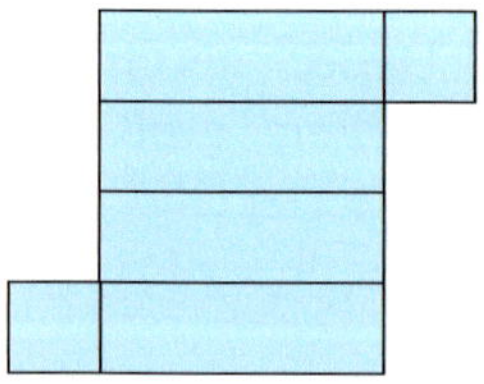

(8 Punkte)

4 Schrägbilder

a) Zeichne ein Schrägbild eines Würfels mit der Seitenlänge $a = 3{,}2\,\text{cm}$.
b) Zeichne ein Schrägbild eines Quaders mit den Maßen $a = 4\,\text{cm}$; $b = 4\,\text{cm}$ und $c = 6\,\text{cm}$.

(6 Punkte)

5 Skizziere das Prisma ② aus Aufgabe 1 in dein Heft.

a) Markiere die Grundfläche und die Deckfläche des Prismas mit einer Farbe.
b) Markiere die Körperhöhe des Prismas mit einer anderen Farbe.

6 Zeichne das Netz des Prismas in dein Heft. *(8 Punkte)*

a) Markiere die Mantelfläche des Prismas grün.

b) Beschrifte die Höhe, die Grundfläche und die Deckfläche.

c) Berechne den Oberflächeninhalt des Prismas.

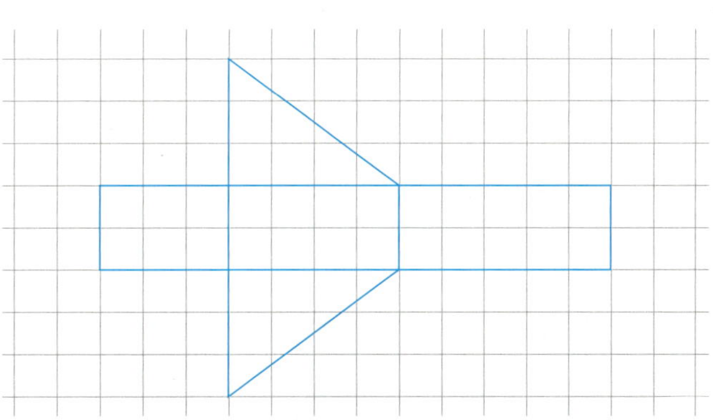

7 Abgebildet sind vier Prismen. Berechne zu jedem Prisma Oberflächeninhalt und Volumen. *(16 Punkte)*

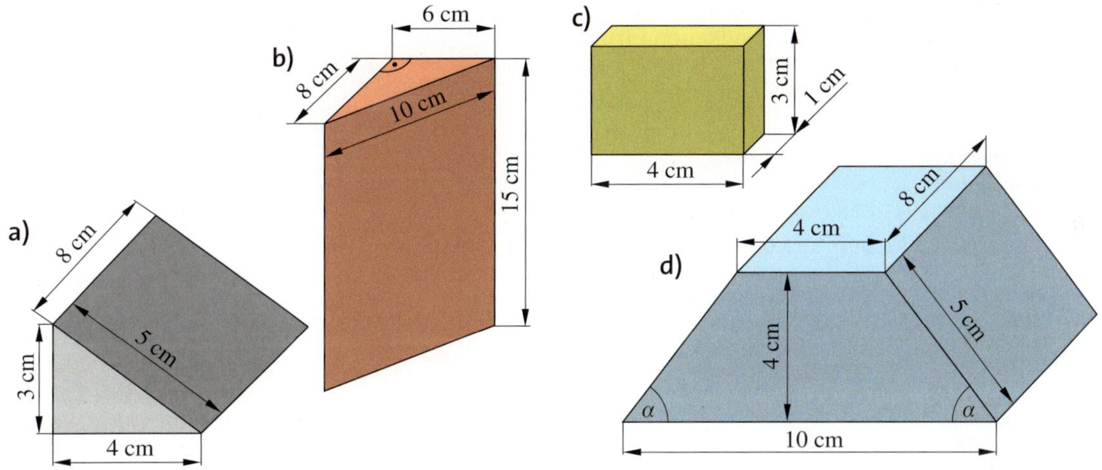

8 Für Poster gibt es besondere Verpackungen. Ihre Grundfläche ist ein gleichseitiges Dreieck (Seitenlänge 139 mm, zugehörige Höhe 120 mm). Die Verpackung ist 610 mm lang. *(12 Punkte)*

a) Berechne das Fassungsvermögen der Verpackung in cm^3.

b) Gib die Maße eines Quaders mit dem gleichen Volumen an. Erläutere deinen Lösungsweg.

9 Aus dem Berufsleben *(16 Punkte)*

Für ein Frühbeet wurde ein Kasten aus Plexiglas gebaut (siehe Skizze).

a) Beschreibe die Form des geschlossenen Kastens.

b) Berechne: Wie viel Quadratmeter Plexiglas wurden für den Kasten mindestens benötigt?

c) Ein Quadratmeter Plexiglas kostet 72,20 Euro. Berechne die Materialkosten für den Kasten.

d) Das Plexiglas hat eine Stärke von 8 mm. Ein Kubikzentimeter Plexiglas wiegt 1,2 Gramm. Berechne, wie schwer die Platte für den Deckel des Frühbeets ist.

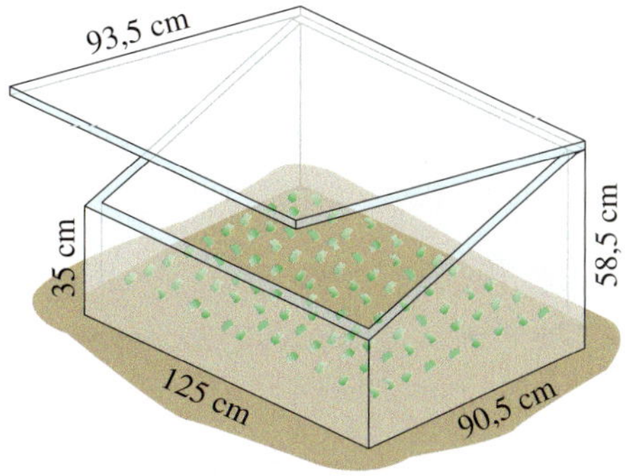

Gold: 94–100 Punkte, Silber: 77–93 Punkte, Bronze: 60–76 Punkte

Zusammenfassung

→ Seite 158

Würfel und Quader im Schrägbild skizzieren

Beim Zeichnen eines **Schrägbildes** werden nach hinten verlaufende Kanten im Winkel von 45° angetragen und auf die Hälfte verkürzt. Verdeckte Kanten werden gestrichelt gezeichnet.

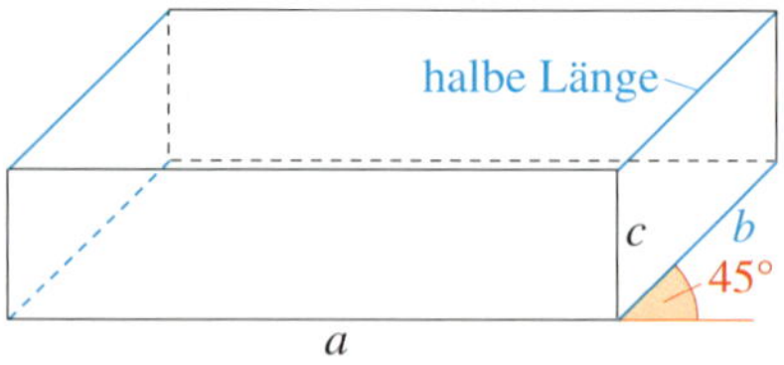

Quader mit
$a = 4$ cm
$b = 3$ cm
$c = 1$ cm

→ Seite 160

Prismen erkennen und beschreiben

Prismen sind Körper mit diesen Eigenschaften:
- **Grundfläche** und **Deckfläche**: deckungsgleiche Vielecke, die parallel zueinander sind
- **Seitenflächen**: Rechtecke
- **Körperhöhe h_K**: Abstand zwischen Grund- und Deckfläche

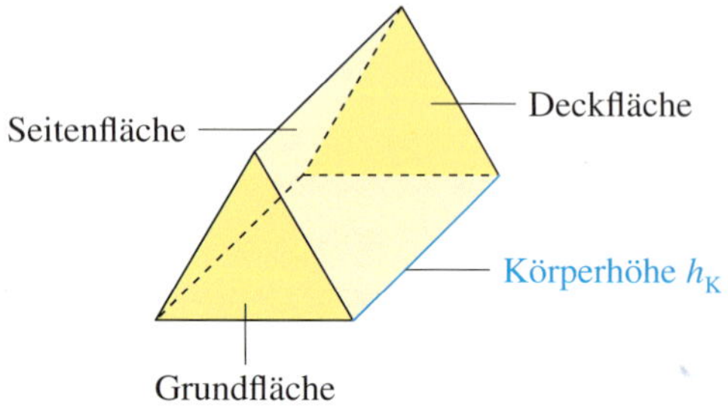

→ Seite 162

Netze von Prismen anfertigen

Ein **Netz** eines Prismas besteht aus den zusammenhängenden Flächen, die das Prisma bilden.

Die Grund- und die Deckfläche sind gleich groß. Alle Seitenflächen bilden zusammen die **Mantelfläche**.

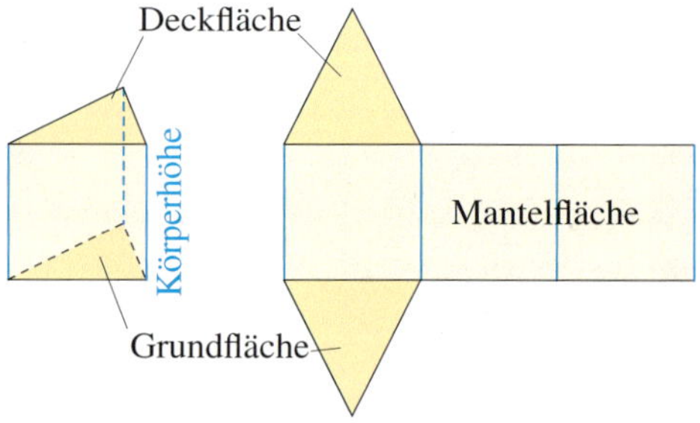

→ Seite 164

Oberflächeninhalt von Prismen

Der **Oberflächeninhalt *O*** eines Prismas ist die Summe der Flächeninhalte aller Begrenzungsflächen.

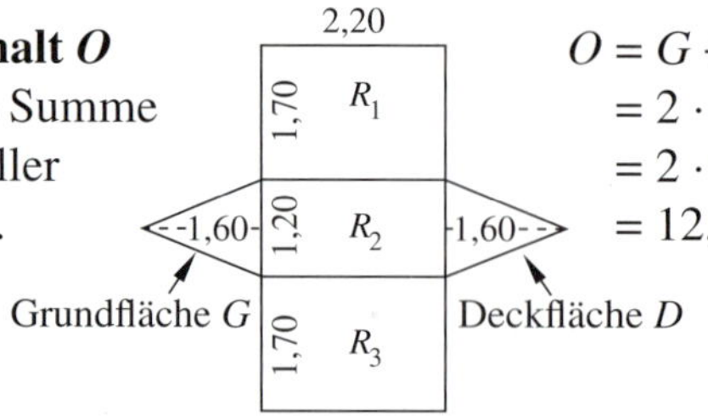

$O = G + D + R_1 + R_2 + R_3$
$= 2 \cdot G + R_1 + R_2 + R_3$
$= 2 \cdot 0{,}96\,m^2 + 3{,}74\,m^2 + 2{,}64\,m^2 + 3{,}74\,m^2$
$= 12{,}04\,m^2$

→ Seite 168

Volumen in verschiedenen Maßeinheiten

Beim Umrechnen in die kleinere Einheit wird mit 1000 multipliziert.
Beim Umrechnen in die größere Einheit wird durch 1000 dividiert.

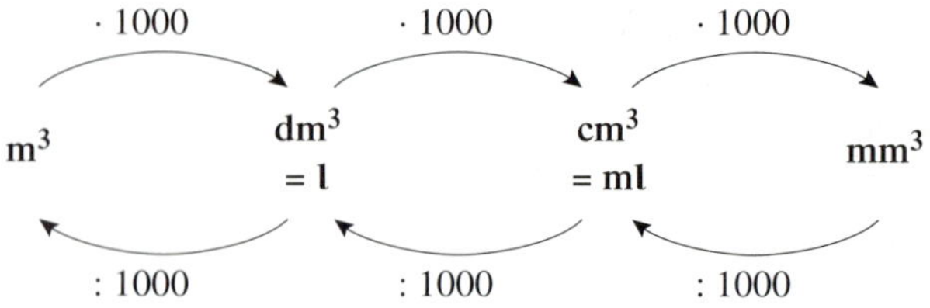

→ Seite 170

Volumen von Prismen

Formel für das **Volumen**:
$\boldsymbol{V = G \cdot h_K}$

gegeben: $G = 360\,m^2$; $h_K = 20\,m$
Formel: $V = G \cdot h_K$
Rechnung: $V = 360 \cdot 20\,m^3$
$= 7\,200\,m^3$

Zufall und Wahrscheinlichkeit

Der Kühlturm eines Kraftwerks wird aus Sicherheitsgründen mit Leuchtdioden (LEDs) beleuchtet.

Der Hersteller gibt die Lebensdauer einer LED mit mindestens 25 000 Stunden an.

Die Wahrscheinlichkeit, dass eine LED sogar 30 000 Stunden leuchtet, ist hoch.

Dass sie sogar 100 000 Stunden leuchtet, ist dagegen weniger wahrscheinlich.

Noch fit?

Einstieg

1 Anteile angeben
Gib die farbig markierten Anteile als Bruch und in Prozent an.

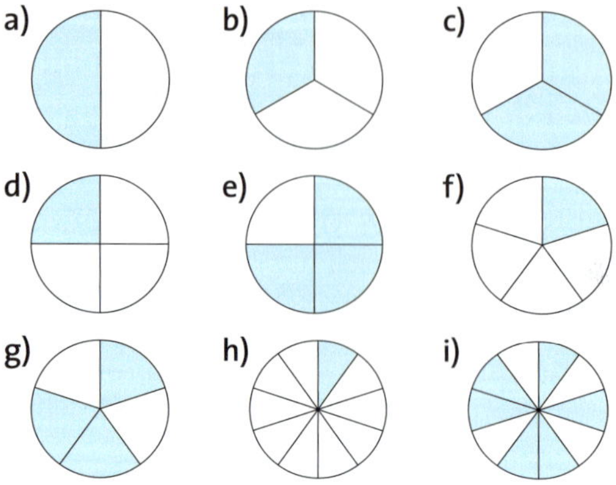

2 Anteile in verschiedenen Schreibweisen
Ergänze im Heft die Lücken.

a) $\frac{1}{10} = \frac{\square}{100} = \square\,\%$
b) $\frac{6}{10} = \frac{\square}{100} = \square\,\%$
c) $\frac{\square}{5} = \frac{\square}{100} = 40\,\%$
d) $\frac{\square}{4} = \frac{25}{100} = \square\,\%$
e) $\frac{12}{50} = \frac{\square}{100} = \square\,\%$

3 Beobachtungsergebnisse auswerten
Die Grafik zeigt die Wahrscheinlichkeit für „weiße Weihnachten“ in verschiedenen Regionen Deutschlands.

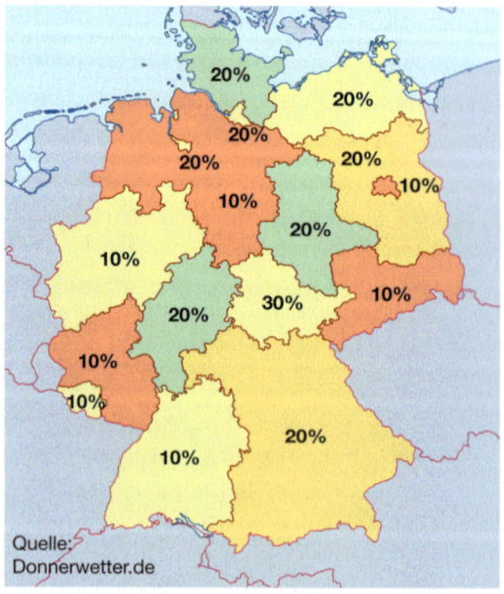

a) Lies ab: Wie wahrscheinlich sind weiße Weihnachten in deiner Region?
b) In welchen Regionen ist die Wahrscheinlichkeit für weiße Weihnachten am geringsten? In welcher Region ist diese Wahrscheinlichkeit am höchsten?

Aufstieg

1 Anteile angeben
Gib die farbig markierten Anteile als Bruch und in Prozent an.

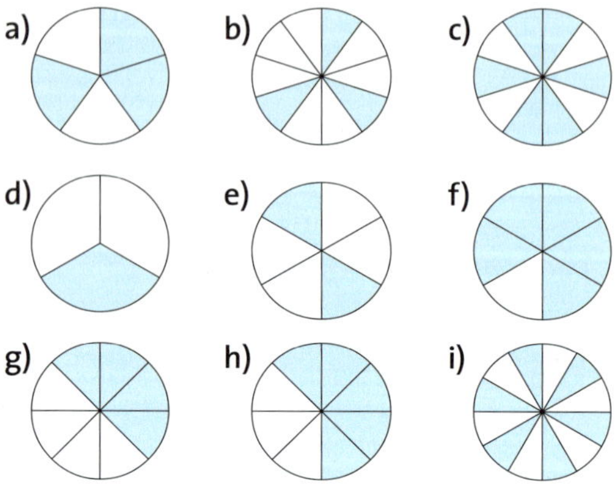

2 Anteile in verschiedenen Schreibweisen
Schreibe als Dezimalzahl und in Prozent.

a) $\frac{3}{10}$ b) $\frac{9}{25}$ c) $\frac{3}{5}$
d) $\frac{9}{20}$ e) $\frac{7}{25}$ f) $\frac{14}{50}$
g) $\frac{34}{200}$ h) $\frac{15}{500}$ i) $\frac{12}{10}$
j) $\frac{1}{8}$ k) $\frac{1}{3}$ l) $\frac{1}{6}$
m) $\frac{7}{8}$ n) $\frac{12}{20}$ o) $\frac{3}{25}$

3 Beobachtungsergebnisse auswerten
Bei einer Verkehrszählung wurden die folgenden Fahrzeuge gezählt.
Übertrage die Tabelle in dein Heft.

Fahrzeug	Anzahl	absolute Häufigkeit	relative Häufigkeit
Pkw	𝍸 𝍸 𝍸 𝍸 𝍸		
Lkw	||||		
Motorrad	𝍸 |||		
Fahrrad	𝍸 𝍸 |||		

a) Berechne und ergänze die fehlenden Werte.
b) Erstelle ein Säulendiagramm.
c) Wo könnte die Verkehrszählung durchgeführt worden sein?
– in einem Wohngebiet
– Zufahrt zum Parkplatz am Freibad
– Zufahrt zum Industriegebiet
– Zufahrt zu einem Supermarkt
Begründe deine Aussage.

4 Relative Häufigkeiten berechnen

		absolute Häufigkeit	relative Häufigkeit
8 a	Mädchen	12	
	Jungen	10	

a) Wie viele Mädchen und Jungen gehen in die Klasse 8 a?
b) Übertrage die Tabelle ins Heft und berechne die relativen Häufigkeiten.
c) Erstelle eine solche Tabelle für deine Klasse.

5 Relative Häufigkeiten vergleichen

		relative Häufigkeit
8 b	Mädchen	0,45
	Jungen	0,55

a) Gehen mehr Jungen oder mehr Mädchen in die Klasse 8 b? Begründe.
b) In die Klasse 8 c gehen 12 Mädchen und 13 Jungen.
Vergleiche mit den Anteilen der 8 b.

6 Wahrscheinlichkeiten ermitteln

Gib jeweils an, bei welchem Glücksrad die Wahrscheinlichkeit für ein blaues Feld größer ist. Begründe.

a) 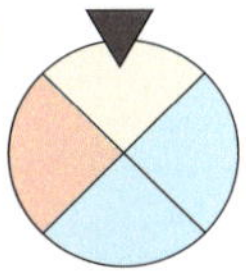 oder 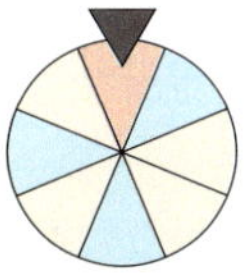

b) 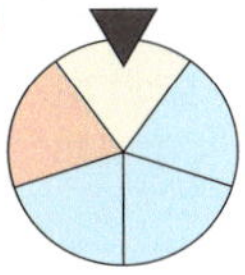 oder 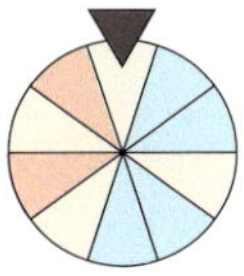

7 Prognosen auswerten

Vier Wochen vor einer Wahl gibt ein Forschungsinstitut eine Prognose ab:

Partei A: 17 %	Partei B: 32 %
Partei C: 31 %	Partei D: 12 %
Partei E: 4 %	Sonstige: 4 %

a) Welche Partei hat bei der nächsten Wahl wohl die besten Chancen? Begründe.
b) Zwischen welchen Parteien wird es „eng"?

4 Relative Häufigkeiten berechnen

Folgende Noten wurden in der 8 b vergeben:

4; 2; 1; 4; 3; 3; 2; 5; 4; 6; 2; 3; 2;
3; 4; 4; 5; 1; 1; 3; 3; 4; 2; 5; 4; 4

a) Stelle die Ergebnisse mithilfe eines geeigneten Diagramms dar.
b) Berechne die relative Häufigkeit je Note.
c) Berechne die Durchschnittsnote.
Wie viele Schülerinnen und Schüler haben eine überdurchschnittlich gute Note?

5 Relative Häufigkeiten vergleichen

Eine Polizeikontrolle vor der Schule „Süd" ergab, dass 18 von 200 kontrollierten Fahrrädern Mängel aufwiesen.
An der Schule „Nord" wiesen 15 Räder Mängel auf, 135 waren mängelfrei.
Mit welchen relativen Häufigkeiten wiesen die Räder an den beiden Schulen jeweils Mängel auf?
Welche Schule schnitt besser ab? Begründe.

6 Wahrscheinlichkeiten ermitteln

Wie groß ist bei jedem Würfel die Wahrscheinlichkeit für eine Drei (für eine Sechs)? Erläutere deine Lösungswege.

a) 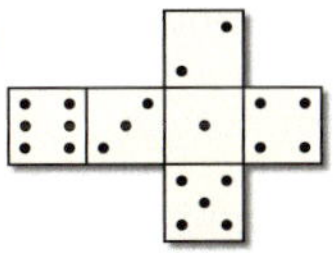

b) 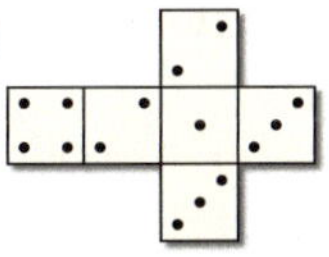

c) 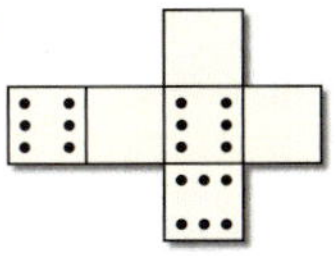

d) 

7 Prognosen auswerten

Vier Wochen vor einer Wahl befragt ein Forschungsinstitut 1 000 Personen:

Partei A: 145 Stimmen	Partei B: 272 Stimmen
Partei C: 198 Stimmen	Partei D: 202 Stimmen
Partei E: 85 Stimmen	Sonstige: 98 Stimmen

a) Welche Partei hat bei der nächsten Wahl wohl die besten Chancen? Begründe.
b) Zwischen welchen Parteien wird es „eng"?

ERINNERE DICH
relative Häufigkeit $= \frac{\text{absolute Häufigkeit}}{\text{Gesamtzahl}}$

ERINNERE DICH
Die Wahrscheinlichkeit kann angegeben werden:
- *als Bruch zwischen 0 und 1,*
- *als Dezimalzahl zwischen 0 und 1,*
- *als Prozentsatz zwischen 0 % und 100 %.*

Absolute und relative Häufigkeiten

Entdecken

1 Nico aus der Klasse 8 b behauptet:
„In unserer Klasse wurden am meisten Zweien geschrieben. Unsere Klasse war am besten.“
Anne aus der Klasse 8 a meint, dass ihre Klasse am besten war, da sie den höchsten Anteil an Zweien hat.

Ergebnisse von Vergleichsarbeiten in den 8. Klassen:

Klasse \ Note	1	2	3	4	5	6
8 a	1	5	7	6	3	1
8 b	0	6	8	10	5	0
8 c	2	4	6	8	5	1

a) Berechnet für jede Klasse den Anteil der Note 2 als Bruch und als Dezimalzahl.
b) Berechnet den Notendurchschnitt für jede Klasse.
c) Nehmt Stellung zu den Aussagen von Nico und Anne.

Verstehen

Bei einer Verkehrszählung wurden vor einer Schule folgende Fahrzeuge gezählt. Die Schüler erfassten die Anzahl der Fahrzeuge in einer Strichliste.

Fahrzeuge	Anzahl	absolute Häufigkeit
Pkw	卌 卌 卌 卌 卌 ||	27
Motorrad	卌 卌 ||||	14
Lkw/Bus	卌	5
Fahrrad	卌 卌 卌 卌 |||	23
	Gesamtzahl:	69

Die **absolute Häufigkeit** gibt an, wie oft ein bestimmtes Ergebnis vorkommt.
Aus der absoluten Häufigkeit kann man nun die **relative Häufigkeit** berechnen.

		relative Häufigkeit		
		als Bruch	als Dezimalzahl	in Prozent
Pkw	27 von 69 Fahrzeugen	$\frac{27}{69}$	≈ 0,391	≈ 39,1 %
Motorrad	14 von 69 Fahrzeugen	$\frac{14}{69}$	≈ 0,203	≈ 20,3 %
Lkw/Bus	5 von 69 Fahrzeugen	$\frac{5}{69}$	≈ 0,072	≈ 7,2 %
Fahrrad	23 von 69 Fahrzeugen	$\frac{23}{69}$	≈ 0,333	≈ 33,3 %

Merke So berechnet man die **relative Häufigkeit**:

$$\textbf{relative Häufigkeit} = \frac{\textbf{absolute Häufigkeit}}{\textbf{Gesamtzahl}}$$

Die relative Häufigkeit kann man als Bruch, als Dezimalzahl oder in Prozent angeben.
Die Dezimalzahl liegt immer zwischen 0 und 1, der Prozentsatz zwischen 0 % und 100 %.

Beispiel 1

Vergleichen bei unterschiedlichen Gesamtzahlen
Bei einer anderen Verkehrszählung waren 21 von 58 Fahrzeugen Fahrräder.
Die relative Häufigkeit beträgt deshalb $\frac{21}{58} = 21 : 58 \approx 0{,}362$.
Der Anteil der Fahrräder bei dieser Verkehrszählung war größer als bei der Verkehrszählung oben, denn 0,362 > 0,333.

Üben und anwenden

1 Aus dem Berufsleben
Maschinen müssen nach einer bestimmten Zeit gewartet werden. Sonst kann es passieren, dass die Produkte fehlerhaft sind. Welche der folgenden Maschinen sollte wohl gewartet werden?
- *Maschine A:* 3 von 8 000 Teilen fehlerhaft
- *Maschine B:* 14 von 80 000 Teilen fehlerhaft

2 In einer Dose sind 60 von 200 Reißzwecken rot.
In einer anderen Dose sind 150 von 500 Reißzwecken rot.
a) Ergänze die Tabelle im Heft.
Berechne die relative Häufigkeit als Bruch, als Dezimalzahl und in Prozent.

Gesamtzahl	200	500
Anzahl (rot)	60	150
relative Häufikeiten		

b) Vergleiche die Anteile roter Reißzwecken.

3 Torwart Alex hat in einem Handballspiel bei 40 Würfen 15 Bälle gehalten. Der gegnerische Torwart hielt bei 36 Würfen 12 Bälle.
a) Wer war der bessere Torwart?
Begründe, indem du die relativen Häufigkeiten berechnest und diese vergleichst.
b) Wie groß ist die Chance, dass Alex einen Wurf hält: rund 38 %, rund 25 % oder rund 83 %? Begründe.
c) In einem anderen Spiel wurden 72 Bälle auf das Tor von Alex geworfen.
Wie viele Bälle etwa hätte Alex bei gleicher Leistung wie oben gehalten?

4 In einer Schule wurde eine Befragung durchgeführt, wer ein Smartphone besitzt.

Klassen	5	6	7	8	9	10
Schülerzahl	60	75	83	100	95	88
davon besitzen ein Smartphone	12	31	58	77	88	86
relative Häufigkeit						

a) Berechne die relativen Häufigkeiten. Trage sie in eine Tabelle im Heft ein.
b) Stelle die Ergebnisse der Befragung in einem Säulendiagramm dar.
c) Wie viel Prozent aller befragten Schüler besitzen ein Smartphone?
Vergleiche mit den Ergebnissen aus a).

2 In unterschiedlich langen Texten verschiedener Sprachen wurde jeweils gezählt, wie oft der Buchstabe „A" vorkommt.
Vergleiche mithilfe relativer Häufigkeiten.

Sprache	Gesamtzahl Buchstaben	Anzahl Buchstabe „A"
Deutsch	200	13
Englisch	150	12
Französisch	350	27
Spanisch	220	28
Polnisch	280	22
Italienisch	275	32

3 Leon bekommt bei 100 Würfen mit einem normalen Spielwürfel 21-mal eine Eins.
Sara würfelt bei 150 Würfen 24-mal Eins.
Tarik erhält bei 200 Würfen 34-mal Eins.
a) Berechne für jede Wurfserie die relative Häufigkeit als Bruch, als Dezimalzahl und als Prozentsatz.
b) Begründe, dass in dieser Situation relative Häufigkeiten besser zum Vergleichen geeignet sind als absolute Häufigkeiten.
c) Jule erhielt bei 20 % ihrer 50 Würfe eine Eins.
Wie oft hat sie Eins gewürfelt?

ERINNERE DICH
Beim Würfeln sind diese sechs Ergebnisse möglich:

4 Die Tabelle enthält für die Jahre 2009 bis 2012 die Anzahl an Geburten in Deutschland.

Jahr	Jungen	Mädchen	insgesamt
2009	341 200	323 900	665 100
2010	347 200	330 700	677 900
2011	339 900	322 800	662 700
2012			673 544

a) Berechne für jedes Jahr die relative Häufigkeit für die Geburt eines Jungen (für die Geburt eines Mädchens). Vergleiche.
b) Welche Anzahl Jungen (Mädchen) konnte man 2012 erwarten? Begründe.
Stelle auch eine Prognose für die folgenden Jahre auf.

Relative Häufigkeit und Wahrscheinlichkeit

Entdecken

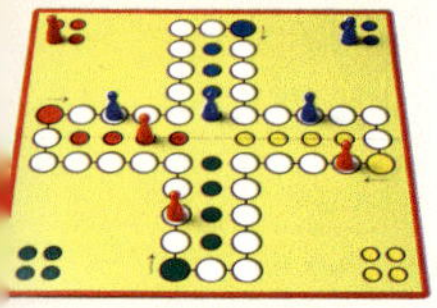

1 Ben spielt „Mensch ärgere dich nicht!“.
Er ist wütend, denn er hat schon 5-mal gewürfelt. Noch immer wartet er auf seine erste Sechs. Er glaubt, einen schlechten Würfel erwischt zu haben.
Was meinst du dazu?

2 Würfeln mit einem Baustein
Arbeitet zu zweit.
a) Überlegt zuerst, ob die Ergebnisse „Noppen“, „Seite“ und „Rücken“ beim Würfeln die gleiche Chance haben.
b) Überprüft eure Vermutung mit einem Versuch:
– Würfelt mit einem Baustein 100-mal.
– Tragt eure Ergebnisse in eine Tabelle ein.
– Berechnet die relativen Häufigkeiten.
c) Hat das Experiment eure Vermutung aus a) bestätigt? Formuliert ein Ergebnis.

Ergebnis	Strichliste	absolute Häufigkeit	relative Häufigkeit
Noppen			
Seite			
Rücken			

3 Arbeitet zu zweit.
Werft einen Spielwürfel 100-mal.
Berechnet nach 10; 20; 30; …; 100 Würfen jeweils die relative Häufigkeit des Ergebnisses „Sechs“.
Zeichnet das Koordinatensystem in euer Heft und tragt die berechneten Werte ein.
Was fällt euch auf?

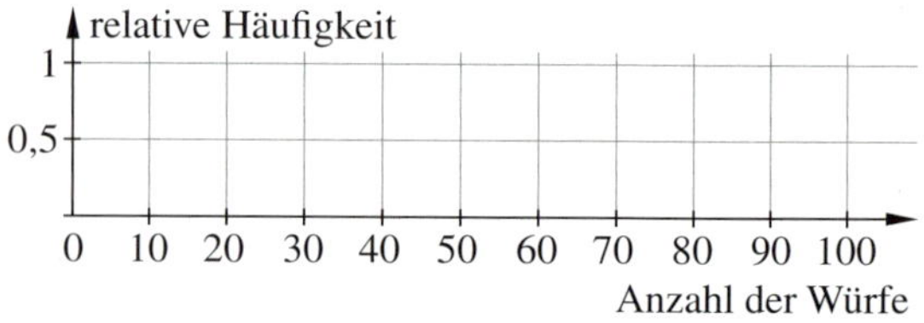

Verstehen

ERINNERE DICH
Das Werfen einer Münze ist ein ***Zufallsexperiment.***

Svenja, Abdul und Henry haben Münzen geworfen und die relativen Häufigkeiten des Ergebnisses „Wappen“ in dieser Grafik erfasst:

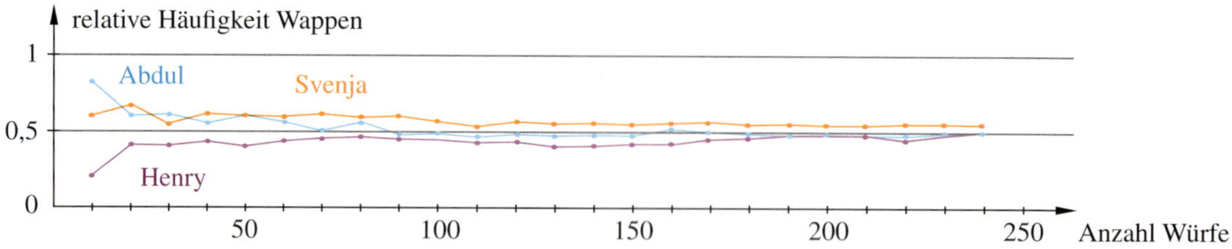

Bei kleinen Anzahlen von Würfen weicht die relative Häufigkeit stark von der Wahrscheinlichkeit $\frac{1}{2} = 0{,}5$ ab. Mit zunehmender Anzahl an Würfen wird diese Abweichung immer kleiner.

Merke Bei zahlreichen Wiederholungen eines Zufallsexperiments ist die **relative Häufigkeit** eines Ergebnisses ein **Schätzwert für die Wahrscheinlichkeit** dieses Ergebnisses.

Je öfter ein Zufallsexperiment wiederholt wird, umso genauer können die Wahrscheinlichkeiten der Ergebnisse ermittelt werden. Dies nennt man das **Gesetz der großen Zahlen**.

Üben und anwenden

1 Eine Schülergruppe hat einen Würfel getestet. Insgesamt wurde 200-mal gewürfelt. Die Ergebnisse sind in der Tabelle dargestellt.

Augenzahl	1	2	3	4	5	6
absolute Häufigkeit	30	42	21	39	46	22

a) Berechne die relativen Häufigkeiten der Augenzahlen 1; 2; 3; 4; 5; 6.
b) Führe den Versuch selbst mehrmals am Computer durch. Notiere jeweils die größte und die kleinste absolute Häufigkeit, die bei einem Versuch vorkommt.
c) Gib jeweils einen Schätzwert für die Wahrscheinlichkeit, eine 3 zu würfeln, bei dem Würfel aus a) und bei deinem Versuch am Computer an.

Hinweis
187-1
Unter dem Webcode findest du eine Tabellenkalkulation zum Würfelversuch in Aufgabe 1 b).

2 Eine Schachtel mit 33 Reißzwecken wurde ausgeschüttet. Das Bild kann als Ergebnis eines 33-mal ausgeführten Zufallsexperiments aufgefasst werden.
a) Wie lauten die beiden möglichen Ergebnisse für das Werfen einer Reißzwecke?
b) Gib jeweils einen Schätzwert für beide Wahrscheinlichkeiten an.

3 Eine Tageszeitung hat eine Befragung unter 1000 Lesern durchgeführt. 50 Befragte gaben an, die Werbeanzeigen zu lesen.
a) Berechne die relative Häufigkeit dafür, dass ein Leser die Werbeanzeigen liest.
b) Schätze damit die Wahrscheinlichkeit, dass ein zufällig ausgewählter Leser die Werbeanzeigen gelesen hat.
c) Die Zeitung hat 160 000 Abonnenten. Schätze: Wie viele davon lesen wahrscheinlich die Werbeanzeigen?

4 Aus dem Berufsleben
In einer Textilfirma wird die Qualität der hergestellten Kleidungsstücke kontrolliert. Dazu werden Stichproben genommen. Bei der letzten Stichprobe wurden 700 T-Shirts überprüft, 21 davon waren fehlerhaft.
a) Berechne die relative Häufigkeit für fehlerhafte T-Shirts in dieser Stichprobe.
b) Schätze: Wie viele fehlerhafte T-Shirts enthält die Gesamtproduktion von 8000 (5500; 10 000; 13 500) T-Shirts wahrscheinlich? Nutze die relative Häufigkeit aus Aufgabenteil a).

3 In einem Gefäß befinden sich insgesamt zehn Kugeln. Bei 100 Versuchen wurde 63-mal eine weiße Kugel und 37-mal eine schwarze Kugel gezogen.
a) Berechne die relativen Häufigkeiten der Ergebnisse „weiße Kugel gezogen" und „schwarze Kugel gezogen".
b) Wie viele weiße Kugeln befinden sich wahrscheinlich in dem Gefäß? Begründe.
c) Könnte in dem Gefäß auch eine Kugel einer dritten Farbe sein? Begründe.

4 Aus dem Berufsleben
Eine Firma stellt Akkus her. Qualitätskontrollen ergaben diese Zahlen fehlerhafter Akkus:

– *Kontrolle 4. Juni:* 17 von 850 Akkus
– *Kontrolle 17. Juli:* 25 von 714 Akkus
– *Kontrolle 15. August:* 37 von 1 947 Akkus

a) Haben sich die Produktionsergebnisse verbessert oder verschlechtert?
b) Berechne die wahrscheinliche Anzahl fehlerhafter Akkus für eine Produktion von 15 000 Stück bei den besten (bei den schlechtesten) Produktionsbedingungen.

Wahrscheinlichkeiten bei Laplace-Experimenten

Entdecken

1 Bei einem Gewinnspiel kann man sich zunächst entscheiden, aus welchem Topf man eine Kugel ziehen will.
Dann werden die Augen verbunden.
Hauptgewinn ist die Kugel mit der Zahl „5".
Aus welchem Gefäß würdest du die Kugel ziehen? Begründe deine Wahl.

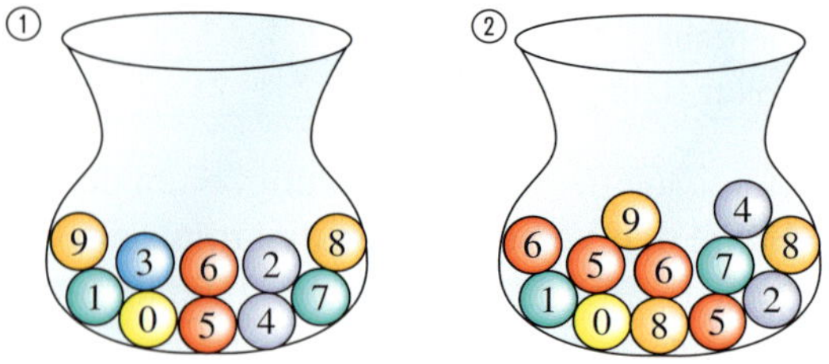

2 Stelle dir vor, dass aus den folgenden Würfelnetzen Würfel gebastelt werden.
a) Gib für jeden Würfel alle möglichen Ergebnisse bei zufälligem Werfen an.
b) Nenne jeweils auch ein Ergebnis, das nicht auftreten kann.
c) Welchen Würfel wählst du, um möglichst sicher das Ergebnis „4" zu würfeln? Begründe.
d) Welchen Würfel wählst du, um möglichst keine „4" zu würfeln? Begründe.

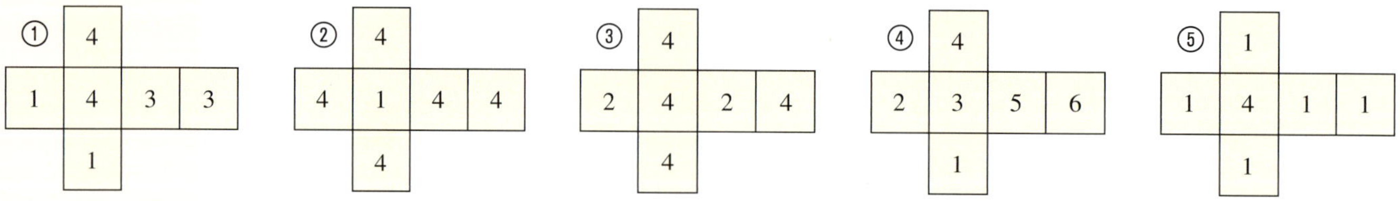

Verstehen

Das Glücksrad ist in acht gleich große Felder aufgeteilt.
Jedes Feld hat beim Drehen die gleiche Chance.

Beispiel 1

Nur das rote Feld mit der Zahl „3" bringt den Hauptgewinn.
Die Wahrscheinlichkeit für das Ergebnis „3" beträgt $\frac{1}{8} = 0{,}125 = 12{,}5\,\%$.

Merke Zufallsexperimente, bei denen alle Ergebnisse **gleich wahrscheinlich** sind, nennt man **Laplace-Experimente**.

$$\textbf{Wahrscheinlichkeit für ein Ergebnis} = \frac{\textbf{1}}{\textbf{Anzahl der möglichen Ergebnisse}}$$

Oft interessiert man sich nicht nur für ein einzelnes Ergebnis, sondern für mehrere Ergebnisse mit einer bestimmten Eigenschaft. Diese bilden zusammen ein Ereignis.

Beispiel 2

Die beiden gelben Felder mit der „5" und „8" bringen einen Kleingewinn.
Das heißt: Zum Ereignis „Kleingewinn" gehören die Ergebnisse 5 und 8.
Die Wahrscheinlichkeit für das Ereignis „Kleingewinn" beträgt $\frac{2}{8} = 0{,}25 = 25\,\%$.

Merke Mehrere Ergebnisse eines Zufallsexperiments können zu einem **Ereignis** zusammengefasst werden.

$$\textbf{Wahrscheinlichkeit für ein Ereignis} = \frac{\textbf{Anzahl der Ergebnisse, die zum Ereignis gehören}}{\textbf{Anzahl der möglichen Ergebnisse}}$$

Üben und anwenden

1 Bei welchen Experimenten sind die Ergebnisse gleich wahrscheinlich? Begründe.

a) Werfen einer Münze: Zahl oder Wappen?
b) Werfen eines Reißnagels: Rückenlage oder Seitenlage?
c) Werfen eines Würfels: Augenzahl?
d) Werfen einer Streichholzschachtel: große, mittlere oder kleine Fläche?
e) Ein „Elfer“ wird geschossen: Tor oder kein Tor?

2 Die einzelnen Felder des Glücksrads sind gleich groß.

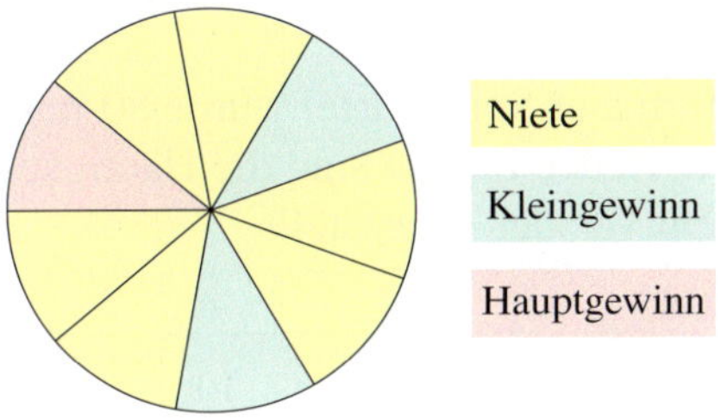

Wie groß ist jeweils die Wahrscheinlichkeit, beim ersten Drehen ...

a) einen Hauptgewinn,
b) einen Kleingewinn,
c) eine Niete zu erzielen?

2 Betrachte das Glücksrad.

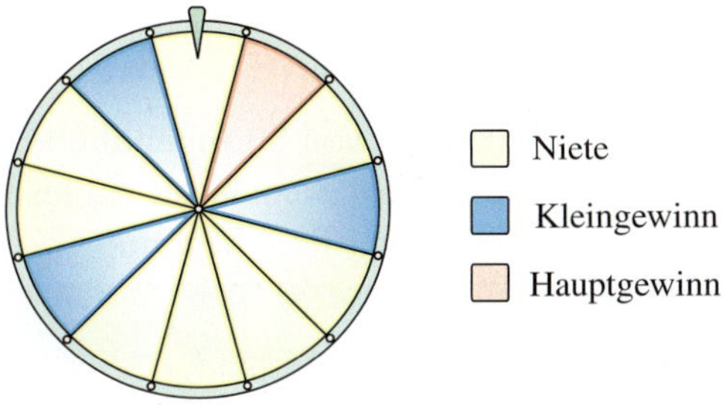

a) Gib alle möglichen Ergebnisse an.
b) Wie groß ist die Wahrscheinlichkeit für das Drehen des Hauptgewinns?
c) Gib die Wahrscheinlichkeit für das Ereignis „Gewinn“ an.

3 Es wird ein Würfel geworfen. Wie groß ist die Wahrscheinlichkeit dafür, dass folgende Ereignisse eintreten? Die Augenzahl ist …

a) gerade.
b) ungerade.
c) kleiner als zwei.
d) kleiner als sieben.
e) Gib ein Ereignis an, das mit einer Wahrscheinlichkeit von $\frac{2}{6}$ eintritt.

3 Aus einem Skatspiel (siehe rechts) wird zufällig ein Karte gezogen. Ermittle die Wahrscheinlichkeit dafür, dass es …

a) ein Karo-Ass ist.
b) eine Karokarte ist.
c) ein König ist.
d) eine 7, 8 oder 9 ist.
e) eine Karodame oder Herzdame ist.
f) ein Bube, eine Dame oder ein König ist.
g) Stellt euch zu zweit weitere Aufgaben.

4 Bei welchem der Glücksräder ist das Drehen ein Laplace-Experiment? Begründe.

a)

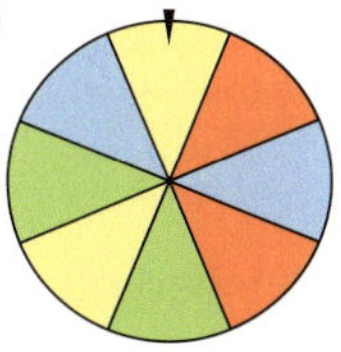

b)

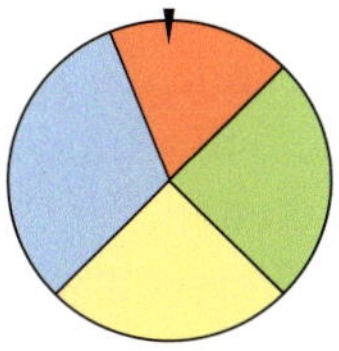

4 Zeichne ein Glücksrad mit 16 gleich großen Feldern. Färbe die Felder so, dass die Wahrscheinlichkeiten gelten.

5 Das Glücksrad aus Aufgabe 4 a) wird gedreht. Ermittle die Wahrscheinlichkeit für das Ereignis „rot oder blau“ („gelb oder grün“).

5 Dein Glücksrad aus Aufgabe 4 wird gedreht. Ermittle die Wahrscheinlichkeit für das Ereignis „nicht gelb“ („rot oder grün“).

HINWEIS
Ein Skatspiel enthält je eine Karte 7, 8, 9, 10, Bube, Dame, König, Ass in den Farben Karo, Herz, Pik, Kreuz. Dies sind insgesamt 32 Karten.

HINWEIS
189-1
Hier findest du die Simulation eines Glücksrads.

Klar so weit?

→ Seite 184

Absolute und relative Häufigkeiten

1 400 Passanten in einer Fußgängerzone wurden gefragt. „Sind sie dafür, dass alle Geschäfte bis 22.00 Uhr geöffnet haben?“ Hier die Antworten:

dafür	weiß nicht	dagegen
245	32	123

Berechne die relativen Häufigkeiten der drei Antworten.

2 Bei einer Befragung von 80 Jugendlichen gaben 18 an, häufig Bücher zu lesen. 32 lesen manchmal, 20 selten, der Rest liest nie.

Berechne die relativen Häufigkeiten als Bruch, als Dezimalzahl und in Prozent.

1 Sandra, Marek und Elsa haben mit einem normalen Spielwürfel gewürfelt:

Sandra:	bei 42 von 200 Würfen Ergebnis „2“
Marek:	bei 18 von 150 Würfen Ergebnis „2“
Elsa:	bei 22 von 100 Würfen Ergebnis „2“

Vergleiche die Ergebnisse mithilfe relativer Häufigkeiten.

2 Ein normaler Spielwürfel wurde 80-mal geworfen. In der Tabelle sind die Häufigkeiten bei diesem Versuch dargestellt.

Augenzahl	1	2	3	4	5	6
absolute Häufigkeit			14	10		
relative Häufigkeit	0,16	0,15			0,19	0,20

a) Berechne die fehlenden Angaben. Vervollständige damit die Tabelle im Heft.

b) Wie groß ist die relative Häufigkeit für „eine Augenzahl kleiner als 4“? Erläutere deine Lösung.

→ Seite 186

Relative Häufigkeit und Wahrscheinlichkeit

3 Sina wirft 100-mal eine Streichholzschachtel. Sie unterscheidet die drei Ergebnisse „große Fläche“, „Reibefläche“, „kleine Fläche“.

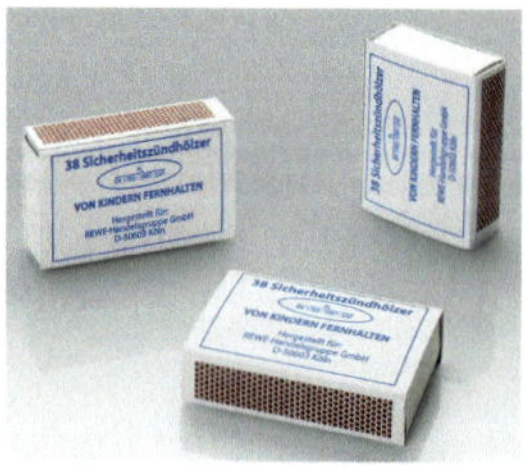

a) Gib an, welches Ergebnis deiner Meinung nach das wahrscheinlichste ist. Begründe.

b) Schätze die Wahrscheinlichkeiten für die Ergebnisse mithilfe von Sinas Tabelle:

Ergebnis	große Fläche	Reibefläche	kleine Fläche
absolute Häufigkeit	89	10	1

c) Beschreibe, wie man die Schätzungen aus Aufgabe b) noch verbessern kann.

3 Tomek wirft zufällig vier Stäbchen, die jeweils eine blaue und eine rote Unterseite haben. Seine Ergebnisse hat er in die Tabelle eingetragen.

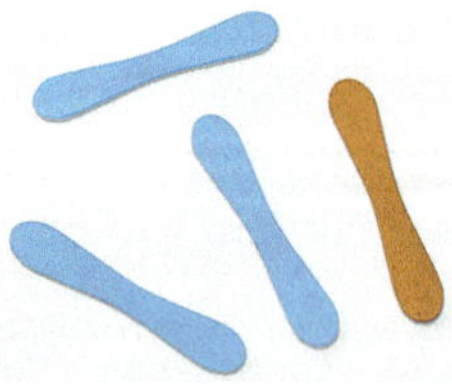

blaue Seite	0×	1×	2×	3×	4×
absolute Häufigkeit	4	26	38	24	8

a) Nenne die möglichen Ergebnisse.

b) Berechne die relativen Häufigkeiten der Ergebnisse und schätze deren Wahrscheinlichkeiten.

c) Der Versuch wird 1000 mal wiederholt. Die relative Häufigkeit für 0× blaue Seite beträgt $\frac{63}{1000}$. Erkläre die Abweichung zu b). Welche Zahl ist der bessere Schätzwert für die Wahrscheinlichkeit?

4 Bei einer Qualitätskontrolle stellt sich heraus, dass bei 2 von 10 000 überprüften Tablet-PCs das Display beschädigt ist.

a) Schätze die Wahrscheinlichkeit, mit der ein Kunde im Laden einen Tablet-PC mit beschädigtem Display (einen Tablet-PC mit funktionierendem Display) kauft.

b) Schätze, wie viele Tablet-PCs aus der Gesamtproduktion von 2 Mio. Stück ein beschädigtes Display haben.

4 Qualitätskontrollen bei Displays von Tablet-PCs ergaben:

Hergestellt im …	geprüfte Tablet-PCs	davon beschädigt
Werk A	10 000 Stück	2 Stück
Werk B	10 000 Stück	5 Stück

Schätze die Wahrscheinlichkeit, mit der ein Kunde im Laden einen Tablet-PC mit beschädigtem Display kauft.

5 Blut ist nicht gleich Blut. Ein Merkmal der Unterscheidung sind die sogenannten Blutgruppen A, 0, B und AB.

a) Welche Blutgruppe ist in Deutschland am häufigsten (am wenigsten) vertreten?

b) In einem Fußballstadion sind 27 500 Zuschauer.
Gib an, wie viele von ihnen wahrscheinlich zu den einzelnen Blutgruppen gehören.

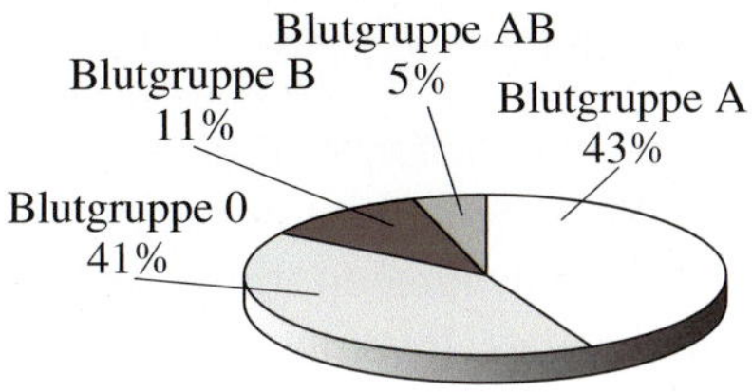

Wahrscheinlichkeiten bei Laplace-Experimenten

→ Seite 188

6 In einer Schale liegen 10 Kugeln. Sie unterscheiden sich nur in ihrer Farbe.
Aus der Schale wird zufällig gezogen.

a) Handelt es sich bei dem Zufallsexperiment um einen Laplace-Experiment? Begründe.

b) Gib die Wahrscheinlichkeit an.
– Die gezogene Kugel ist blau.
– Die gezogene Kugel ist gelb oder rot.

6 Bestimme die Wahrscheinlichkeit dafür, dass der Kreisel wie folgt stehenbleibt.

a) auf einem grünen Feld

b) auf einem gelben Feld

c) auf einem roten oder auf einem blauen Feld

d) auf einem grünen Feld oder auf einem blauen Feld

e) weder auf einem grünen Feld noch auf einem blauen Feld

7 Beim Spiel „Wer wird Millionär?“ muss bei einer Frage aus vier Antwortmöglichkeiten die richtige ausgewählt werden.
Wie groß ist die Wahrscheinlichkeit, …

a) eine Frage durch Raten richtig zu beantworten?

b) eine Frage durch Raten richtig zu beantworten, wenn zwei Antworten mithilfe des 50 : 50-Jokers sicher ausgeschlossen werden?

7 In drei Dosen sind 20, 40 und 100 Glaskugeln. In jeder Dose gibt es nur 3 blaue Kugeln. Es wird aus jeder Dose genau eine Kugel verdeckt gezogen.

a) Bei welcher Dose ist die Chance, eine blaue Kugel zu ziehen, am größten? Begründe deine Aussage.

b) Berechne für jede Dose die Wahrscheinlichkeit, dass die aus ihr gezogene Kugel nicht blau ist.

Vermischte Übungen

1 Ein Glücksrad wurde 350-mal gedreht.

a) Fülle im Heft die Tabelle aus.

	blau	rot	gelb	grün
absolute Häufigkeit	175	50	94	
relative Häufigkeit				

b) Stelle die absoluten Häufigkeiten in einem Säulendiagramm dar.

1 Bei einer Verkehrszählung wurde ermittelt, wie viele Personen in den vorbeifahrenden Pkws sitzen.

Personen im Pkw	1	2	3	4 und mehr
absolute Häufigkeit	936	90	44	130

a) Wie viele Autos wurden beobachtet?

b) Berechne die relativen Häufigkeiten.

2 Zähle im folgenden Text die Buchstaben „e“, „o“ und „a“. Gib die absoluten und die relativen Häufigkeiten dieser Buchstaben an.

> Das Meerschweinchen stammt aus Südamerika. Noch heute gibt es dort wildlebende Meerschweinchen. Ihren Namen erhielten die Meerschweinchen, weil sie über das Meer nach Europa gebracht wurden. Meerschweinchen sind beliebte Haustiere. Da sie Rudeltiere sind, sollten sie immer mindestens zu zweit gehalten werden.

2 In einer Fabrik werden Monitore hergestellt.

Während der Produktion wird die Qualität von zufällig ausgewählten Geräten überprüft.
Von 800 Monitoren waren 16 fehlerhaft.
Wie viele fehlerhafte Monitore sind bei einer Gesamtproduktion von 1 000 (10 000; 1 450) Monitoren zu erwarten?
Nutze die relative Häufigkeit als Schätzwert.

3 Arbeitet in Gruppen.
Führt ein Experiment zur Buchstabenhäufigkeit in deutschsprachigen Texten durch.

a) Nehmt verschiedene Texte und zählt, wie oft bestimmte Buchstaben darin vorkommen.

b) Vergleicht eure Ergebnisse untereinander und mit Angaben aus dem Internet.

4 Bei einer Wahl haben 240 000 Personen ihre Stimme abgegeben.
Um eine Prognose zu erstellen, wurden 1000 Wähler gleich nach ihrer Stimmabgabe im Wahllokal befragt.
Die Ergebnisse der Befragung findest du in der Tabelle.

Partei	Stimmen von 1000 Wählern
A	328
B	44
C	176
D	321
E	131

a) Erstelle eine Prognose für den Wahlausgang.
Berechne dafür die Anteile der Parteien in Prozent.

b) Berechne, mit wie vielen Stimmen die Parteien bei der Wahl rechnen konnten.

4 Bei einer Wahl haben 12 526 918 Personen ihre Stimme abgegeben. Um eine Prognose zu erstellen, wurden 1000 Wähler gleich nach ihrer Stimmabgabe im Wahllokal befragt. Die Ergebnisse der Befragung findest du in der Tabelle.

a) Erstelle eine Prognose für den Wahlausgang. Stelle dafür mithilfe einer Tabellenkalkulation die Anteile der Parteien als Kreisdiagramm dar.

b) Berechne, mit wie vielen Stimmen die Parteien bei der Wahl rechnen konnten.

5 Aus den Gefäßen wird je eine Kugel verdeckt gezogen. Berechne die Wahrscheinlichkeiten, dass die gezogene Kugel blau ist.

a) 

b) 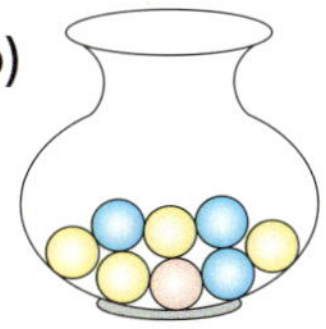

c) 

d) 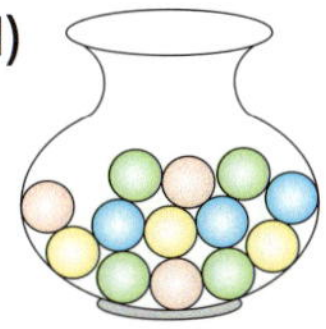

5 Aus 32 Skatkarten wird eine Karte gezogen. Berechne die Wahrscheinlichkeiten für das Ziehen der folgende Ereignisse.

a) eine rote Karte
b) ein Bube
c) Karo-Sieben
d) ein Ass
e) Herz-Ass
f) eine Herz-Karte
g) eine Herz-Karte oder Karo-Karte
h) Kreuz-Ass oder Pik-Ass

6 In einem Gefäß befinden sich blaue, rote und gelbe Kugeln. Die Wahrscheinlichkeit, zufällig eine blaue Kugel zu ziehen, ist 0,1. Wie viele Kugeln könnten sich insgesamt in dem Gefäß befinden? Begründe.

a) 5 Kugeln
b) 10 Kugeln
c) 30 Kugeln
d) 100 Kugeln

6 In einem Behälter liegen 12 Kugeln (rote, blaue und grüne).
Die Wahrscheinlichkeit, eine rote Kugel zu ziehen, beträgt $\frac{1}{3}$;
die, eine blaue Kugel zu ziehen, $\frac{1}{2}$.
Wie groß ist die Wahrscheinlichkeit, eine grüne Kugel zu ziehen?

HINWEIS
193-1
Unter dem Webcode gibt es eine interaktive Übung zum Schätzen absoluter Häufigkeiten.

7 Arbeitet zu zweit.
Würfelt mit zwei Würfeln 30-mal.

a) Fertigt eine Strichliste an, in der ihr nach jedem Wurf die größere Augenzahl notiert. (Zeigen beide Würfel die gleiche Augenzahl, dann notiert ihr diese.)
b) Berechnet jeweils die relative Häufigkeit, mit der die Augenzahlen 1; 2; 3; 4; 5; 6 vorkommen.
c) Erläutert, warum bei diesem Versuch die Augenzahl 6 häufiger vorkommen wird als die Augenzahl 1.
d) Präsentiert eure Ergebnisse in der Klasse.

8 Am Glücksrad

a) Betrachte die beiden Glücksräder rechts. Gib an, bei welchem der beiden Glücksräder die Ergebnisse 1; 2; 3; 4; 5 gleich wahrscheinlich sind. Begründe.
b) Berechne die Wahrscheinlichkeit für das Ergebnis „2" beim Glücksrad I.
c) Berechne die Wahrscheinlichkeit für das Ereignis „2 oder 3" beim Glücksrad I.
d) Skizziere ein Glücksrad, bei dem die Farben rot, blau, grün und gelb die gleiche Wahrscheinlichkeit haben.
e) Prüfe, ob es mehrere Lösungen zu Aufgabe d) gibt.
Begründe.

Glücksrad I:

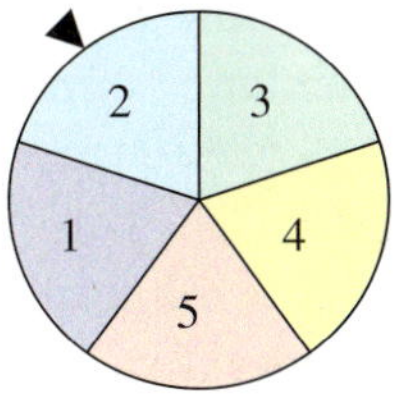

Glücksrad II:

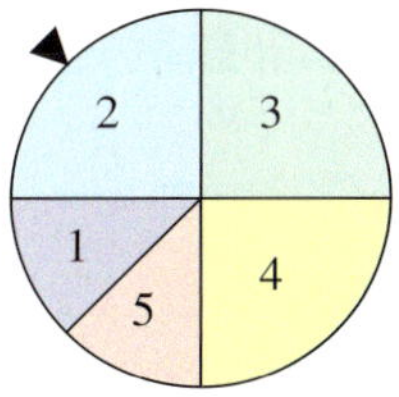

8 Am Glücksrad

a) Berechne die Wahrscheinlichkeit für das Ereignis „1 oder 4" beim Glücksrad I.
b) Welches der beiden abgebildeten Glücksräder lieferte vermutlich die folgenden Zahlenreihen?
Begründe.

① 5; 3; 2; 2; 4;
2; 3; 2; 3; 1;
3; 3; 5; 4; 3;
1; 4; 2; 2; 4;
3; 4; 2; 1; 4

② 4; 4; 1; 5; 2;
2; 1; 1; 2; 4;
3; 3; 3; 5; 1;
2; 2; 5; 5; 2;
3; 2; 1; 5; 3

c) Versuche, die Wahrscheinlichkeit für das Ergebnis „1" beim Glücksrad II zu berechnen. Erläutere deine Lösung.

Checkliste
194-1

Teste dich!

(4 Punkte)

1 Ein Schüler hat von 30 Unterrichtsstunden fünf Stunden Deutsch, vier Stunden Mathematik und drei Stunden Sport.
Berechne die relative Häufigkeit für jedes Unterrichtsfach.

(12 Punkte)

2 In einer Schule wurde gefragt, wie viele Geschwister jedes Kind hat.

Geschwisterzahl	0	1	2	3	4
Anzahl der Kinder	112	153	68	22	7

a) Berechne, wie viele Kinder insgesamt befragt wurden.
b) Berechne die relativen Häufigkeiten der einzelnen Geschwisterzahlen.
c) Stelle die relativen Häufigkeiten in einem Säulendiagramm dar.

(6 Punkte)

3 Die Fußballmannschaft vom VfL Waldtal hat 12 von 40 Spielen gewonnen.
Die Mannschaft vom FC Rot-Weiß hat 10 von 28 Spielen gewonnen.
a) Welche der beiden Mannschaften war besser? Begründe deine Entscheidung.
b) Ein Spieler vom VfB Blau-Gelb sagt:
„Mein Verein ist besser als der VfL Waldtal und der FC Rot-Weiß.
Wir haben ein Spiel gemacht, und dieses Spiel haben wir gewonnen.
Unsere Siegquote ist 100 %.“
Was meinst du dazu?

(5 Punkte)

4 Werbung wird von Besucherinnen und Besuchern einer Internetseite mit einer Wahrscheinlichkeit von 6 % gelesen.
Berechne: Wie viele Besucherinnen und Besucher lesen eine Werbeanzeige ungefähr, wenn 500 000 Menschen die Internetseite besuchen?

(8 Punkte)

5 Sara versucht, sich bei einem bestimmten Internetanbieter anzumelden.
Obwohl alle Eingaben richtig sind, scheitert die Anmeldung bei 12 von 25 000 Versuchen, weil es technische Probleme beim Internetanbieter gibt.

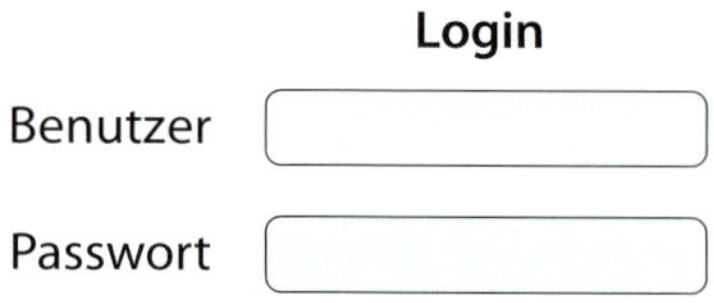

a) Schätze die Wahrscheinlichkeit, mit der die Anmeldung scheitert (die Anmeldung klappt).
b) Kann Sara vorhersagen, ob die Anmeldung beim nächsten Versuch ganz sicher klappen wird? Begründe.

(9 Punkte)

6 Ein Würfel wird 100-mal geworfen. Es wird gezählt, wie oft eine Sechs gewürfelt wird.
Nach 100 Würfen ergibt sich dieses Diagramm:

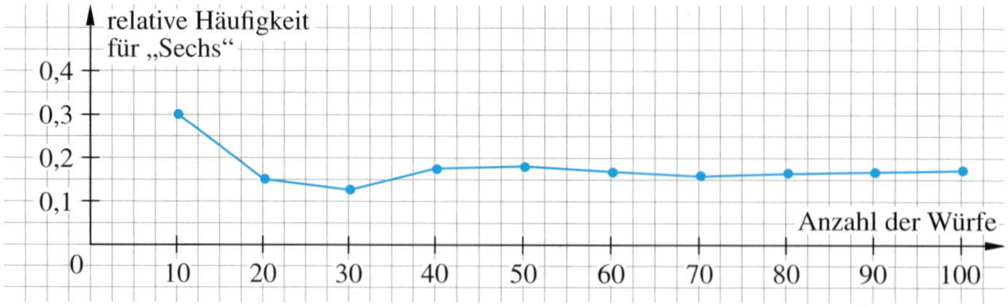

Beschreibe, wie sich die relative Häufigkeit für eine Sechs mit zunehmender Anzahl an Würfen verändert.

7 Ein Kronkorken wurde 200-mal zufällig geworfen. *(8 Punkte)*
Er landete 78-mal mit der offenen Seite nach oben und 122-mal mit der offenen Seite nach unten.

a) Schätze die Wahrscheinlichkeiten für die Ergebnisse „offene Seite liegt oben" und „offene Seite liegt unten". Begründe deine Schätzungen.

b) Tina sagt:
„Hätte man den Kronkorken 400-mal geworfen, dann könnte man die Wahrscheinlichkeiten genauer schätzen."
Was meinst du dazu? Begründe.

8 Die Firma BLITZ produziert USB-Sticks. *(5 Punkte)*
Die Wahrscheinlichkeit, dass ein USB-Stick defekt ist, beträgt 0,2 %.
Wie viele defekte USB-Sticks erwartest du ungefähr bei einer Lieferung von 50 000 USB-Sticks?

9 Ermittle jeweils die Wahrscheinlichkeit, dass beim Drehen der folgenden Glücksräder ein blaues Feld ausgewählt wird. *(10 Punkte)*

a) 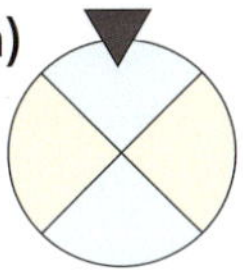
b) 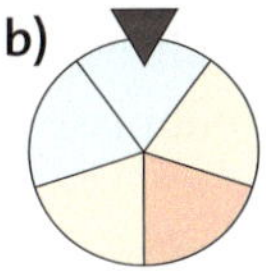
c) 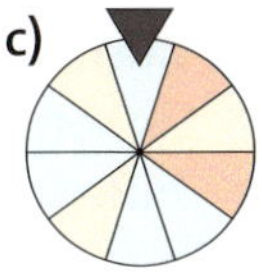
d) 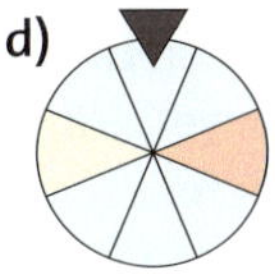
e) 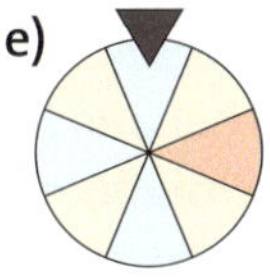

10 Ein normaler Spielwürfel wird einmal zufällig geworfen. *(12 Punkte)*
Berechne die Wahrscheinlichkeiten der folgenden Ereignisse.

a) Die Augenzahl ist 2.
b) Die Augenzahl ist 5 oder 6.
c) Die Augenzahl ist 1, 3 oder 5.
d) Die Augenzahl ist größer als 2.
e) Die Augenzahl ist gerade.
f) Die Augenzahl ist kleiner als 1.

11 In einem Behälter mit Gummibärchen befinden sich 30 rote, 50 gelbe, 20 weiße und 25 grüne Gummibärchen. Es wird mit geschlossenen Augen gezogen. *(9 Punkte)*

a) Mit welcher Wahrscheinlichkeit zieht man ein weißes Gummibärchen?
b) Mit welcher Wahrscheinlichkeit zieht man ein grünes oder ein gelbes Gummibärchen?
c) Mit welcher Wahrscheinlichkeit zieht man kein rotes Gummibärchen?

12 Beim Roulettespiel wird eine der Zahlen 0; 1; 2; …; 36 zufällig durch Drehen ausgewählt. *(12 Punkte)*

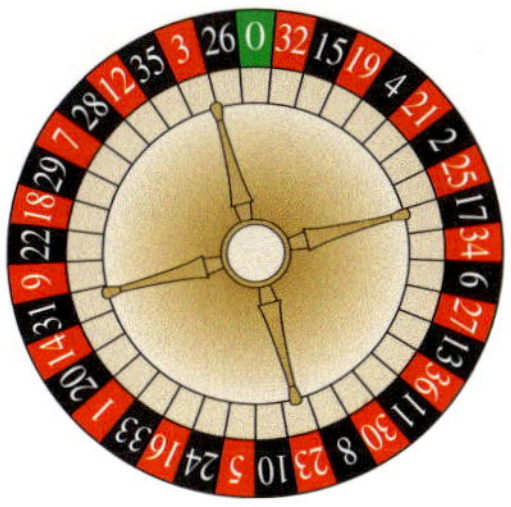

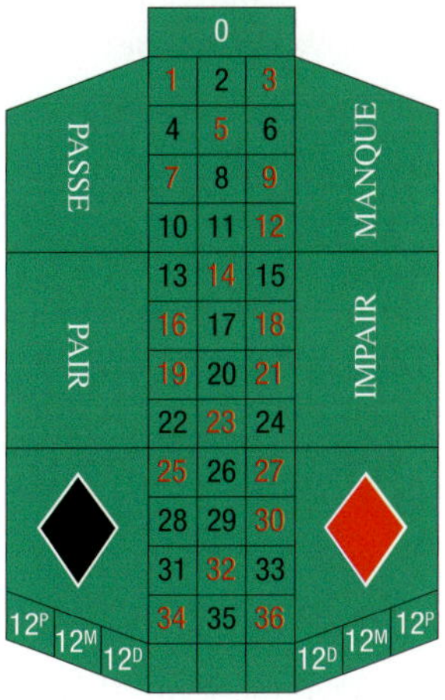

a) Wie viele Zahlen sind als Ergebnis möglich?

b) Begründe:
Die Ereignisse „schwarze Zahl", „rote Zahl" und das Ergebnis „0" sind nicht gleich wahrscheinlich.

c) Begründe:
Die Ergebnisse „0" bis „36" sind gleich wahrscheinlich.

d) Berechne die Wahrscheinlichkeiten für folgende Ereignisse:
① Es kommt eine rote Zahl.
② Es kommt eine Zahl aus dem ersten Dutzend (1 bis 12).
③ Die Zahl, die kommt, ist größer als 28.

Gold: 94–100 Punkte, Silber: 77–93 Punkte, Bronze: 60–76 Punkte

Zusammenfassung

→ Seite 184

Absolute und relative Häufigkeiten

Die **absolute Häufigkeit** gibt an, wie oft ein bestimmtes Ergebnis vorkommt.
Die **relative Häufigkeit** gibt an, wie groß der Anteil eines Ergebnisses an der Gesamtzahl ist.

relative Häufigkeit $= \frac{\textbf{absolute Häufigkeit}}{\textbf{Gesamtzahl}}$

Relative Häufigkeiten ermöglichen **Vergleiche**, wenn es Gruppen mit unterschiedlichen Gesamtzahlen gibt.

Tom trifft bei 15 von 23 Basketballwürfen von der Freiwurflinie.
relative Häufigkeit (Tom): $\frac{15}{23} \approx 0{,}652$

Jan trifft bei 14 von 20 Würfen.
relative Häufigkeit (Jan): $\frac{14}{20} = 0{,}7$

Jan hat die bessere Trefferquote, denn $0{,}7 > 0{,}652$.

→ Seite 186

Relative Häufigkeit und Wahrscheinlichkeit

Bei zahlreichen Wiederholungen eines Zufallsexperiments ist die **relative Häufigkeit** eines Ergebnisses ein **Schätzwert für die Wahrscheinlichkeit** des Ergebnisses.

Je öfter ein Zufallsexperiment wiederholt wird, umso genauer können die Wahrscheinlichkeiten der Ergebnisse ermittelt werden. Dies nennt man das **Gesetz der großen Zahlen**.

Das zufällige Werfen eines normalen Spielwürfels ist ein Zufallsexperiment.
Es können die Ergebnisse 1; 2; 3; 4; 5 und 6 auftreten.

Werfen eines normalen Spielwürfels:

Gesamtzahl der Würfe	15	105
absolute Häufigkeit der Fünf	5	16
relative Häufigkeit der Fünf	≈ 33 %	≈ 15 %

→ Seite 188

Wahrscheinlichkeiten bei Laplace-Experimenten

Zufallsexperimente, bei denen alle Ergebnisse **gleich wahrscheinlich** sind, nennt man **Laplace-Experimente**.

Wahrscheinlichkeit für ein Ergebnis $= \frac{\textbf{1}}{\textbf{Anzahl der möglichen Ergebnisse}}$

Zum Beispiel:
Beim Werfen eines normalen Spielwürfels sind alle Ergebnisse gleich wahrscheinlich.
Dies ist ein Laplace-Experiment.

Die Wahrscheinlichkeit, eine Drei zu werfen, beträgt $\frac{1}{6} \approx 0{,}167 = 16{,}7\,\%$.

Mehrere Ergebnisse eines Zufallsexperiments können zu einem **Ereignis** zusammengefasst werden.

Wahrscheinlichkeit für ein Ereignis $= \frac{\textbf{Anzahl der Ergebnisse, die zum Ereignis gehören}}{\textbf{Anzahl der möglichen Ergebnisse}}$

Beispielsweise können die Ergebnisse 4, 5 und 6 beim Würfelwurf zum Ereignis „Es wird eine Zahl größer als 3 geworfen.“ zusammengefasst werden.

Die Wahrscheinlichkeit, eine Zahl größer als 3 zu werfen, beträgt $\frac{3}{6} = 0{,}5 = 50\,\%$.

Kannst du das?

Du hast dich in den Klassen 5 bis 8 mit vielen Themen der Mathematik beschäftigt. Mit diesem Kapitel kannst du die wesentlichen Bereiche der Mathematik wiederholen, üben und dein Wissen testen.

Mathematik im Überblick

Die folgenden Seiten wiederholen, prüfen und testen dein Wissen zu Themen, die du bisher im Mathematikunterricht erlernt hast. Die Hinweise helfen dir dabei, die folgenden Trainingsaufgaben zu bearbeiten und dich auf Prüfungssituationen vorzubereiten.

Hinweise zur Vorbereitung

Verschaffe dir einen Überblick über das, was du bisher gelernt hast.
Die Mindmap gibt dir einen Überblick über die verschiedenen Bereiche der Mathematik, die in den Klassen 5 bis 8 behandelt wurden.

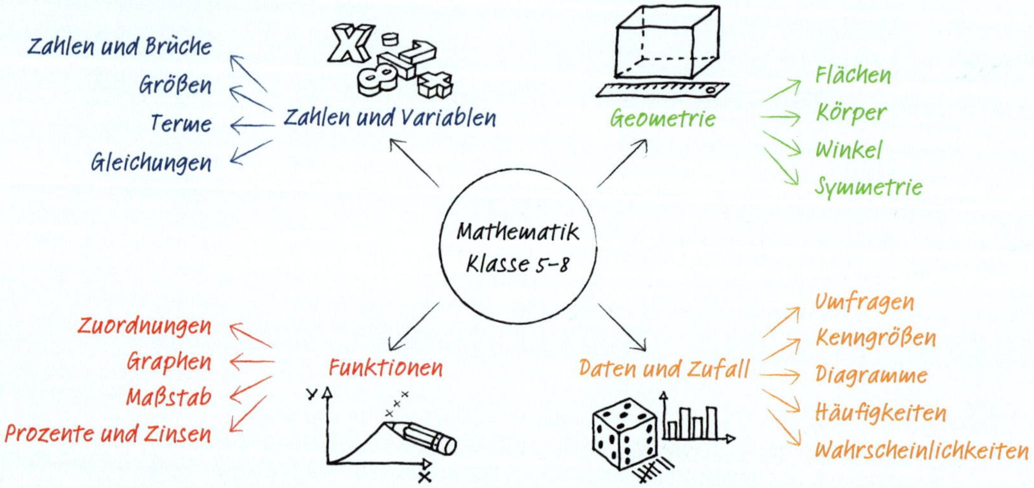

Zum Weiterarbeiten
Erweitere die Mindmap im Heft.
Du kannst die Vorlage unter dem Webcode 198-1 nutzen.

Die einzelnen Themengebiete lassen sich noch weiter untergliedern.

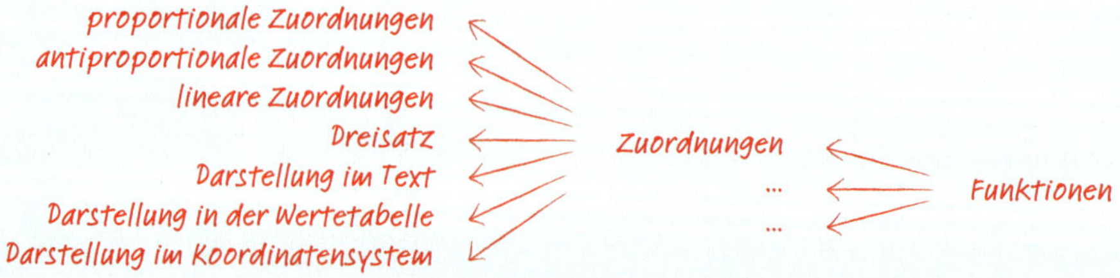

Neben Aufgaben aus den oben dargestellten Bereichen gibt es auch andere Dinge, die du beherrschen musst, z. B. über dein Ergebnis sprechen, mit deinem Nachbarn oder deiner Nachbarin über Lösungsmöglichkeiten diskutieren oder deinen Rechenweg begründen.

Für einige Aufgaben benötigst du **Werkzeuge** und **Medien**:
Lineal, Geodreieck, Zirkel, Taschenrechner, Lexikon, Formelsammlung, Internet, Tabellenkalkulationsprogramm, dynamische Geometriesoftware, …

Hinweise zur Bearbeitung

Die Hinweise können dir helfen, leichter zum Ziel zu kommen und den Überblick zu behalten:

- **Lies** die Aufgabenstellung immer ganz **genau**.
- **Überlege**, was von dir **verlangt** wird.
- **Schreibe** dir die **wichtigsten Informationen** heraus.
- **Löse** zuerst **Aufgaben**, die dir **leicht** fallen.
- Halte dich **nicht zu lange an einer Aufgabe** auf, sonst drohen Zeitprobleme.

Trainingsaufgaben

Bevor du die Aufgaben löst, überlege dir zunächst, zu welchem Themengebiet der Mindmap diese Aufgabe gehören könnte. Notiere alle deine Überlegungen im Heft. Denke auch an Zwischenschritte, Skizzen und Antwortsätze.

Checkliste
199-1

HINWEIS
Im hinteren Buchdeckel findest du eine Formelsammlung zu den wichtigsten Themen aus Klasse 5–8. Versuche zunächst die Trainingsaufgaben ohne Formelsammlung zu bearbeiten. Schlage erst nach, falls du nicht weiterkommst.

1 Zahlen ordnen

Ordne die Zahlen der Größe nach. Beginne mit der kleinsten.

$-\frac{1}{2}$ $\frac{1}{2}$ 3 $\frac{1}{4}$ $-\frac{1}{3}$ $-0{,}75$ $\frac{11}{4}$

2 Flächeninhalte vergleichen

Welcher Flächeninhalt ist am größten? Begründe.

① $200\,\text{cm}^2$ ② $2\,000\,\text{mm}^2$ ③ $0{,}2\,\text{m}^2$ ④ $0{,}000\,002\,\text{km}^2$

3 Mit Zahlen jonglieren

Setze die Ziffern 3; 4; 5 und 6 jeweils genau einmal so in ein Kästchen ein, dass die angegebenen Bedingungen erfüllt sind.

a) Das Produkt der Zahlen soll möglichst groß sein: □□ · □□

b) Das Produkt der Zahlen soll möglichst klein sein: □□ · □□

c) Der Wert des Terms □ · (□ + □ · □) soll möglichst groß sein.

4 Ein Zaun für das Blumenbeet

Ein rechteckiges Blumenbeet soll mit einem Zaun umrandet werden. Das Beet ist 4 m lang und 1 m breit.

a) Wie viel Meter Zaun werden benötigt?

b) Ein Zaunstück, das 1,20 m lang ist, kostet 19,95 €. Wie teuer sind 12 m Zaun?

5 Landkarte

Eine Landkarte hat den Maßstab 1 : 200 000.

a) Wie lang ist eine Strecke in Wirklichkeit, wenn sie auf der Karte 4 cm lang ist?

b) Wie lang ist eine Strecke auf der Karte, die in Wirklichkeit 30 km lang ist?

6 Fußleisten

HINWEIS
Lies dir die Aufgabenstellung sehr gut durch. Jedes Wort kann wichtig sein.

Paul renoviert sein Zimmer. Er schneidet Fußleisten zu.

a) Paul möchte eine 1,10 m lange Fußleiste in zwei gleich lange Teile zersägen. Gib an, wie lang die beiden Teile sind.

b) Von einer 1,10 m langen Fußleiste bleibt ein Fünftel übrig. Gib an, wie viel Meter Paul verwendet hat.

7 Ein verwinkeltes Grundstück

Die Eckpunkte des Grundstücks bilden verschiedene Winkel.

a) Zeichne das Grundstück in dein Heft.

b) Markiere einen rechten Winkel innerhalb des Grundstückes rot.

c) Markiere einen stumpfen Winkel innerhalb des Grundstückes blau.

d) Wie groß sind α und β?

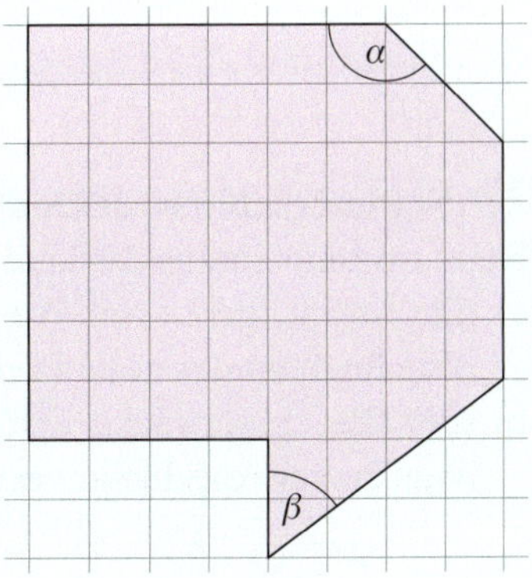

Hinweis
Erläutern und bewerten *heißt, dass du den Lösungsweg erklären und danach begründen sollst, ob es ein guter und richtiger Lösungsweg ist.*

8 Runden

Im Schuljahr 2011/2012 gab es in Deutschland rund 8 678 000 Schülerinnen und Schüler.

a) Wie viele Schüler gab es höchstens, wenn auf Tausender gerundet wurde?

b) Lea sagt: „In einer Zeitung stand, dass es 8 677 496 Schülerinnen und Schüler gab." Was meinst du dazu?

c) Runde die Zahl 1 748 auf Hunderter.

d) Barbara schrieb beim Runden von 2 545 auf Hunderter: $2\,545 \approx 2\,550 \approx 2\,600$. Erläutere und bewerte ihren Lösungsweg.

9 Wechselkurse

Marie reist nach Kanada. Vor dem Abflug tauscht sie Geld.
Für 1 € erhält sie 1,38 kanadische Dollar (CAD).

a) Wie viel kanadische Dollar erhält sie für 650 €?

b) Wie viel Euro erhält sie nach der Reise für ihre übrig gebliebenen 175 CAD?

Hinweis
In einigen Aufgaben gibt es ***mehrere richtige*** *Lösungen. Achte auf die Aufgabenstellung.*

10 Ein Viertel von *x*

Welche Terme beschreiben „ein Viertel der Zahl x"?
Übertrage alle passenden Möglichkeiten in dein Heft.

① $x - 4$	② $\frac{1}{4} \cdot x$	③ $x - 0{,}75x$	④ $x : 4$
⑤ 25% von x	⑥ $x - \frac{1}{4}$	⑦ $\frac{1}{2}x : 2$	⑧ $\frac{1}{8}x \cdot 2$

11 Verkehrszeichen

Mathematik umgibt uns immer wieder im Alltag. Ein Beispiel dafür sind Verkehrsschilder.

a) Welche Verkehrszeichen sind achsensymmetrisch? Notiere die Ziffern im Heft.

① ② ③ ④ ⑤

b) Übertrage die Figur in dein Heft und spiegle sie an der Spiegelachse s.

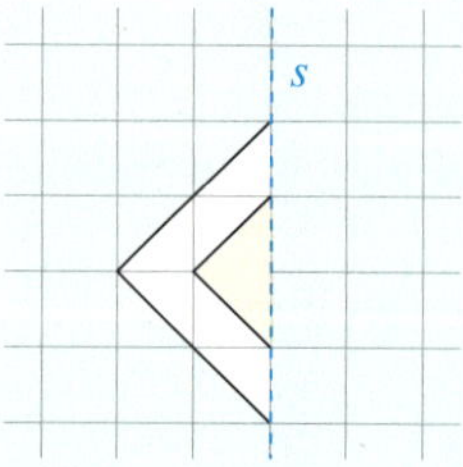

c) Sarah hat beim Spiegeln einen Fehler gemacht. Wo liegt der Fehler? Beschreibe.

12 Sommerschlussverkauf

Beim Sommerschlussverkauf räumen viele Geschäfte ihre Lager.

a) Ein Sweatshirt kostet 49 €. Der Preis wird um 35 % gesenkt. Wie hoch ist der neue Preis?

b) Der Preis einer Jacke wird um 20 % gesenkt, man spart 24 €. Was kostete die Jacke vorher?

13 Urlaubsreisen

1000 Personen, die ihren Urlaub im Internet gebucht haben, wurden nach ihrem Alter gefragt.

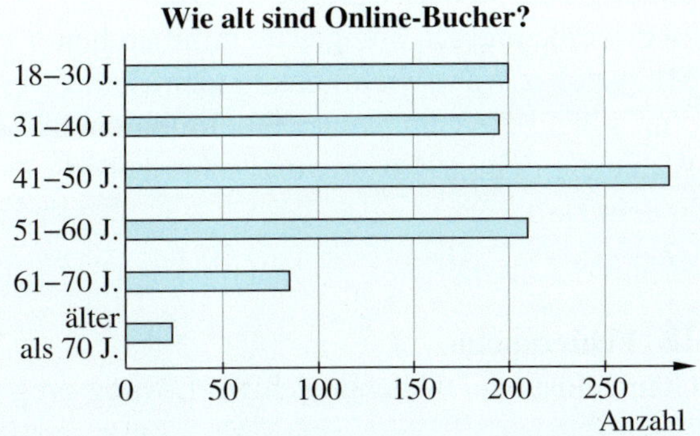

a) Bestimme die relativen Häufigkeiten der einzelnen Altersgruppen in Prozent. Lies dazu die ungefähren absoluten Häufigkeiten aus dem Diagramm ab.

b) Eine Zeitung schreibt über diese Grafik: „28 % der Online-Buchungen wurden von über 50-Jährigen getätigt.“ Ist diese Aussage richtig? Begründe deine Antwort.

14 Meisterwerke der Musik

Das Foto zeigt die Skulptur „Meisterwerke der Musik“.
Die Skulptur besteht aus Viertelnoten und Achtelnoten (mit Fähnchen).
Schätze: Wie hoch und wie breit ist eine Achtelnote ungefähr?
Beschreibe deinen Lösungsweg.

HINWEIS
Wenn dein ***Lösungsweg*** *gefragt ist, sollst du beschreiben, wie du zu deiner Lösung gekommen bist.*

15 Würfeln

Ein 8-seitiger Würfel wird geworfen.

a) Welche Zahlen müssen für die aufgeführten Ereignisse gewürfelt werden?
① Die Augenzahl ist ungerade.
② Die Augenzahl ist größer als 6.
③ Die Augenzahl ist durch 3 teilbar.

b) Finde ein Ereignis, das genau vier Ergebnisse hat.

16 Mathematikarbeit

Achte Freunde vergleichen die Ergebnisse ihrer Mathematikarbeiten mithilfe eines Tabellenkalkulationsprogramms.

	A	B	C	D	E	F
1	Name	Vorname	Klassenarbeit 1	Klassenarbeit 2	Klassenarbeit 3	Durchschnitt
2	Gärtner	Jannis	1,75	2	2,75	2,16666667
3	Özermis	Dougkan	2,75	4	3,25	3,33333333
4	Kiefer	Jacques	1,25	2,75	2,25	2,08333333
5	Masi	Saleem	3	3,25	3	3,08333333
6	Müller	Yves	4,75	5	4	4,58333333
7	Schmitz	Luca	1,75	2	1,75	1,83333333
8	Gül	Erdem	2	3	2,75	2,58333333
9	Maier	Nils	4,25	4	4,75	4,33333333

a) Beschreibe, wie der Durchschnitt in Spalte **F** berechnet wird.

b) Der Durchschnitt in der Zelle **F2** wurde mithilfe einer Formel berechnet. In der Formel wurden die Zellenbezeichnungen wie **C2**, **D2** und **E2** als Variable verwendet. Gib eine passende Formel an.

c) In einer Tabellenkalkulation kann man bestimmen, wie viele Nachkommastellen einer Zahl angezeigt werden sollen. Wie viele Nachkommastellen sind in Spalte **F** sinnvoll? Begründe deine Antwort.

d) Nils sagt: „Luca ist der beste Mathematiker.“ Jannis protestiert: „Nein, Jacques ist besser.“ Wer hat Recht? Begründe deine Antwort.

Hinweis
Wenn du die richtige Antwort nicht genau weißt, versuche Antworten auszuschließen und dann nachzurechnen.

17 Gummibärchen

In einer Tüte sind vier grüne, drei rote, zwei weiße und ein oranges Gummibärchen. Mit welcher Wahrscheinlichkeit zieht Timo ohne hinzusehen ein weißes Gummibärchen? Wähle die richtige Lösung und schreibe sie in dein Heft.

① $\frac{1}{10}$ ② $\frac{1}{5}$ ③ $\frac{2}{5}$ ④ $\frac{1}{2}$ ⑤ $\frac{4}{10}$

18 Fehlersuche

Gianna löst eine Gleichung. Ihren Lösungsweg siehst du hier:

$$8x - 40 = 3x - 10 \quad | -3x$$
$$5x - 40 = -10 \quad | +40$$
$$5x = -50 \quad | :5$$
$$x = -10$$

a) Finde Giannas Fehler.
b) Löse die Gleichung richtig in deinem Heft.

19 An der Käsetheke

An der Käsetheke sind vier verschiedene Sorten im Angebot.

a) Eine Käsesorte wird im Schaubild dargestellt. Dem Käsegewicht (in g) wird der Käsepreis (in €) zugeordnet. Das folgende Wertepaar ist mit zwei gestrichelten Linien gekennzeichnet: 300 g → 3,90 €. Eine weitere gestrichelte Linie ist für ein zweites Wertepaar eingezeichnet. Wie lautet das Wertepaar?
b) Welche Käsesorte wird im Schaubild dargestellt? Begründe.

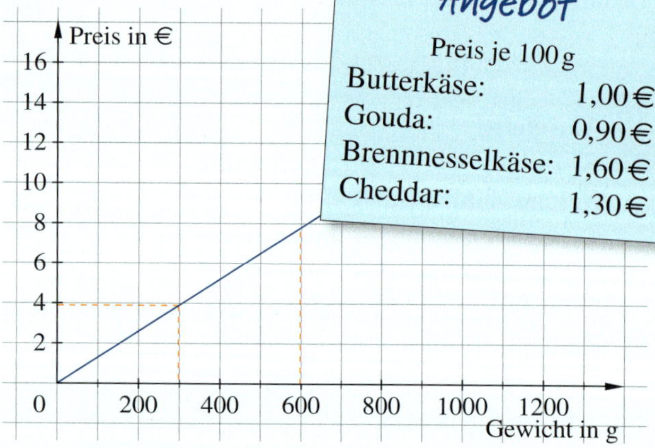

Angebot

Preis je 100 g

Butterkäse:	1,00 €
Gouda:	0,90 €
Brennnesselkäse:	1,60 €
Cheddar:	1,30 €

20 Basketball

Der Trainer einer Basketballmannschaft hat notiert, wie häufig seine Spieler während der letzten zehn Spiele auf den Korb geworfen und wie oft sie ihn tatsächlich getroffen haben.

a) Berechne für jeden Spieler die relative Häufigkeit für einen Wurf mit Treffer.
b) Welcher Spieler besitzt die höchste Treffsicherheit? Begründe deine Entscheidung.
c) Begründe, warum man über die Treffsicherheit von Timo keine zuverlässigen Aussagen machen kann.

Spieler	Anzahl der Würfe	Anzahl der Treffer
Marcel	48	30
Timo	5	2
Eike	50	12
Jens	64	24
Kim	20	4
Simon	45	25
Florian	16	2

21 Quader

Hier siehst du einen Quader, dessen Ecken mit Buchstaben versehen sind.
Daneben siehst du das Netz des Quaders, an dem vier Eckpunkte nicht beschriftet sind.
Übertrage das Quadernetz in dein Heft und beschrifte alle Eckpunkte.

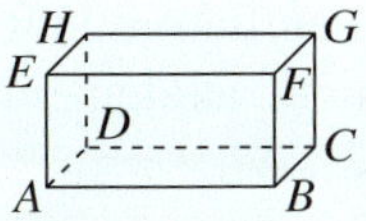

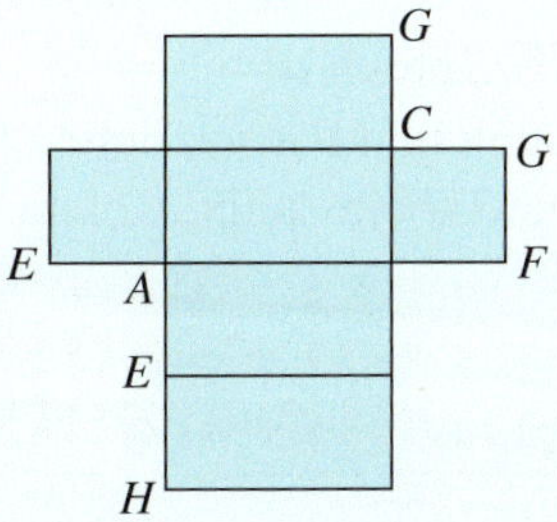

22 Aussagen über Dreiecke und Vierecke

Entscheide, ob die Aussagen wahr oder falsch sind. Begründe deine Entscheidung.

a) Es gibt ein Dreieck mit zwei stumpfen Innenwinkeln.
b) Alle vier Innenwinkel in einem Trapez können spitze Winkel sein.
c) Wenn ein Viereck ein Quadrat ist, dann ist es auch ein Parallelogramm.
d) Ein Quadrat besitzt genau vier Symmetrieachsen.
e) Jede Raute ist ein Quadrat.

Hinweis
*Falsche Aussagen kannst du durch **Gegenbeispiele** widerlegen.*
Richtige Aussagen kannst du durch Erklärungen oder gelernte Merksätze begründen.

23 Gleichungen lösen

Du hast verschiedene Möglichkeiten zum Lösen von Gleichungen kennengelernt.

a) Kira löst die Gleichung $3x + 18 = 57$ durch Ausprobieren.
Sie setzt verschiedene Zahlen für x ein und findet so die Lösung.
Welche Lösung hat Kira gefunden?
① 7 ② 10 ③ 13 ④ 20 ⑤ 5

b) Pia löst die Gleichung $4x - 12 = -36$ rechnerisch durch schrittweises Umformen.
Schreibe Pias Lösungsweg in dein Heft.

24 Würfel

Im Technikunterricht hat Zehra kleine Würfel aneinandergeklebt:

a) Zwei der Ansichten gehören zu Zehras Würfelfigur. Notiere die richtigen im Heft.

①

②

③

④

b) Aus wie vielen Würfeln besteht die Würfelfigur?
c) Zehra möchte nun so viele Würfel hinzufügen, dass ein großer Würfel entsteht.
Wie viele Würfel fehlen dafür?

25 Schokoladenverpackung

Eine Verpackung hat die Form eines Prismas mit dreieckiger Grundfläche.

a) Wie viel cm^2 Karton benötigt man, um die abgebildete Verpackung herzustellen? Die Klebekanten werden nicht berücksichtigt.
b) Welche Seitenlängen muss ein Rechteck mindestens haben, damit man das Körpernetz des Prismas daraus herstellen kann?
c) Wie viel Prozent des Kartons ist Verschnitt, wenn eine Verpackung aus einem $264\,cm^2$ großen Rechteck gefertigt wird?
d) Berechne das Volumen der Verpackung.
e) Welches Volumen erwartest du, wenn die Grundfläche gleich bleibt und die Höhe der Verpackung verdoppelt wird? Begründe.

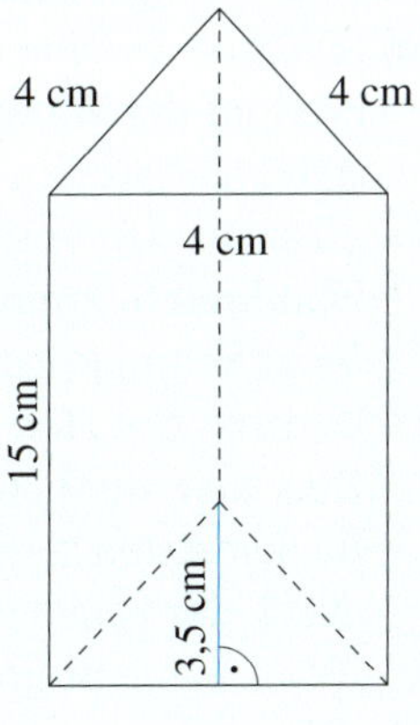

26 Spenden

Sarah und Patrick haben Spenden für ein Hilfsprojekt gesammelt.
Die Tabelle zeigt, welche Spenden an den einzelnen Tagen erfolgten.

	Mo	Di	Mi	Do	Fr	Sa	So
Sarah	25 €	30 €	17 €	26 €	34 €	15 €	21 €
Patrick	31 €	24 €	10 €	21 €	29 €	41 €	?

a) Berechne den Durchschnitt und den Zentralwert von Sarahs Spendensammlung.
b) Wie viel Euro hätte Sarah am Freitag sammeln müssen, damit der Durchschnitt mit dem Zentralwert übereinstimmt?
c) Patrick hat durchschnittlich 27 € pro Tag gesammelt. Wie viel sammelte er am Sonntag?

27 Strompreise

Ein Elektrizitätswerk verlangt für die Stromlieferung einen Grundbetrag von 48 € pro Jahr und 0,16 € für jede verbrauchte Kilowattstunde (kWh).
a) Herr Brettschneider verbrauchte im letzten Jahr 2 250 kWh.
Wie hoch war seine Stromrechnung?
b) Familie Sonnenberger musste für Strom 360 € zahlen.
Wie viele kWh hat sie verbraucht?
c) Welcher der drei Graphen veranschaulicht den Zusammenhang zwischen verbrauchten Kilowattstunden und Preis?

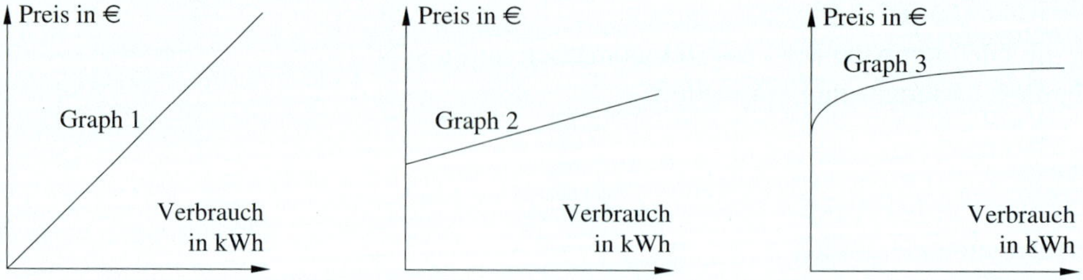

28 Wanderung

Das Diagramm beschreibt den Verlauf einer Wanderung von Herrn Wiechert.

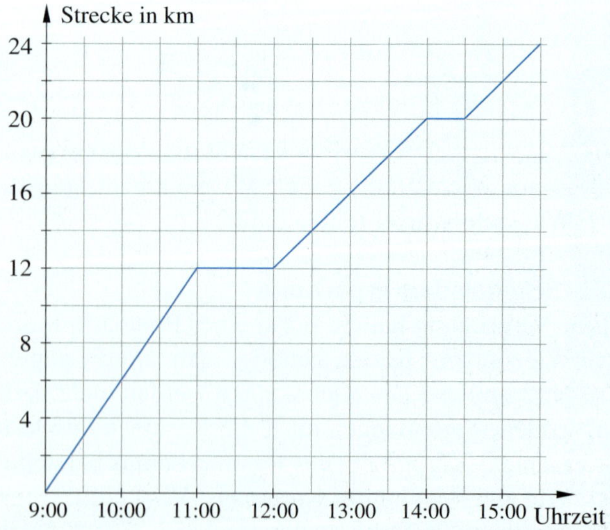

a) Wie lange dauerte die erste Pause?
b) Wie viele Stunden ist er insgesamt gelaufen?
c) Wie viele Kilometer ist Herr Wiechert gewandert?
d) Zeichne das Diagramm mit dem Verlauf der Wanderung von Herrn Wiechert ab.
Ergänze den Verlauf der Wanderung von Frau Schmidt.
Frau Schmidt wanderte dieselbe Strecke wie Herr Wiechert, läuft aber erst um 9:30 Uhr los.
In den ersten $2\frac{1}{2}$ Stunden legte sie 10 km zurück. Danach legte sie eine halbstündige Pause ein. Nach der Pause wanderte sie mit einer Geschwindigkeit von 5 km pro Stunde weiter.
e) Wann erreicht Frau Schmidt das Ziel?
f) Wann begegnen sich Herr Wiechert und Frau Schmidt?

Vernetzte Aufgaben

Thema Schwimmbad

1 Eine Schulklasse macht in Begleitung von zwei Lehrern eine Fahrt ins Erlebnisbad.
In der Klasse sind 24 Schülerinnen und Schüler im Alter von 13 bis 15 Jahren.
Auf einer großen Tafel an der Kasse sind die Eintrittspreise zu sehen.

a) Wie teuer ist der Eintritt für jeden Schüler, wenn die Klasse 3 Stunden im Bad bleibt?
b) Wie groß ist die Ersparnis gegenüber dem Einzelpreis prozentual?
c) Wieviel zahlt eine Familie mit 4 Kindern, von denen zwei unter 4 Jahre alt sind, wenn sie den ganzen Tag im Schwimmbad bleibt?

	90 min	3 Std.	Tagestarif
Erwachsene	6 €	8 €	11 €
Kinder/Jugendliche (4–15 Jahre)	3 €	5 €	8 €
Kinder unter 4 Jahre	Freier Eintritt		
Eltern + 1 Kind (4–15 Jahre)	–	20 €	28 €
Jedes weitere Kind (4–15 Jahre)		4 €	6 €

Gruppentarife pro Person (2 Betreuer frei)			
ab 15 Personen	–	4,50 €	7,20 €
ab 30 Personen	–	4,25 €	6,80 €

2 Das große Sportbecken ist 50 m lang, 12 m breit und 1,90 m tief.
Das kleinere Becken ist 20 m lang, 8 m breit und 1,60 m tief.

a) Das große Sportbecken wird durch 6 Rohre gefüllt.
Jedes Rohr hat eine Pumpe mit einer Leistung von 240 Litern pro Minute.
Wie lange dauert der Füllvorgang?
b) Beide Becken werden im Jahr 20-mal gefüllt. Für einen Kubikmeter Wasser muss der Betreiber 2,20 € und zusätzlich 7 % Steuern bezahlen.
Welche Kosten entstehen insgesamt pro Jahr?
c) Die folgende Tabelle soll angeben, wie viel Wasser eine Pumpe nach unterschiedlichen Laufzeiten ins Becken pumpt.
Überprüfe die eingetragene Füllmenge.

Zeit (in h)	Füllmenge (in m³)
1	
8	115,2
15	
24	
50	

d) Vervollständige die Tabelle im Heft.
e) Wie würden die Werte der Tabelle beim gleichzeitigen Einsatz von zwei Pumpen aussehen?

3 Um das große Sportbecken aus Aufgabe 2 verläuft ein 2 m breiter Weg.
Dieser Weg muss neu mit Fliesen belegt werden.

a) Wie viele Quadratmeter Fliesen werden erneuert?
b) Wie viele Fliesen der Größe 40 cm × 40 cm werden benötigt?

Hinweis
zu Aufgabe 4:
Geschwindigkeit $= \frac{\text{zurückgelegte Weglänge}}{\text{benötigte Zeit}}$

4 Sven schwimmt im großen Becken 12 Bahnen und benötigt dafür 10 Minuten.
Halil schwimmt 25 Bahnen im kleinen Becken in einer Zeit von 8 Minuten.
Vergleiche ihre durchschnittlichen Geschwindigkeiten.

Thema Bundesjugendspiele

1 Hier ist ein Ausschnitt aus der Punktetabelle für den Weitsprung der Mädchen zu sehen.

3,33	3,37	3,41	3,45	3,49	3,53	3,57	3,61	3,65	3,69	3,73	3,77	3,81	3,85	3,89	3,93	3,97	4,01	4,05	4,09	4,13	4,17
351	356	362	367	372	377	382	387	392	397	402	407	412	417	422	427	432	437	441	446	451	456

a) Erkläre die Tabelle. Wie viele Punkte gibt es bei einer Weite von 3,69 m?

b) Wie viele Punkte bekommt ein Mädchen vermutlich für eine Weite von 3,78 m? Wie viele Punkte könnte es für 3,25 m geben? Erläutere deine Überlegungen.

c) Nach dem Weitsprung sagt Tina:
„Mein erster Sprung war 75 cm schlechter als mein dritter Sprung. Mein zweiter Sprung war 63 cm besser als mein erster Sprung. Zusammen bin ich 11,40 m weit gesprungen."
Wie viele Punkte bekam Tina für ihren besten Sprung?

2 Für die Umrechnung eines Messwertes in Punkte gibt es Formeln.
Beim 75-m-Lauf der Jungen gilt z. B.:

$$\text{Punktzahl} = \frac{75 : (M + 0{,}24) - 4{,}1}{0{,}00664}$$

M steht für die per Hand gemessene Zeit in Sekunden. Alle Ergebnisse sind auf ganze Zahlen abzurunden.

a) Wie viele Punkte gibt es für einen 75-m-Lauf in 10,8 s? Verwende den Taschenrechner.

b) Alle Punkte können ebenfalls aus einer Tabelle abgelesen werden.
Rechts ist ein Ausschnitt zu sehen.
Überprüfe die Punkte mithilfe der Formel.

12,6	12,5	12,4	12,3	12,2	12,1	12,0	11,9	11,8
262	269	276	283	290	297	305	312	320

HINWEIS
Der obere Wert in der Tabelle gibt die Zeit in s an, der untere Wert die erreichte Punktzahl.

3 Die Ergebnisse der Bundesjugendspiele sind in einem Diagramm dargestellt.

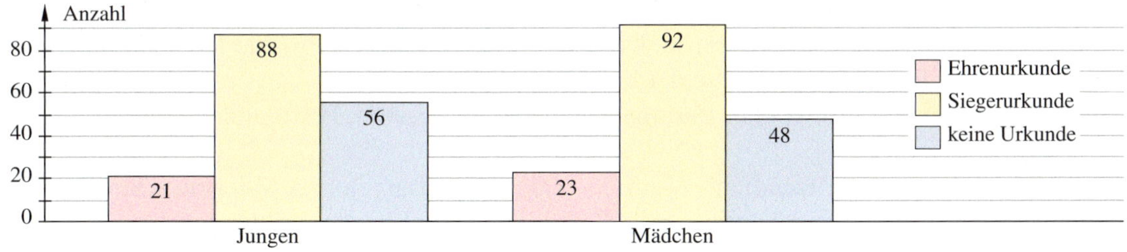

a) Wie nennt man solch ein Diagramm?

b) Wie viele Mädchen und wie viele Jungen nahmen an den Bundesjugendspielen teil?

c) Wie viele Ehrenurkunden und wie viele Siegerurkunden wurden verteilt?

d) Wie viel Prozent der Mädchen (der Jungen) erhielten eine Ehrenurkunde?

4 Beim 75-m-Lauf der Mädchen waren $\frac{1}{5}$ von 45 Teilnehmerinnen der 8. Klassen schneller als 12 Sekunden, $\frac{2}{3}$ von ihnen liefen zwischen 12 und 13 Sekunden.
Wie viele Mädchen liefen langsamer als 13 Sekunden?

5 Levent aus der Klasse 8 c lief mit 9,5 Sekunden die Bestzeit der Jungen über 75 m.
Lena aus der Klasse 8 a erzielte mit 11,4 Sekunden die Bestzeit bei den Mädchen.
Wie viele Meter legten Levent und Lena jeweils durchschnittlich in einer Sekunde zurück?

Thema Iberische Halbinsel

Auf der Iberischen Halbinsel liegen die Staaten Spanien, Portugal, Andorra und Gibraltar.

Portugal

Fläche: 92 345 km²
Einwohnerzahl 2013: rund 10,6 Mio.

Größte Städte:
Lissabon
mit Vororten 2,04 Mio.
ohne Vororte 547 631
Porto
mit Vororten 1,29 Mio.
ohne Vororte 237 559

Spanien

Fläche: 505 990 km²
Einwohnerzahl 2013: rund 46,7 Mio.

Große Städte:

Madrid	3 233 527
Barceona	1 620 943
Valencia	792 028
Sevilla	702 355
Zaragoza	679 624
San Sebastián	186 409

1 Arbeitet zu zweit.

a) Findet den Maßstab der Karte heraus.

b) Überlegt Verfahren, wie man die Fläche der Iberischen Halbinsel schätzen kann.

c) Vergleicht eure Ergebnisse mit den genauen Angaben.

2 Bevölkerung

a) Auf der Iberischen Halbinsel leben rund 57,4 Millionen Einwohner. Wie viel Prozent der Bevölkerung der Iberischen Halbinsel leben in Portugal, wie viel Prozent leben in Spanien?

b) Vergleiche die Bevölkerungsdichte der beiden Länder.

c) Wie viel Prozent der Einwohner Portugals wohnen in Lissabon, Porto und deren Vororten?

HINWEIS
zu Aufgabe 2b): Unter Bevölkerungsdichte versteht man die durchschnittliche Anzahl an Einwohnern auf 100 km².

3 Schätze die Länge einer Rundfahrt Madrid – Zaragoza – Barcelona – Valencia – Sevilla – Lissabon – Madrid. (Hinweis: Verwende die Luftlinie für die Einzelentfernungen.)

4 Monatliche Durchschnittstemperaturen in °C:

	Jan	Feb	Mrz	Apr	Mai	Jun	Jul	Aug	Sep	Okt	Nov	Dez
Madrid (667 m ü. M.)	6,0	7,4	10,0	12,2	16,1	20,6	24,4	23,9	20,5	14,8	9,4	6,4
Lissabon (95 m ü. M.)	11,1	12,3	13,7	15,2	17,5	20,5	22,8	23,1	22,2	18,6	15,1	12,3

a) Zeichne ein geeignetes Diagramm für die monatlichen Durchschnittstemperaturen in Madrid und in Lissabon.

b) Bestimme für beide Städte die jährliche Durchschnittstemperatur und den Zentralwert.

c) Vergleiche die Temperaturen von Madrid und Lissabon.
Versuche Gründe für die Unterschiede zu finden.

d) Arbeitet in Gruppen. Informiert euch über die monatlichen Niederschlagsmengen in Madrid und Lissabon. Stellt diese mithilfe einer Tabellenkalkulation in Diagrammen dar.

ZUM WEITERARBEITEN
Denkt euch eigene Fragen zu der Iberischen Halbinsel aus und löst sie gegenseitig.

Thema Klassenrenovierung

In der Projektwoche verschönert die Klasse 8 b ihren Klassenraum.

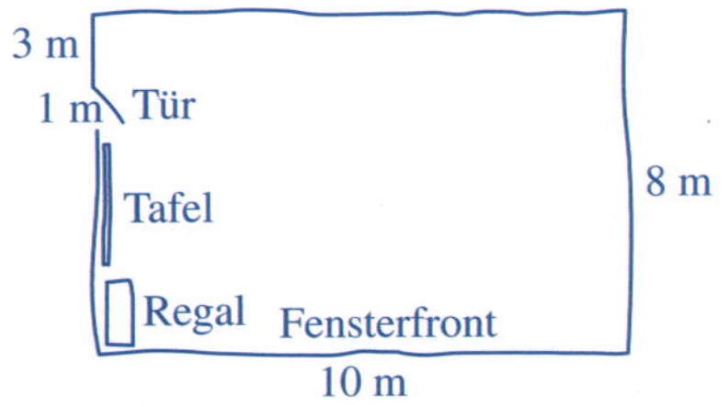

Henner hat eine Skizze (siehe rechts) gezeichnet. Die Wandhöhe beträgt 3,50 m. Die Tür hat eine Höhe von 2 m. Jedes der vier Fenster nimmt eine Fläche von 3 m^2 ein.

Hobbymarkt Preise inkl. MwSt.

Innenwandfarbe 10 l (für 55 m^2)		18,99 €
Innenwandfarbe 15 l (für 85 m^2)		26,99 €
Regal (Maße in cm):		
Einlegeböden	80 × 30 (2-er Pack)	21,00 €
Seitenteile	150 × 30 (2-er Pack)	35,00 €
Holzleisten (2,5 m Länge)		4,80 €

1 Der Klassenraum soll mit einer freundlicheren Farbe gestrichen werden.

a) Zeichne die Grundfläche des Klassenraums im Maßstab 1 : 100 (ohne Tafel und Regal).

b) Berechne die Größe der Fläche, die insgesamt auf die Tür und die Fenster entfällt.

c) Berechne die Größe der Wandfläche, die gestrichen werden muss.
Berücksichtige auch die Decke.

d) Sucht für die benötigte Wandfarbe das günstigste Angebot des Hobbymarktes.
Es soll möglichst wenig Farbe übrig bleiben.

2 An der Wand gegenüber der Fensterfront und an der Wand gegenüber der Tafel wird eine Reihe Holzleisten angebracht. Dort sollen Schülerarbeiten ausgehängt werden.
Wie viele Holzleisten müssen im Hobbymarkt gekauft werden?

3 Neben der Tafel soll ein Bücherregal mit vier Regalbrettern stehen.
Im Hobbymarkt finden die Schülerinnen und Schüler ein günstiges Angebot.

a) Berechne die Kosten für das Regal.

b) Wie groß ist die Stellfläche der vier Einlegeböden?

4 Für die vier Fensterbänke werden Topfpflanzen besorgt. Auf jede Fensterbank werden zwei Keramiktöpfe gestellt.
Die Pflanzen und Töpfe kaufen die Schülerinnen und Schüler im „Gartenland".
Vier Keramiktöpfe kosten 12,50 €.
Jede Pflanze kostet 3,95 €.

5 Berechne die Gesamtkosten für die Verschönerung des Klassenraums.
Kleingeräte und Schrauben werden von den Eltern kostenlos zur Verfügung gestellt.

6 Gelegentlich finden im Hobbymarkt (das „Gartenland" gehört nicht dazu) Aktionstage statt.
Dann gibt es auf alle Produkte 15 % Ermäßigung.
Wie verändern sich die Gesamtkosten, wenn die Schüler die Produkte aus dem Hobbymarkt an einem Aktionstag kaufen?
Gib die Änderung in Euro und in Prozent an.

Thema Gesunde Ernährung

Der Körper benötigt Energie. Er bezieht sie aus der Nahrung.
Nahrungsmittel bestehen hauptsächlich aus Eiweiß, Fett und Kohlenhydraten.

HINWEIS
kJ steht für Kilojoule.
Häufig findet man noch die alte Bezeichnung Kilokalorie (kcal).
1 kcal ≈ 4,19 kJ

1 Arbeitet in Gruppen.

a) Vergleicht die prozentualen Anteile von Eiweiß, Fett und Kohlenhydraten an den einzelnen Lebensmitteln.

b) Laut einer Empfehlung soll man die drei Nährstoffe in folgendem Verhältnis zu sich nehmen:
Kohlenhydrate 50–60 %
Fett: 32–38 %
Eiweiß: 9–11 %
Stellt eine Auswahl an Lebensmitteln zusammen, so dass das Verhältnis in etwa eingehalten wird.

	Energiewert in kJ	Eiweiß in g	Fett in g	Kohlenhydrate in g
Getreideprodukte je 100 g				
Schwarzbrot	1059	16,4	1,0	51
Vollkornbrot	1029	7,4	1,0	48
Weißbrot, Brötchen	1130	7,5	10,8	54
Milch und Milchprodukte je 100 g				
Trinkmilch, 3,5 % Fett	276	3,3	3,5	5
Buttermilch, Sauermilch	151	3,5	0,5	4
Joghurt, 3,5 % Fett	272	3,7	3,5	4
Fruchtjoghurt, 1,8 % Fett	305	3,2	1,8	11
Obst je 100 g				
Äpfel	234	0,4	0,4	13
Bananen	377	1,1	0,2	21
Apfelsinen	226	1,0	0,2	12

ZUM WEITERARBEITEN
Finde zu weiteren Lebensmitteln den Energiewert und die Bestandteile heraus.

2 Wie viel Prozent der Lebensmittel bestehen jeweils nicht aus Eiweiß, Fett und Kohlenhydraten? Um welche Nahrungsmittelbestandteile könnte es sich hierbei handeln?

3 Lara isst 150 g Fruchtjoghurt.
Berechne nach der Tabelle, welchen Energiewert sie dadurch zu sich nimmt.

4 In Ernährungspyramiden werden Mengenverhältnisse von Lebensmittelgruppen dargestellt. Sie geben eine Empfehlung für eine gesunde, ausgewogene Ernährung.

a) Handelt es sich bei den beiden Abbildungen um Pyramiden? Begründe.

b) Vergleiche beide Darstellungen.
Beschreibe Unterschiede und Gemeinsamkeiten in den Empfehlungen.

c) Wie sehen deine Ernährungsgewohnheiten aus?
Zeichne eine Ernährungpyramide oder ein Kreisdiagramm.

d) Arbeitet in Gruppen. Erstellt Plakate zu Gesundheit und Ernährung.
Wählt jeweils ein Thema aus, mit dem ihr euch genauer auseinandersetzen wollt.
Beispiele: Gesundes Frühstück, Sport und Bewegung, Übergewicht/Untergewicht

HINWEIS
210-1
Hier findest du eine Linkliste zum Thema „Gesunde Ernährung“.

Anhang

03 - Bad
5.81 m²
9.80 m
WM
Eingang
Atelier
T30 RS
00 - Treppenhaus 2.OG
16.34 m²
18.04 m
Eingang
Wohnung
03 - Diele
7.53 m²
11.02 m
03 - Schlafraum
21.47 m²
18.54 m
Brh: 1,00

Lösungen der Teste-dich-Seiten

Seite 30/31

Rationale Zahlen

1

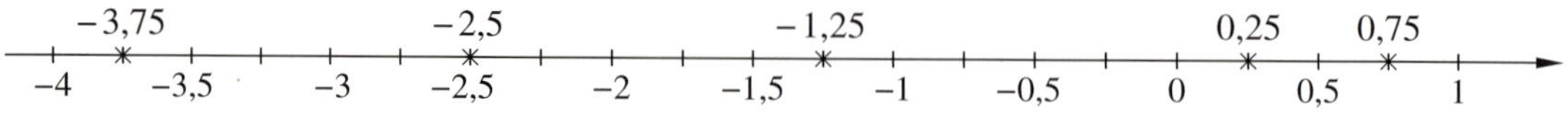

2

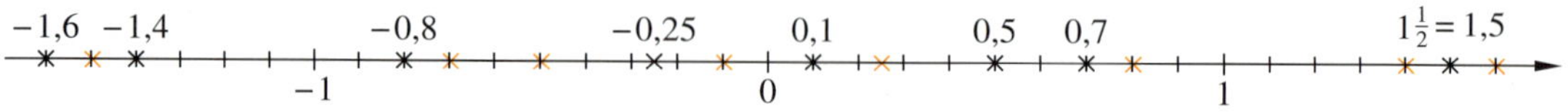

3 A(−4,5|−0,5) B(−1|−1,5) C(1|−1) D(1|1) E(−2|2)

4 Es entsteht ein rechtwinkliges Dreieck.

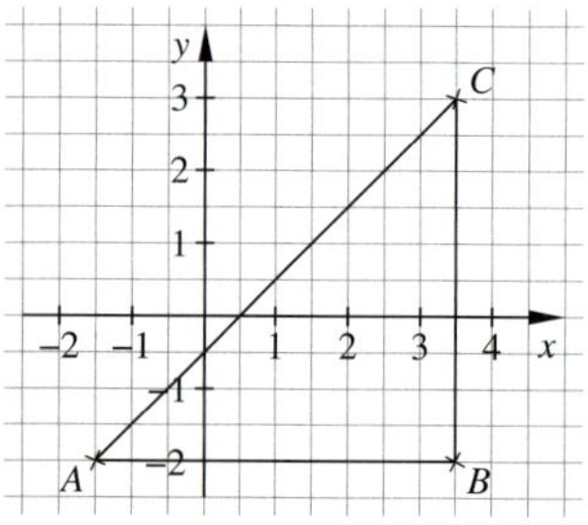

5 a) $-9 < -8 < -6 < -4 < -2 < 3 < 6 < 8$

b) $-7{,}5 < -6{,}1 < -5{,}9 < -5{,}7 < 0 < 0{,}05 < 2{,}2$

c) $-\frac{3}{2} < -\frac{7}{8} < -\frac{3}{4} < -\frac{1}{2} < -\frac{3}{8} < \frac{1}{8} < \frac{1}{4} < \frac{5}{8}$

denn:

$-\frac{12}{8} < -\frac{7}{8} < -\frac{6}{8} < -\frac{4}{8} < -\frac{3}{8} < \frac{1}{8} < \frac{2}{8} < \frac{5}{8}$

d) $-3\frac{1}{2} < -3{,}25 < -0{,}5 < -\frac{1}{4} < \frac{1}{5} < 0{,}25 < 2{,}5$

denn:

$-3{,}5 < -3{,}25 < -0{,}5 < -0{,}25 < 0{,}2 < 0{,}25 < 2{,}5$

6 a) $-21 < -20$ b) $7 > -22$
c) $32 < 35$ d) $-24 < -12$
e) $-9 < 19$ f) $16 < 28$

7 a) $-8{,}5$ b) $-26{,}6$
c) 9 d) $-4{,}5$
e) $-\frac{2}{8} = -\frac{1}{4}$ f) $\frac{2-7}{10} = -\frac{5}{10} = -\frac{1}{2}$
g) $\frac{-6-3}{4} = -\frac{9}{4} = -2\frac{1}{4}$ h) $\frac{-13+4}{6} = -\frac{9}{6} = -1\frac{1}{2}$

8 a) $-15{,}6$ b) 6
c) $-1{,}6$ d) $-0{,}4$
e) $-\frac{7}{28} = -\frac{1}{4}$ f) $-\frac{3}{20}$
g) $\frac{4 \cdot 3}{21 \cdot 6} = \frac{2}{21}$ h) $-\frac{7 \cdot 6}{3 \cdot 7} = -\frac{2}{1} = -2$

+9 a) -22 b) $2{,}5$ c) -7 d) $-6{,}5$
e) $\frac{1}{4}$ f) $-1\frac{1}{2}$ g) $-\frac{2}{9}$ h) $\frac{5}{2} = 2\frac{1}{2}$

10 a) falsch, Punkt-vor-Strich-Regel nicht beachtet: $(12 - 7) \cdot 4 = 20$
b) richtig
c) falsch, das Minuszeichen bei der 1. Division wurde vergessen: $-3 - 11 - 14$
d) falsch, es wurde in der Klammer 100 − 9 gerechnet: $-7 \cdot 109 = -763$
e) falsch, es wurde die Klammer nicht zuerst berechnet: $-22 \cdot \frac{1}{2} = -11$
f) falsch, es wurde mit 8 multipliziert statt dividiert: $\frac{-2-1}{3} \cdot \frac{1}{3} = -\frac{3}{64}$

11 a) $-21 + 10 = -11$
b) $4 + 16 - 36 = -16$
c) $3 + 10 - 20 + 4 + 100 = 97$
d) $23 + 2 \cdot (-3 - 3) = 23 + 2 \cdot (-6)$
$= 23 - 12 = 11$
e) $-4 - 7{,}2 + 7{,}2 = -4$
f) $-16 : 8 \cdot (-6) = -2 \cdot (-6) = 12$

12 a) $-12{,}8 + 16{,}8 = 4$
b) $12 - 4 = 8$
c) $\frac{1}{8} \cdot 8 \cdot (-12) = 1 \cdot (-12) = -12$
d) $\frac{5}{6} \cdot \frac{6}{5} \cdot 3{,}14 = 1 \cdot 3{,}14 = 3{,}14$
e) $1{,}4 \cdot 2 = 2{,}8$
f) $0{,}2 \cdot 10 - \frac{1}{10} \cdot 10 = 2 - 1 = 1$

13 a) $3{,}5 - 2 - 2 - 1{,}5 - 0{,}5 = -2{,}5\,°C$
b) $3{,}5 - 6 = -2{,}5$
Die Temperatur ist um 6 °C gesunken.

14 a) 125,75 € − 85,75 € − 90 € = −50 €
Sein Kontostand beträgt −50 €.
b) 120 € · $\frac{2}{3}$ = 80 €
−50 € + 80 € = 30 €
Sein neuer Kontostand beträgt 30 €.

Seite 54/55

Dreiecke zeichnen und konstruieren

1 a) Ⓒ → Ⓐ → Ⓓ → Ⓑ

b)

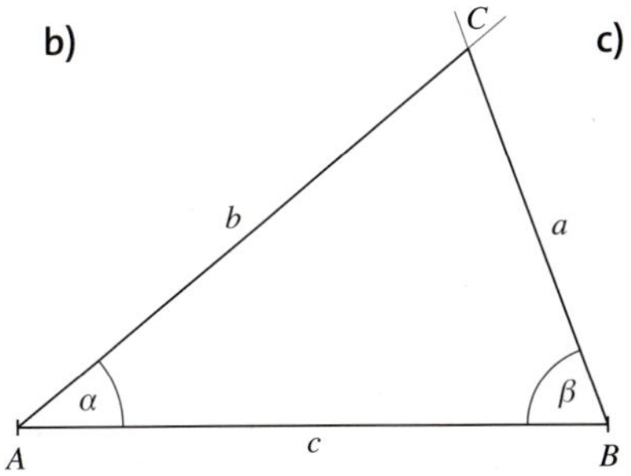

c) $a = 3{,}2$ cm
$b = 4{,}7$ cm
$c = 4{,}8$ cm
$\alpha = 40°$
$\beta = 70°$
$\gamma = 70°$

2 a) Seite – Winkel – Seite (SWS)

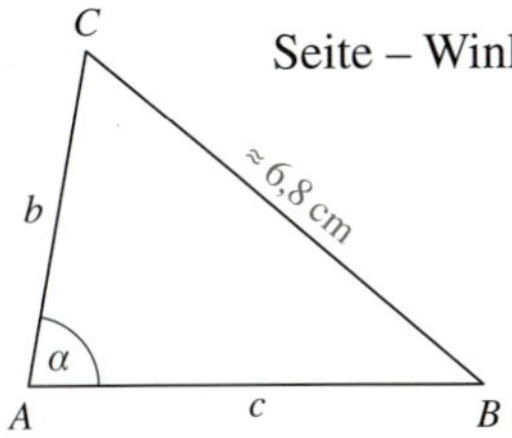

b) Winkel – Seite – Winkel (WSW)

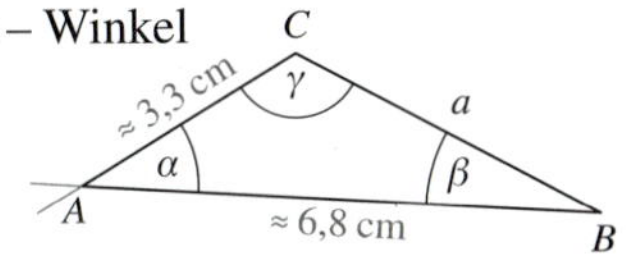

c) Seite – Seite – Seite (SSS)

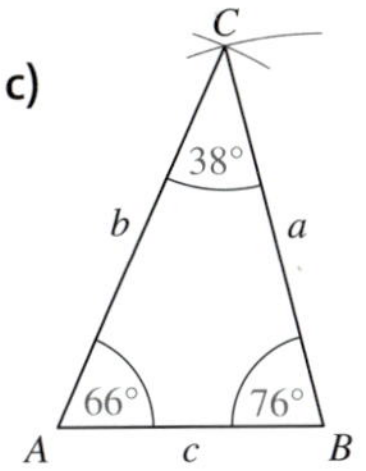

d) zum Beispiel zu a):
① Zeichne $c = 6$ cm mit A und B.
② Zeichne in A an c den Winkel $\alpha = 80°$ ein.
③ Zeichne an diesen Winkel α in A die Strecke b mit 4,5 cm an.
④ Verbinde C und B.

3 a)

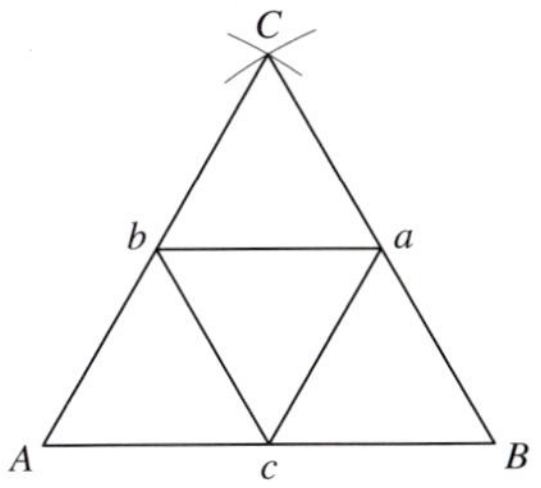

b) Alle entstandenen Dreiecke sind gleichseitig.

4 a) Maßstab 1 : 100 000

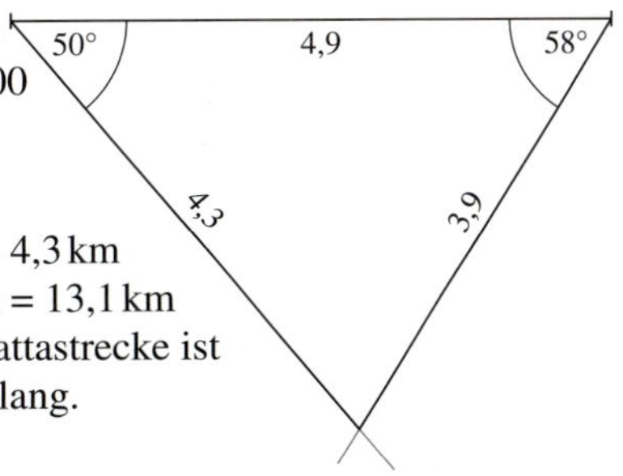

b) 4,9 km + 4,3 km + 3,9 km = 13,1 km
Die Regattastrecke ist 13,1 km lang.

+5 a) Der Fall WWW liefert keine deckungsgleichen Dreiecke, da die Seitenlängen unterschiedlich sein können.
b) Hier fehlt eine Angabe, z. B. c oder γ.

+6 *DEF*; *JKL*; *STU* Die Dreiecke können durch Verschiebung, Drehung oder Spiegelung zur Deckung gebracht werden.

7

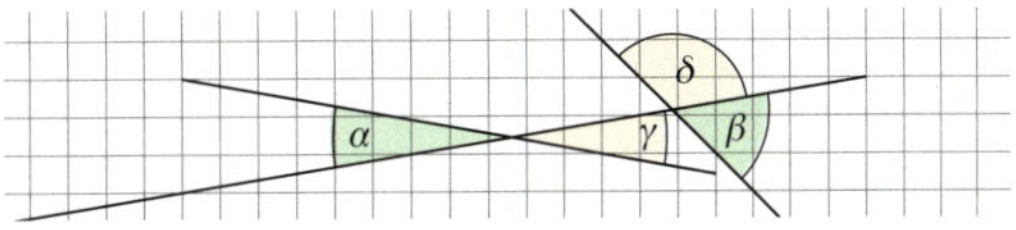

8 a)

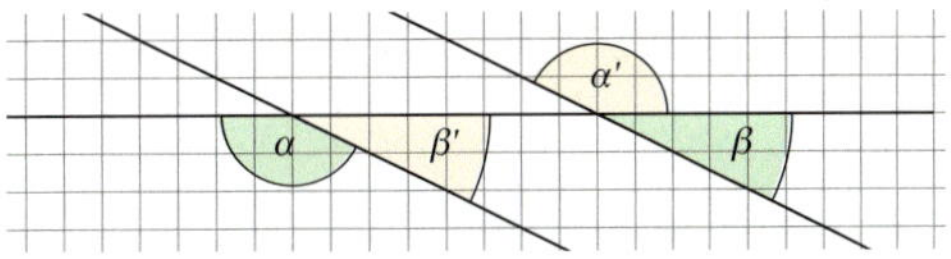

b) Da α und α' Wechselwinkel sind, sind die Winkel gleich groß.
Da α' und β Nebenwinkel sind, gilt:
$\alpha' + \beta = 180°$.
Also gilt: $\alpha + \beta = 180°$
c) 4 Mal (β, sein Scheitelwinkel, Stufenwinkel, Wechselwinkel)

9 a) α_1 ist Wechselwinkel von α_3.
b) α_1 ist Stufenwinkel von α_2 und α_2 ist Stufenwinkel von α_3.

10 $\beta = 60°$ (Scheitelwinkel von α)
$\gamma = 120°$ (und der Stufenwinkel von β ergänzen sich zu 180°.)
$\delta = 120°$ (Wechselwinkel von γ)
$\alpha = 120°$ (Wechselwinkel von δ)

HINWEIS
In den Aufgaben 2 und 3 sind die Lösungen um die Hälfte verkleinert abgebildet.

Seite 78/79

Terme und lineare Gleichungen

1 a) richtig b) falsch, z. B. $x + y$
c) richtig d) richtig

2 a) 23 b) 114 c) 3

3 a) $8a$ b) $2c - 17$
c) $15x - 8y + 32$ d) $22a - 19b + 0{,}5c - 8$

4 a) $3x - y + 2$ b) $9x - 8$ c) $3x + 3y$
d) $8y - 2$ e) $10x + 150$ f) $27a + 5{,}4$

5 a) $8x$ b) $14x$ c) $20x$
d) $6x + 2y$ e) $6x + 4y$

6 a) $4x$ b) $\frac{1}{2}x$ c) $x + 18$
d) $x - 18$ e) $2x - 5$ f) $3x + 10$
g) $2x + 3x$

7 a) richtig
b) falsch, z. B. $4a + 2b = 10$
c) falsch, z. B. $15x = 10x + 15$
d) richtig

8 a) $52 \cdot 2 - 18 = 86$ b) $100 + 22 \cdot 4 = 188$
c) $5 \cdot 6 = 30$ d) $2 \cdot (5 - 4) = 2$
e) $3 \cdot (3 + 2) = 15$

9 a) $x = 18$ (Umformungen: $|-6$ $|:5$)
b) $y = 20$ (Umformungen: $|-11$ $|:3$)
c) $x = 0$ (Umformungen: $|-2$ $|:5$)
d) $n = 6$ (Umformungen: $|-4$ $|:7$)
e) $b = 5$ (Umformungen: $|-12$ $|:4$)
f) $z = 1$ (Umformungen: $|-3$ $|:9$)

10 a) falsch $5x - 9 = 11 \quad |+9$
$5x = 20 \quad |:5$
$x = 4$
b) falsch $12 + 6x = 33 \quad |-12$
$6x = 21 \quad |:6$
$x = 3{,}5$

10 c) falsch $24 = 8x + 20 \quad |-20$
$4 = 8x \quad |:8$
$x = 0{,}5$

11 a) $3x = 36 \quad |:3$
$x = 12$
b) $2b = 44 \quad |:2$
$b = 22$
c) $45 = 4c \quad |:4$
$c = 11{,}25$
d) $4a = 20 \quad |:4$
$a = 5$
e) $2y = 4{,}8 \quad |:2$
$y = 2{,}4$
f) $6{,}5 = d$
$d = 6{,}5$

12 a) $x - 25 = 67$
$x = 92$
b) $2x + 43 = 77$
$x = 17$

13 a) $5x = 50 - 4$
$5x = 46 \quad |:5$
$x = 9{,}20$
Eine Kinokarte kostet 9,20 €.
b) $\frac{1}{2}x + 3 = x - 5 \quad |-\frac{1}{2}x$
$3 = \frac{1}{2}x - 5 \quad |+5$
$8 = \frac{1}{2}x \quad |:\frac{1}{2}$
$16 = x$
Der volle Preis beträgt 16 €, der halbe Preis 8 €.

14 a) $x + 2x + (x + 3) = 31$
b) $4x + 3 = 31 \quad |-3$
$4x = 28 \quad |:4$
$x = 7$ Kai erzielte 7 Körbe.
c) Max: $2 \cdot 7 = 14$ Max erzielte 14 Körbe.
Enis: $7 + 3 = 10$ Enis erzielte 10 Körbe.

Seite 104/105

Zuordnungen

1 a) proportionale Zuordnung, z. B.:
Anzahl Hühnereier → *Kosten*
b) antiproportionale Zuordnung, z. B.:
Anzahl Maschinen → *Zeit*

2

Zeit (h)	1	2	3	4	5	6
Wasserstand (cm)	**6,5**	**13**	**19,5**	26	**32,5**	**39**

3 a) keines von beiden
b) antiproportionale Zuordnung
c) antiproportionale Zuordnung
d) proportionale Zuordnung

4 Nur Graph ① ist proportional, da hier alle Punkte auf einer Geraden liegen, die durch den Nullpunkt geht.

5 Individuelle Wertetabellen, z. B.:

a)

Anzahl Brötchen	1	2	4	6	10
Kosten (ct)	16	32	64	96	160

b)

Schinken (g)	100	250	500	750	1000
Kosten (€)	1,95	4,88	9,75	14,63	19,50

c)

Anzahl	1	2	3	5	10
Gewicht (g)	240	480	720	1200	2400

d)

Farbe (l)	1	5	10	20	50
Fläche (m^2)	6	30	60	120	300

Koordinatensystem z. B. zu a):

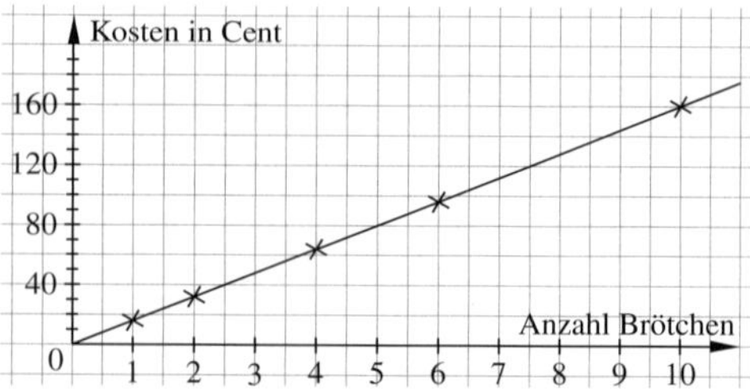

6 a) antiproportionale Zuordnung

Anzahl der Lottogewinner	Gewinn pro Person (in €)
3	1800
1	5400
4	1350

b) proportionale Zuordnung

Benzin (in Liter)	Preis (in €)
30	38,97
1	1,299
19	24,681

7 a) Es handelt sich um eine antiproportionale Zuordnung, da der Futtervorrat für doppelt so viele Rennpferde nur halb so lange reicht.

b)

Anzahl der Pferde	2	4	6	8	10
Anzahl der Tage	180	90	60	45	36

c)

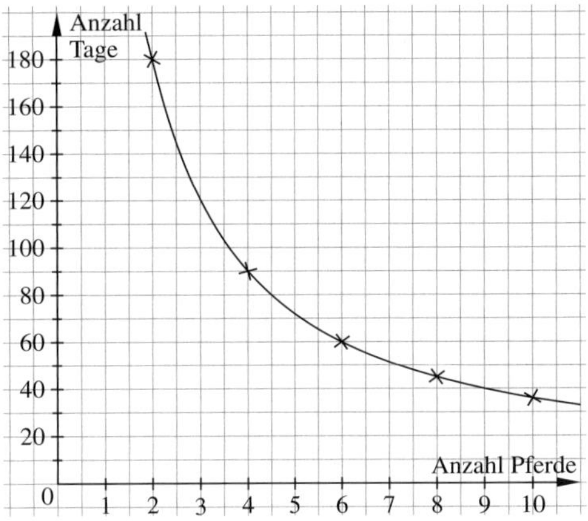

8 a)

Anzahl Personen	1	2	4	5	8	10	25
Gummibärchen (g)	2500	1250	625	500	312,5	250	100

b) Die Zuordnung ist antiproportional, da doppelt so viele Personen halb so viele Gummibärchen pro Person bekommen.

9 a) $48 : 4 = 12$
$12 \cdot 6 = 72$
Es werden 72 Teppichfliesen benötigt.

b) $72 \cdot 3{,}25\,€ = 234\,€$
Die Fliesen kosten insgesamt 234 €.

c) Arbeitslohn: $48 \cdot 4{,}10\,€ = 196{,}80\,€$
Gesamtkosten: $234\,€ + 196{,}80\,€ = 430{,}80\,€$

10 Familie Bohm: 720 km ≙ 54 l
100 km ≙ 7,5 l
Familie Berger: 720 km ≙ 63 l
100 km ≙ 8,75 l

11 12 Tage ≙ 20 € pro Tag
16 Tage ≙ 15 € pro Tag

12 Individuell, zum Beispiel:

	x	0	1	2	3	4
a)	$y = 2x$	0	2	4	6	8
b)	$y = 0{,}5x$	0	0,5	1	1,5	2
c)	$y = x + 1$	1	2	3	4	5
d)	$y = 2x - 4$	−4	−2	0	2	4

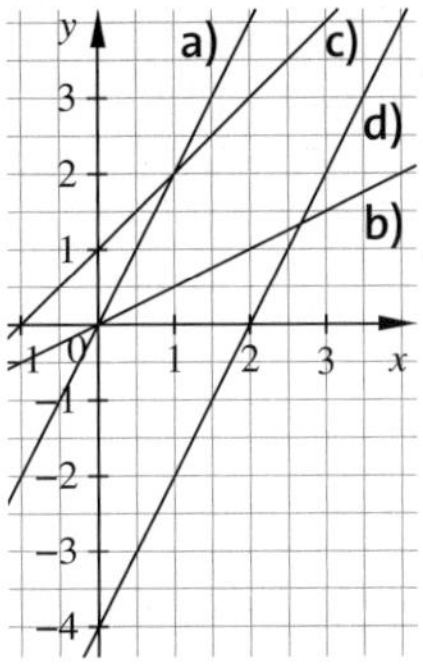

e) Die Zuordnungen aus a) und b) sind proportional, die Zuordnungen aus c) und d) sind linear.

13 a) 5 h = 300 min; 7 h = 420 min
12 h = 720 min; 20 h = 1200 min

Surfzeit (h)	5	7	12	20
Surfzeit (min)	300	420	720	1200
Gesamtkosten (ct)	800	920	1220	1700

b)

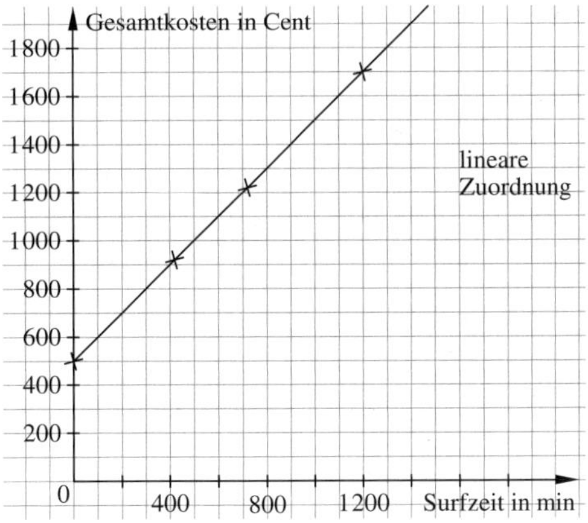

c) $y = x + 500$
x: Surfzeit in Minuten
y: Kosten pro Monat in ct

Seite 126/127

Dreiecke und Vierecke berechnen

1 a) Computerbildschirm: ③ $11\,dm^2$
b) Blatt Papier DIN A4: ⑥ $624\,cm^2$
c) 5-€-Schein: ① $74\,cm^2$
d) Stadt Köln: ④ $405\,km^2$

2 a) $500\,mm^2$ b) 4 a
c) $760\,cm^2$ d) $0{,}00067\,km^2$

3 a) $0{,}2\,m^2\ (2000\,cm^2) > 38000\,mm^2\ (380\,cm^2) > 38\,cm^2 > 400\,mm^2\ (4\,cm^2)$
b) $4{,}8\,km^2\ (480\,ha) > 1\,km^2\ (100\,ha) > 90\,ha > 48000\,m^2\ (4{,}8\,ha) > 9000\,m^2\ (0{,}9\,ha)$

4 a) $u = 2{,}9\,cm + 2{,}0\,cm + 2{,}5\,cm = 7{,}4\,cm$
b) $u = 2 \cdot 1{,}8\,cm + 2 \cdot 2{,}5\,cm = 8{,}6\,cm$
c) $u = 8\,cm + 5\,cm + 2 \cdot 3{,}3\,cm = 19{,}6\,cm$

5 Es gibt mehrere Möglichkeiten, die Höhen einzuzeichnen, zum Beispiel:

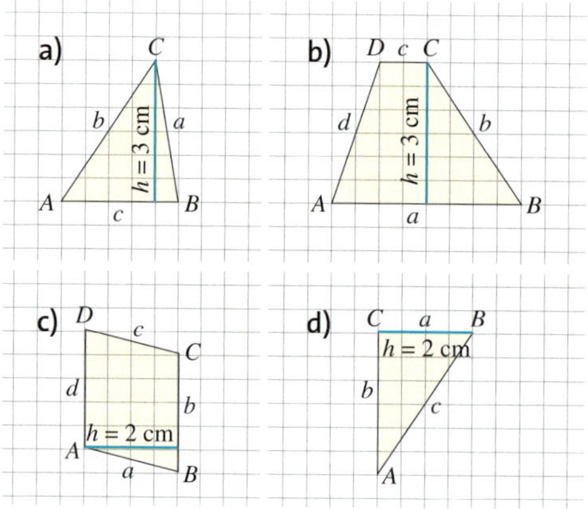

6 a) $A = 3{,}75\,cm^2$ b) $A = 7{,}5\,cm^2$
c) $A = 5\,cm^2$ d) $A = 3\,cm^2$

7 a) $A = 2{,}465\,cm^2$ b) $A = 4{,}32\,cm^2$
c) $A = 22{,}75\,cm^2$

8 a) $A = \frac{c \cdot h_c}{2} = \frac{8 \cdot 5}{2}\,cm^2 = 20\,cm^2$
b) $h_c = \frac{2 \cdot A}{c} = \frac{2 \cdot 30}{10}\,cm = 6\,cm$
c) $b = \frac{u - 2a}{2} = \frac{110 - 80}{2}\,cm = 15\,cm$
d) $A = b \cdot h_b = 8{,}3 \cdot 4{,}8\,cm^2 = 39{,}84\,cm^2$
e) $A = \frac{a + c}{2} \cdot h = \frac{8{,}5 + 4{,}3}{2} \cdot 5{,}1\,cm^2 = 32{,}64\,cm^2$

9 Es gibt bei allen Figuren mehrere Möglichkeiten, zum Beispiel:
a) Dreieck mit $a = b = c = 3\,cm$
oder mit $a = 4\,cm$; $b = 3\,cm$; $c = 2\,cm$
b) Dreieck mit $a = 5\,cm$; $h_a = 4\,cm$
oder mit $b = 8\,cm$; $h_b = 2{,}5\,cm$
c) Die Winkelgrößen und b können unterschiedlich sein, die Höhe ist aber immer $h_a = 3\,cm$.

10 a) Beispiele für Zerlegungen:

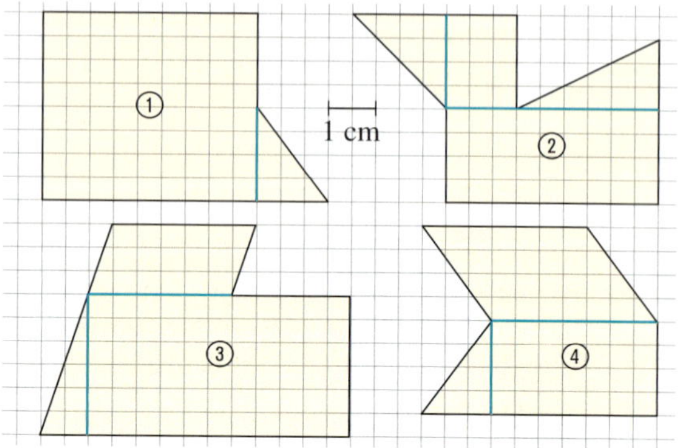

b) ① $A = 19{,}5\,cm^2$ ② $A = 16{,}25\,cm^2$
③ $A = 22{,}5\,cm^2$ ④ $A = 15{,}5\,cm^2$

11 Es gibt mehrere Möglichkeiten, z. B.:
Zerlegung in zwei gleiche Dreiecke mit der Grundfläche $g = 2{,}2\,cm$ und $h = 4{,}1\,cm$
Flächeninhalt eines Dreiecks:

$A = \frac{g \cdot h}{2} = \frac{2{,}2 \cdot 4{,}1}{2} = 4{,}51\,cm^2$

Der Flächeninhalt des Vierecks ist doppelt so groß wie der Flächeninhalt eines Dreiecks, also:
$4{,}51 \cdot 2\,cm^2 = 9{,}02\,cm^2$

12

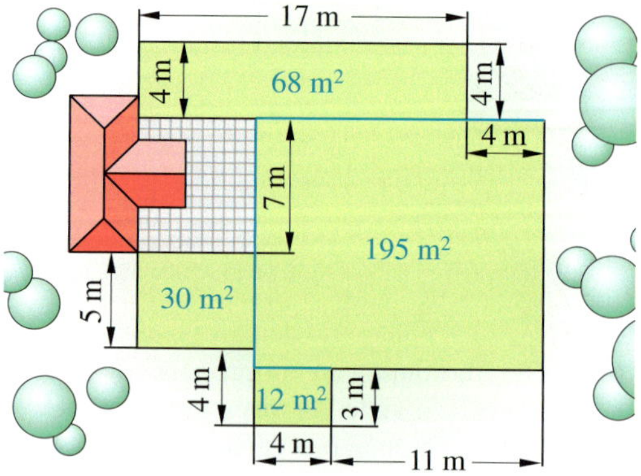

a) Rasenfläche gesamt: $305\,m^2$
b) Für $305\,m^2$ benötigt er 90 min (5400 s).
Für $1\,m^2$ benötigt er $5400\,s : 305 \approx 18\,s$.

13 a) Neues Grundstück:

$A = \frac{a + c}{2} \cdot h = \frac{80 + 27}{2} \cdot 42\,m^2 = 2247\,m^2$

b) Teilstück: $\frac{53 \cdot 42}{2}\,m^2 = 1113\,m^2$

Entschädigung: $1113 \cdot 153\,€ = 170\,289\,€$

Prozent- und Zinsrechnung

Seite 152/153

1 ① gegeben: Prozentsatz: $p\% = 12\%$;
Grundwert: $G = 350$ €
gesucht: Prozentwert: **$W = 42$ €**
② gegeben: Prozentwert: $W = 12$ €;
Grundwert: $G = 350$ €
gesucht: Prozentsatz: $p\% \approx$ **3,43 %**
③ gegeben: Prozentsatz: $p\% = 12\%$;
Prozentwert: $W = 350$ €
gesucht: Grundwert: $G \approx$ **2916,67 €**

2 a)

1 m	21 m	51 m	101 m	200 m
von 200 m sind				
0,5 %	**10,5 %**	**25,5 %**	**50,5 %**	**100 %**

b)

4 € von				
20 €	40 €	80 €	125 €	800 €
20 %	**10 %**	**5 %**	**3,2 %**	**0,5 %**

3 a) 34 Spiele ≙ 100 %
12 Spiele ≙ **35,29 %**
Die Mannschaft verlor ca. 35,29 % ihrer Spiele.
b) 60 % ≙ 1902 €
100 % ≙ **3170 €**
Der Neupreis betrug 3170 Euro.
c) 100 % – 41,5 % = 58,5 % (Privatwege)
100 % ≙ 183,8 km
58,5 % ≙ **107,523 km**
Es wurden 107,523 km privat genutzt.

4

Aktivität	Anzahl	Anteil
mit Freunden treffen	150	40 %
am PC spielen oder arbeiten	**120**	32 %
zu einem Verein gehen	50	≈ 13,3 %
Fragebogen nicht oder falsch ausgefüllt	**55**	**≈ 14,7 %**
Summe	**375**	**100 %**

5 zum Beispiel:
- Wie viele Euro Rabatt erhält Peer?
100 % ≙ 750 €
4,5 % ≙ **33,75 €**
Der Rabatt beträgt 33,75 €.
- Wie viel muss Peer noch zahlen?
750 € – 33,75 € = **716,25 €**
Peer muss noch 716,25 € zahlen.

6 16 % ≙ 7 Personen
100 % ≙ 43,75 Personen
Die Gruppe besteht aus 44 Personen.

7 a) Sofa: 100 % – 20 % = 80 %
100 % ≙ 1548 €
80 % ≙ **1238,40 €**
Sofatisch: 100 % – 35 % = 65 %
100 % ≙ 149 €
65 % ≙ **96,85 €**
Regal: 100 % – 15 % = 85 %
100 % ≙ 229 €
85 % ≙ **194,65 €**
Fernsehschrank: 100 % – 19 % = 81 %
100 % ≙ 99 €
81 % ≙ **80,19 €**
b) 100 % – 3 % = 97 % (Barpreis)
Sofa: 100 % ≙ 1238,40 €
97 % ≙ **1201,25 €**
Sofatisch: 100 % ≙ 96,85 €
97 % ≙ **93,94 €**
Regal: 100 % ≙ 194,65 €
97 % ≙ **188,81 €**
Fernsehschrank: 100 % ≙ 80,19 €
97 % ≙ **77,78 €**

8 80 % ≙ 20 €
100 % ≙ **25 €**
Die Hose kostete vorher 25 €.

9

	a)	b)	c)
Kapital K	12500 €	7500 €	10000 €
Zinsen Z	750 €	270 €	800 €
Zinssatz p %	6 %	3,6 %	8 %

	d)	e)	f)	g)
Kapital K	1000 €	5000 €	250 €	18500 €
Zinsen Z	120 €	50 €	5 €	693,75 €
Zinssatz p %	12 %	1 %	2 %	3,75 %

10 100 % ≙ 4600 €
6,5 % ≙ **299 €**
Herr Krüger muss 299 € Zinsen im Jahr zahlen.

11 316 € ≙ 100 %
325,48 € ≙ **103 %**
Der Zinssatz betrug 3 %.

Seite 178/179

Prismen

1 a) $0{,}1\,dm^3 = 100\,cm^3$
b) $22{,}232\,cm^3 = 22232\,mm^3$
c) $4{,}141002\,m^3 = 4\,141\,002\,cm^3$
d) $0{,}6211\,dm^3 = 621100\,mm^3$
e) $0{,}0001\,m^3 = 100\,cm^3$
f) $4{,}74\,dm^3 = 4740\,cm^3$

2 a) ① Nein, es hat keine 2 Grundflächen.
② Ja, es ist ein dreiseitiges Prisma.
③ Ja, es ist ein sechsseitiges Prisma.
④ Nein, Grund- und Deckfläche sind nicht deckungsgleich.
⑤ Ja, es ist ein dreiseitiges Prisma.
⑥ Ja, es ist ein vierseitiges Prisma.
⑦ Ja, es ist ein sechsseitiges Prisma.
b) ② 6 Ecken, 9 Kanten, 5 Flächen
⑥ 8 Ecken, 12 Kanten, 6 Flächen

3 a) Nein b) Nein c) Nein
d) Ja e) Nein f) Ja

4 a)

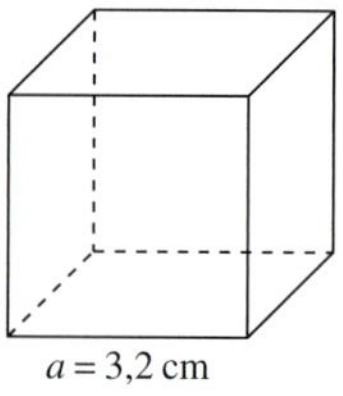

b)

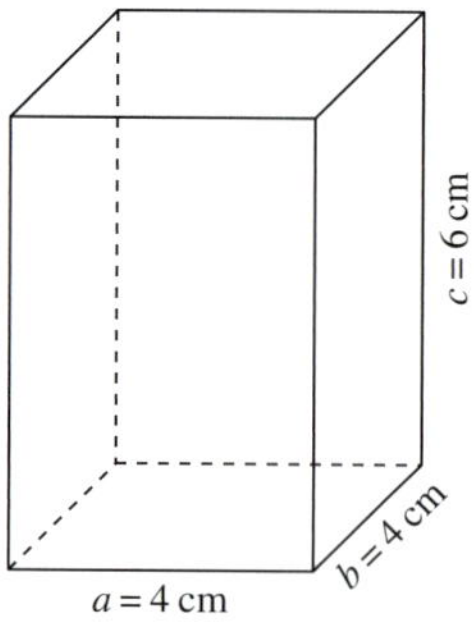

5 Höhe individuell, zum Beispiel:

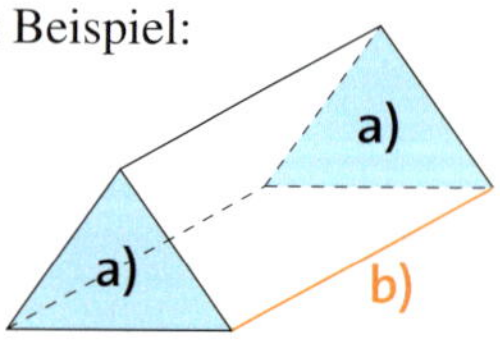

6

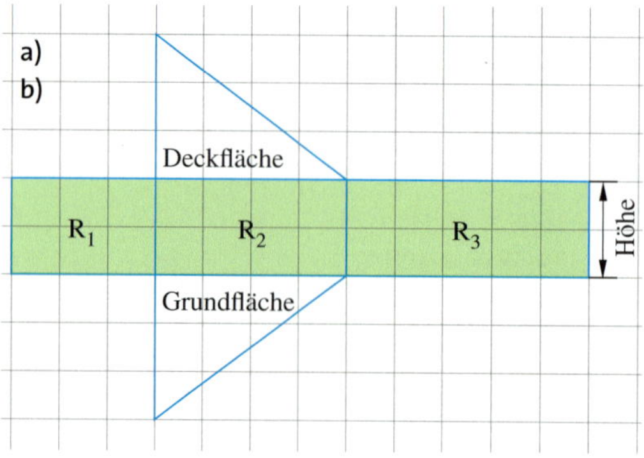

c) $O = 2 \cdot G + R_1 + R_2 + R_3$
$O = (2 \cdot 1{,}5 + 1{,}5 + 2 + 2{,}5)\,cm^2 = \mathbf{9\,cm^2}$

7 a) $O = 2 \cdot G + R_1 + R_2 + R_3$
$O = (2 \cdot 6 + 40 + 24 + 32)\,cm^2 = \mathbf{108\,cm^2}$
$V = G \cdot h_K$
$V = 6 \cdot 8\,cm^3 = \mathbf{48\,cm^3}$
b) $O = 2 \cdot G + R_1 + R_2 + R_3$
$O = (2 \cdot 24 + 150 + 90 + 120)\,cm^2 = \mathbf{408\,cm^2}$
$V = G \cdot h_K$
$V = 24 \cdot 15\,cm^3 = \mathbf{360\,cm^3}$
c) $O = 2 \cdot G + 2 \cdot R_1 + 2 \cdot R_2$
$O = (2 \cdot 4 + 2 \cdot 12 + 2 \cdot 3)\,cm^2 = \mathbf{38\,cm^2}$
$V = G \cdot h_K = 4 \cdot 3\,cm^3 = \mathbf{12\,cm^3}$
d) $O = 2 \cdot G + R_1 + R_2 + R_3 + R_4$
$O = (2 \cdot 28 + 80 + 40 + 32 + 40)\,cm^2$
$\mathbf{O = 248\,cm^2}$
$V = G \cdot h_K$
$V = 28 \cdot 8\,cm^3 = \mathbf{224\,cm^3}$

8 a) $G = \frac{139 \cdot 120}{2}\,mm^2 = 8340\,mm^2$
$V = G \cdot h_K = 8340 \cdot 610\,mm^3$
$V = 5\,087\,400\,mm^3 = 5087{,}4\,cm^3$
b) z. B.: $a = 139\,mm$; $b = 120\,mm$; $c = 305\,mm$

9 a) vierseitiges Prisma mit trapezförmiger Grundfläche, liegt auf der Seite
b) Berechnung ohne Bodenfläche:
$A = 2 \cdot G + R_1 + R_2 + R_3$
$A = (2 \cdot 4230{,}875 + 4375 + 11\,687{,}5 + 7312{,}5)\,cm^2$
$\mathbf{A = 31\,836{,}75\,cm^2}$
c) $31\,836{,}75\,cm^2 = 3{,}183\,675\,m^2$
Für die Preisberechnung verwenden wir den aufgerundeten Wert $3{,}2\,m^2$.
$3{,}2 \cdot 72{,}20\,€ = 231{,}04\,€$
Die Materialkosten betragen rund 231 €.
d) $V_{Deckel} = 93{,}5 \cdot 125 \cdot 0{,}8\,cm^3 = 9350\,cm^3$
Gewicht des Deckels: $9350 \cdot 1{,}2\,g = 11\,220\,g$
Der Deckel wiegt 11 220 g.

Zufall und Wahrscheinlichkeit

1 Deutsch: $\frac{5}{30} \approx 16{,}67\,\%$

Mathematik: $\frac{4}{30} \approx 13{,}33\,\%$

Sport: $\frac{3}{30} = 10\,\%$

2 a) gesamt: $112 + 153 + 68 + 22 + 7 = 362$

b)

0	1	2	3	4
$\frac{112}{362}$ ≈ 31 %	$\frac{153}{362}$ ≈ 42 %	$\frac{68}{362}$ ≈ 19 %	$\frac{22}{362}$ ≈ 6 %	$\frac{7}{362}$ ≈ 2 %

c)

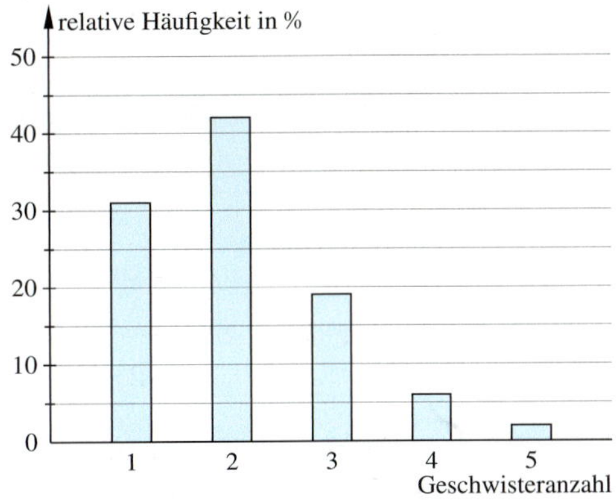

3 a) VfL Waldtal: $\frac{12}{40} \approx 30\,\%$

FC Rot-Weiß: $\frac{10}{28} \approx 35{,}71\,\%$

Der FC Rot-Weiß ist besser, da er eine höhere Siegquote hat.

b) Da der VfB Blau-Gelb nur ein Spiel gespielt hat, ist zwar die Siegquote 100 %, aber die Anzahl der Spiele ist zu gering, um eine verlässliche Aussage machen zu können

4 6 % von 500 000 sind 30 000
Rund 30 000 Menschen lesen die Anzeige.

5 a) Anmeldung scheitert: $\frac{12}{25000} = 0{,}048\,\%$

Anmeldung klappt: $\frac{24988}{25000} = 99{,}952\,\%$

b) Ganz sicher kann sie nicht sein.
Die Chance, dass die Anmeldung klappt, ist allerdings sehr groß.

6 Mit zunehmenden Würfen nimmt die relative Häufigkeit ab und verändert sich immer weniger.
Bei 50 Würfen oder mehr verändert sich die relative Häufigkeit kaum noch und liegt bei ca. 0,175 ein.

7 a) „offene Seite oben“: $\frac{78}{200} = 39\,\%$

„offene Seite unten“: $\frac{122}{200} = 61\,\%$

Da der Versuch häufig durchgeführt wurde, kann man die relative Häufigkeit als Schätzwert für die Wahrscheinlichkeit nehmen.

b) Die Wahrscheinlichkeit kann durch das häufigere Werfen noch genauer bestimmt werden. Da das 200-fache Werfen die Wahrscheinlichkeit bereits ziemlich genau bestimmt, wird sich der Wert allerdings nur wenig ändern.

8 0,2 % von 50 000 sind 100
Man kann 100 defekte USB-Sticks erwarten.

9 a) $\frac{2}{4} = 50\,\%$ b) $\frac{2}{5} = 40\,\%$

c) $\frac{5}{10} = 50\,\%$ d) $\frac{6}{8} = 75\,\%$

e) $\frac{3}{8} = 37{,}5\,\%$

10 a) $\frac{1}{6} \approx 16{,}7\,\%$ b) $\frac{2}{6} \approx 33{,}3\,\%$

c) $\frac{3}{6} = 50\,\%$ d) $\frac{4}{6} \approx 66{,}7\,\%$

e) $\frac{3}{6} = 50\,\%$ f) $\frac{0}{6} = 0\,\%$

11 Gesamtzahl: $30 + 50 + 20 + 25 = 125$

a) $\frac{20}{125} = 16\,\%$ b) $\frac{25}{125} + \frac{50}{125} = \frac{75}{125} = 60\,\%$

c) $\frac{50 + 20 + 25}{125} = \frac{95}{125} = 76\,\%$

12 a) 37 Zahlen sind als Ergebnis möglich.

b) Das stimmt.
„Schwarze Zahl“: $\frac{18}{37} \approx 48{,}65\,\%$

„Rote Zahl“: $\frac{18}{37} \approx 48{,}65\,\%$

„Null“: $\frac{1}{37} \approx 2{,}70\,\%$

c) Ja, jede Zahl hat eine gleich hohe Wahrscheinlichkeit, da jede Zahl genau einmal vorkommt.

d) ① $\frac{18}{37} \approx 48{,}65\,\%$ ② $\frac{12}{37} \approx 32{,}43\,\%$

③ $\frac{8}{37} \approx 21{,}62\,\%$

Seite 199–204

Lösungen der Kannst-du-das?-Seiten

1 $-0{,}75 < -\frac{1}{2} < -\frac{1}{3} < \frac{1}{4} < \frac{1}{2} < \frac{11}{4} < 3$

2 ④, da ④ > ③ > ① > ②
$20\,000\,cm^2 > 2000\,cm^2 > 200\,cm^2 > 20\,cm^2$

3 a) $63 \cdot 54 = 3402$ b) $35 \cdot 46 = 1610$
c) $6 \cdot (3 + 4 \cdot 5) = 138$

4 a) $u = 2 \cdot (4 + 1) = 10$
Es werden 10 m Zaun benötigt.
b) $12 : 1{,}2 = 10$ $10 \cdot 19{,}95 = 199{,}50$
12 m Zaun kosten 199,50 €.

5 a) 8 km b) 15 cm

6 a) $1{,}10 : 2 = 0{,}55$
Die Fußleisten sind jeweils 0,55 m lang.
b) $1{,}10\,m = 110\,cm$ $\frac{1}{5} \cdot 110 = 22$
$110\,cm - 22\,cm = 88\,cm$
Paul hat 0,88 m verwendet.

7 a) b) c)

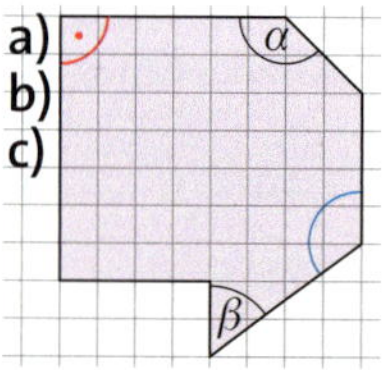

d) $\alpha = 135°$
$\beta \approx 53°$

8 a) 8 678 499
b) 8 677 496 ≈ 8 677 000
Also ist die Angabe in der Zeitung falsch oder die gerundete Zahl in der ersten Zeile stimmt nicht.
c) 1748 ≈ 1700
d) Barbara hat erst auf Zehner gerundet und die gerundete Zahl auf Hunderter gerundet. Das ist falsch. Richtig ist: 2545 ≈ 2500

9 a) $650 \cdot 1{,}98 = 897$;
Marie erhält 897 CAD für 650 €.
b) $175 : 1{,}38 \approx 126{,}81$ €;
Marie erhält 126,81 € für 175 CAD.

10 ② $\frac{1}{4} \cdot x$ ③ $x - 0{,}75x$
④ $x : 4$ ⑤ 25 % von x
⑦ $\frac{1}{2}x : 2$ ⑧ $\frac{1}{8}x \cdot 2$

11 a) ①

③

⑤

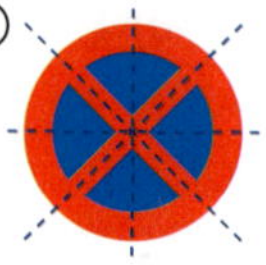

11 b)

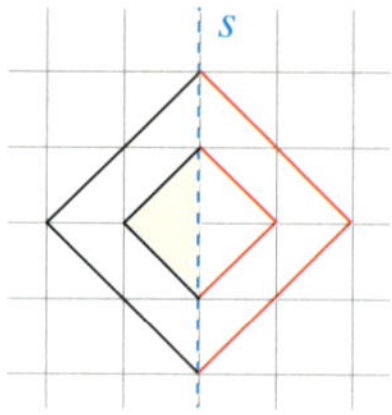

c) Der Buchstabe „N" wurde nicht gespiegelt.

12 a) 100 % ≙ 49 € 65 % ≙ **31,85 €**
Der neue Preis beträgt 31,85 €.
b) 20 % ≙ 24 € 100 % ≙ **120 €**
Die Jacke hat vorher 120 € gekostet.

13 a) zum Beispiel:

Alter	relative Häufigkeit
18–30 J.	$\frac{200}{1000} = 20\%$
31–40 J.	$\frac{195}{1000} = 19{,}5\%$
41–50 J.	$\frac{285}{1000} = 28{,}5\%$
51–60 J.	$\frac{210}{1000} = 21\%$
61–70 J.	$\frac{85}{1000} = 8{,}5\%$
älter als 70 J.	$\frac{25}{1000} = 2{,}5\%$

b) Die Aussage ist falsch.
Die drei Balken der über 50-Jährigen ergeben zusammen ca. 320 Personen.
Das entspricht 32 % der Befragten.

14 möglicher Lösungsweg:
Der Mann mit dem Trikot steht auf gleicher Höhe mit der Achtelnote links im Bild.
Geschätzt ist der Mann 1,80 m groß.
Da die Note ungefähr 2 mal so breit ist wie der Mann, gilt: $1{,}80 \cdot 2 = 3{,}90$
Die Note ist also ungefähr 3,90 m breit.
Da die Note ungefähr 4,5 mal so hoch ist wie der Mann, gilt: $1{,}80 \cdot 4{,}5 = 8{,}10$
Die Note ist also ungefähr 8,10 m hoch.

15 a) ① 1; 3; 5; 7 ② 7; 8 ③ 3; 6
b) z. B. Die Augenzahl ist gerade.

16 a) Die Noten der Klassenarbeiten 1 bis 3 werden addiert und das Ergebnis wird durch die Anzahl der Klassenarbeiten (hier also 3) geteilt.
b) Eingabe in Zelle **F2: =(C2+D2+E2)/2**
c) Zwei Nachkommastellen, da die Noten der einzelnen Klassenarbeiten auch mit zwei Nachkommastellen angegeben sind.
d) Jacques hat die beste Arbeit der Klasse geschrieben. Luca ist aber im Durchschnitt der drei Klassenarbeiten besser als Jacques. Also hat Nils recht.

17 Gesamtzahl: $4 + 2 + 3 + 1 = 10$
$\frac{2}{10} = \frac{1}{5}$ Antwort ② ist richtig.

18 a) Im zweiten Schritt hat Gianna auf der rechten Seiten 40 subtrahiert statt addiert.
b) $8x - 40 = 3x - 10 \quad | -3x$
$5x - 40 = -10 \quad | +40$
$5x = 30 \quad | :5$
$x = 6$

19 a) 600 → 7,80 €
b) Das Diagramm zeigt die Preise vom Cheddar, da der Punkt (100 | 1,30) auf der Geraden liegt.

20 a) Marcel $\frac{5}{8} = 62{,}5\,\%$ Timo $\frac{2}{5} = 40\,\%$
Eike $\frac{6}{25} = 24\,\%$ Jens $\frac{3}{8} = 37{,}5\,\%$
Kim $\frac{1}{5} = 20\,\%$ Simon $\frac{5}{9} \approx 55{,}6\,\%$
Florian $\frac{1}{8} = 12{,}5\,\%$
b) Marcel hat die höchste Treffsicherheit.
c) Die Anzahl der Würfe von Timo war zu gering für eine verlässliche Aussage.

21
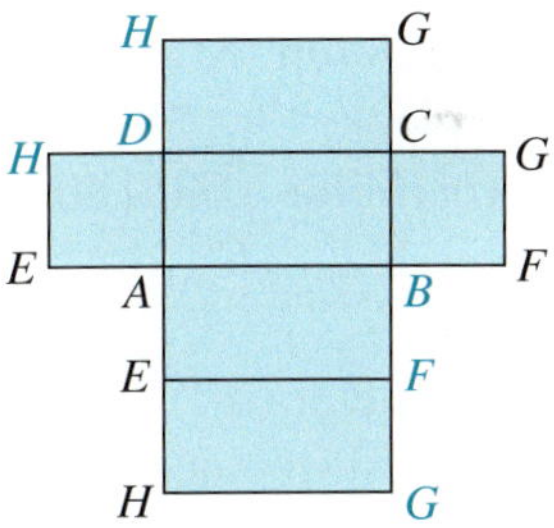

22 a) falsch; Die Innenwinkelsumme im Dreieck beträgt 180°, zwei stumpfe Winkel wären zusammen aber schon größer als 180°
b) falsch; Die Innenwinkelsumme im Viereck beträgt 360°, vier spitze Winkel wären zusammen aber kleiner als 360°
c) richtig; Jedes Quadrat ist ein Parallelogramm, da die gegenüberliegenden Seiten gleich lang sind und die gegenüberliegenden Winkel gleich groß sind.
d) richtig; Beide Diagonalen und beide Seitenhalbierenden sind Symmetrieachsen.
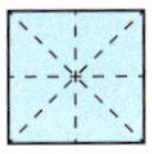
e) falsch; Nicht jede Raute hat vier rechte Winkel.

23 a) Lösung ③ ist richtig: $3 \cdot 13 + 18 = 57$
b) $4x - 12 = -36 \quad | +12$
$4x = -24 \quad | :4$
$x = -6$

24 a) ①, ③
b) Die Figur besteht aus zehn Würfeln.
c) Es fehlen 17 Würfel.

25 a) Man benötigt $194\,cm^2$ Karton.
b) Das Rechteck hat mindestens die Maße $12\,cm \times 22\,cm$.
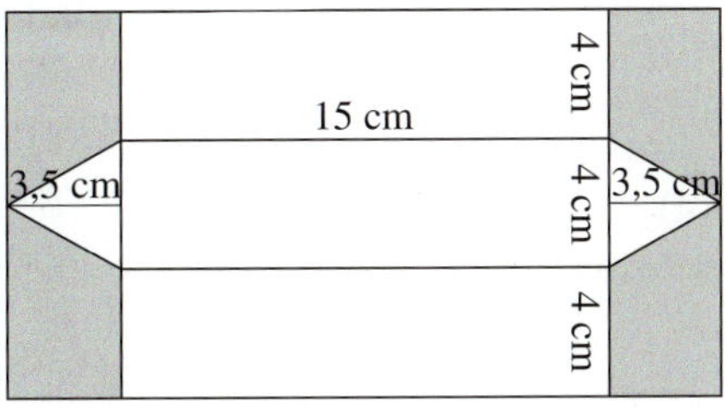

c) Der Verschnitt bei einem $264\,cm^2$ großen Karton beträgt ca. 26,5 %.
d) $G = \frac{4 \cdot 3{,}5}{2}\,cm^2 = 7\,cm^2$
$V = 7 \cdot 15\,cm^3 = 105\,cm^3$
Das Volumen der Verpackung beträgt $105\,cm^3$.
e) Das Volumen verdoppelt sich: Eine Verdopplung der Höhe entspricht dem Übereinanderstapeln von zwei Verpackungen. Diese haben dann das doppelte Volumen von einer Verpackung.

26 a) Durchschnitt: 24 €; Zentralwert: 25 €
b) Sarah hätte 41 € sammeln müssen.
c) Patrick sammelte am Sonntag 33 €.

27 $y = 0{,}16 \cdot x + 48$
a) Die Stromrechnung betrug 408 €.
b) Sie haben 1950 kWh verbraucht.
c) Graph 2

28 a) Die Pause dauerte eine Stunde.
b) Er ist insgesamt fünf Stunden gelaufen.
c) Er ist 24 km gelaufen.
d)
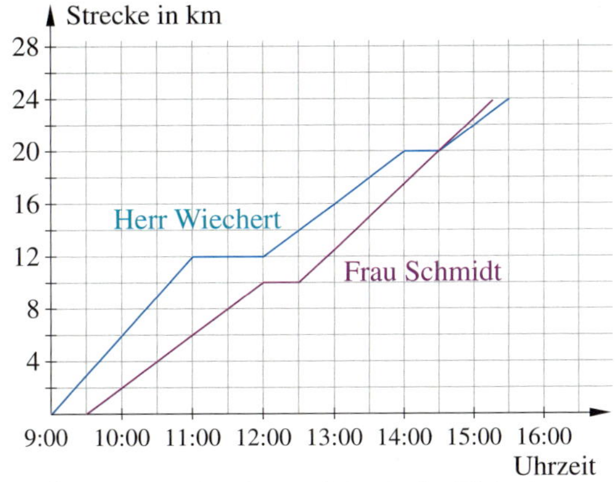

e) Nach 5 h 48 min erreicht sie ihr Ziel, also um 15:18 Uhr.
f) Sie begegnen sich um 14:30 Uhr.

Stichwortverzeichnis

Bildverzeichnis

Titel Fotolia/akf; **5/1** Texas Instruments Deutschland GmbH; **6/1** Texas Instruments Deutschland GmbH; **6/2** CASIO; **9/1** Corbis/Zefa visual media; **12/1** iStockphoto/Sisoje; **12/2** iStockphoto/Z. Mufti; **26/1** Pitopia/Ralf Pickenhahn, 2005; **29/1** OKAPIA/Herbert Frei/SeaTops; **29/2** Getty images/Fuse; **33/1** Fotolia/James Thew; **34/1** Cornelsen Schulverlage GmbH; **36/1** Cornelsen Schulverlage GmbH/Kartographie; **44/1** Cornelsen Schulverlage GmbH; **44/2** Cornelsen Schulverlage GmbH; **44/3** Cornelsen Schulverlage GmbH; **44/4** Fotolia/sonne07; **44/5** Corbis/paulo fridman; **47/1** clipdealer/Snap2Art; **47/2** plainpicture/J. Cawelius; **57/1** Juniors Bildarchiv/Ruhpolding; **64/1** Fotolia/westfotos.de; **64/2** Fotolia/auremar; **64/3** Fotolia/Alexander Raths; **65/1** EZB, Frankfurt a. M.; **66/1** Bildagentur-online/Begsteiger; **71/1** Fotolia/Ruediger Rau; **77/1** Fotolia/Jaren Wicklund; **79/1** iStockphotos/technotr; **81/1** Shutterstock/Gemenacom; **83/1** Fotolia/Minerva Studio; **84/1** Fotolia/PhotoSG; **85/1** Fotofinder/www.WolfgangHuppertz.de; **86/1** Fotolia/L.Klauser; **88/2** Fotolia/industrieblick; **89/1** panthermedia/Bernd Kröger; **89/2** mauritius images/AGE/Mauritius; **90/1** iStockphoto/appletat; **91/1** mauritius images/Garden World Images/Gary K Smith; **91/2** picture alliance/chromorange; **92/1** Fotolia/Studio Porto Sabbia; **95/1** mauritius images/Peter Enzinger; **96/1** Fotolia/slava296; **99/1** Fotolia/goce risteski; **102/1** Clipdeler/LifeOnWhite; **102/2** picture alliance/dpa/dpaweb; **103/1** Fotolia/philipus; **103/2** clipdealer/Robert Kneschke; **105/1** panthermedia/Günter B. Beu; **105/2** Getty images/Gary Ombler; **107/1** Fotolia/legalloudec; **110/1** Volker Döring, Hohen Neuendorf; **110/2** Volker Döring, Hohen Neuendorf; **110/3** Volker Döring, Hohen Neuendorf; **112/1** mauritius images/ Edmund Nägele; **112/2** artur images/Jochen Helle; **112/3** Cornelsen Schulverlage GmbH; **112/4** Mathias Wosczyna, Rheinbreitbach; **112/5** Ritter GmbH Co. KG; **112/6** Cornelsen Schulverlage GmbH; **114/1** Panther-Media/ELINA; **115/1** Herbert Strohmayer, Aachen; **115/2** mauritius images/AGE/Mauritius; **117/1** iStockphoto/vicnt; **118/1** Jens Schacht, Düsseldorf; **119/1** Herbert Strohmayer, Aachen; **120/1** iStockphoto/Clicks; **125/2** PantherMedia; **129/1** LOOK Foto/Sabine Lubenow; **132/1** picture-alliance/dpa/Arno Burgi; **133/1** Cornelsen Schulverlage GmbH; **134/1** picture-alliance/ULMER/Bjoern Hake; **135/1** Landeshauptstadt Düsseldorf; **135/2** Panther-Media/ginasanders; **136/1** picture-alliance/Bildagentur Huber/Rinaldi; **138/1** Fotolia/borissos; **142/1** Fotolia/Digipic; **144/1** Fotolia/nmann77 **144/2** iStockphoto/The_Free_One; **145/1** Fotolia/jogyx; **147/1** Fotolia/Antonio Gravante; **148/1** Fotolia/robert; **148/2** Fotolia/Dmitry Ersler; **148/3** Fotolia/sasel77; **149/1** iStockphoto; **150/1** Fotolia/svort; **151/1** Fotolia/Marius Graf; **151/2** Fotolia/goodluz; **153/1** Fotolia/fischer-cg.de; **155/1** Visum/Wolfgang Steche; **156/1** akg-images/MPortfolio/Electa; **158/1** Felsch, Matthias (Berlin); **158/2** Volker Döring, Hohen Neuendorf; **158/3** Volker Döring, Hohen Neuendorf; **160/1** Röhl, S. Berlin; **161/1** Volker Döring, Hohen Neuendorf; **162/1** Volker Döring, Hohen Neuendorf; **162/2** Volker Döring, Hohen Neuendorf; **162/3** Volker Döring, Hohen Neuendorf; **164/1** Röhl, S. Berlin; **166/1** Fotolia/tuja66; **168/1** Volker Döring, Hohen Neuendorf; **168/2** Tetrapak Deutschland; **168/3** Volker Döring, Hohen Neuendorf; **168/4** Volker Döring, Hohen Neuendorf; **169/2** Shutterstock/06photo; **172/1** Fotolia/Otto Durst; **172/2** Fotolia; **176/1** Volker Döring, Hohen Neuendorf; **176/2** Volker Döring, Hohen Neuendorf; **176/3** F1online/Imagebroker RM; **177/1** picture-alliance/dpa-Zentralbild; **179/1** Volker Döring, Hohen Neuendorf; **181/1** Fotolia/Kurt De Bruyn; **182/1** Donnerwetter.de/Cornelsen Schulverlage GmbH; **184/1** Gerald Zörner, Berlin; **185/1** Cornelsen Schulverlage GmbH/Peter Hartmann; **186/1** Boris Mahler, Berlin; **186/2** Cornelsen Schulverlage GmbH; **186/3** Cornelsen Schulverlage GmbH; **186/4** Cornelsen Schulverlage GmbH; **187/1** Günter Liesenberg, Hoppegarten; **187/2** Rainer J. Fischer, Berlin; **187/3** Fotolia; **190/1** picture-alliance/dpa/Waltraud Grubitzsch; **190/2** Volker Döring, Hohen Neuendorf; **190/3** Volker Döring, Hohen Neuendorf; **192/1** Fotolia/svort; **193/1** Cornelsen Schulverlage GmbH/Peter Hartmann; **193/2** Cornelsen Schulverlage GmbH; **194/1** picture-alliance/Sander/Robert Kneschke; **194/2** Cornelsen Schulverlage GmbH; **197/1** Fotolia/Fotowerk; **201/1** Caro/Blume; **201/2** Cornelsen Schulverlage GmbH; **202/1** Fotolia/Volker Witt; **206/1** Fotolia/yanlev; **207/1** photothek.net/Thomas Imo; **208/1** Cornelsen Schulverlage GmbH/Kartographie; **209/1** shutterstock/MY_NEW_ IMAGES; **210/1** Fotolia/ganzoben; **210/1** Fotolia/Okea

Mathematik im Überblick

Die Übersicht beinhaltet einen Teil der in den Klassenstufen 5–8 behandelten Themen. Weiterführende Informationen gibt es auf den Zusammenfassungsseiten im Schülerbuch.

Zahlen und Variablen

(Zusammenfassungen im Schülerbuch 8: S. 32, S. 80)

Runden

abrunden	aufrunden
Folgt der Rundungsstelle eine 0, 1, 2, 3 oder 4, wird abgerundet: Die Rundungsstelle bleibt gleich.	Folgt der Rundungsstelle eine 5, 6, 7, 8 oder 9, wird aufgerundet: Die Rundungsstelle wird um 1 erhöht.

Rechenregeln

Vorrangeregeln

① Klammern werden zuerst ausgerechnet. ② Punktrechnung geht vor Strichrechnung.

Rechengesetze

Vertauschungsgesetz (Kommutativgesetz):	$a + b = b + a$	bzw.	$a \cdot b = b \cdot a$
Verbindungsgesetz (Assoziativgesetz):	$a + (b + c) = (a + b) + c$	bzw.	$a + (b + c) = (a + b) + c$
Verteilungsgesetz (Distributivgesetz):	$a \cdot (b + c) = a \cdot b + a \cdot c$	bzw.	$(a + b) : c = a : b + a : c$

FUNKTIONEN

(Zusammenfassungen im Schülerbuch 8: S. 106, S. 154)

Zuordnungen

proportionale Zuordnung

Wertetabelle:

x	1	2	3
y	2	4	6

Graph:

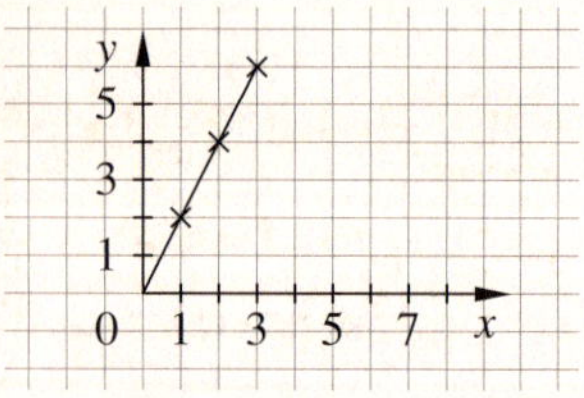

antiproportionale Zuordnung

Wertetabelle:

x	1	2	4
y	5	3	1,5

Graph:

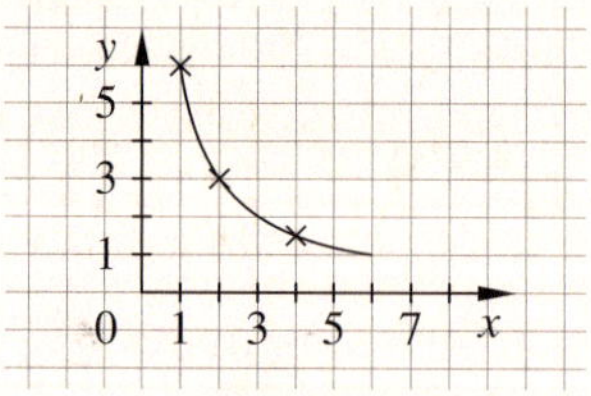

lineare Zuordnung

Wertetabelle:

x	0	2	4
y	2	3	4

Graph:

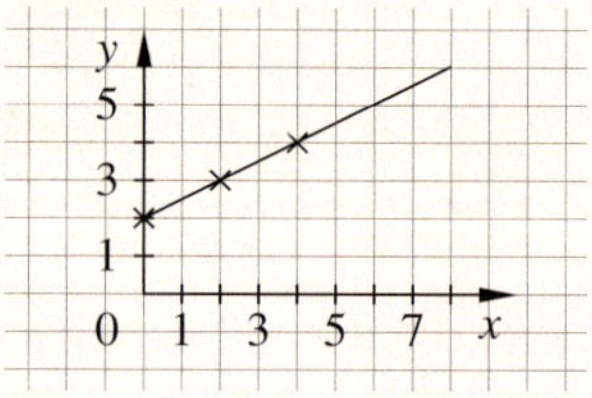

Dreisatz

bei proportionalen Zuordnungen

	x	y	
	2	4	
:2	1	4 : 2 = 2	:2
·5	5	5 · 2 = 10	·5

bei antiproportionalen Zuordnungen

	x	y	
	2	3	
:2	1	3 · 2 = 6	·2
·12	12	6 : 12 = 0,5	:12

Schritte

① Die vorgegebenen Werte aufschreiben
② Schluss auf die Einheit
③ Schluss auf das Gesuchte

Prozent- und Zinsrechnung

Prozentrechnung

Grundwert (G) (Gesamtmenge entspricht 100 %)	Prozentwert (W) (Teil der Gesamtmenge)	Prozentsatz (p %) (Anteil in Prozent)

Prozentwert und Prozentsatz sind proportional zueinander.
Grundwert, Prozentwert und Prozentsatz können mithilfe des Dreisatzes berechnet werden.

Zinsrechnung

Die Zinsrechnung ist eine Anwendung der Prozentrechnung auf den Geldverkehr.

Grundwert (G) → Kapital (K); Prozentwert (W) → Zinsen (Z); Prozentsatz (p %) → Zinssatz (p %)